Ullstein

ÜBER DAS BUCH:

Rund einhundert Meilen südlich von Kap Sable im westlichen Atlantik. Roter Regen fällt aus grauem Nebel. Kleine stechende Metallteile zischen durch die Luft. Bills Körper schwankt und kracht an Deck ... Eigentlich hatte George Devis, Dichter und Vogelliebhaber, nur die Urne mit Rhyds Asche auf seiner Hochseeyacht nach Amerika bringen wollen. Doch er wurde auf hoher See von einem Fischkutter gerammt und versenkt. Seine Schwester Camilla, die zusammen mit ihrem Mann Rhyd, einem bekannten Countrysänger, ein Wohltätigkeitsprojekt in Äthiopien betrieben hatte, war mit Rhyd bei einem Massaker ums Leben gekommen. Und plötzlich steckt Devis bis zum Hals in Problemen, für die er keine Erklärung findet ...
Llewellyns siebter Segelthriller ist in einem Milieu angesiedelt, das es schwer macht, nicht nur an das Gute im Menschen zu glauben. Unter dem Deckmantel der Nächstenliebe und Wohltätigkeit werden mörderische Intrigen und skrupellose Geschäfte abgewickelt. Eine großartige Mischung aus explosiver Spannung, Spurensuche und Segelabenteuer.

DER AUTOR:

Sam Llewellyn ist selbst ein erfahrener Hochseesegler und hatte sich bereits mit Sach- und Kinderbüchern in England einen Namen gemacht, als sein erster Segelthriller erschien, dem bald sieben weitere folgten (alle bei Ullstein erschienen oder in Vorbereitung). Geboren auf den rauhen Scilly-Inseln, lebt Llewellyn mit Frau und zwei Söhnen in Herefordshire und teilt seine Zeit auf zwischen dem Segeln und der maritimen Publizistik.

Sam Llewellyn

Den Fischen zum Fraße

Roman

Ullstein

Kriminalroman
Ullstein Buch Nr. 23873
im Verlag Ullstein GmbH,
Frankfurt/M – Berlin
Titel der Originalausgabe:
Clawhammer
Aus dem Englischen
von Eckhard Kiehl

Ungekürzte Ausgabe

Umschlaggestaltung:
PEIX Kommunikation

Printed in Germany 1996
Druck und Verarbeitung:
Ebner Ulm
ISBN 3 548 23873 4

Juli 1996
Gedruckt auf alterungs-
beständigem Papier mit
chlorfrei gebleichtem
Zellstoff

Vom selben Autor
in der Reihe
der Ullstein Bücher:

Laß das Riff ihn töten (22067)
Ein Leichentuch aus Gischt (22230)
Schuß in die Sonne (22417)
In Neptuns tiefstem Keller (23235)
Als Requiem ein Shanty (23351)
Ein Sarg mit Segeln (23647)
Im Sog des Verderbens (23947)

Die Deutsche Bibliothek –
CIP-Einheitsaufnahme

Llewellyn, Sam:
Den Fischen zum Frasse : Roman / Sam
Llewellyn. [Aus dem Engl. von
Eckhard Kiehl]. – Ungekürzte Ausg. –
Frankfurt/M ; Berlin :
Ullstein, 1996
(Ullstein-Buch ; Nr. 23873)
ISBN 3-548-23873-4
NE: GT

Für D. X. Shnaider

1

Es war heiß auf der Veranda in jener Nacht. Es war immer heiß. Die ausgedörrte Erde Afrikas erstreckte sich tausend Meilen in jede Richtung. Rhydian Walters, der Mann meiner Schwester, stützte seine berühmte Gitarre auf sein berühmtes Knie. Camilla, meine Schwester, saß in einem Schaukelstuhl unter einer von Nachtfaltern umschwirrten Petroleumlampe und nähte Namensläppchen an die grauen Flanellhemden ihrer Söhne.

Und natürlich sprachen wir von der See.

Rhydian sprach immer von der See, wenn eine Abreise bevorstand. Ich steckte mitten in den Vorbereitungen, seine Söhne wieder in ihre Schule nach England zu bringen. Der Faden seiner Rede führte ihn von Boston nach Norden und Osten bis nach Penobscot Bay in Maine, wo er zu Hause war. »Macht dir den Mund wäßrig«, sagte er. »Dieser viele Schnee, dieser Regen. Eine Stadt der Niederschläge.«

»Du hast den Regen immer gehaßt«, sagte Camilla, ohne aufzusehen. Rhydian war ein Poet, wenn man einen Country-and-Western-Star, der sich schon halbwegs aus dem Geschäft zurückgezogen hat, als Poeten bezeichnen kann; außerdem war er immens praktisch veranlagt. Camilla war *nur* immens praktisch veranlagt.

Rhydian sah sie mit dem unwiderstehlichen Lächeln an, das dazu beigetragen hatte, ihn mit dem Lied »The Alleluia Tree« auf Platz eins der Country-Hitparade zu katapultieren. Das war eine der letzten Aufnahmen, die er gemacht hatte, bevor er sich der Hilfsorganisation »Plough Share« angeschlossen hatte und als Entwicklungshelfer für Gartenbau nach Äthiopien gegangen war. Er schlug einen Akkord auf der Gitarre an, improvisierte eine kurze Einleitung auf den oberen drei Saiten und sang:

So fest stehst du
mit beiden Beinen auf der Erde
– ich sag's nur ungern, Baby –,
daß sich schon Krater bilden
unter deinen Füßen …

Camilla warf ihm ein graues Hemd ins Gesicht. Er grinste und schlug einen neuen Akkord an. Der Hals der Gitarre brach mittendurch; es klang, als hätte jemand einen Ziegelstein in einen Flügel geworfen.

Rhyd nahm den Hals der Gitarre in die Hand und betrachtete die Bruchstelle. »Ameisen«, sagte er und begann zu lachen.

Ich sah Camilla an. Ihre blauen Augen lagen im Schatten. Das blonde Haar war zu einem Pferdeschwanz gebunden. Ihr Gesicht sah ernst aus. Es sah ernst aus, weil Rhyd sehr an seiner Gitarre hing und eine neue in der äthiopischen Halbwüste kaum aufzutreiben war. Das mußte der Grund gewesen sein. Camilla glaubte nicht an böse Vorzeichen.

Rhyd sagte: »Zeit, ins Studio zu gehen.« Er stand auf. »Wollt ihr mit runterkommen?«

»Klar«, sagte ich.

Camilla hielt ein Hemd hoch und schüttelte den Kopf. Wir gingen ins Haus und in das Hinterzimmer mit dem gestampften Boden und den Lehmwänden, in dem Rhyd sein transportables Teac-Aufnahmestudio untergebracht hatte.

Er schob sich einen weißen Stetson verwegen ins Genick und setzte sich an den Synthesizer. Der schwere, stampfende Rhythmus eines Basses erfüllte den Raum. Dann griff er nach der Gibson-Mandoline, die an der Wand hing. Sachte vor mich hin schwitzend, saß ich dabei und hörte zu.

In den USA hatte Rhyd zu den herausragenden Country-and-Western-Sängern gehört. Er schrieb immer noch eine Menge Lieder und schickte die Demobänder seinem Musikverleger und seinem Manager, aber auch Freunden und Verwandten, so wie andere Leute Briefe versenden. Er spielte den

Mandolinenpart solide, genau und mit der Professionalität, mit der er alles in Angriff nahm; eine einzige Aufnahme genügte. »Den Gesang mach' ich später«, sagte er. »Trinken wir erst mal ein Bier.«

Ich ging zu dem mit Solarstrom betriebenen Kühlschrank, den er aus den Innereien einer alten, militäreigenen Kühltruhe gebastelt hatte, und nahm zwei Flaschen Bier heraus, die die Überreste eines Plumpuddings bewachten. Weihnachten war gerade eine Woche vorbei. Im Studio war es viel zu warm, daher fragte ich ihn: »Kommst du mit raus?«

Er schüttelte den Kopf. »Ich muß das heute noch fertigkriegen. Ich möchte dir ein paar Bänder mitgeben zum Verschicken.«

Ich ging zurück auf die Veranda und unterhielt mich mit Camilla. Der Kühle wegen redeten wir über England; über das kleine Landhaus hinter Pulteney in Devon, wo wir gewohnt hatten und wo ich immer noch wohnte. Gegen zwei Uhr morgens ging ich zu Bett. Noch lange, während ich mich unter dem Moskitonetz herumwälzte, konnte ich das rhythmische Wummern des Basses hören, das schwach durch die Wände drang. Schließlich schlief ich schweißbedeckt und erschöpft ein.

Am Morgen stahl sich das Sonnenlicht durch die Vorhänge und lag in hellen Flecken auf dem gestampften Boden, wie kleine Pfützen weißglühenden Eisens.

Der letzte Tag begann.

Das Dorf lag in einem von braunen Hügeln umgebenen Tal. Ganz oben auf den Hängen reflektierten nackte Felsplatten das gleißende Sonnenlicht und leuchteten wie metallene Spiegel, eine Helligkeit, die den Augen weh tat.

Weiter unten zogen sich Steinmauern über Felsvorsprünge und durch ausgetrocknete Täler. Sie erstreckten sich über Meilen, diese Mauern. Wenn man es nicht bereits wußte, war es schwer, sich über ihren Zweck klarzuwerden. Einmal, so sagten die Leute im Dorf, hatte dort oben Vieh geweidet, hatte es dort Schafherden gegeben und Greifvögel, die ihre Kreise zogen. Das war, bevor die Dorfbewohner die Bäume gefällt und als Brennholz benutzt hatten und bevor das Vieh die letzten Reste der Vegetation abgeweidet und ausgerupft hatte, so daß es nichts mehr gab, was den Boden hätte halten können. Dann hatten die Regenfälle den Boden in den Fluß geschwemmt, der in Hochwasserzeiten durch das mit Felsbrocken übersäte Wadi in der Mitte des Dorfes strömte. Als der Mutterboden weggeschwemmt war, ging auch das Vieh ein. Heutzutage konnte man oberhalb der Steinmauern an den Berghängen überall ihre Knochen und eine Menge Eidechsen entdecken. In den ganz schlechten Zeiten hatte es nur wenig Eidechsen gegeben, weil man die meisten gefangen und gegessen hatte.

Es war Rhyd gewesen, der angeregt hatte, die Mauern zu bauen. Die Leute im Dorf hatten höflich genickt und nichts unternommen, einmal, weil sie wußten, daß alle weißen Leute verrückt waren, zum anderen, weil es ihnen zu heiß war und sie zu wenig zu essen hatten, um mehr zu tun, als höflich zu nicken.

Also hatte Rhyd die Sache selbst in die Hand genommen, und Camilla hatte ihm geholfen. Und während die Sonne auf ihre helle anglo-amerikanische Haut herabbrannte, hatten sie angefangen, einen Stein auf den anderen zu setzen.

Ich stieg aus dem Bett und trottete über den Lehmboden in die Küche. Joe und Harry saßen schon am Tisch und aßen Hirse-Porridge. Joe war dreizehn, mit einem langen Gesicht wie sein Vater; er sah etwas verschlafen aus. »Morgen, Aufseher«, sagte er.

Sein Bruder Harry war erst elf und daher noch in einem Alter, wo man morgens munter ist. Er sah aus wie ein blonder Engel, der gerade über irgendeinen Unfug nachdenkt. »Wann geht's los?« fragte er.

»Gegen Mittag. Kannst du's nicht erwarten?«

»Es geht um die Eidechsen«, sagte er. »Muß sie freilassen.«

Harrys Privatleben wurde weitgehend durch eine Unzahl

von Eidechsen bestimmt, die er in Vivarien aus Blechkanistern hielt. Es gab inzwischen wieder viele Eidechsen. Seit Rhyd und Camilla hier arbeiteten, waren sie als Nahrungsmittel aus der Mode gekommen.

Ich ging mit meinem Kaffee auf die Veranda, setzte mich in einen Bambussessel im Schatten der Winden, die sich an den Dachstützen emporrankten, und sah den Schwalben zu, die über dem »Halleluja-Baum« nach Insekten jagten.

Am zweiten Tage, nachdem Rhyd und Camilla mit dem Bau der Steinmauer begonnen hatten, waren ein paar Männer gekommen; spindeldürre Männer in weiten Umhängen von der Farbe ungebleichten Mehls. Sie hatten viel gelacht, mit den Fingern gedeutet und waren dann wieder in ihre Lehmhütten gegangen, unten im staubigen Kessel des Tales, wo ihr Dorf stand.

Der Bau der Steinmauer zog sich über fünf Monate hin. Camilla mußte wegen eines Sonnenstichs zehn Tage im Bett bleiben, Rhyd nahm zwanzig Pfund ab.

Im sechsten Monat begann es zu regnen.

Normalerweise strömte das Wasser nur so die Hänge herunter, ein graubrauner Sturzbach, der den Mutterboden mit sich riß, das ausgetrocknete Wadi füllte und brodelnd und schaumbedeckt dem Blauen Nil zustrebte.

Diesmal geschah etwas ganz anderes.

Als die Wasserwelle auf die Steinmauer traf, wurde sie zur Seite abgelenkt und folgte dem Verlauf der Mauer. Am tiefsten Punkt der Mauer hatte Rhyd ein flaches Sammelbecken in den Hang gegraben. Das Becken füllte sich. Das überlaufende Wasser folgte dem Fuß einer weiteren Mauer und floß in einen Kanal. Die Kanäle liefen im Zickzack den ganzen Hang hinunter, eine Spur wie die eines vorsichtigen Skiläufers. Die ganze Seite des Tales war wie bestickt mit den Silberfäden der Wasserrinnen.

In flachen Bodensenken und an der Talseite der von Rhyd ausgehobenen Sammelbecken, wo die Erde durch das Sickerwasser feucht war, pflanzte Camilla kleine grüne Sämlinge, die sie im Schatten ihrer Hütte gezogen hatte. Dann ging Rhyd zu den alten Leuten im Dorf und führte lange, elliptische Gespräche.

Ich trank meinen Kaffee aus und blickte zur obersten Mauer hinauf.

Der oberhalb liegende Berg war gelb und braun, unterbrochen von metallisch glänzenden Felsplatten. Unterhalb der Mauer war es grün. Bäume wachsen schnell, wenn es heiß ist und sie genügend Wasser haben. Und Beerensträucher wachsen im Schatten der Bäume und Yamswurzeln und andere Knollengewächse unter den Sträuchern. Die Leute im Dorf standen mit dem Hunger nicht mehr auf du und du.

Oben auf dem Bergkamm, wo das, was man hier als Straße bezeichnete, den Rand des Tales kreuzte, zeichnete sich ein schmaler Rauchstreifen gegen den klaren, blauen Himmel ab, und das Glas einer Windschutzscheibe blitzte in der Sonne auf. Um mit den Rinnen und Felsbrocken der Straße fertig zu werden, brauchte man ein Fahrzeug mit Allradantrieb. Die einzigen, die über derartige Fahrzeuge verfügten, waren Soldaten. Heutzutage war Äthiopien voll von Soldaten: Horden von Bauernjungen mit Maschinenpistolen, die sich in dem von überreizten westlichen Journalisten gerne als erwachende afrikanische Demokratie bezeichneten Tohuwabohu eine gute Ausgangsposition verschaffen wollten.

Rhyd erschien mit einer Tasse Kaffee. Er setzte sich und fragte: »Kommst du mit in die Werkstatt?«

»Die Pumpe ist wieder in Ordnung«, sagte ich. »Ich muß jetzt packen.«

»Damit hast du mir sehr geholfen.« In seinen Augen stand zu lesen: Bleib doch noch hier, geh nicht weg, hilf mir bei der Arbeit. Aber Rhyd wußte inzwischen, daß ich nicht bleiben würde.

»Ich muß zurück«, sagte ich etwas verlegen.

Er nickte. Sein Gesicht mit dem vorspringenden Kinn und

der markanten Nase wirkte wie aus Fels gehauen; die Sonne hatte seine Haut ziegelrot gebrannt, und der Mangel an Schlaf hatte schwarze Ränder unter seine Augen gemalt. An jenem Morgen sah sein Gesicht abgezehrt aus und schien nur noch aus Haut und Knochen zu bestehen, so als habe er einen Blick in die Zukunft getan und wüßte, was geschehen würde.

Vielleicht vermißte er aber auch nur seine Gitarre und dachte daran, daß seine Söhne ihn nun verlassen würden. »Ich schick' dir eine neue Gitarre«, sagte ich.

»Oh.« Das berühmte Lächeln erschien, als käme er von irgendwoher wieder in die Wirklichkeit zurück. »Ja, die Gitarre.« Er schwieg einen Moment. Dann sagte er: »Ich bin froh, daß du die Jungen hier rausholst.«

»Was meinst du damit?«

Er machte eine Handbewegung zu den braunen Bergen hinüber. »Zu viele Gewehre«, sagte er.

Dann drückte er mir ein Päckchen in die Hand. »Tonbänder. Vergiß nicht, sie abzuschicken.«

Er schüttete den Rest seines Kaffees in einen mit Erde gefüllten Blechkanister, in dem ein Flaschenkürbis wuchs. »Zurück an die Front.« Er ging die Verandastufen hinunter und über die festgetretene Erde in die Werkstatt.

Dort in der Werkstatt machte er Schmiedearbeiten und verarbeitete Metallteile aus nicht mehr brauchbaren militärischen Ausrüstungsgegenständen zu landwirtschaftlichen Geräten. Aus einem verunglückten Feuerwehrauto hatten wir so eine Pumpe hergestellt. Pumpen wurden jetzt wieder gebraucht, weil das Grundwasser dank der Steinmauern so weit gestiegen war, daß die Brunnen wieder Wasser hatten.

In der Sonne war der Boden vom hellen Braun einer Löwenflanke. Unter dem »Halleluja-Baum« lag der Schatten pechschwarz.

Der »Halleluja-Baum« war eine riesige Schirmakazie. Als Rhyd hier ankam, fand sich in der ganzen heißen Landschaft nur unter ihrem Dach ein schattiges Plätzchen. Sie bildete den Mittelpunkt des Dorfes, war Treffpunkt und Raststätte für

Menschen und Tiere. Die Häuser der wichtigsten Männer im Ort lagen dem knorrigen Stamm direkt gegenüber. Nach drei Jahren im Dorf hatte Rhyd hier einen Platz zugewiesen bekommen. Und hier hatte er dann die Werkstatt gebaut, denn hier trafen sich ja auch seine Kunden.

Als Rhyd den Hof der Werkstatt betrat, erschollen zwanzig Stimmen zur Begrüßung.

Das einzige, was einem an Rhyd und Camilla auffiel, war, daß sie kaum irgendwie auffielen. Zur Zeit war Rhyd der Schmied des Dorfes, und Camilla arbeitete als Gemeindeschwester und Gartenbauberaterin. Sie hatten Verbindung zu anderen Menschen, über die sie nicht viel sprachen. Niemand überlebte lange in dem komplizierten System der Clans in den Bergen, wenn er nicht mit den politischen Verhältnissen vertraut war. Ich hätte sie fragen können, wenn ich daran interessiert gewesen wäre. Aber ich beschäftigte mich mit Poesie anstelle von Politik und zog das Studium der Vögel dem der Landwirtschaft vor.

Diesmal hatte ich Aquarelle von Trappen gemacht, die unten im ausgetrockneten Flußbett lebten. Seit Rhyd und Camilla hier ihre Tätigkeit aufgenommen hatten, waren auch die Trappen allmählich wiedergekommen. Die Aquarelle waren trocken. Ich ging in mein Zimmer und verpackte sie sorgfältig zwischen Pappdeckeln. Dann ging ich ins Dorf hinunter. Die Sonne stand hoch; in den Häusern war es still. Ein Kind beobachtete mich aus einem Eingang. Ich ging in das Haus von Esias, dem Silberschmied.

Im Haus roch es nach Kreuzkümmel und heißem Metall. Esias hockte in einer Ecke und hämmerte ein Stück Silberblech auf einem kleinen Amboß. Ich sah zu, wie das Stück Blech sich wölbte und die Gestalt einer Schale annahm. Als Esias fertig war, sah er auf. »Du gehst«, sagte er und griff nach der Kaffeekanne neben dem kleinen Ofen.

Während meiner Besuche im Dorf war Esias zu einem Freund geworden. Wir konnten uns zwar nur mangelhaft verständigen, aber er schien meine Aquarelle zu mögen, und ich bewunderte die Geschicklichkeit, mit der er Silberplättchen und Halbedelsteine auf seinem kleinen Amboß zu Schmuckstücken formte.

»Es ist gute Zeit zu gehen«, sagte er. Sein Gesicht mit der scharfgeschnittenen Nase sah grimmig aus, und seine Augen blickten finster. »Es ist Feuer in den Bergen.«

»Feuer?«

»Alles wird geschmolzen«, sagte er. Er wandte die Augen ab, trank seinen Kaffee aus und drückte meine Hand.

»Was meinst du damit?« fragte ich.

Er schüttelte nur den Kopf. Immer noch hielt er die Augen abgewandt. »Du mußt gehen«, sagte er und zog mich zur Tür.

Ich ging zum Haus zurück, aus der Sonne heraus und in den schwarzen Schatten des »Halleluja-Baumes«. Ich verstand nicht, worum es ging, aber so erging es mir im Dorf meistens. Ich stieg die Stufen zur Veranda hoch, ging in mein Zimmer und setzte mich in den Klappstuhl. Der Perlenvorhang an der Türöffnung rasselte, und Camilla kam herein.

Sie war meine älteste und liebste Freundin. Mein Mund fühlte sich plötzlich wie ausgetrocknet an. Eine innere Unruhe hatte mich erfaßt, und ich spürte Tausende von Meilen einer feindseligen Leere auf mich eindringen. »Esias ist beunruhigt«, sagte ich.

Sie lächelte. Ihr Gesicht war schmaler geworden, die gebräunte Haut straff über den hohen Backenknochen. »Der alte Esias«, sagte sie. »Was weiß er denn?«

»Er spricht von Feuer in den Bergen.«

Ihr Lächeln erstarb. »Sie hatten hier einen Bürgerkrieg«, sagte sie. »Es ist nicht überraschend, wenn Leute so reden.«

Ich nickte. Sie war zwar nur fünf Jahre älter als ich, aber sie hatte mich praktisch großgezogen. Auch heute noch glaubte ich ihr, wenn sie mir versicherte, es sei alles in Ordnung.

»Ja, und dann läßt man den Bürgerkrieg hinter sich und versucht es mit ... anderen Dingen.«

»Was meinst du damit?«

Sie verzog das Gesicht zu einem etwas schiefen Lächeln.

»Freiheit«, sagte sie. »Demokratie. Alle klatschen Beifall. Aber das Paket enthält einige überraschende Geschenke.«

»Wovon redest du?« Camilla und Rhyd hatten immer die Überzeugung vertreten, daß praktische Hilfe wichtiger war als Politik.

»Es kann so weit kommen, daß Nichteinmischung unmöglich wird.«

»Ihr seid also in etwas verwickelt.«

Sie lächelte fröhlich. »Wir sind doch alle in irgend etwas verwickelt.«

»In was?«

»Du gehst zurück nach England«, sagte sie. »Erzähl den Leuten, was du gesehen hast.« Sie sah auf die Uhr. »Du mußt los.«

Sie umarmte mich. Ich umarmte sie. Wenn Camilla nicht wollte, daß man etwas erfuhr – soviel wußte ich von früher –, dann erfuhr man auch nichts.

»Bringst du die Jungs wieder her?« fragte sie.

»In den nächsten Ferien.«

Wir lächelten uns an. Gegen ihre gebräunte Haut hob sich das tiefe Blau ihrer Augen noch stärker ab. Wie das nur Menschen wissen, die die ersten zwanzig Jahre ihres Lebens gemeinsam verbracht haben, wußten wir beide, daß sich hinter unserem Lächeln Besorgnis verbarg.

Nur daß sie wußte, warum wir uns Sorgen machen mußten. Und ich hatte nicht die geringste Ahnung.

2

Als wir mein Gepäck auf die Veranda schafften, war die Rauchfahne oben am Paß verschwunden. Aber ganz oben, wo die steinige Piste in langen Haarnadelkurven ins Tal führte, blitzte wieder eine Windschutzscheibe in der Sonne auf.

»Jungs«, rief ich, »seid ihr fertig?«

Harry kam aus seinem Zimmer, die Hände in den Taschen seiner Khakishorts; er gab sich gelassen, um seine Trauer zu verbergen. Joe kam, mit einem Speer in der Hand und gefolgt von einer Horde schwarzer Kinder, aus einer der engen Gassen zwischen den braunen Lehmhäusern. Sie redeten miteinander. Joe war ein Sprachtalent wie sein Vater. Er wünschte ihnen *»Salam«*. Sie wünschten ihm auch *»Salam«*. Dann marschierte er mit dem Speer zur Veranda. Noch während er die Stufen emporstieg, verließ ihn die Würde des Kriegers, und er war wieder ein unbeholfener Schuljunge, der ein Souvenir aus Afrika in der Hand hielt.

»Hier kommt Derek«, sagte Harry.

Im Osten zeigte sich ein silbernes Pünktchen am blauen Himmel. Das Brummen eines Flugzeugmotors unterbrach die unermeßliche Stille. Rhyd kam aus der Werkstatt und ging über die festgetretene Erde unter dem »Halleluja-Baum«. Hinter ihm, im Hof der Werkstatt, sah man die Silhouetten afrikanischer Gesichter im blauen Licht eines Schweißbrenners. Er umarmte seine Söhne. »Macht's gut«, sagte er. »Und grüßt Blighty von uns.«

»It's a long way to Tipperary«, sagte Harry. Joe grinste. In den Augen der Jungen war England Kriegsgebiet. »Aus dem Paradies zurück an die Front.«

Es war eine altehrwürdige Formel, mit der sie zu übertünchen suchten, was ihnen wirklich auf dem Herzen lag. Ich wandte den Blick ab. Ich war außen vor: der Onkel, der

Aufseher. Ich verfolgte, wie der silberne Punkt zu einem Kreuz und dann zu einem Cessna-Hochdecker wurde. Das Flugzeug setzte zur Landung an, hüllte uns in sandigen Staub und rollte dann auf uns zu. Ich küßte Camillas hagere braune Wange.

»Komm bald wieder«, sagte sie und sah mich durchdringend an. Ich grinste, um eine plötzliche Welle der Niedergeschlagenheit zu verbergen, die teils durch den Abschied, teils durch den bevorstehenden Flug ausgelöst wurde. Dann schüttelte ich eine Menge Hände, kletterte ins Flugzeug und sah nach, ob die Jungen sich richtig angeschnallt hatten.

Derek war unser Pilot. Er war ein Angehöriger des Stammes der Kikuyu und stammte aus Kenia. Er kannte die Jungen gut. Sie sagten »Jambo« mit großer Geläufigkeit, wenn ihre Stimmen auch etwas belegt klangen. Das Innere des Flugzeugs roch nach Benzin und heißem Kunststoff. Der Motor brüllte auf. Staubwolken erhoben sich unter den Tragflächen, als wir über die ausgedörrte Erde der Startbahn rasten. Dann blieb die Erde, und mit ihr auch mein Magen, unter uns zurück. Ich schloß verstohlen die Augen.

»Wir haben reichlich Treibstoff«, sagte Derek. »Wir können noch mal einen Blick nach unten werfen, okay?«

»Prima«, sagte Joe. Fliegen war für ihn das Größte.

»Also steigen wir erst mal ein bißchen«, sagte Derek. »Habt ihr es schon mal aus großer Höhe gesehen? Wie ein Smaragd im Bunker eines Golfplatzes, kann ich euch sagen.«

Er schraubte die Maschine in einer großen, gemächlichen Spirale in die Höhe, die mir das Herz bis zum Halse schlagen und meine Handflächen feucht werden ließ. Zwei olivgrüne Lastwagen kamen die Paßstraße herunter und fuhren in einer großen Staubwolke ins Dorf. Sicher waren das diejenigen, deren Windschutzscheiben ich in der Sonne hatte blinken sehen. Das Tal wurde zu einer großen, braunen Schale. Scharf abgegrenzt durch die Serpentinen der Steinmauern, zog sich die von Rhyd und Camilla geschaffene grüne Fläche über die Hänge; von hier oben sah sie aus wie der Schild eines Zulu-Kriegers. In der Mitte des Schildes lag das Dorf, ein

Labyrinth aus Lehmhäusern, neben dem staubigen Band der Startbahn. »Da könnt ihr sehen, was euer Papa und eure Mama alles geschaffen haben«, sagte Derek.

Ich sah auf den grünen Edelstein herab. In der Mitte des Labyrinths, neben dem Dunkelgrün des »Halleluja-Baumes«, funkelte es rubinrot. Ich runzelte die Stirn. Ein rubinrotes Funkeln hätte es dort nicht geben dürfen.

Das Rubinrot flammte auf, färbte sich orange. Das Orange war von schwarzem Rauch umgeben.

»Runter«, sagte ich mit krächzender Stimme.

Derek sah mich an, die Augen weit aufgerissen und weiß in seinem glänzenden schwarzen Gesicht. Dann schob er den Steuerknüppel nach vorn, und Harry kreischte vor Vergnügen auf dem Rücksitz, als wir im Sturzflug nahezu schwerelos wurden.

Die Cessna stürzte aus dem Himmel wie ein Falke. Ich schloß die Augen. Die Kabine war erfüllt vom Brausen des Luftstroms. Ich beugte mich zu Derek hinüber, öffnete die Augen und brüllte ihm ins Ohr: »Geh unten in eine Linkskurve!«

Er nickte. Seine Zähne waren gefletscht, und seine Kiefermuskeln arbeiteten. Wenn man sich etwas länger in den ärmsten Ländern Afrikas aufhält, lernt man, daß ein plötzliches Feuer selten etwas Gutes bedeutet.

Der feurige Schein wurde größer. Er wurde zu einem Spielzeughaus, aus dessen Strohdach die Flammen schlugen. Zwei Spielzeuglaster standen im Schatten des »Halleluja-Baumes«. Spielzeugsoldaten, die bei der Geschwindigkeit, mit der wir uns dem Boden näherten, schnell größer wurden, rannten herum und bildeten schließlich einen Halbkreis. Mein Mund war vor Angst wie ausgetrocknet, und das lag nicht nur am Fliegen.

Zwei Gestalten kamen aus dem Eingang des Bungalows und liefen stolpernd auf die Soldaten zu. Als sie die Köpfe nach dem Geräusch des Flugzeugs hoben, sah ich, daß ihre Gesichter weiß waren. Sie trugen die Kleider, die Rhyd und Camilla getragen hatten. Sie hoben die Hände vor dem Halbrund der Soldaten. Dann passierte etwas mit ihnen, und sie fielen auf die festgetretene Erde zwischen dem Bungalow und dem »Halleluja-Baum«.

Der Schweiß auf meinem Körper gerann zu Eis.

Joe sagte: »Ich kann nichts sehen.«

»Ich auch nicht«, sagte Harry.

Derek sagte irgend etwas, das wie ein Ausspucken klang. Ich hörte, wie er mit dem Fuß auf das Seitenruder trat, hörte das Ächzen der Flugzeugzelle, als er die Maschine in eine steile Linkskurve zog, weg von dem, was dort unten am Boden geschah, bestrebt, den Jungen die Sicht zu nehmen. Das Blätterdach des »Halleluja-Baumes« huschte unter der Tragfläche vorbei.

Irgend etwas traf das Flugzeug mit einem metallischen Laut. Plötzlich war ein rundes Loch in der Windschutzscheibe, von dem sternförmig Sprünge ausgingen. Derek drehte weiter ab und flog davon.

»Zurück«, sagte ich. Mir war, als hätte ich einen Schleier vor den Augen. Ich konnte nicht glauben, was ich gerade gesehen hatte.

»Wir haben die Kinder«, sagte Derek. »Wenn wir umkehren, erwischt es uns alle.«

»Was ist denn los?« fragte Joe.

»Das ist nicht fair«, schrie Harry. »Ich konnte überhaupt nichts sehen.«

»Es gab auch nichts zu sehen«, sagte ich, »machen wir uns auf den Weg.« Dann barg ich mein Gesicht in den Händen.

Wir landeten bei einer Mission, die einhundert Meilen entfernt im Nordosten lag.

»Was ist eigentlich los?« fragte Joe.

Ich versuchte, beruhigend zu lächeln. Aber meine Gesichtsmuskeln wollten mir nicht gehorchen, und ich konnte nur sagen: »Ich weiß es nicht.« Kaum daß ich die Worte verständlich herausbrachte.

»Irgend so ein verdammtes Durcheinander«, sagte Harry. Auch er sah besorgt aus. Wahrscheinlich versuchte er sich mit dieser Bemerkung selber Mut zu machen.

»Ich muß noch mal weg und etwas erledigen«, sagte ich. »Ihr wartet am besten hier.«

Normalerweise hätten sie heftig protestiert. Sie hatten zwar nichts gesehen, aber sie wußten, daß irgend etwas nicht stimmte. Zwei Nonnen kamen auf uns zu, grau und schwarz, wie Nebelkrähen. Ich hatte sie schon früher kennengelernt: Schwester Angela und Schwester Dervla. Ich ging ihnen entgegen und berichtete ihnen, was ich gesehen hatte. Ihre runzligen braunen Gesichter wurden grau, und sie schlossen die Augen.

Der durchdringende Geruch des Flugbenzins erfüllte die Luft, als wir die Cessna auftankten. Dann erhoben wir uns in den Himmel, der von der Mittagshitze leicht verschleiert war, drehten eine Schleife über den winkenden Jungen und ihren grau-schwarzen Begleiterinnen und flogen zum Dorf zurück.

Derek steuerte einen hochgelegenen Bergvorsprung an, der sich unterhalb des Bergrückens entlangzog. Felsen huschten vorbei. Als die Maschine schließlich zum Stehen kam und der Staub sich gelegt hatte, steckte ich ein Funksprechgerät in die Tasche und sprang auf den Boden. Der Schweiß sammelte sich klebrig auf meiner Haut, als ich mühsam zum Bergrücken emporkletterte. Entfernt kam es mir in den Sinn, daß die Soldaten immer noch im Dorf sein könnten. Der Gedanke schien mit den möglichen Konsequenzen jedoch nichts zu tun zu haben. Ich ging weiter.

Eine Staubwolke hinter mir herziehend, rutschte ich die oberen Hänge hinunter. Die begrünten Hänge unterhalb der Mauern waren vom Schwirren und Summen der Insekten erfüllt. Die Lastwagen schienen weg zu sein. Nur eine dünne schwarze Rauchsäule stieg in die stille Luft, und ich hörte das Blöken eines Schafes von den Koppeln am Rande des Dorfes. Und aus den engen braunen Straßen erhob sich ein anderer

Laut, hoch und schrill, steigend und fallend wie der Klang einer Sirene.

Ich ging durch die breiteste Straße des Dorfes bis zu dem von vielen Füßen festgetretenen Platz im Mittelpunkt. Kinder mit ernsten Gesichtern starrten mich aus der Sicherheit dunkler Hauseingänge an. Meine Knie waren vor Angst wie aus Gummi.

Der »Halleluja-Baum« stand noch, aber er trug keine Blätter mehr. Er war schwarz und dürr und reckte seine nackten Äste in den blauen Himmel. Sein Schatten lag wie ein dünnes schwarzes Spitzengewebe auf dem gelben Erdboden.

In dem, was von seinem Schatten noch übrig war, hockten die Frauen des Dorfes und sahen hinüber zu dem, was vom Bungalow übriggeblieben war. Sie hockten auf dem Boden, hatten die mehlfarbenen Umhänge über den Kopf geschlagen und die Totenklage angestimmt. Die Männer standen vor ihnen und starrten auf die Asche, als erwarteten sie, daß sich irgend etwas ereignete.

Nichts würde sich ereignen.

Stroh und Holz entzünden sich schnell, wenn man ein Raketengeschoß mitten hinein feuert. Lehm zerbröckelt. Ein einziger verbrannter Pfosten stand wie ein Grabmal in der Mitte eines viereckigen Aschenhaufens. Über allem lag der strenge, bittere Geruch einer Brandstelle.

Die Menge teilte sich vor mir. Ich ging hinüber zu der Stelle, wo einmal die Veranda gewesen war. Ich hielt den Atem an.

Aber es gab keinen Grund dafür. Es war nichts zu sehen.

Einer der Männer in der Menge kam auf mich zu. Er war alt, vielleicht fünfundvierzig, mit einem weißen Bart, einer hohen Stirn und einer langen, schmalen Nase. Er war mir als Dorfsprecher bekannt, der irgendeinem Rat vorstand. Er sagte: »Sie haben uns unseren Bruder und unsere Schwester genommen. Du hast es nicht gesehen, daher muß ich es dir berichten. Zuerst feuerten sie eine Granate in das Haus. Dann erschossen sie unseren Bruder und unsere Schwester. Dann warfen sie sie ins Feuer und verbrannten den Baum. Jetzt ist nichts mehr übrig.«

Ein anderer, jüngerer Mann kam nach vorn. Er hatte einen wilden Schopf lockiger Haare. Eins seiner Augen war nach innen gedreht und starrte unverwandt auf seine Nase. Er sagte: »Es ist Ras Hamil, der das getan hat.«

»Wie heißt du?« fragte ich.

»Ich werde Mr. Gugsa genannt.«

Ich musterte die Gesichter in der Menge. Der Dorfälteste sah erst Mr. Gugsa, dann mich an. Er nickte. Während der letzten fünf Jahre hatte ich eine ganze Menge dieser Leute kennengelernt. Anfangs hatten sie ihre Gesichter vor mir verschlossen. Als die Hänge allmählich wieder grün wurden, hatten sie die Masken des Mißtrauens abgelegt. Jetzt waren sie wieder da: die Masken von Menschen, die sich daran erinnern, wie es ist, verletzt zu werden, und die nicht zulassen wollen, daß es noch einmal geschieht.

In der Menge erblickte ich den hohen, glänzenden Schädel von Esias. Wir sahen uns an. Seine Augen waren getrübt von Trauer und Verzweiflung. Er kam auf mich zu; der Saum seines Umhangs schleifte auf der Erde und zog kleine Staubwölkchen hinter sich her. Ich fühlte mich eigenartig distanziert, als widerführe dies alles einem Fremden. Esias ergriff meine Hand, so wie er immer meine Hand nahm, wenn er etwas Wichtiges zu sagen hatte. »Jetzt fängt das Schmelzen an«, sagte er.

»Wer ist dieser Ras Hamil?« fragte ich.

Bei der Erwähnung des Namens wandte er den Blick ab. »Einer von denen in den Bergen. Früher Soldat. Heute – wer weiß?« Sein Händedruck wurde fester. »Hilf uns«, sagte er. »Im Namen deiner Schwester, im Namen Gottes.«

Ich zog einen Kugelschreiber heraus und schrieb auf einen Zettel: RAS HAMIL. Meine Arme waren wie aus Gummi, mindestens drei Meter lang und nur entfernt zu mir gehörig.

In Mund und Nase spürte ich den ekelerregenden Geruch von der Brandstelle. Tränen standen mir in den Augen. Ich faltete den Zettel zusammen und steckte ihn in die Brusttasche meines Hemdes. Irgend jemand, dessen Stimme wie meine klang, fragte: »Warum?«

Der alte Mann, der zuerst gesprochen hatte, sagte: »Wir können nicht verstehen, warum. Wir haben einen Bruder und eine Schwester verloren, jeder von uns. Und den Baum, der uns Schatten gab. Es ist, als wenn wir drei große Bäume verloren hätten, nicht einen.«

Ich sah in sein ernstes schwarzes Gesicht, sah die Spuren der Tränen über dem gekräuselten weißen Bart. Ich sah sie alle an. Sah Fremde, deren Unwissenheit meine Schwester an einem Ort festgehalten und sie dort dem Tode überliefert hatte. Hinter ihnen sah ich die Reihen der verschlossenen Häuser und die braunen Berge, leer und ohne Leben, wie das Gesicht eines Idioten. Ich hatte mit Esias in seinem Haus gesprochen, aber dabei war es immer nach mir gegangen, nicht nach ihm. Diese ganze Situation war mir unverständlich.

Ich begriff nur, daß in jeder dunklen Ecke in jeder kleinen Hütte, in jeder der Millionen Hütten des riesigen, heißen Kontinents eine Kalaschnikow verborgen sein konnte und dazu jemand, der gewillt war, sie auch zu benutzen.

Allein die Ausdehnung dieses Landes erdrückte mich. Es war riesig und grausam, die Menschen mochten sehen, wo sie blieben. Ich fühlte, wie es im Begriff war, den weißen Wichtigtuer in der Menge unter dem verbrannten Baum zu zerquetschen, wie man eine Mücke an der Wand zerquetscht.

Der kalte Schweiß trat mit auf die Stirn. Mutlosigkeit erfaßte mich, und meine Knie begannen zu zittern. Ich wollte nicht länger dableiben und herausfinden, wer meine Schwester getötet hatte und warum. Ich hatte nur noch den Wunsch wegzulaufen. Ich zog das Sprechfunkgerät aus der Tasche. Der Angstschweiß machte es glitschig in meiner Hand. »Keine Gefahr mehr«, sagte ich. »Hol mich hier raus.«

Dann wartete ich, schlotternd vor Angst, unten am ausgetrockneten Flußbett, während die silberne Cessna durch die kreisenden Geier nach unten stieß – und ich hörte Camillas Stimme: *Es kann so weit kommen, daß Nichteinmischung unmöglich wird.*

Sie hatte sich eingemischt.

Die Cessna landete, und ich kletterte an Bord. Die Dorfbewohner schrumpften zu Insektengröße, als wir Höhe gewannen. Ich starrte nach vorn auf die dunstige Linie des Horizonts.

Die Angst verließ mich. Schamgefühl breitete sich in mir aus. Alles, was die Jungen jetzt noch an Familie hatten, war ich. Zuerst mußte ich es ihnen allerdings erklären.

Jetzt war auch ich in die Sache verwickelt.

Der Horizont verschwamm vor meinen Augen.

3

In England gab ich Rhyds letzte Tonbänder zur Post. Die Jungen blieben noch eine traurige Woche lang bei mir, bevor ich sie ins Internat zurückbrachte. Nachdem ich sie dort abgesetzt hatte, kehrte ich nach Devon zurück und fuhr langsam die malerischen Straßen mit den steilen Böschungen entlang, auf denen schon die ersten Primeln blühten. Am Ende der letzten schmalen Straße bog ich zwischen zwei Obelisken aus Granit auf den Feldweg ein, der sich das Tal des Flüßchens Sweigh entlangschlängelt, bis zu dem Landhaus, wo Camilla und ich aufgewachsen waren.

Unser Vater war Pfarrer einer Gemeinde in einem Vorort von Kidderminster gewesen, einer wenig anziehenden Stadt in den Midlands, die hauptsächlich von der Teppichherstellung lebte. Sein Großvater, der eine kleine Landwirtschaft besaß, hatte ihm das steile, unrentable Flußtal zusammen mit dem kleinen Landhaus und den Nebengebäuden hinterlassen. Vater hatte es nur als Ferienhaus benutzt, als Antidot gegen den Lärm und das Verkehrsgewühl von Kidderminster. Unsere Mutter war gestorben, als ich sechs und Camilla elf Jahre alt waren. Danach übernahm Camilla wie selbstverständlich die Stelle der Hausfrau und versorgte sowohl meinen Vater als auch mich. Als unser Vater dann acht Jahre später starb, waren wir in das Ferienhaus gezogen. Camilla verfügte über eine außerordentliche Behutsamkeit. Eine meiner frühesten Erinnerungen an sie war, als sie mit neun Jahren im düsteren Kinderzimmer im Pfarrhaus mit ihren Puppen spielte. Sie hatte mit ihnen eine Teegesellschaft arrangiert. Andere kleine Mädchen kommandierten ihre Puppen wie Feldwebel. Camilla hingegen schwebte über dem Teetischchen und überredete sie, dies oder jenes zu tun. Ich wäre nicht überrascht gewesen, wenn sie aufgestanden und herumgewandert wären.

Wir hatten unser Studium selbst finanziert. Camilla ging nach Somerville, wo sie in erstaunlich kurzer Zeit in Geschichte promovierte und sich mit politischen Aktivisten jeglicher Couleur anfreundete, von denen sie viele nach Hause mitbrachte. In einem anderen Zeitalter würde sie sich als Mann verkleidet und an Kreuzzügen teilgenommen haben. So, wie die Dinge standen, hatte sie nach dem Studium für diese und jene gute Sache gearbeitet, von den »Pulteney-Samaritern« bis zu »Amnesty International«.

Was mich selbst betrifft, so hatte ich eher das Gefühl, daß Kreuzzüge ein unheilvolles Ende nehmen. Ich hatte einen guten akademischen Abschluß in Zoologie zustande gebracht und beschäftigte mich mit der Zucht einer gefährdeten Entenart. Zu Camillas großer Freude war mir hierfür auch öffentliche Anerkennung zuteil geworden.

Sie war Rhyd begegnet, als wir beide in dem kleinen Landhaus lebten. Das Licht war blau, weich und atlantisch an jenem Tag. Die Rosen waren zur Blüte gekommen, angeführt von der riesigen, dornigen »Paul's Himalaya Musk«, die den Ratten einen Zugang zu den Dachräumen über den niedrigen Schlafzimmerdecken bot. Camilla war sechsundzwanzig, ich einundzwanzig. Wir hatten uns über die Kleinanzeigen in der *South Hams Gazette* amüsiert. In jenen Tagen trug Camilla ihr blondes Haar lang; ein leuchtend gelber Vorhang, der ihr Gesicht umrahmte und ihre blauen Augen hervorhob. Ein typisches *California Girl* aus Devon, mit einem frisch erworbenen Doktorgrad und einem eisernen Willen. »Guck mal«, sagte sie. »Ist der nicht schön?«

Sie deutete auf das Foto eines Mannes, der einen Cowboyhut trug. Darunter stand in der rustikalen Schreibweise des Wilden Westens:

RHYD WALTERS
FREITAG NACHT IST COUNTRY-NACHT IM PLYMOUTH HIPPODROME. KOMMT UND HÖRT SEINEN HIT »DIR KLEBT EIN BIERDECKEL AN DER STIRN, SCHÄTZE, DU BRAUCHST DEINEN SCHLAF, MEIN FREUND.«

Das Gesicht über der Unterschrift hatte hohe Backenknochen, schmale Augen und ein Kinn, das an den Vorsprung eines Granitfelsens erinnerte.

An diesem Abend brauste Camilla auf ihrer Norton Commando los, angetan mit einem Pullunder, einer mit Fransen versehenen Wildlederjacke, ihren engsten Levis und Nudie-Cowboystiefeln, die sie vorigen Sommer in Albuquerque, New Mexico, erworben hatte. In Anbetracht ihres eisernen Willens und ihres Aussehens war es mehr oder weniger unvermeidlich, daß sie Rhyd Walters nach der Show mitsamt seiner Gitarre auf ihrem Motorrad nach Hause entführen würde.

Ich war auf See gewesen und hatte vor der Landspitze von Danglas nach den Hummerkörben gesehen. Als ich zurückkam, überredete ich mich, in mein Arbeitszimmer zu gehen, wo das erste Kapitel des Buches, zu dem ich meine Dissertation auf Drängen meines Verlegers zu erweitern gedachte, schon viel zu lange vor sich hin gammelte. Gegen ein Uhr nachts ging ich noch einmal vors Haus, um nachzusehen, ob sich auch kein Fuchs an den Entengehegen zu schaffen machte, die ich an den von mir aufgestauten Teichen im Tal des Sweigh eingerichtet hatte. Der Himmel war mit Sternen übersät. Ich hörte das Röhren der Norton und ging zurück zum Haus.

Bis dahin hatte ich Country-Sänger kaum zu den Menschen gerechnet. Aber Rhyd war ganz anders.

Er war nahezu zwei Meter groß, sprach mit einem nasalen Ostküstenakzent und hatte Hände, die fast eine Din-A4-Seite abdecken konnten. Er zitierte Vergil im Original. Camillas Bett war bei weitem zu klein für ihn, und so schleppte er es um drei Uhr morgens die Treppen hinunter in den Garten, wo er ein paar starke Winkeleisen an das Gestell anschweißte. Als ich nach dem Einholen der Dreiwandnetze zum Frühstück erschien, waren er und Camilla bereits offenkundig ineinander verliebt. Rhyd schloß seine Tournee ab und informierte dann Hud Krantz, seinen Manager, daß unvermeidliche Umstände ihn auf dieser Seite des Atlantik zurückhielten.

Krantz war vor Wut fast geplatzt, weil Rhyd sich mit seinen Singles einen festen Platz unter den Top Twenty der Country-Hitliste geschaffen hatte und auch seine Langspielplatten sich sehr gut verkauften. Rhyd hatte ihn schließlich besänftigt, wie er das eigentlich immer schaffte, und genau das gemacht, was er vorgehabt hatte. Und das war, sich mit Hilfe einiger alter Werkzeuge, die er auf Auktionen rund um Pulteney gekauft hatte, einen Schuppen am Hole zu bauen, einem alten Anlegeplatz im wenig gefragten Sumpfland an der Mündung des Poult. In dem Schuppen reparierte er Dieselmotoren und alle möglichen anderen Maschinen. Ich half ihm, wenn ich Zeit hatte. Er schrieb eine Menge Lieder für andere Sänger und ging einmal im Jahr auf Tournee, wo seine ihm treu gebliebenen Fans ihm zujubelten. Wenn er zwischendurch das Bedürfnis hatte, sich musikalisch zu betätigen, spielte er in der »Mermaid« in Pulteney auf seiner Gitarre. Er baute die zum Haus gehörende Scheune zu einem Wohnhaus für sich und Camilla um, und dann heirateten sie.

Zu diesem Zeitpunkt begann Camilla nach einer echten Aufgabe im Leben zu suchen. Sie und Rhyd bekamen die beiden Söhne, Joe und Harry. Nach einiger Zeit wurde Rhyd es leid, Dieselmotoren zu reparieren. Inzwischen waren Fotos von der ehemaligen Scheune in der Sorte von Zeitschriften erschienen, deren Leser lieber Bilder von Scheunen ansehen, als selber Tiere zu züchten. Besucher trudelten ein, die gewählt über künstlich gealterte Tempera-Anstriche sprachen und sich nach Strohpüppchen erkundigten.

Als Harry zwei Jahre alt war, hatte ich einen meiner periodischen Segelturns nach Spitzbergen unternommen, um das Leben der Alke zu studieren. Nach meiner Rückkehr erzählte mir Camilla, daß inzwischen einundsechzig Fremde dagewesen seien, einzeln und in Gruppen, um sich die renovierte Scheune anzusehen. Sowohl sie als auch Rhyd machten allmählich einen ruhelosen und gehetzten Eindruck.

Im folgenden Herbst fuhr eines Morgens ein weißer Rolls-Royce vorsichtig den schmalen Weg zum Haus hinunter, und ein korpulenter, haariger Mann stieg aus. Es war Oktober, und ich hatte gerade meine Netze im Lieferwagen aus Pulteney mitgebracht. Ich hatte sie auf dem Rasen ausgebreitet und verbrachte beruhigende vier Stunden damit, die vertrockneten Beine der Krabben herauszupulen, die sich in den Maschen verhakt hatten, in denen eigentlich nur Seebarben hätten sein sollen. Der dicke Mann trug sein Hemd bis zum Nabel aufgeknöpft. Schwere goldene Anhänger klickten in seinem Brusthaar. Er sah sich um, als habe er nie zuvor ein Netz oder ein Landhaus gesehen. Mit einem starken amerikanischen Akzent fragte er: »Finde ich hier Rhyd Walters?«

Ich deutete auf die Scheune. »Sehr nett von Ihnen«, sagte er und watschelte in seinen weißen Mokassins vorsichtig den schlammigen Pfad hinunter.

Wie sich herausstellte, war der fette Mann Hud Krantz, Rhyds Manager und die Nummer eins unter den Konzertveranstaltern für Country-and-Western-music. Sechs Wochen später trat Rhyd bei »Country Cousins« auf, einer gemeinsamen, weltweit ausgestrahlten Fernsehsendung. Das Konzert brachte einen Erlös von sieben Millionen Dollar, der für die Linderung der Hungersnot in Afrika verwendet werden sollte. Eine neue Art von Leuten begann jetzt, die Scheune zu besuchen, Leute, die einen künstlich gealterten Tempera-Anstrich auch dann nicht erkannt hätten, wenn man ihn ihnen unter die Nase gerieben hätte. Diese Leute waren in der Regel braun, dünn und beredt. Zwei von ihnen erwiesen sich als erstaunlich kenntnisreich, was Enten anging, insbesondere die in Afrika und Südostasien heimischen Arten. Camilla erzählte mir, daß sie und Rhyd der Organisation »Plough Share« beigetreten seien, einem Hilfswerk mit Sitz in Bristol, dessen Hauptziele in der Vermittlung geeigneter Technologien, der Umwandlung militärischer Hardware in landwirtschaftliche Geräte und der »Permakultivierung« lagen, was immer das auch sein mochte. Ich war nicht sonderlich interessiert, weil ich mich mitten in einer langen und komplizierten Affäre mit Mary Morpurgo befand, die eine Dichterin war und wenig für den Ackerbau in der Dritten Welt übrig hatte. Drei Monate nach dem Konzert steckten Camilla und Rhyd die Jungen in ein Internat in Dorset, stiegen in ein Flugzeug und ließen sich in einem Dorf in Nordäthiopien nieder. Nur kurze Zeit nachdem sie außer Landes waren, hatte mich auch Mary verlassen, wobei sie mir sagte, daß ich verrückt sei, wenn ich glaubte, sie hätte nichts Besseres zu tun, als einem Irren hinterherzulaufen, der die eine Hälfte seines Daseins als Abenteurer, die andere als Einsiedler verbrachte. Und so war ich in einer Welt aufgewacht, zu der sie und die Jungen nicht länger gehörten.

Natürlich hatten sie die Scheune so zurückgelassen, daß sie jederzeit zurückkehren konnten. Aber sie waren niemals zurückgekommen.

Und jetzt würden sie auch niemals mehr zurückkehren.

Ich parkte den Wagen in der kleinen Scheune, ging ins Haus, trank ein Glas Whisky und unternahm dann einen Kontrollgang um die Ententeiche. Es waren keine Füchse dagewesen. Alle Enten trugen ihr Brutkleid. Ich beobachtete, wie der Krickentenerpel übereifrig in einer sumpfigen Ecke des Teiches nach Nahrung suchte, während seine Gefährtin geduldig auf den Eiern saß. Normalerweise hätte ich mich jetzt auf meinen Klapphocker setzen und den Anblick in einem Aquarell festhalten können, auf dem nicht nur die Ente eindeutig identifiziert war, sondern – durch einen geheimnisvollen Prozeß, den ich nicht genau erklären konnte – auch die Art, wie sie schwamm, sich ernährte und sich fortpflanzte. Aber sobald ich mich setzte, schwand mir die Krickente aus den Augen. Der bittere Geruch von Asche stieg mir in die Nase, und ich fühlte mich zurückversetzt unter die kahlen, schwarzen Äste des »Halleluja-Baumes«, verängstigt und von Scham erfüllt. Ich klappte den Hocker wieder zusammen, ging ins Haus und öffnete eine neue Flasche.

Und so ging es die ersten zwei Wochen nach meiner Rückkehr weiter. Ich versuchte am Tage zu malen und nachts Gedichte zu schreiben und schaffte weder das eine noch das andere. Es gab eine Menge aufzuräumen und zu ordnen; eine trostlose Arbeit, die immer anfällt, wenn jemand gestorben ist.

Während ich noch mitten in dieser elenden Arbeit steckte, kam aus Amerika ein Brief mit einem Testament.

Rhyd mußte es in Äthiopien geschrieben und an seine Anwälte geschickt haben, die in einem Ort namens Quogue in Maine ansässig waren. Es war voll von dem üblichen juristischen Kauderwelsch und enthielt die üblichen Dispositionen zur Verteilung seines Vermögens. Allerdings gab es da noch ein merkwürdiges Kodizill.

Worauf es hinauslief, war, daß seine Söhne den Versuch machen sollten, in den USA zu leben, um zu sehen, ob es ihnen dort gefiel. Sollten Rhyd und Camilla sterben, bevor die Jungen achtzehn waren, sollten sie dort sechs Monate im Jahr unter der Obhut seiner Schwester Sarah in Bethel Bay, Maine, verbringen. Nach der ersten Probezeit konnten sie sich entscheiden, ob sie entweder ganz bei mir oder ganz bei ihrer Tante Sarah bleiben oder ob sie so weitermachen wollten.

Ich wußte, daß Rhyd auf einer Farm in Maine geboren war, und zwar als Angehöriger einer Sekte, die sich *Christ's Brethren,* Brüder Christi, nannte. In meiner Gegenwart hatte er selten darüber gesprochen; auch über seine Schwester Sarah nicht. Anfangs, als ich noch etwas besorgt war, was für einer Art Mann sich meine Schwester da anvertraut hatte, war ich der Sache mit den Brüdern Christi mal nachgegangen. Die üblichen Nachschlagewerke ließen mich im Stich, und so war ich in die Stadtbücherei von London gegangen und hatte darüber hinaus noch andere Quellen aufgetan.

Es hatte mich zwei ganze Wochen gekostet, und am Ende meiner Recherchen wußte ich nur wenig mehr als zu Beginn. Alles, was ich herausbekommen hatte, war, daß ein gewisser John Walters im Jahre 1682 von Cardiff aus in die Neue Welt gesegelt war. Er wurde von ungefähr sechzig Männern und Frauen begleitet, deren Abscheu vor der Korruption der Staatskirche so stark war, daß sie beschlossen hatten, künftig nur noch mit Angehörigen ihrer Gruppe zu verkehren. Ihr

Schiff nannten sie, was kaum überrascht, ARK – die Arche. Sie hatten sich an der Küste von Maine angesiedelt und waren nach wenigen Jahren praktisch in Vergessenheit geraten. Ihre religiösen Vorschriften waren gekennzeichnet durch einen starken Glauben an göttliche Eingebungen, verbunden mit einem ebenso starken Glauben an die göttliche Vergeltung. Sie heirateten nur untereinander; die wenigen, die von außen dazukamen und zur Auffrischung der Erbmasse auch nötig waren, wurden noch einmal getauft und in der sogenannten Kirchenschule entsprechend indoktriniert. Es kam mir merkwürdig vor, daß Rhyd den Wunsch gehabt hatte, seine Söhne mit solchen Leuten zusammenzubringen. Aber er mußte es wohl mit Camilla besprochen haben, denn so stand es in kühler Juristensprache im Testament, und damit hatte es sich.

In einem weiteren Zusatz hinterließ er mir sein Boot, die HALCYON. Im Augenblick beschäftigten mich jedoch so viele andere Probleme, daß ich mich darüber kaum freuen konnte.

Ich schrieb dem Anwalt, daß die Jungen im späten Frühjahr, dem letztmöglichen Zeitpunkt, nach Amerika kommen würden. Ich führte mit beiden endlose Telefongespräche. Ich organisierte einen Gedenkgottesdienst.

Es war ein guter Gedenkgottesdienst, wenn es so etwas überhaupt gibt. Er wurde in der Kirche in Pulteney abgehalten, die auf einer Klippe hinter einem Windwall von Rhododendronsträuchern steht.

Es hatte die ganze Woche hart geweht; richtige Februarstürme. Am Morgen des Gottesdienstes war die Sonne hervorgekommen. Auf dem Kirchhof bewegten sich die Osterglocken im Windschatten der Felsmauer, die die Grabsteine stützte. Draußen auf See wurde die hohe Dünung in den Felszacken der *Teeth* zu brodelndem Schaum zerschlagen. Die Luft über der grünschimmernden See bis zur Landspitze von Danglas hatte die traumhafte Transparenz, die anzeigte, daß sie voller Feuchtigkeit steckte.

Die Kirche war bis auf den letzten Platz besetzt. Die Jungen waren zum Wochenende aus dem Internat gekommen und saßen blaß und etwas benommen neben mir. Ich hatte ihnen die Arme um die Schultern gelegt. Nahezu ganz Pulteney war gekommen, Yachteigner und Fischer; die Mitglieder von »Plough Share«; Camillas Freunde von der Universität in Somerville; alle Mitglieder der großen Familie, die das Tal für uns zur Heimat gemacht hatte. Die Predigt des Pfarrers war kurz und kreiste um das Thema: größere Liebe hat kein Mensch als der, der sein Leben gibt für seine Freunde. Ich las ein Gedicht vor.

Als letzten Gesang hörten wir Rhyds großartige Hymne, die er für das »Country Cousins«-Konzert geschrieben hatte. Er war damit weltweit bekannt geworden. Der letzte Vers erklang:

Als dann am letzten Tag
Die Sonne hob sich in den Himmelsraum,
Da sahen wir, o Herr,
Blutrote Blüten blühn
Am alten Halleluja-Baum.

Hiermit endete der Gottesdienst. Wir stolperten in den Wind hinaus, der seufzend über eine plötzlich trübe und graue Welt hinwegstrich. Ich stieg mit den Jungen in den Lieferwagen und fuhr in das am Kai liegende Gasthaus »Mermaid«.

Der Wirt hatte sich bereit erklärt, das Lokal für uns zu reservieren. Die Jungen gingen mit Chiefy Barnes die neuen Rettungsboote der Arun-Klasse ansehen, die vor einer Woche gekommen waren. Ich trank Whisky und versuchte mich mit einigen teilnahmsvollen Leuten, deren Namen ich sofort wieder vergessen hatte, zu unterhalten und nicht daran zu denken, daß ich in meiner Angst von dem Ort geflohen war, wo man Camilla umgebracht hatte. Rhyd und Camilla hatten eine Menge Freunde gehabt. Im Vergleich zu ihnen war ich mehr oder weniger ein Einsiedler. Ich gab mir bei allen die größte Mühe, obwohl ich mich schuldig und elend fühlte, weil ich Camilla auf eine ganz wesentliche Weise im Stich gelassen hatte.

Unser Vater hatte uns zu geistiger Selbständigkeit erzogen. In einer meiner frühesten Erinnerungen sehe ich ihn noch in seinem Arbeitszimmer sitzen, vor sich den flimmernden Schwarzweißfernseher, und habe noch den Geruch des Whiskys in der Nase, den er trank. Im Fernsehen zeigten sie gerade einen Protestmarsch; ich denke, es muß eine der Demonstrationen gegen die Atombombe in den frühen sechziger Jahren gewesen sein. »Dummköpfe«, sagte er. »Aber sie haben natürlich recht.«

Ich brauchte Jahre, bis ich verstand, was er damit meinte. Einen öffentlichen Wirbel zu veranstalten war – seiner Ansicht nach – reine Zeitverschwendung. Persönlich und nach eigenem Gewissen das Rechte zu tun war obligatorisch. Die Hölle war ein schlechtes Gewissen. Darauf baute sich alles auf.

Kurz bevor er starb, beobachtete ich einen Stieglitz am Futterplatz. Dabei sagte ich wohl, wie schön ich ihn fände.

»Dann male ihn doch«, sagte er.

Ich antwortete ihm wohl, daß ich noch nie irgend etwas gemalt hätte.

Er runzelte die Stirn. Sein Gesicht war grau, gezeichnet von der Herzkrankheit, an der er kurz darauf starb. »Du hast doch Augen«, sagte er. »Du hast Hände.«

Also malte ich den Stieglitz. Es kam mir nie in den Sinn, daß ich dazu vielleicht nicht fähig sein könnte.

Aber in der »Mermaid«, inmitten all der ernst gestimmten Leute, fühlte ich eine große Leere. Ich hätte in dem Dorf in Äthiopien bleiben sollen, um mehr über diese ganze Angelegenheit herauszufinden. Aber ich hatte Angst bekommen und war geflohen.

Schlechtes Gewissen.

Ich unterhielt mich mit Jerry Stein, dem Vorsitzenden der Organisation »Plough Share«. Jerry war eine dynamische Person mit weißem Haar und schwarzen Augenbrauen. Er sprach von der Einrichtung eines Gedenkfonds. Ich nehme an, Manager einer Hilfsorganisation müssen wissen, wie man eine Katastrophe zu Geld macht. Wir lehnten an der Theke. Neben uns stand ein großer Amerikaner, Bill irgendwas, der ernsthaft und ausführlich mit mir reden wollte. Ich hatte nicht die geringste Lust, mit irgend jemandem ernsthaft und ausführlich zu reden. Schamgefühl ritt mich wie ein Nachtmahr. Ich gab ihm meine Telefonnummer und wandte mich den Leuten zu, die mir wichtig waren.

Am Tage nach dem Gottesdienst brachte ich die Jungen wieder ins Internat. Als ich zurückkam, tummelten sich die Enten auf den Teichen, und auf dem Rasen lagen die Schatten der Möwen, die gegen den starken Seewind ansegelten. Der Ort war erfüllt von Tieren und Geistern. Ich fühlte mich unerträglich einsam.

Ich verdrängte die Geister des Tales aus meinen Gedanken, ging in das Arbeitszimmer und zog die Mappe mit meinen Entwürfen für das Buch über nordamerikanische Enten heraus, das zum April fertig sein sollte.

Es begann zu regnen, ein immer stärker werdendes Prasseln an den großen Fenstern. Ich beobachtete, wie die grauen Wolkenvorhänge über die Weiden hinwegzogen, welche die Ententeiche schützten. Unten im Tal, hinter den Weiden, war das Dach der Scheune zu erkennen, in der Rhyd und Camilla gelebt hatten, bevor sie nach Afrika gingen, wo man sie niedergeschossen und verbrannt ...

Kipp den Rest der Flasche ins Glas. Trink. Und fang noch mal von vorn an.

Hinter den Weiden und der Scheune lag die See. Es war jetzt an der Zeit, zum Bootsschuppen in der Marsch von Pulteney zu gehen und meine alte Yacht LITTLE AUK wieder herzurichten, ihr einen neuen Anstrich zu verpassen, die Maschine zu überholen. Vielleicht ein neues Segel anzuschaffen, wenn ich das Buch fertig hatte. Ein Törn zum Nordkap, ein paar Vögel malen, über eine Frühlingswiese gehen. *Geh allein auf See und in die Berge; geh ohne die Geister. Laß Dich vom Wind durchblasen, schreib ein paar Gedichte; fang wieder an zu leben.*

In früheren Jahren hatte Camilla mir immer geholfen, die LITTLE AUK neu anzustreichen.

Ein Frösteln überkam mich. Meine Hand griff in den Schrank neben dem Regal mit den Gummistiefeln, wo die Kisten mit den Flaschen standen.

Zeit, sich noch einen netten, kleinen Whisky einzuschenken.

Meine Hand schloß sich um den kühlen Hals einer neuen Flasche.

Das Telefon klingelte.

Ich ließ es klingeln. Wahrscheinlich war es Julia, die Lektorin des Verlages, die sich nach dem Fortgang des Buches erkundigen wollte. Julia war eine tüchtige Person in einem warmen Büro mit einem großen Terminplan an der Wand. Es ging ihr um das neue Buch von George Devis – Forschungsreisender, ehemaliger Geliebter von Mary Morpurgo, Autor und Illustrator nicht nur des soliden Werkes »Auks«, sondern auch des ungeheuer populären »The Best Guide to British Birds«, jetzt in der dreizehnten Auflage, und keine Anzeichen mangelnder Nachfrage. Mit George Devis, soviel stand fest, war der Verlag »Best Books« einer Goldader bisher am nächsten gekommen.

Ich öffnete die neue Flasche. In der Kiste warteten elf leere auf den Flaschencontainer. Das Telefon klingelte. Nach zwölfmaligem Klingeln gab Julia auf, das wußte ich aus Erfahrung.

Das Telefon klingelte jedoch weiter. *Schon gut, schon gut,* dachte ich und nahm den Hörer auf.

4

Die Stimme am anderen Ende klang wie die eines Amerikaners, eine rauhe, knurrende Stimme, die sich anhörte, als gehöre sie einem professionellen Football-Spieler, der jetzt zu viele Zigaretten raucht. »Devis«, sagte die Stimme. »Wir müssen uns treffen.«

»Mit wem spreche ich?« fragte ich.

»Bill Marsden«, sagte er. »Wir sind uns nach der Kirche in der ›Mermaid‹ begegnet. Ich möchte mit Ihnen reden. Ich bin kurz vor der Gedenkfeier aus Afrika zurückgekommen. Ich bin jetzt in einem Ort, der Exeter heißt. Wie komme ich mit Ihnen zusammen?«

Ich wollte Whisky trinken und so tun, als malte ich Enten für mein Buch, und nicht über alte, schmachvolle Zeiten reden. Ich setzte an, ihm zu sagen, daß ich keine Zeit hätte, aber er ließ mir keine Chance.

»Ich weiß«, sagte er, »das kommt sicherlich ungelegen, aber ich habe nur acht Stunden Zeit, okay? Dann muß ich jemanden in Prag aufsuchen.«

Ohne es so recht zu wollen, gab ich ihm Anweisungen, wie er fahren sollte. Eine Stunde später stand er in der Tür: ein großer Mann, der einen hellbraunen Regenmantel und einen Tweedhut mit schmaler Krempe trug und dem das Regenwasser aus den buschigen Augenbrauen rann.

»Hübsch hier«, sagte er noch im Türeingang. Die Weiden und die Ententeiche waren in der Dämmerung kaum noch zu erkennen. Er versuchte höflich zu sein.

Beim Hereinkommen drehte er die Schultern zur Seite, um gut durch die Tür zu kommen, und legte dann den Mantel mit der geschäftsmäßigen Präzision eines Mannes ab, der nur wenig Zeit hat, um eine wichtige Aufgabe zu erledigen. Er war ungefähr einen Meter achtzig groß, um die Vierzig, mit einem kräftigen Nacken und kurzgeschnittenem schwarzem Haar, das schon einige graue Strähnen aufwies.

»Das ist ja Camilla«, sagte er, wobei er eine Havanna-Zigarre herauszog. Sein Blick war auf das gemeinsame Porträt und Selbstporträt gefallen, das ich von uns gemalt hatte. Camilla hatte die Idee gehabt. Sie hatte sich einige meiner frühen Entenbilder angesehen, ein Pärchen Mandarinenten zwischen Seerosen. Dann sagte sie: »Mach doch mal ein Bild von uns.«

»Ich kann keine Porträts malen«, entgegnete ich.

»Wie kannst du das wissen?« fragte sie.

Damit hatte sie natürlich völlig recht, und so erübrigte sich eine weitere Diskussion darüber.

Auf diesem Bild saßen wir auf einer Gartenbank und hielten gemeinsam eine Zeitung. Gerade hatten wir sie sinken lassen und sahen mit überraschtem Ausdruck auf, als wollten wir sagen: *Wer sind Sie denn?* Ich hatte zu viele lockige, bräunliche Haare auf dem Kopf, ein etwas verschwommenes, zerhauen wirkendes Gesicht mit einer durch einen herabgefallenen Band des *Oxford English Dictionary* gebrochenen Nase, die sich nach einem Sonnenbrand zu schälen begann. Camilla war hellblond, mit hohen Backenknochen und energisch blickenden blauen Augen. Die gesenkte Zeitung zeigte uns Arm in Arm. Die letzten der Devis-Familie, zu allem bereit.

Der bittere Geruch der Asche.

Bill setzte sich. Ich sagte: »Sie sind also in Afrika gewesen?«

»Es war ausgemacht, daß ich Rhyd und Camilla besuchen sollte, nachdem Sie abgereist waren. Ich fuhr also hin und sah mir an ... was noch übrig war.«

Wir schwiegen eine Weile. Draußen senkte sich die Nacht auf die Erde wie eine feuchte Persenning. »Warum?« fragte ich.

»Ich bin Journalist. Ich hatte ein berufliches Interesse.«

»An der Urbarmachung des Bodens?«

»Nicht eigentlich.« Er nahm die Zigarre aus dem Mund. »Rhyd war ein sehr vielseitiger Typ. Er kannte sich sehr gut mit der Metallbearbeitung aus. Er wußte auch viel über Entwicklungshilfe.«

»Worauf wollen Sie hinaus?«

»Manche Leute können ohne Grund umgebracht werden. Ich glaube nicht, daß Rhyd und Ihre Schwester dazugehörten.«

Ich dachte daran, wie die olivgrünen Laster langsam den schmalen Serpentinenweg vom Paß heruntergekommen waren. Ich dachte an die uniformierten Puppen, die das Haus im Halbrund umstanden, an die beiden weißen Gesichter, die nach oben blickten, von wo keine Hilfe kam. Und zwei Stunden später, als die Lastwagen fort waren, die nackten Äste des »Halleluja-Baumes«, der Aschenhaufen. Und der Ring schwarzer Gesichter, und die Wellen der Angst. »Es sah wie ein militärischer Einsatz aus«, sagte ich. Ich dachte: *Dieser Mann ist Reporter.* Dann fügte ich hinzu: »Sagt Ihnen der Name Ras Hamil etwas?«

Die Zigarre schwenkte ruckartig in meine Richtung. »Hamil?« fragte er. »Sicher. Warum?«

»Er hat sie umgebracht.«

Seine dunklen Augen waren völlig ausdruckslos. »Woher wissen Sie das?« fragte er.

Ich sagte: »Ich habe es von Leuten erfahren ... die dabei waren.« Ich konnte es nicht ertragen, daran zu denken. Trotzdem tauchten die Bilder wieder in meiner Erinnerung auf.

Derek hatte mich damals zur Mission zurückgeflogen. Die Angst war gewichen und hatte der Trauer Platz gemacht. So schonend wie möglich hatte ich den Jungen erzählt, was vorgefallen war.

Sie zeigten ihre Gefühle kaum. Ich glaube sogar, daß sie es nicht einmal verstanden, nicht richtig jedenfalls. Als ob man eine Sache wie die überhaupt verstehen könnte, gleichgültig, wie alt man ist.

Wir flogen nach Addis Abeba. Dort bemühte ich mich nach Kräften, die Behörden an dem Fall zu interessieren. Ich fing bei der britischen Botschaft an. Der Mann von der Botschaft hatte die Schultern gezuckt und gesagt: »Es gibt da natürlich ein Problem. Dieser Bursche Ras Hamil ist – nun ja, er ist ein Bandit, ein entsetzlicher Nationalist; rasselt mit russischen Waffen, die aus dem Bürgerkrieg übriggeblieben sind, und spricht mit niemandem ein vernünftiges Wort. Offen gesagt, Europäer sind dort oben nicht sicher. Das habe ich auch ihrem Schwager gesagt.« Er hatte hervorstehende grüne Augen, einen rötlichen, an eine Zahnbürste erinnernden Schnurrbart und einen allergischen Ausschlag an den Stellen, die er rasiert hatte. Er verbesserte meine Stimmung keineswegs. »Wieder auf dem Weg nach Hause, was?« sagte er. »Sie Glückspilz.«

»Ich möchte mehr über Ras Hamil erfahren«, sagte ich.

Sein feuchter roter Mund hatte halb offen gestanden. Er schien den Namen bereits vergessen zu haben.

Durch beharrliches Fragen hatte ich herausbekommen, wen ich bestechen mußte. Eine Handvoll Fünfpfundnoten hatten mich bis in ein Büro im Regierungsgebäude vordringen lassen. Ein Deckenventilator ließ den abblätternden Kalkanstrich der Wände flattern. Der Schreibtisch, vermutlich in Rußland hergestellt, war einige Jahre alt. Hinter dem Schreibtisch saß ein Oberst in einer Khaki-Uniform, der seine Augen offensichtlich nur mit Mühe offenhielt; die langen schwarzen Hände sahen aus, als wollten sie jeden Moment vor Kraftlosigkeit von den Handgelenken abfallen.

Ich sagte: »Dieser Ras Hamil hat meine Schwester und ihren Mann ermordet.«

Fliegen summten, der Ventilator ließ die Papiere auf dem Schreibtisch leicht rascheln. Schließlich sagte der Oberst: »Das ist eine sehr schockierende Angelegenheit.«

»Was gedenken Sie in der Sache zu unternehmen?« fragte ich.

Seine langen Hände bewegten sich so träge wie eine Unterwasserpflanze. »Ich fürchte, da können wir sehr wenig tun«, sagte er. »Dieser Hamil ist ein ... äh ... Straßenräuber. Sie müssen berücksichtigen, daß große Gebiete im Inneren gegenwärtig nicht unserer Kontrolle unterliegen. Sie befinden sich in den Händen aufstrebender demokratischer Gruppierungen. Natürlich halten wir Wahlen ab. Dann werden wir ja sehen.« Es hörte sich nicht so an, als wüßte er, was wir dann sehen würden.

»Menschen sind ermordet worden«, sagte ich.

»Ja, leider«, sagte er. Er schien zu glauben, daß er sich genug bemüht habe. Außerhalb des Fensters erhob sich Geschrei. Irgend jemand schlug eine Trommel. Er wußte genausowenig wie ich, wie er das Problem anpacken sollte. Er hatte Angst, ins Innere zugehen und Fragen zu stellen. Das ging mir genauso.

Er stand auf und sagte in seiner müde-gelangweilten Art: »Gestatten Sie, daß ich Ihnen mein Beileid ausspreche.«

Als ich nach draußen kam, strich die feuchtwarme Luft an meinem Gesicht entlang wie Wellen an einem Schiffsbug. Aber es war das Gefühl der Scham, das mich schwitzen ließ.

Und jetzt war die Luft kalt und naß und stank nach dem Rauch einer Havanna-Zigarre. Und dieser Bill sah mich immer noch mit seinen dunklen, ausdruckslosen Augen an.

»Was wissen Sie also über Ras Hamil?« fragte ich.

»Kleiner Kriegsherr«, sagte er. »Entschuldigung. Führer einer aufstrebenden politischen Gruppierung.« Der äthiopische Oberst hatte die gleiche Floskel verwendet. »Erschien aus dem Nichts, fängt jetzt gerade an, ein bißchen die Flügel zu spreizen. Niemand weiß etwas von ihm. Führt eine Art Privatarmee von ungefähr zehntausend Mann. Wird sich in Kürze zur Wahl stellen, wenn sie es denn schaffen, Wahlen abzuhalten. Den Leuten in Addis Abeba, das hören Sie in jedem Gespräch, jagt er eine Heidenangst ein.«

»Wie sollte denn die Ermordung von Rhyd und Camilla eine gute Wahlpropaganda sein?« fragte ich.

Er verschwand einen Augenblick hinter einem blaugrauen Rauchvorhang und sagte dann: »Das habe ich auch die Leute im Dorf gefragt. Einige von ihnen würden sicher behaupten,

Rhyd und Camilla hätten neokolonialistische Bestrebungen unterstützt.«

»Bestimmt nicht die Leute aus dem Dorf.«

Er sagte: »Als ich dort ankam, waren schon zwei Getreidehändler da, die ihr Zeug verkauften. Außerdem ein paar Leute, die sich als Missionare der Baptisten ausgaben, aber das weiß man natürlich nie so genau. Und kein Rhyd und keine Camilla, um ihnen zu sagen, sie sollten sich zum Teufel scheren. So waren also die Getreidehändler hinter dem Ersparten her, und die Missionare waren entweder wirklich Missionare oder darauf aus, die Bauern zum Anbau irgendwelcher Feldfrüchte zu bewegen, die sie dann billig einkaufen und woanders teuer weiterverkaufen würden. Ich weiß es nicht. Ich weiß nur, daß die Leute im Dorf mit einem redeten, als Rhyd noch da war, und daß sie jetzt mit niemandem mehr reden, weil sie gesehen haben, daß man erschossen und verbrannt wird, wenn man sich an das hält, was Rhyd und Camilla ihnen beigebracht haben.« Er schnippte die Asche von seiner Zigarre. »Sie hatten also wirklich Angst. Und erzählt haben sie mir gar nichts.«

Ich dachte an die verschlossenen Gesichter vor den rauchenden Überresten des Hauses. Wir hatten alle Angst gehabt, aber ich hatte wenigstens die Möglichkeit wegzugehen. »Warum haben Sie diese Fragen gestellt?« fragte ich ihn.

»Das ist mein Job. Ich bin Reporter beim *Boston Echo*. Ich glaube nicht, daß Sie schon mal davon gehört haben.«

Damit hatte er recht. Ich sagte: »Sie waren ziemlich weit von zu Hause weg.«

Er zögerte etwas. »Ich bin an dieser Geschichte ... besonders interessiert.« Sein Gesicht war plötzlich nicht mehr die undurchdringliche Maske eines Mannes, dessen Job es ist, Fragen zu stellen. Augen und Mund zeigten einen weicheren Ausdruck, und er starrte auf das Whiskyglas in seiner Hand, als wollte er vermeiden, woandershin zu sehen. »Rhyd war ein alter Freund«, sagte er. »Wir hatten eine lange Diskussion, bevor er nach Europa ging, um sich mit Ihrer Schwester zusammenzutun. Ich sagte ihm, er sei nicht ganz bei Trost. Da hat er es mir erklärt. Er sagte, Country-music sei auf die Dauer keine Beschäftigung für einen erwachsenen Mann; Ihre Schwester habe ihm gezeigt, wie Erwachsene leben sollten. Wir redeten ziemlich ausführlich darüber.« Er lachte. »Ich bin Reporter, okay? Skeptiker von Berufs wegen. Ich glaube an nichts als an die Geschichte, die ich schreibe. Aber ich glaubte wirklich an Rhyd und Camilla.« Er griff nach der Whiskyflasche. »Das ist der Grund, warum ich hier bin.«

Seine Hand zitterte leicht, als er sein Glas füllte, als habe ihn dieses Zugeständnis Mühe gekostet.

»Ich verstehe nicht ganz«, sagte ich.

»Tut mir leid«, sagte er. »Ich drücke mich wohl nicht klar genug aus. Was ich sagen will, ist, daß unsere Beziehung zu Rhyd und Camilla ähnlich ist. Eng peripher, könnte man sagen. Es hat mir also nicht gefallen, was ich da im Dorf gesehen habe. Ich möchte daher genug Geld auftreiben, damit jemand anders ihre Arbeit dort fortsetzen kann. Verstehen Sie?«

Ich dachte an Camilla. Ich dachte an die Angst und wie ich sie im Stich gelassen hatte. Was Bill da vorhatte, könnte sich schon als hilfreich erweisen. »Natürlich«, sagte ich.

Er war jetzt wieder in seinem Fahrwasser, die Augen scharf unter buschigen Brauen. Er hatte das Gesicht eines Pokerspielers, voll von verborgener Schläue. »Ich habe einen Plan«, sagte er.

Ich sagte nichts. Er strahlte viel Selbstbewußtsein aus, dieser Bill.

»Rhyd erzählte mir, Sie seien Segler.« Er grinste. »Na ja, in Wirklichkeit sagte er, daß Sie einige ziemlich extreme Fahrten in einem richtigen Oldtimer unternommen hätten. Ich habe Ihr Buch über Spitzbergen gelesen. Sind Sie allein da hinauf gesegelt?«

Wenn man das so hörte, klang es unerschrocken und großartig. Die Wahrheit war weniger dramatisch gewesen.

Ich saß an einer Dissertation über Alke als Teil meiner

akademischen Prüfung. So, wie ich es sah, standen mir dabei zwei Möglichkeiten offen. Zum einen konnte ich mich in eine Bibliothek setzen und zwischendurch die Küstengewässer Europas zu Feldbeobachtungen aufsuchen. Die andere Möglichkeit war, dem bedeutendsten Versammlungsort der Alke auf der Welt, nämlich Spitzbergen, einen Besuch abzustatten, wozu ich weder das Geld noch die Visa hatte.

Ich hatte mich gerade von einer Freundin getrennt, deren Verlangen nach gesellschaftlichem Umgang stärker war als meines. Außerdem besaß ich die THUG, ein Boot, das ich im Alter von sechzehn Jahren vom Schiffsfriedhof geholt und mit Hilfe von Freunden aus Pulteney, darunter Charly Agutter, wiederhergerichtet hatte. Bei einer Länge von achtundzwanzig Fuß war sie ungeheuer solide gebaut, Eichenplanken auf Eichenspanten. Ich rüstete also das Boot aus, und ohne jemandem ein Wort zu verraten (damit keiner mich überreden konnte, nicht loszusegeln), ging ich auf Nordkurs. Ich lief die Shetlands, Tromsö und Spitzbergen an und schließlich sogar einen militärischen Stützpunkt, wo sich Angehörige der NATO und der Sowjetarmee mißtrauisch gegenüberlagen. Ich sah sieben Millionen Alke. Da ich wahnsinniges Glück mit dem Wetter und der Navigation hatte, wurde ich kein Opfer der See. Als ich wieder zu Hause war, stellte ich fest, daß ich eine gewisse Berühmtheit erlangt hatte. Ich erweiterte die Dissertation zu einem Buch und lieferte die Vorlage für einen Naturfilm. Camilla tat so, als fände sie die ganze Sache urkomisch, aber ich wußte, daß sie insgeheim mächtig stolz auf mich war.

Der Spitzbergen-Törn hatte also seinen Zweck erfüllt, nicht mehr und nicht weniger.

Ich sagte: »So was habe ich schon lange nicht mehr gemacht.«

Marsden schwieg eine ganze Weile. Der Regen trommelte an die Scheiben. Dann sagte er abrupt: »Ich habe Rhyds Asche mitgebracht.«

»Seine was?«

»Seine Asche. Ich will sie nach Hause überführen. Ich beabsichtige, die Urne seiner Schwester Maria zu überbringen, und zwar mit größtmöglicher Publicity.«

Ich sah ihn fassungslos an. »Maria?«

»Warten Sie«, sagte er. »Ich möchte die größtmögliche öffentliche Aufmerksamkeit auf diese Überführung lenken, indem ich die Asche in einem Segelboot über den Atlantik transportiere. Dazu werde ich an der Weston-Zweihand-Atlantikregatta teilnehmen. Geht in einem Monat los. Der Name des Bootes wird in PLOUGH SHARE geändert. Anschließende Vortragsreise in New England, Rhyds Heimat, der Name ist dort ein Begriff; Gespräche mit Ladies, die Wohltätigkeitsessen geben und Spenden erbitten. Ich weiß, wie man so was arrangiert. Sie können gut Vorträge halten, wie ich höre. Wir bringen eine Menge Geld zusammen.«

Ich wiederholte: »Maria?«

»Rhyds Schwester.«

»Sie haben sie gefunden?«

Er runzelte die Stirn. »Na, klar«, sagte er. »Man kann auch sagen, sie hat mich gefunden.«

Rhyd hatte sie seit Jahren nicht mehr gesehen. Er hatte nicht die geringste Ahnung, wo sie steckte.

»Sie wollte ihm nicht sagen, wo sie sich aufhält. Sie setzte sich mit mir in Verbindung, als sie hörte, daß er tot ist. Rhyds Familie ist ... etwas eigenartig. Hat er mit Ihnen über sie gesprochen?«

»Kaum.«

»Ich denke, Maria war dem Druck nicht mehr gewachsen, verstehen Sie?«

Der einzige Anhaltspunkt, wie dieser Druck ausgesehen haben mochte, war Rhyds Weigerung, sich dazu zu äußern.

Ich wechselte das Thema: »Was diese Regatta angeht – haben Sie ein Boot?«

»Nein. Aber Sie haben doch eins. Wollen Sie nicht mitmachen?«

Ich saß da und lauschte dem Schlagen meines Herzens. Es

hörte sich an wie eine gedämpfte Trommel. Ich kannte ihn gerade mal vierzig Minuten, und jetzt sollte ich mit ihm über den Atlantik segeln.

Seine Augen waren wie die von Billy Graham; solche Nimm-dein-Bett-und-wandle-Augen. Augen, wie Camilla sie hatte. Er sagte: »Rhyd schrieb mir einmal, daß Sie ein ziemlich pingeliger Typ sind und daß Sie Ihr Boot verdammt gut in Schuß haben. Ich habe schon mit dem Regatta-Ausschuß gesprochen. Angesichts Ihrer bisherigen Leistungen hat man Sie von vornherein für das Rennen qualifiziert. Selbst wenn wir als letzte ankommen, was zum Teufel macht das schon! Ich werde dafür sorgen, daß wir auf der anderen Seite mit einem großen Presserummel empfangen werden. Dann gibt's eine Vortragsreise. Wir bringen eine Menge Geld zusammen.«

»Moment mal«, sagte ich.

Er steckte seine Zigarre wieder an, die ausgegangen war, sah mich mit den Billy-Graham-Augen an und sagte: »Vielleicht noch einen winzigen Tropfen von dem ausgezeichneten Whisky?«

Ich warf noch ein paar Holzscheite in den Ofen. Draußen war es inzwischen völlig dunkel. Bill ließ den Blick auf dem Porträt von mir und Camilla verweilen. »Ist das Bild von Ihnen?« fragte er. »Es ist gut.« Er trank. »Die ganze Sache könnte mich rasend machen. Ich war nur ein Freund. Sie war Ihre Schwester. Das läßt sich nicht vergleichen. Wie geht's den Kindern?«

»Noch kann man das nicht beurteilen«, sagte ich. Im Mai, am Ende des Schuljahrs, sollten die Jungen zu ihrer Tante Sarah nach Amerika fahren. Die Regatta würde mir einen Vorwand liefern, dortzusein, wenn sie ankamen. Das würde sich schon einrichten lassen.

Bill stieß eine Rauchwolke aus und schenkte sich erneut ein. »Wie fühlen Sie sich?«

Nicht einmal ich selbst hatte mich gefragt, wie ich mich fühlte. Ich dachte: *Hier kommt plötzlich irgend so ein Kerl hereingeschneit, voll von romantischen Ideen, der dich zu transatlantischen Gedenkvorträgen bewegen will, dabei deinen Whisky trinkt und dein Studio vollqualmt. Es besteht keine Notwendigkeit, dich ihm anzuvertrauen.* Ich sah das Porträt von Camilla an. Ich dachte an das neue Grün auf den braunen Berghängen, die heiseren Stimmen in der Werkstatt im Dorf. Aus der Erinnerung kam ihre Stimme: *Es kann so weit kommen, daß Nichteinmischung unmöglich wird.* Durch eine Vortragsreise könnte ich die Gelder zusammenbringen, mit denen sich das Projekt weiterführen ließe; könnte den Berg der Schande, die ich auf mich geladen hatte, etwas abtragen.

»Warum tun Sie das alles?« fragte ich.

»Man darf seine Freunde nicht vergessen«, antwortete Bill.

Ich dachte darüber nach. Mein Problem war, daß ich mich zu intensiv an sie erinnerte. Ich redete mir ein, daß ich nur eins wollte: alles vergessen.

Aber was ich vergessen wollte, waren nicht Rhyd und Camilla. Es waren die Dinge, die Camilla in der letzten Nacht ihres Lebens zu mir gesagt hatte. *Erzähle den Leuten, was du gesehen hast.* Kurz danach war ich geflüchtet, ohne allzu genau hinzusehen.

»Und für Sie fällt dabei eine Story ab«, sagte ich.

Er zuckte die Schultern. »Man muß schließlich von etwas leben. Mir steht ein Monat Urlaub zu. Den kann ich noch etwas verlängern. Und wir können die Zeitung dazu bewegen, ein bißchen Reklame für Ihre Vortragsreise zu machen. Rhyd war in New England wirklich sehr populär. Das werden wir ausnutzen. Außerdem können wir mit größeren potentiellen Geldgebern ein offenes Wort reden.« Er stöberte in seiner Aktentasche und fischte schließlich ein Stück Papier heraus. »Die Vorarbeiten habe ich schon geleistet.«

Auf dem Zettel standen etwa ein Dutzend Namen und Adressen in New England. Keiner der Namen bedeutete mir das geringste. »Wohltätigkeitsessen«, sagte er. »Wir kassieren den Löwenanteil, reden ein bißchen über Asche, halten Vorträge über ›Plough Share‹. Am Ende schicken wir eine Million Dollar nach Afrika. Denken Sie nur: Was hätten Rhyd und

Ihre Schwester alles mit einer Million Dollar anfangen können!«

Er grinste. Ich ertappte mich dabei, wie ich ebenfalls grinste. »Und dann gehen Sie zurück an Ihre Arbeit«, sagte ich.

»Wie ich bereits erwähnte«, sagte er, »steht mir noch Urlaub zu. Können Sie sich vorstellen, daß ich etwas Besseres damit anfangen könnte?«

Ich sah aus dem Fenster in den Garten hinaus. Dort draußen stand eine Laube, die von einer Kletterrose überwachsen war Der Regen tropfte von den Dornen auf die darunterstehende Steinbank. Diese Steinbank hatte in den Sommern bevor Rhyd auf der Bildfläche erschien, eine Menge miterlebt. Ich hatte sie eines Tages auf dem Müllplatz entdeckt, mit nach Hause geschleppt und einen neuen Flügel für den Greifen gemeißelt, der das rechte Ende der Bank stützte.

Zwei Jahre nach meiner Spitzbergenfahrt saß ich an einem schönen Julitag mit Mary Morpurgo auf dieser Bank. Mary Morpurgo war jemand, den Camilla in einem Club in Soho kennengelernt und mit nach Hause gebracht hatte, weil sie sie für interessant hielt und fand, daß sie mal etwas ausspannen müßte. Sie hatte lockiges schwarzes Haar, grüne Augen und eine knochige, keltische Nase. Im Augenblick trug sie nur ein Bikinihöschen. Auf die nußbraune Haut ihrer rechten Schulter war ein Drache, um den rechten Fußknöchel die Ranke einer Zaunrübe tätowiert. Mary hatte bereits fünf Gedichtbände veröffentlicht und war so berühmt, wie man es als Poet in England nur sein kann. Sie war darüber hinaus eine praktizierende Hexe. Im Augenblick war sie dabei, ihre rechte Brust zu streicheln, deren Warze wie ein kleiner brauner Fingerhut emporstand. Ich beobachtete das mit großem Interesse; Marys Körper war genauso aufregend wie ihr Geist. Gleichzeitig erläuterte sie mir ihre Theorie, daß in jedem ein Dichter stecke.

»Mmm«, sagte sie nach einer Weile, wobei sie langsam zu mir herüberrutschte und sich an mich lehnte. »Könntest du das jetzt vielleicht übernehmen?«

Unser Gespräch über Poesie war damit beendet. Aber als ich wieder denken konnte, dachte ich darüber nach, was sie gesagt hatte. Ich hatte keine Ahnung, wie man anfängt, Gedichte zu schreiben. Daher nahm ich einfach meine Schulausgabe von Vergil aus dem großen Bücherschrank, übersetzte die erste Ekloge und bemühte mich, sie in eine Art Gedichtform zu bringen. Es kam mir so ähnlich vor, wie ein Bild zu malen, nur noch schwieriger. Mary war noch geblieben. Sie sagte mir, daß ihr die Übersetzung gefiele; aber Mary mochte zu der Zeit alles von mir, genauso, wie ich alles von ihr mochte.

Ich fuhr also fort, Gedichte zu schreiben, unter anderem (ein Jahr später) die Sammlung »Neue Eklogen. Pastorale Gedichte für eine Welt am Rande des Chaos«. Dieser Band fand recht viel Aufmerksamkeit, und Mary – mit der ich mittlerweile zusammenlebte – überredete mich, mit ihr zusammen auf Vortragsreise zu gehen.

So war ich dazu gekommen, öffentlich aufzutreten. Diese Vorträge machten mir nichts aus, denn wenn man etwas geschrieben hat, möchte man schließlich auch sicher sein, daß die Leute es so verstehen, wie es gemeint war. Was ich nicht vertragen konnte, waren diese Typen, die sich nur mit einem Dichter schmücken wollten, aber nichts verstanden; Bürokraten auf der einen Seite, Leute mit geschorenen Köpfen und Samtmützen auf der anderen. Nach fünf Tourneen kam es soweit, daß ich nahe daran war, etwas zu sagen, was jedermann verärgern, aber nichts ändern würde. Also setzte ich mich auf die AUK ab, das Boot, das ich mir vom Erlös des »Best Book of British Birds« gekauft hatte, und nahm mit meinem Jugendfreund Charlie Agutter am *Round-the-Islands*-Rennen teil.

Mit Bill über den Atlantik segeln. Ein paar Reden halten.

Das schlechte Gewissen auslöschen.

Kein Problem.

Ich griff nach dem Telefon und wählte die Nummer von Charlie Agutter. Er war nicht nur mein Jugendfreund, sondern auch Yachtkonstrukteur. Er wachte über die strukturelle Gesundheit der LITTLE AUK, wie sie mit vollem Namen hieß.

Ich sagte: »Wie lange würde es dauern, die AUK für ein Transatlantikrennen klar zu machen?«

»Ich hab' heute gerade nach ihr gesehen«, sagte er. »Sie ist gut in Schuß. Wenn wir ranklotzen, zwei Wochen.«

Ich überlegte einen Augenblick; der Whisky dröhnte in meinem Kopf. »In Ordnung«, sagte eine Stimme, »tun wir's.« Es war meine eigene Stimme. »Ich bin morgen früh da.«

»Überleg dir, was du brauchst«, sagte Charlie. *»Hasta luego.«*

Ich legte den Hörer auf und sagte: »Ich hoffe, Sie werden es nicht bereuen.«

»Bestimmt nicht«, sagte Bill und grinste breit um seine Zigarre herum.

Was ich eigentlich hatte sagen wollen, war, daß ich hoffte, ich selbst würde es nicht bereuen.

Am nächsten Morgen um zehn rief ich Eddie Floyd von der Zeitschrift *The Yachtsman* an. Er erzählte mir, daß Bill unnötig bescheiden gewesen sei, als er nur von einem Transatlantikrennen gesprochen habe. Er hatte auch eine Einhand-Wettfahrt um Bermuda mitgesegelt und ein Buch über Fahrtensegeln im Pazifik geschrieben. Im großen und ganzen, meinte Eddie, würde ich mit ihm wohl kaum Schwierigkeiten haben.

Dann rief ich Julia, die Verlagslektorin, an, sagte ihr, daß sie auf das Buch über nordamerikanische Enten noch etwas warten müsse, und legte den Hörer schnell wieder auf, als sie anfing zu lamentieren. Dann rief ich den Schulleiter der Jungen an, anschließend die Ausrichter der Regatta und Jerry Stein von »Plough Share«. Als ich das alles erledigt hatte, fuhr ich zur Werft und machte mich an die Arbeit.

Als Rhyd seinem Freund Bill erzählt hatte, daß ich mit LITTLE AUK sehr pingelig sei, hatte er kaum übertrieben. Der größte Teil der Tantiemen von »The Best Book of British Birds« floß in ihre Instandhaltung. Sie war eine alte Hochsee-Rennyacht, Baujahr 1937, und eine der ersten, die eine Topptakelung hatten. Zu ihrer Zeit hatte sie ihre Konkurrenten weit hinter sich gelassen. Jetzt war sie zwar schon eine alte Dame, aber keineswegs gebrechlich. Im vorigen Jahr war sie von Grund auf überholt worden. Charlie Agutter kannte ein paar Schiffszimmerleute, und Bill Tyrrell war mir eine große Hilfe, indem er mir seine Erfahrungen mit seiner alten Kutteryacht VIXEN weitergab. Wir erneuerten also das ganze stehende und laufende Gut, fanden einen überholten Generator für die nicht allzu großartige elektrische Anlage der AUK und malten schließlich den Namen PLOUGH SHARE auf jeden sich anbietenden freien Platz. Nachdem ich zwei Wochen mit derartigen Arbeiten zugebracht hatte, stellte ich zu meiner Überraschung fest, daß die übriggebliebene zwölfte Flasche Whisky immer noch halb voll war.

Bill fuhr, wie geplant, nach Prag, kam wieder und half uns bei der Arbeit. Ich beobachtete ihn genau, so wie man einen Fremden beobachtet, dem man das eigene Leben anzuvertrauen gedenkt. Er überholte den Motor der AUK, einen schon recht betagten Perkins 4.107 von fragwürdiger Zuverlässigkeit. Bei dieser schrittweisen Untersuchung des ganzen Bootes, bei der wir uns ein Problem nach dem anderen vornahmen, arbeitete er hart und unverdrossen zwanzig Stunden am Tag, wobei er nie nach einem Werkzeug fragen mußte und nie seine gute Laune verlor.

Bis zum Anfang der dritten Woche hatten wir auf diese Weise eine Menge Zeit miteinander verbracht. Ich wußte jetzt, daß er ein Boot segeln, ein Boot instand halten und auf sich selbst aufpassen konnte. Ich wußte, daß er unverheiratet war und als Chefreporter für das *Boston Echo* arbeitete. Ich wußte, daß er Seestiefel Größe 44 trug. Und ich wußte, daß er sich voll und ganz dafür einsetzen würde, Geld für »Plough Share« zu sammeln.

Aber das war auch alles. Unter den gegenwärtigen Umständen schien es mir genug.

Eine Woche vor der Wettfahrt segelten wir nach Plymouth. Wir hatten unseren Liegeplatz in der »Queen Anne's Battery«-

Marina an der Ostseite des Hafens. Die AUK (ich konnte mich nicht daran gewöhnen, sie PLOUGH SHARE zu nennen) lag im Päckchen mit großen gfk-Mehrrumpfbooten und hochmodernen Sechzig-Fuß-Kielyachten mit bonbonfarbenem Anstrich. Mit ihrem weißen Rumpf und den hölzernen Masten und Spieren nahm sie sich aus wie eine alte Jungfer in einer Disco.

Um acht Uhr am Morgen des einundzwanzigsten Tages, nachdem Bill bei mir aufgekreuzt war, kam das große, orange und blau gestrichene Rettungsboot von Pulteney um den Hafendamm herum. Ich hatte einen trockenen Mund, teils wegen der beiden Partys, die ich letzte Nacht besucht hatte, teilweise auch deswegen, weil in drei Stunden die Wettfahrt begann.

Eine Menge Leute waren an Bord. Ich erkannte Charlie Agutter, neben dem noch zwei kleinere Gestalten standen. Die drei sprangen auf den Hafendamm und kletterten dann über die im Päckchen liegenden Boote an Deck der LITTLE AUK.

»Zur Feier des Tages hab' ich diese Burschen hier mitgebracht«, sagte Charlie.

Charlie war nicht nur ein international berühmter Yachtkonstrukteur, sondern auch am Ruder einer Rennyacht ein As. Außerdem war er ein Mann mit Herz. Im alten Rettungsboot von Pulteney hatte er noch zur regulären Mannschaft gehört. Für die Jungs war er eine Art Gott.

Joe und Harry, die heute nicht ihre Schuluniform trugen, grinsten wie Schimpansen. Joe sagte: »Du hast das Boot verdammt gut in Schuß.«

»Ist das das Pökelfleisch, was ich da wiehern höre?« fragte Harry.

Wir saßen im Cockpit. Es gab jetzt nichts mehr, was wir tun mußten, daher tranken wir Tee und unterhielten uns die letzten zwanzig Minuten. Unsere Nachbarboote begannen die Leinen loszuwerfen. Ich sagte zu Joe und Harry: »Holt unsere Kriegsflagge nieder.«

Sie gingen nach vorn, ein bißchen großspurig unter den Augen der Zuschauer auf dem Hafendamm, holten die grüne

Flagge mit dem goldenen Pflug nieder, die am Vorstag wehte, und brachten sie nach achtern.

Harry übergab mir die Flagge mit einer tiefen, höflichen Verbeugung. Für jemanden, der ihn so gut kannte wie ich, sah er nervös aus. Ihn und seinen Bruder hatte man dieses Jahr schon einmal allein auf der Welt zurückgelassen.

»Weißt du, daß du berühmt bist?« fragte er. Damit zog er ein gefaltetes Zeitungsblatt aus der Gesäßtasche seiner Jeans und breitete es aus. Es zeigte ein Foto von Bill und mir anläßlich einer Party auf irgendeinem Boot. Bill sah wie ein freundlich grinsender Bär aus. Ich war einen ganzen Kopf kleiner und blickte mit zusammengekniffenen Augen in die Kamera, wie ein Mittelgewichtsboxer, der dringend zum Friseur muß. Ich lasse mich nicht gern fotografieren. Mary Morpurgo sagte immer, ich hätte Angst, daß jemand meine Seele stehlen wollte, aber das waren so die Bemerkungen, die man von Mary erwarten konnte. Die Überschrift verkündete: MANN AUS PULTENEY MIT TRAURIGEM AUFTRAG AUF WESTKURS. In der Geschichte war von der Finanzierung eines Projektes und von Asche die Rede.

»Du siehst wie ein richtiger Gangster aus«, sagte Joe. Auch er hielt ein Exemplar der Zeitung in der Hand.

»Hey!« sagte Bill. »Kann ich das haben, wenn ihr damit fertig seid?«

Harry sah mich an. Joe ebenfalls. Ich sah, daß sie die Zeitungsartikel als Souvenirs behalten wollten; nicht nur als Erinnerung an die Wettfahrt, sondern an ihren Onkel, ihre einzige Verbindung mit der Zeit in ihrem Leben, als die Dinge noch in Ordnung waren. Ich sagte: »Bill, du kannst dir doch deine eigene Zeitung kaufen. Warum gibst du ihnen nicht nur schnell dein Autogramm und hältst den Mund?«

Bill sah von einem zum anderen. Er sah, verstand und wurde etwas verlegen. Dann grinste er und ging unter Deck.

Joe sagte: »Okay, wir sehen uns dann in Amerika.«

Harry sagte in seinem vornehmsten Akzent: »Na denn, viel Glück, altes Haus.«

»Ich werde euren Direktor anrufen«, sagte ich. »Ihr könnt unseren Kurs auf dem Argos verfolgen.«

»Auf dem *was?*« fragte Harry.

»Das ist ein Satellitenverfolgungssystem«, sagte Joe. Er deutete auf die Antennenkuppel auf dem Achterschiff. »Hält den Regatta-Ausschuß auf dem laufenden.«

Über so etwas Bescheid zu wissen war typisch für Joe.

Das Rettungsboot kam langsam um die Ecke auf uns zu. Die Jungs sprangen hinüber. Wir nahmen die Leinen los. Sie winkten uns zu, als wir in das blaue Wasser des großen Hafens hinausliefen und die Moleneinfahrt ansteuerten.

Das Rettungsboot hielt sich in der Nähe, wenn auch gut frei von den einundsechzig Regattateilnehmern. Die Mehrrumpfboote schossen hin und her und zogen dabei lange Gischtfontänen hinter sich her, wie Wasserskiläufer; ihre Rudergänger setzten sich für die Fernsehkameras in den über uns knatternden Hubschraubern wirkungsvoll in Positur. Nach dem Startschuß drehten sie sich durch die westliche Brise und verschwanden Richtung Spanien. Bill und ich winkten noch einmal dem Rettungsboot, tranken ein Glas Whisky und spielten Jimmi Hendrix' Version von »Star Spangled Banner« auf der neuen Stereoanlage, die uns das »Fore Street Audio«-Geschäft in Pulteney gestiftet hatte. Die AUK legte sich etwas auf die Seite und ging, mit langsamen Tauchbewegungen, auf Südkurs.

Das Rettungsboot wurde kleiner und kleiner. Schließlich grüßte es mit einem kurzen Sirenenton, ging auf Gegenkurs, zurück nach Pulteney, und verschwand schließlich im Glitzern der blauen See.

Ich nahm einen Schluck Whisky und wandte meine Gedanken der bevorstehenden Wettfahrt zu. Jetzt, wo wir unterwegs waren, kehrte auch die freudige Erregung zurück, die mich dabei immer gepackt hatte. Der Wind drehte auf Süden zurück. Wir nahmen Kurs auf Kap Lizard und die Scillies, um von dort auf dem Großkreis nach Newport, Rhode Island, weiterzusegeln.

5

Sechsunddreißig Tage später wachte ich erschöpft um acht Uhr abends auf, und alles war wie gewöhnlich. Meine schmerzenden Augen sahen die gegenüberliegende Koje; sie war schräg über mir, aber nicht hoch genug, um daraus auf eine annehmbare Brise schließen zu können. Über der Koje befand sich das Bücherregal und über dem Bücherregal eine Reihe grauer Bullaugen.

An einem schönen Tag zeigten sie kleine, blaue Scheiben vom Himmel; an einem schlechten waren sie einfach nur grau.

Ich setzte mich auf. Mein Körper beklagte sich, daß drei Stunden Schlaf einfach nicht genug wären. Die Luft in der Kajüte war kalt und feucht, voll von dem Nebel, der sich wie eine graue Decke langsam über den westlichen Atlantik schob. Wir hatten nur einen Koppelort, weil die Batterien und der Wechselstromgenerator seit einer Woche ausgefallen waren und die eindrucksvolle elektronische Zündung des Reservegenerators keinen Mucks von sich gab. Wegen des Nebels konnten wir keine astronomische Standortbestimmung mit dem Sextanten vornehmen und die Argos-Anlage am Spiegel lieferte nur der Rennleitung und den Kommentatoren Informationen, aber nicht uns. Bevor das Radio seinen Geist aufgab, hatten wir noch mitbekommen, daß wir an letzter Stelle lagen.

Was wir brauchten, war eine wirklich gute Elektrowerkstatt und gleich danach eine heiße Dusche. Beides ist rund einhundert Meilen südlich von Kap Sable, wo wir nach unseren Berechnungen zu stehen hofften, nur schwer aufzutreiben. Wenn dann noch die Crew des Bootes nur aus George Devis und Bill Marsden bestand, die mit den Folgen des fortgesetzten Schlafentzugs zu kämpfen hatten, wundert es nicht, wenn die Zeit fehlte, auch nur das geringste wieder in Ordnung zu bringen.

Draußen war es also grau, kalt und nebelig. Das Boot war mehr oder weniger kaputt, und ich hatte nur eine vage Idee, wo wir uns befanden. Das war ein Zustand, an den man sich gewöhnt, wenn man mit der LITTLE AUK unterwegs ist. Camilla hätte über so eine Situation gelacht, während Mary Morpurgo ernstlich verärgert gewesen wäre.

Ich schlüpfte mit den Füßen aus dem Schlafsack direkt in meine Seestiefel, stand auf, stöhnte, pumpte Wasser in den Kessel, steckte den Pfeifdeckel auf und stellte den Kessel auf den Herd. Dann steckte ich das Gas an, fuhr in meine Jacke und versetzte dem Barometer mürrisch einen energischen Schlag. Es war ein hübsches Barometer, etwas altmodisch, wie die LITTLE AUK selbst. Entschuldigung, PLOUGH SHARE.

Ich zog den Reißverschluß der Jacke hoch und schob den Kajütdeckel zurück.

Bill stand am Ruder, Hände in den Taschen, die breiten Schultern klobig gegen den perlgrauen Himmel. »Tee ist unterwegs«, sagte ich.

»Toll.« Er starrte nach Backbord in den Nebel. »Wir haben Gesellschaft.«

Ich stieg eilends die Kajütstreppe hinauf und ging ins Cockpit. Wir machten nur sehr geringe Fahrt, ungefähr so schnell, wie eine Möwe schwimmt, über eine ölige Dünung, so grau wie der Himmel.

Der Nebel kam und ging. In dem einen Moment schluckte er das Vorstag; im nächsten hatte sich eine Nebelbank vor uns zurückgezogen, und wir drifteten über den seidigen Boden eines Kraters aus braungrauem Dunst.

»Da«, sagte Bill.

Ich sah es auch.

Ein niedriger dunkler Rumpf mit einem niedrigen Schornstein und etwas, das wie ein Ladebaum aussah, auf dem Achterdeck, stak in einer der Nebelbänke wie ein Mammut in einem Eisberg. »Fischdampfer«, sagte ich.

»Muschelfischer«, meinte Bill.

»Ob er uns gesehen hat?«

Bill zuckte die Schultern. Normalerweise wäre er jetzt unter Deck gewesen und hätte sich beeilt, in den Schlafsack zu kommen, um seine vier Stunden Freiwache auszunutzen. Aber die Begegnung mit einem Fischdampfer war für uns doch eine immens wichtige Sache und wohl den Verzicht auf eine Mütze voll Schlaf wert. Zum einen, weil LITTLE AUK nur knapp elf Meter lang war und eine wenig ausgeprägte Radarsignatur hatte. Ein Fischdampfer konnte sie überlaufen und genausowenig davon merken wie ein Lastwagen, der über ein Schlagloch fährt.

Zum anderen waren die kleinen Anzeigefenster an den neuen Kunststoffkästen über dem Kartentisch dunkel geblieben, seit die Elektrizität ausgefallen war. Fischdampfer waren auch mit solchen Kunststoffkästen ausgerüstet. Wir konnten unseren Koppelort überprüfen. Ich nahm das Nebelhorn aus seiner Halterung und blies hinein. Der Ton rollte über das Wasser wie das Brüllen eines Bullen.

Der Fischdampfer drehte auf uns zu, bis der Mast in einer Linie mit dem Schornstein war. Bill hielt die Pinne zwischen den Knien und winkte mit den Armen.

Wir waren ungefähr zweihundert Meter voneinander entfernt, doch der Abstand verringerte sich schnell. Ich ging unter Deck und nahm das alte Messingmegaphon aus dem Staunetz hinter dem Kartentisch. »Gib mir mal die Tasche rauf«, sagte Bill. Der Kessel begann zu pfeifen. Ich reichte Bill die wasserdichte Tasche nach oben, stellte das Gas ab und goß den Tee auf. Als ich an die Kajütstreppe kam, hatte Bill die Nikon am Auge und machte eine Aufnahme von dem Fischdampfer. Ich rannte die Treppe hoch. Er steckte die Kamera zurück in die wasserdichte Fototasche. Der Fischdampfer lag jetzt ungefähr fünfzig Meter entfernt und zeigte uns erneut die Breitseite. Sie war pechschwarz und hatte eine ziemlich tief angesetzte Scheuerleiste. Wir waren nahe genug, um die Kratzer und Rillen zu erkennen. Am Bug war eine Nummer aufgemalt. Ich hob das Megaphon an den Mund und brüllte: »Wie ist unsere Position?«

»Er kann dich nicht hören«, sagte Bill. Ein Mann kam aus dem Ruderhaus des Fischdampfers. Er trug schwarzes Ölzeug, das schwach im Nebel glänzte. Das Boot sah solide und leistungsfähig aus mit den Antennen auf dem Ruderhaus und den Ladebäumen, die in der Dünung knarrten. Freundlich. In Verbindung mit der Welt. Die ersten Menschen, die wir seit nahezu einem Monat zu Gesicht bekommen hatten.

»Gib mir das mal«, sagte Bill.

Ich gab ihm das Megaphon. Meine Kehle war ausgedörrt, mein Mund klebrig. Ich hatte meinen Tee noch nicht getrunken. Bill setzte das Megaphon an den Mund. Der Mann auf dem Fischdampfer hob irgend etwas hoch. Sprachrohr, dachte ich.

Es war kein Sprachrohr.

Vor seiner sich dunkel gegen den Nebel abzeichnenden Schulter wurde plötzlich eine kleine, flackernde Flamme sichtbar. Im Rhythmus mit dem Flackern ertönte ein hartes Rattern, wie von einem Niethammer. Metall schlug auf Metall. Das Megaphon wirbelte davon. Es war ein altes Megaphon, noch ein Teil der ursprünglichen Ausrüstung. Ich hing an diesem Megaphon. Ich war immer noch nicht ganz wach. Ich öffnete den Mund, um zu schreien.

Bill sagte: »Uff.«

Ich starrte ihn an. Mein Mund war immer noch offen, aber kein Schrei kam heraus. Ich war wie erstarrt, und mein Herz schien stillzustehen.

Er sah mich mit erstaunten Augen an und sagte: »Tasche ... Anhänger.« Blut floß aus seinem Mund und lief am Kinn hinunter.

Ich ließ mich platt auf den Boden des Cockpits fallen. Als ich den Kopf hob, sah ich Bills Kopf und Schultern als dunkle Silhouette gegen den Nebel. »Runter«, schrie ich.

Der Niethammer ratterte erneut los.

Bills Kopf flog weg.

Er stand da im Nebel, die Schultern so breit wie vorher. Aber die Linie der Schultern ging ohne Unterbrechung von einer Seite zur anderen. Der Hals war nicht mehr da. Etwas Schweres plumpste längsseits ins Meer.

Ich starrte ihn mit offenem Mund an.

Ein roter Regen fiel aus dem grauen Nebel. Gleichzeitig hörte ich das Röhren von Schiffsmaschinen. Kleine stechende Metallteilchen zischten durch die Luft. Bills Körper schwankte zur Seite und krachte an Deck. Irgendwo zerbrach Glas.

Maschinengewehr, dachte ich irgendwie unbeteiligt. *Dein ganzes Leben lang bist du nicht einmal* einem *Maschinengewehr zu nahe gekommen, und dann plötzlich zweimal innerhalb von vier Monaten.*

Die Maschinen brüllten lauter, kamen näher. Ich blieb liegen und suchte Schutz auf dem schlüpfrigen roten Deck. In meinem Kopf herrschte genau so dichter Nebel wie auf See. Die AUK begann zu krängen und drehte in den Wind. Das Maschinengewehr hörte auf zu feuern. Das Geräusch der Maschinen kam immer näher. Vielleicht weinte ich.

Dann gab es ein starkes, dumpfes Krachen. Das plötzlich schräg stehende Deck schlug gegen mein Ohr; Bills Blut floß in einem breiten Strom durch das Cockpit. Sein Körper rollte zur Seite. Ich sah die verschrammte, schwarze Seite des Fischdampfers eine Mannslänge entfernt vorbeigleiten. Er hatte uns gerammt. Ich blieb regungslos liegen. Ich hatte große Angst.

Die Maschine begann erneut zu rasseln; Wasser strömte sprudelnd gegen ein Ruder. Das Deck hob sich. Die Luft roch nach Nebel, Blut und Fisch.

Dann nahm er erneut Anlauf.

Diesmal rammte er die AUK mittschiffs. Es war mehr ein Knirschen als ein Krachen. Die AUK schwenkte seitlich herum, den Bug des Fischdampfers tief in ihrer Seite. Ich lag wie erstarrt, von viel zuviel Angst erfüllt, um mich zu bewegen, und starrte auf die grauen Silhouetten im Fenster des kaum zehn Meter entfernten Ruderhauses. Mein Gesicht fühlte sich klebrig an. Blut. Ein Windstoß packte die Segel der AUK, und überlastete Holzverbände in ihrem Innern gaben ein klagendes Kreischen von sich. Dann ein durchdringendes Knacken. Want, dachte ich. Der Mast kam runter, langsam, wie ein gefällter Baum. Es war ein ziemlich hoher Mast, an die fünfzehn Meter lang. Er fiel auf das Ruderhaus des Fischdampfers, Segel und alles hinterher. Wieder hörte ich das Splittern von Glas. Jemand fluchte mit amerikanischem Akzent. Bill, dachte ich. Dann wurde mir klar, daß es vom Ruderhaus des Fischdampfers kam, das jetzt völlig vom Segel eingehüllt war. Und Bill hatte ja keinen Kopf mehr.

Ich setzte mich in Bewegung.

Achtern im Cockpit war die Rettungsinsel gestaut. Ich warf sie über Bord. Ich zitterte so stark, daß ich kaum die zwei Schritte gehen konnte. Ich zog die Reißleine; es zischte, und die Rettungsinsel schwoll zu einem gelben, überdachten Gebilde an, das einem Krapfen ähnelte. Die Maschine des Fischdampfers hämmerte. Schnell, dachte ich. Schnell. Bills Leiche war nur irgendein Ding. Die Fototasche. Ich bückte mich, packte die wasserdichte Tasche, ließ mich über das Heck in die Rettungsinsel gleiten und warf die Vorleine los. Einen Augenblick lang sah ich noch, wie der hohe Bug des Fischdampfers wie eine Axt in der Seite der LITTLE AUK steckte. Sie lag jetzt weit über, und ihr Segel deckte immer noch das Ruderhaus zu. Der Fischdampfer erhöhte die Fahrt und drückte die LITTLE AUK mit rund fünf Knoten über das Wasser. Der Mast der AUK stellte sich senkrecht und rollte zur Seite weg. Dann schob sich eine lange, graue Dünungswelle zwischen mich und den Fischdampfer. Als ich ihn das nächste Mal wieder zu Gesicht bekam, hatte sich der Nebel wieder verdichtet. Ich hörte, wie Holz von Stahl zerbrochen wurde, hörte ein gewaltiges, hohles Blubbern. Der Nebel senkte sich. Die LITTLE AUK und Bill waren verschwunden.

Vor fünf Minuten war ich aus meiner Koje gerollt und hatte den Wasserkessel aufgesetzt. Jetzt trieb ich in einer aufblasbaren Rettungsinsel im südlichen Arm des Labrador-Stroms mit einem Notausrüstungsbehälter und einem großen, wasserdichten Kamerabeutel halb voll Blut.

Ich hatte noch nicht einmal Tee getrunken.

Zitternd streckte ich meinen Kopf über den Rand der Rettungsinsel und übergab mich.

Der Nebel war dick wie Porridge. Von irgendwo da drin konnte ich das Geräusch von Schiffsmaschinen hören. Die See brauste und pulsierte in der einheitlich grauen Masse. Kielwasser lief über die Dünung hinweg und ließ die Rettungsinsel rollen. Ich lag auf dem Boden und betete, daß der Nebel sich noch mehr verdichten, die Dämmerung früher eintreten und die Strömung stärker sein möchten. Und ich bat auf eine ganz primitive und kindliche Weise darum, am Leben zu bleiben.

Dann dümpelte die Insel im Schwell einer Heckwelle, der durchdringende Geruch von Dieselkraftstoff wehte aus dem grauen Nichts heran. Maschinen rumpelten, so daß ich es in den Knochen spürte; verklangen in der Ferne. Ich blieb in der kalten, grauen Stille zurück. Allein, irgendwo im Atlantik.

Allein sein war gut. Ich zitterte immer noch am ganzen Leibe. *Tu was, tu was,* dachte ich. *Halte deinen Kreislauf in Schwung. Die Wassertemperatur beträgt vielleicht fünf Grad Celsius; dazwischen nur zwei gummierte Tuchlagen.* Meine unmittelbare Umgebung bestand aus einer goldgelb-grauen Hütte auf einem Gummireifen, so groß wie der Schlauch eines Treckers.

Ich riß den Behälter für die Notausrüstung auf und wurde enorm praktisch. *Arbeiten, nicht denken,* dachte ich.

Zunächst war da mal die Seenotfunkboje, die aussah wie eine orangefarbene Stablampe mit einer Antenne. Ich drehte das Bodenstück im Uhrzeigersinn, und die rote Anzeigelampe leuchtete auf. Jetzt wurden Funksignale auf der Notfrequenz abgestrahlt, die Flugzeuge und Satelliten informieren konnten, daß hier jemand im Nebel südlich von Kap Sable in großen Schwierigkeiten steckte. Das Argos-Signal auf dem Boot würde natürlich ebenfalls aufgehört haben zu existieren. Auch das würde Alarmsignale auslösen. Die Jungen würden sich Sorgen machen. Aber darüber mochte ich jetzt nicht weiter nachdenken. Das Denken konnte einen verrückt machen. Ich schob eine kleine Mahlzeit ein, die aus einem Beutelchen Frischwasser und einer Glukosetablette bestand. Der Beutel mußte oben aufgerissen werden, was sicherlich keine besonderen technischen Fertigkeiten erforderte, aber ewig lange zu dauern schien, weil sich meine Hände benahmen, als trügen sie Boxhandschuhe, und weil ich die Welt wie durch mehrere Schichten trüber Plastikfolie sah. *Schock,* sagte mir der Hausarzt in meinem Hinterkopf. *Zusammenbruch aller Funktionen infolge von Überlastung.*

So floß also der größte Teil des Wasser-Glukose-Gemischs außen am Hals herunter. Und ich lag da und sah noch einmal, wie Bills Schultern in einer Linie von einer Seite zur anderen verliefen, kein Hals, und fühlte den heißen, roten Regen und hörte das laute, schreckliche Plumpsen. Es erinnerte mich an einen anderen Regen, den schwarzen Aschenregen aus der Rauchwolke, die von Rhyds Haus in den blauen afrikanischen Himmel gestiegen war. Es schien mitten in der Nacht, was natürlich nicht stimmt. Der Halbkreis von Männern in grünen Uniformen, die das Haus umstanden, feuerten weiße Leuchtspurmunition in das rote Feuer. Die Cessna, in der ich als einziger Passagier saß und Todesängste ausstand, ließ das schreckliche Opferfeuer hinter sich. Das Feuer verwandelte sich in einen Sonnenuntergang, und der Sonnenuntergang schrumpfte zu einem gelbroten Punkt, der von der riesigen, erschreckenden Dunkelheit der afrikanischen Nacht verschluckt wurde.

Nur daß es für Afrika nicht heiß genug war und auch nicht schwarz genug. Es war eine kalte, graue Welt, und sie war sehr, sehr klein. Es wurde noch kälter und grauer, und ich glaube, ich schrie ziemlich viel.

Nach sehr langer Zeit hörte ich schließlich ein Geräusch.

Zuerst dachte ich, es sei der Fischdampfer. Aber es kam von oben: das höllische *Wock-Wock-Wock* eines Hubschrauberrotors und das Röhren des Motors. Dann eine Stimme, die irgend etwas sagte, das ich wegen des Lärms nicht verstehen konnte. Ich hörte auch nicht genau hin. Ich sagte nur: »Tasche.« Die wasserdichte Tasche war wichtig. Ich grapschte danach und hängte mir den Gurt um den Hals. Das Dach der Rettungsinsel öffnete sich wie ein Ei, aus dem ein Küken schlüpft, und ließ den grellen Strahl eines Suchscheinwerfers herein. Ein mit einem Blendschutz versehener Helm trug die Beschriftung US-COASTGUARD. Eine Gurtschlinge strammte sich unter meinen Armen. Wir stiegen in eine andere Welt hinauf.

Ich und die Tasche.

6

Ich erwachte in einem kühlen weißen Zimmer. Vor dem Glasfenster segelten weiße Wolken über einen klarblauen Himmel. Der Raum roch nach Krankenhaus, aber das Desinfektionsmittel war anders. Ich fragte mich, warum. Auf einer Taste an meinem Bett stand SCHWESTER. Eine hübsche junge Krankenschwester kam herein und sagte: »Hallo!« Sie hatte natürlich einen amerikanischen Akzent und bemerkenswert schöne Zähne. Zum ersten Mal in meinem Leben war ich in den Vereinigten Staaten von Amerika.

»Wie geht es Ihnen?« fragte sie.

Das Reden strengte mich so an, als sollte ich ein großes Auto einen Berg hinaufschieben. Ich sagte: »Ich hatte eine Tasche.«

Sie ging nicht darauf ein. »Dr. Finestone wird sich gleich mit Ihnen unterhalten, okay? Und da sind auch noch ein paar andere Leute.«

Ich sagte: »Die Tasche.«

Auch diesmal wollte sie sich nicht äußern, sondern verließ den Raum.

Mit einem Riesenkraftakt setzte ich mich an einem Berg von Kissen auf. Es bereitete mir überraschend große Mühe. Der Doktor kam herein. Er sagte mir, ich stünde unter Schock und litte an Unterkühlung; dann zeigte er mir eine nierenförmige Schale mit Holzsplittern, die er mir aus verschiedenen Körperteilen entfernt hatte. Ich betrachtete das Häufchen kleiner brauner Splitter und dachte einen Moment an LITTLE AUK und all die Sommer, die ich damit verbracht hatte, sie schwimmfähig zu erhalten, blanke Holzteile zu firnissen und ihre alten Decks zu kalfatern und abzuschleifen, so daß Mary Morpurgo ihren schönen, tätowierten Körper darauf ausstrecken konnte.

Dann fragte ich wie mit einem Mund voller Murmeln: »Wo bin ich hier?«

Der Doktor lächelte. Seine Zähne waren fast genauso weiß wie die der Krankenschwester. »Portland, Maine«, sagte er. »George Morrow Hospital.«

Der Nebel in meinem Kopf lichtete sich ein klein wenig. Obere rechte Ecke von Amerika, dachte ich. An der See. Gerade unterhalb der Stelle, wo die Küste anfängt, zerklüftet und irgendwie norwegisch auszusehen.

Der Doktor sagte: »PLOUGH SHARE hieß das Boot. Sind Sie George?«

Die Karte von Amerika verschwamm. Der Nebel wurde wieder dichter. »Woher wissen Sie das?« fragte ich.

»Der Name des Bootes stand auf der Rettungsinsel. Die Leute von der Regattaleitung meldeten Sie als vermißt, als sie keine Argos-Meldungen mehr bekamen.« Er hatte braune Haare, und seine Haut war von der Sonne gebräunt. Er sah fit aus und trug Docksiders unter seinem weißen Mantel. »Sind Sie gerammt worden?«

»Wo ist meine Tasche?« fragte ich.

»Leute vom Zoll und von der Einwanderungsbehörde würden Sie anschließend gerne sprechen. Sie haben auch Ihre Tasche. Sie werden Ihnen keine Schwierigkeiten machen.«

»Wie lange bin ich schon hier?«

»Sechsunddreißig Stunden. Sie haben einen wirklich schweren Schock erlitten. Wir würden Sie gerne vier bis fünf Tage zur Beobachtung hierbehalten.«

»Muß ich das?« fragte ich.

Der Doktor grinste. »Dies ist das Land der Freien«, sagte er. »Aber wenn wir Sie früher rauslassen, könnten Sie uns verklagen.«

Sein Bild begann zu verschwimmen. Meine Augen waren schwer. Es war mir egal, wie lange ich hier in diesem weichen Bett lag, wo die weißen Wolken am Fenster vorbeisegelten. Ich schlief ein.

Als ich das nächstemal aufwachte, brachte mir eine Krankenschwester etwas, das sie ein »Salesbury Steak« nannte – und was sich als eine Art Hamburger mit Kartoffelbrei erwies

– sowie eine Tasse Kaffee. Ich gab ihr die Nummer vom Internat der Jungen und bat sie, den Schulleiter anzurufen und ihm auszurichten, daß es mir gutginge. Dann führte sie einen grauhaarigen Mann in Uniform ins Zimmer. Er sagte: »Guten Tag«, schob sein Pistolenhalfter etwas nach vorn und setzte sich in einen Sessel. Ich kaute müde auf dem Kartoffelbrei herum und fragte ihn, was für einen Tag wir hätten. »Montag, Sir«, sagte er. »Ich muß ein Protokoll aufnehmen.«

Ich erzählte ihm also, was geschehen war. Er trug das alles langsam in sein Notizbuch ein. Als ich fertig war, sagte er: »Sie haben also keinen Namen auf diesem Muschelfischer gesehen?«

»Kein Name«, sagte ich. »Kann mich jedenfalls nicht erinnern.«

»Nein«, sagte er. »Nun ja, ich danke Ihnen, Mr. Devis. Das war eine wirklich exakte Aussage. Äh ... fällt Ihnen irgend jemand ein, der Ihnen den Tod wünschen könnte?« Das Wort »Tod« ließ die Erinnerung an die gerade, kopflose Linie von Bills Schultern wieder zurückkehren. Ich schloß die Augen. Die Menge in Äthiopien wartete auf mich im Dunkeln, und die Furcht, und die Scham.

Ich öffnete die Augen wieder und sagte: »Nein. Es sei denn, jemand wollte dafür sorgen, daß wir in diesem Rennen nicht als letzte hereinkommen.« Der Polizeibeamte starrte mich an. »Kleiner Witz«, sagte ich.

»Natürlich.« Sein großflächiges Gesicht sah aus, als hielte er mich für verrückt. So unrecht hatte er sicherlich nicht damit. »Sie sagten, Sie hätten den Muschelfischer nach der Position gefragt. Ich denke mir, das war nicht besonders taktvoll.«

»Wie meinen Sie das«, fragte ich.

Geduldig, wie zu einem Kind, sagte er: »Die Leute hier in den Vereinigten Staaten konsumieren eine ganze Menge Drogen. Ein großer Teil davon kommt auf dem Wasserweg ins Land. Ich glaube daher, daß Sie einen Rauschgiftschmuggler nach der Position gefragt haben und daß er meinte, sein Leben wäre problemloser, wenn Sie einen Unfall hätten.«

»Er hat versucht, zwei Leute umzubringen«, sagte ich. »Eiskalt umzubringen.« Eiskalt war nicht das rechte Wort. Ich fühlte noch den heißen Regen im grauen Nebel. Mir wurde übel bei dem Gedanken. Der Polizeibeamte und die Wolken vor dem Fenster begannen zu flimmern.

»Wenn diese Burschen für ein paar Millionen Dollar Kokain an Bord hatten«, sagte er, »dann legten sie sicher auf äußerste Diskretion wert.« Er stand auf. »Wir werden unser Bestes versuchen, aber ich habe nicht allzuviel Hoffnung. Dann mach' ich mich mal wieder auf den Weg. Der Mann draußen will mit Ihnen über Ihre Tasche reden.«

Plötzlich erinnerte ich mich an etwas: Bill im Cockpit, mit der Nikon vor dem Auge. Da hatte er seinen Kopf noch. Mir drehte sich der Magen um. Ich sagte mit Mühe: »In der Tasche ist eine Kamera. Auf dem Film ist ein Bild mit dem Fischdampfer – *von* dem Fischdampfer.« Mein Verstand wollte nicht so recht.

Das schien dem Polizeibeamten zu gefallen. »Wirklich? Den würde ich gern eine Weile ausborgen, okay?«

Ich sagte ihm, es wäre okay. Er stellte mir eine Quittung aus und ging.

Ein anderer Mann kam herein; kleiner, dunkelhäutig und in einer anderen Uniform. Er setzte sich auf den Stuhl. Auf die Resopalplatte des Tisches neben sich legte er eine blaue, wasserdichte Fototasche. Er strich sich mit der Hand über seinen schwarzen Schnurrbart und sagte: »Ist dies Ihre Tasche, Mr. Devis?«

»Es ist unsere Seenottasche«, sagte ich, »daher weiß ich genau, was drin ist.«

»Was heißt das?« fragte er.

Ich sagte: »Sie enthält alles, was man im Notfall mit von Bord nehmen möchte.« Außer einem Maschinengewehr, dachte ich. »In dieser Tasche war eine Nikon-Kamera, die jetzt in Händen der Polizei ist, vermute ich. Weiter eine Schachtel Zigarren, Marke ›Romeo y Julieta‹, halb voll. Dann unsere Pässe, unsere Brieftaschen, die Bootspapiere. Und eine Urne.«

»Eine Urne?« sagte der Zollbeamte verwundert.

»Eine Bronzeurne«, sagte ich. »Versiegelt. Sie enthält die Asche meines Schwagers Rhydian Walters. Vielleicht hören Sie ja gelegentlich Country-and-Western-music?«

»Sicher«, sagte der Zollbeamte. »Rhyd Walters? Der mit ›The Alleluia Tree‹?«

»Stimmt«, sagte ich.

»Ich hab' gehört, daß er tot ist«, sagte der Zollbeamte. »Ich bin zwar kein richtiger Fan von Country-music, aber ... na ja. Heiliger Strohsack. Rhyd Walters, was?« Er öffnete die Tasche, hob die Urne heraus, hielt sie andächtig in den Händen und wiegte den Kopf hin und her. »Heiliger Strohsack«, sagte er noch einmal mit Nachdruck.

Der Fan-Club ermüdete mich langsam. Ich räusperte mich.

Er wurde wieder dienstlich, stellte die Urne auf meinen Nachttisch und malträtierte meinen Paß mit verschiedenen Stempeln und einer Heftmaschine. »Äh ... willkommen in den Vereinigten Staaten von Amerika, Mr. Devis.«

Damit ging er. Ich drehte meinen Kopf auf dem Kissen und betrachtete die Urne.

Es war eine kleine grünliche Urne, deren Deckel mit einem dekorativen Knopf versehen war – als ob jemand eines Tages auf die Idee kommen könnte, den Deckel hochheben zu wollen. An dem Knopf hing ein Gepäckanhänger. Es war schwer, sich vorzustellen, warum jemand die Absicht haben könnte, den Deckel hochzuheben. Ein Kubikdezimeter Asche war vermutlich alles, was drin war.

Rhyd und Camilla wären an Asche nicht interessiert gewesen. Ich im Moment auch nicht.

Ich döste vor mich hin und schlief, und es wurde dunkel und wieder hell. Als ich aufwachte, fühlten sich meine Arme nicht mehr ganz so wie die Glieder einer Stoffpuppe an, und die blonde Krankenschwester schien mir auch nicht mehr so überwältigend. Sie sagte: »Es hat mir wirklich leid getan zu hören, was passiert ist.«

So eine Sympathiekundgebung, besonders von jemandem mit so schönen großen Augen, tat mir gut, und ich mußte mich bemühen, nicht zu lächeln. Aber jetzt kam der Arzt wieder ins Zimmer, und sie nahm Haltung an, während er mich untersuchte. »Ich denke, Sie sind jetzt wieder so weit in Ordnung, daß Sie die Presse ertragen können«, sagte er. »Soll ich sie reinlassen?«

Die Presse war der Grund, weshalb ich überhaupt hier war. Ich fühlte mich Rhyd und Camilla und auch der Organisation »Plough Share« gegenüber verpflichtet. Und jetzt auch noch Bill. »Gewiß«, sagte ich.

Es waren nur vier. Einer war vom *Portland Intelligencer*, zwei waren Mitarbeiter einer Fernsehstation, von der ich nie gehört hatte, und einer kam von *Yachts*, einer Segelzeitschrift. Sie alle fragten, was geschehen sei, und ich berichtete es ihnen. Dann wollten sie etwas über meinen Heimatort und das Boot hören und was ich von Amerika und den Rauschgifthändlern hielte.

Ich hatte keine Lust, über irgendeines dieser Themen zu reden. Ich raffte meine letzte Energie zusammen und sagte, »Die eigentliche Geschichte ist folgende: Das Boot, auf dem ich war, hieß PLOUGH SHARE. ›Plough Share‹ ist eine Wohltätigkeitsorganisation. Rhyd Walters, der mit meiner Schwester verheiratet war, wurde zusammen mit ihr ermordet, als er für ›Plough Share‹ arbeitete. Wir wollten seine Asche nach Hause bringen. Diese Fahrt wurde zu seinem Gedenken unternommen und um Geld für die Organisation zu sammeln.«

Sie lächelten. Das oberflächliche Lächeln von Reportern, die besser wissen als man selbst, unter welchem Aspekt sie ihren Lesern eine Geschichte präsentieren müssen. »Ist das der Country-Sänger?« fragte der Mann von *Yachts*.

»Ja«, sagte ich. »Haben Sie von ihm gehört?«

»Das hat so ziemlich jeder«, sagte er. Er hatte ein sonnengebräuntes Gesicht mit Hängebacken und einem großen Schnurrbart und trug einen Vliespullover. Mit gerunzelter

Stirn fügte er hinzu: »Meine Leser kümmern sich nicht allzuviel um so was.«

»›Plough Share‹?« sagte die Frau vom Fernsehen. »Eine Wohltätigkeitsorganisation?«

»Arbeitet in Äthiopien«, sagte ich.

»Oh.« Sie war dunkelhaarig und nett anzusehen. Ihre Augen hatten mich angestrahlt, als wäre ich das Objektiv einer Kamera. Jetzt hörten sie auf zu strahlen. »Wir haben eine ganze Menge über Äthiopien gebracht ... war das nicht vor zehn Jahren?«

»Wer weiß?« sagte ihr Kameramann. »Zu der Zeit war ich wohl noch auf dem College.«

Sie stellten noch ein paar andere Fragen. Dann gingen sie nacheinander aus dem Zimmer, das oberflächliche Lächeln wie festgeklebt im Gesicht. Ich lag da in meinem Zimmer mit dem Fernseher, dem Telefon und der Schale mit Früchten und dachte: *Devis, so wird das nichts. Deine Schwester ist erschossen worden, zusammen mit ihrem Mann, dessen Name in Amerika ein Begriff ist. Du fährst rüber, um die Öffentlichkeit für dein Anliegen zu gewinnen. Dein Boot wird versenkt, dein Mitsegler erschossen. Und dann geben sie dir zwanzig Sekunden im Fernsehen und eine Spalte von ein paar Zentimetern Länge in der Zeitung einer Kleinstadt. Wenn du dem Andenken dieser Menschen gerecht werden willst, mußt du schon etwas Besseres auf die Beine stellen.*

Die Tür ging auf, und ein Kopf erschien. Es war ein großer Kopf; vielleicht war es auch nur das Haar, das ihn so aussehen ließ. Es war eine Menge Haar, schwärzlich mit viel Grau darin. Es gab auch eine Menge Bart. Was von der Haut zu sehen war, hatte die Farbe einer künstlich gealterten Anrichte aus Ulmenholz. Die Augen waren schwarz und blickten mißtrauisch und scharf. Der Kopf sagte: »Sind Sie George?«

»Bin ich«, sagte ich.

Ein Körper folgte dem Kopf ins Zimmer. Er war breit und flach und mit einem blauen Overall bekleidet. Am rechten Handgelenk trug er als Uhrarmband den kunstvollsten Türkischen Bund, den ich je gesehen hatte. Die Füße steckten in ein Paar Bootsschuhen, denen man das Alter und die harte Beanspruchung ansah. Einige nicht allzu saubere Zehen drangen schon durch mehrere Risse im Segeltuch ins Freie. »Ich bin John«, sagte er.

»John«, wiederholte ich etwas verständnislos. Er sah aus wie jemand, den man mitten aus einer Fahrt über den Pazifik in mein Krankenzimmer katapultiert hatte.

»Scotch John«, sagte er. »Ich kannte Rhyd.«

»Oh.« Ich hatte nie von ihm gehört. Scotch John schniefte, nahm sich eine Banane aus der Obstschale und begann sie zu essen; anscheinend hatte er vergessen, daß ich im Zimmer war. »Was kann ich für Sie tun?« fragte ich schließlich.

Er aß die Banane auf, zog ein Leinenende aus der Tasche und begann einen komplizierten Zierknoten zu knüpfen. Seine Finger waren so dick wie Brecheisen.

Nach einer Weile sagte er: »Was das Boot betrifft ...«

»Was ist mit dem Boot?«

»Rhyd ist tot«, sagte er. »Immer wieder hat er mir gesagt: Wenn mir was passiert, bekommt George Devis das Boot. Er ist der einzige, der daran interessiert ist.«

»Die HALCYON«, sagte ich.

»Stimmt«, sagte Scotch John. »Nettes Boot.«

Wir verfielen in Schweigen. Gleich nach Camilla und den Jungen war die HALCYON mein hauptsächliches Bindeglied mit Rhyd gewesen. Über sie hatten wir in jener letzten Nacht gesprochen. Natürlich hatten wir auch, in meiner alten AUK, manchen Törn zusammen gemacht, durch den Kanal in die Nordsee hinein. Dabei waren Rhyd, Camilla und ich umschichtig Wache gegangen und hatten auch das Kochen übernommen, während Mary Morpurgo sich über den Regen beklagte, ein Buch nach dem anderen las und, wenn es sie danach gelüstete, in der Vorpiek über mich herfiel.

Die HALCYON kannte ich nur von Bildern her, aber die Bilder zeigten ein schönes Boot. Sie war eine Ketsch von nahezu vierzehn Metern Länge, mit einer Lärchenbeplankung auf Spanten aus kanadischer Bergulme. Sie hatte gefällige, altmodische Linien und war tadellos erhalten – das hatte Rhyd jedenfalls gesagt. Nach den Testamentsbestimmungen gehörte sie jetzt mir.

Ein Boot versinkt. Das nächste taucht auf. Der Lohn der Feigheit.

Scotch John sah auf seine Finger, während er seine Zierknoten knüpfte. Er strahlte eine massive Solidität aus, die auf sonderbare Weise zu der zierlichen Beschäftigung paßte. Ich hatte das Gefühl, daß er, ließe man ihn ungestört, dort sitzen bleiben würde, bis ihn jemand aufforderte, woandershin zu gehen.

Ich irrte mich.

Über seinen Bart hinweg warf er mir einen scharfen, überraschend prüfenden Blick zu und sagte: »Verkaufen Sie das Boot?«

»Ich weiß nicht«, erwiderte ich.

»Klar«, sagte er. Er ließ seinen Blick auf mir ruhen. »Sie sind ja auch noch ziemlich krank, schätze ich. Werden Sie gesund. Das Boot liegt in Quogue, Maine. Rund hundert Meilen die Küste hinauf.« Er zog einen Kugelschreiber aus der Brusttasche und schrieb in gut leserlicher Schreibschrift eine Adresse auf die Rückseite einer alten Fax-Wettermeldung. »Schlüssel, Post und Proviant in ›Rooney's Lunch and Lobster‹. Ich wohne im Hafen; in einem zum Hausboot umgebauten Schlepper. Ich hab' mich um die HALCYON gekümmert. Wenn Sie 'ne Crew brauchen, komme ich.«

Die Tür öffnete sich, und ein Polizist kam herein. John stand auf. Er sah erst mich, dann den Polizisten an. Dann marschierte er durch den Polizisten hindurch, als wäre dieser nicht vorhanden. »Hey«, sagte der Polizist, »passen Sie doch ...«

Aber John war schon weg.

»Freund von Ihnen?« Die Oberlippe und damit der Schnurrbart des Polizisten krümmten sich mißbilligend.

»Das weiß ich nicht«, sagte ich.

Der Polizist hakte die Daumen hinter den Gürtel und seufzte unheilschwanger durch seinen Schnurrbart. »Diese Fotos, die Ihr Freund gemacht hat ...«, sagte er.

»Was ist damit?«

»Nebel«, sagte er. »Hundert Prozent graue Wolle. Mr. Devis, Sie können jetzt gehen, wenn Sie wollen.«

Ich wäre gern gegangen. Statt dessen wurde ich ohnmächtig.

7

Man hatte mir einen kleinen Beutel mit Rasierzeug, Zahnbürste und einer Flasche Aftershave gebracht. Am nächsten Morgen hievte ich mich aus dem Bett und machte Gebrauch von allem außer dem Aftershave. Der Spiegel zeigte mir das übliche Boxergesicht, dessen transatlantische Bräune jetzt allerdings einen etwas gelblichen Ton angenommen hatte, als ob die darunterliegende Hautschicht versuchte, weiß zu sein. Wenn sie sich in den Fängen der Wollust befand, pflegte Mary Morpurgo es mit dem Gesicht eines griechischen Kriegers zu vergleichen: Hektor oder Achilles. Aber nun neigte Mary Morpurgo sehr zu klassischen Anspielungen. Das Beste, was man an diesem Morgen davon sagen konnte, war, daß es nicht wirklich kriminell aussah. Ich hoffte, daß ein genauer Beobachter Spuren von Gutmütigkeit in den blutunterlaufenen Augen entdeckt haben könnte. Im großen und ganzen sah es aus wie das Gesicht eine Schiffbrüchigen mit weichen Knien und einer Mission.

Ich zog die Jeans und das T-Shirt an, die ich getragen hatte, als die Katastrophe über uns hereinbrach. Natürlich hatte man sie inzwischen gewaschen. Ich nahm die Kreditkarten und Pässe aus der Fototasche, prüfte sie und schnitt dann Bills Kreditkarte entzwei. Die Krankenschwester kam herein.

Sie lächelte mit ihren schönen Zähnen und sagte: »Ich habe Ihnen die Zeitungen mitgebracht. Sie waren auch im Fernsehen.«

»Wie war's denn?«

»Sie sahen aus, als brauchten Sie Schlaf«, sagte sie. »Genau wie jetzt. Es war nur ein ziemlich knapper Bericht.« Damit ging sie.

Die Geschichte stand auf Seite sieben des *Intelligencer*. Dort war zu lesen, daß eine englische Yacht auf See gerammt worden und untergegangen sei, daß Bill dabei getötet worden sei und ich überlebt hätte. Die Reporter hatten es fertiggebracht, den Eindruck zu erwecken, daß es sich um eine uninteressante Episode mit uninteressanten Menschen handele. »Plough Share« wurde nicht ein einziges Mal erwähnt. Bill würde gewußt haben, wie man so etwas macht, dachte ich. Ein weiterer Triumph für die britische Zurückhaltung.

Ich blieb in meinem Zimmer und aß mein Mittagessen. Ich hätte gern ein Bier gehabt, vielleicht auch zwei, aber sie hatten keins. Dann setzte ich mich ans Telefon.

Zuerst rief ich Jerry Stein im »Plough Share«-Büro in Bristol an und erzählte ihm in allen Einzelheiten, was geschehen war. Er sagte: »Ich kann's einfach nicht glauben. Was werden Sie tun?«

Darüber hatte ich schon nachgedacht.

Ursprünglich hatten wir vorgehabt, die Vortragsreise im Zweierteam durchzuführen. Jetzt, wo Bill tot war, fühlte ich mich verpflichtet, die Sache allein zu Ende zu bringen, allerdings mit zweimal so großem Einsatz. Ich sagte: »Ich werde weitermachen.«

»Glauben Sie, daß Sie das packen können, George?« fragte Jerry.

»Ich habe schon öffentliche Vorträge gehalten«, sagte ich. »Dichterlesungen.«

»Lesen Sie ihnen keine Gedichte vor«, sagte er.

Er und Bill hatten einen Zeitplan für eine Vortragsreise ausgearbeitet; keine extravagante Angelegenheit, die quer durch die Staaten von einer Küste zur anderen gehen sollte, sondern nur ungefähr ein Dutzend Wohltätigkeitsessen in den Häusern von Bills wohlhabenderen Bekannten, wo wir über die Arbeit von »Plough Share« reden sollten. »Vertrauen Sie mir nur«, sagte ich und gab ihm die Faxnummer des Krankenhauses.

»Sicher«, sagte er. Er hörte sich noch immer etwas nervös an. Wie Rhyd und Camilla war er der Ansicht, daß Dichter, die im hintersten Devon Enten züchteten, ihr Leben verplemperten. Rhyd würde genickt und gegrinst und nicht viel erwartet haben. Aber ich hatte unter der heißen Sonne gestanden, den bitteren Gestank der Asche in der Nase. Ich hatte die Verzweiflung im Gesicht von Esias, dem Silberschmied, gesehen. *Hilf uns,* hatte er gesagt. *Im Namen deiner Schwester, im Namen Gottes.*

Und im Namen von Rhydian Walters; und Bill Marsden, der an meine Tür in Devon geklopft, mich in all dieses hineingezogen und die Vortragsreise arrangiert hatte. Ich konnte Vorträge halten. Ich konnte Spenden beschaffen.

Ich mußte plötzlich an den Auftritt Camillas an meinem letzten Schultag denken. Der Direktor hatte uns Schulabgängern einen Vortrag über die Notwendigkeit eines enthaltsamen Lebens gehalten und uns verkündet, daß unsere besten Jahre schon vorbei seien. Wir schlenderten blinzelnd aus der düsteren Aula in die Sonne hinaus und dachten mit leichtem Grauen an eine Zukunft, die noch weniger frei sein würde als die Schule.

Es war elf Uhr. Die Eltern sollten ihre Kinder mittags abholen. Wir standen in kleinen Grüppchen herum, lustlos und niedergeschlagen.

Da ertönte von weit her Musik.

Es war der Klang von Blasinstrumenten, die in der Ferne spielten. Die Lehrer runzelten die Stirn. Die Musik wurde lauter. Es war der »Colonel Bogey«-Marsch, und er kam nicht von einem Tonbandgerät.

Zwei Fahrzeuge bogen in die Einfahrt zur Schule ein. Das erste war ein Lastwagen. Auf dem Lastwagen saß die Pulteney Silver Band und blies sich fast die Lunge aus dem Leib.

Das zweite war ein blumengeschmückter Rolls-Royce. An seinem Steuer saß Camilla, einen großen Florentinerhut auf dem Kopf.

Die Schulabgänger sahen mit offenem Mund zu, als Camilla vor dem Haupteingang vorfuhr und die Band auf dem grünen Rasen Aufstellung nehmen ließ, den sonst niemand außer dem

Direktor betreten durfte. »Champagner ist im Kofferraum«, sagte sie.

Als die anderen Eltern ankamen, spielte die Band den Donauwalzer, und Camilla tanzte mit dem Direktor.

Als wir zusammen im Rolls nach Hause fuhren, dankte ich ihr für diesen Beweis großer Zivilcourage.

Sie lächelte; dieses einmalige, unwiderstehliche Lächeln, »Das mindeste, was ich tun konnte«, sagte sie.

Mit der Vortragsreise ging es mir genauso.

Ich rief noch einmal England an und sprach mit dem Direktor des Internats, in dem Joe und Harry waren. Er kannte die Bedingungen des Testaments. Ich veranlaßte, daß für die Jungen ein Flug nach Boston gebucht wurde; dann nahm ich die Urne an mich und zog los, um meine Pflicht zu tun.

Auf dem Anhänger stand MARIA WALTERS, dazu eine Adresse in Concord, Massachusetts, sowie eine Telefonnummer. Es war absolut angebracht, daß ich Bills Mission zu Ende führte.

Ich wählte die Nummer auf dem Anhänger, und es klingelte und klingelte, aber niemand hob ab. Es war am frühen Nachmittag, wo alle Leute, die etwas auf sich hielten, bei der Arbeit sein würden. Wenn Rhyds Schwester so ähnlich veranlagt war wie er, würde sie natürlich zu diesen Leuten gehören.

Die Krankenschwester kam zurück und ließ mich eine Menge Formulare ausfüllen. Ich steckte die Urne in die fleckige blaue Tasche und ging zum Fahrstuhl, wobei ich mich bemühte, nicht mehr als unbedingt nötig vom geraden Kurs abzukommen.

Draußen empfing mich ein warmer Maitag. Der Himmel war von jener Bläue, die ich in Gedanken inzwischen als »Portland-Blau« bezeichnete, ebenso die See mit den weißen Dreiecken der Segel, die sich über das Wasser neigten.

Ich kaufte ein Paar blaue Segeltuchhosen, zwei T-Shirts, ebenfalls in Blau, und ein Paar blaue Docksider und stopfte alles in den Beutel zu Rhyds Asche. Dann marschierte ich auf ziemlich wackligen Beinen zur Hertz-Filiale, mietete einen

Wagen, schlug mich mühsam zur Interstate 95 durch und fuhr darauf nach Süden, Richtung Boston und Concord.

Der Wagen war groß und fuhr sich angenehm. Ich fand heraus, wie man den Temporegler einstellt, und ließ meinen Fuß auf dem Gaspedal.

Wie von selbst beschäftigten sich meine Gedanken mit Rhyds Familie. Aus seinen Bemerkungen hatte ich den Eindruck gewonnen, daß es sich um eine strenge, sture und bäuerische Gesellschaft handelte. Nicht weiter verwunderlich, daß er sie kaum erwähnte. Das einzige, was mich überraschte, war sein Wunsch, seine Söhne sollten sie kennenlernen, und daß Camilla dem zugestimmt hatte.

Aber schließlich hatten sie die Jungen ja auch nach Äthiopien mitgenommen. Es war immer eine von Camillas grundlegenden Vorstellungen gewesen, daß alle Erfahrungen letzten Endes gut sind.

Nach einer Stunde hielt ich bei einer Gaststätte und bestellte mir einen Cheeseburger. Die Frau im weißen Overall fragte mich, ob ich Australier sei. Der Cheeseburger war voll von einer grauen Knorpelmasse und schmeckte auch danach. Am Straßenrand häuften sich die grünen Hinweisschilder. Nach einem Blick auf den Rand-McNally-Straßenatlas auf dem Beifahrersitz folgte ich der Interstate 95 nach Westen

Concord lag einige Meilen westlich von Boston am Highway 2. Die Straße wand sich durch Ahornbestände, deren Laub das Licht der niedrigstehenden Sonne in eine graue Dämmerung verwandelte. Es lag Nebel in der Luft. Die Häuser wurden kleiner und rückten enger zusammen. Ich orientierte mich an den Nummern auf den Briefkästen. Nummer vierundsechzig war ein kleiner viereckiger Kasten mit weißgestrichenen Bretterwänden und lag ein Stück von der Straße ab. Es hatte eine Satellitenschüssel auf dem Dach und einen asphaltierten Vorgarten. Offenbar hatte der Bewohner keine Lust zur Gartenarbeit. Aus einem unangemessen dicken Kamin aus Feldsteinen kam Rauch. Ich schwang die Tasche auf die Schulter, ging auf Gummibeinen zur Eingangstür und drückte auf den Knopf der Sprechanlage.

Eine Frauenstimme fragte: »Wer ist da?«

»George Devis.«

»Wer?«

»Rhyds Schwager. Bill Marsden hat mir Ihre Adresse gegeben.«

»Oh.« Stille. Ein Licht ging über der Tür an, und ich vermutete, daß ich durch den Türspion in Augenschein genommen wurde. Dann sagte die Sprechanlage: »Kommen Sie herein.«

Die Tür ging auf, und ich trat ein.

Ich stand in einem weißen, viereckigen Flur mit einem goldbraunen Fußboden aus Ahornholz. Vor mir stand eine schlanke Frau mit kurzen, lockigen und nahezu roten Haaren, graugrünen Augen und einer weißen, sommersprossigen Haut, die mich mit ihren Tupfen an das Ei eines Strandläufers erinnerte. Ich stand stocksteif da und starrte sie an. Sie war vielleicht fünf Zentimeter kleiner als ich und hatte ein weites, blaues T-Shirt an, das in ausgebeulten, viel zu weiten Khakihosen steckte. Am rechten Handgelenk trug sie eine Mickymausuhr.

Sie hatte mich ebenfalls angestarrt. »Sind Sie okay?« fragte sie schließlich. »Sie wirken so … nun ja, erledigt.« Sie hatte eine heisere, rauchige Stimme, die ihrer Selbstkontrolle nicht so ganz gehorchte.

»Erledigt«, sagte ich, »ja, allerdings.«

»Wollen Sie einen Drink?« fragte sie.

»Bier«, sagte ich. Ich suchte nach einem Vorwand, etwas länger zu bleiben.

Sie verschwand im hinteren Teil des Hauses. Ich hörte, wie eine Kühlschranktür auf- und wieder zugemacht wurde. Auf dem Kaminsims stand ein Foto von Bill neben einer Bühnenaufnahme von Rhyd in Cowboyaufmachung und mit einer großen Gitarre in der Hand. Sie kam mit zwei Flaschen *Budweiser Lite* zurück und führte mich in einen Raum mit drei

Sofas, die vor einem brennenden Kamin standen. Sie hatte eine bemerkenswert schmale Taille. »Meine Mitbewohnerin ist in Europa«, sagte sie. Ihre Stimme ließ eine leichte Nervosität erkennen, als müßte sie sich Mühe geben, das Schweigen zu überbrücken.

Ich saß auf dem Sofa und nahm einen Schluck Bier. In der freien Hand hielt ich die Fototasche. Neben einem Stuhl lehnte die japanische Kopie einer Martin-Gitarre. Auf dem Tisch am Fenster lag ein Regenmantel, dessen glänzende Oberfläche die Flammen reflektierte. Ein Stapel Notizbücher und ein Mini-Tonbandgerät lagen neben dem Computer.

Sie sagte: »Sie waren also dabei, als es ... passierte. Beide Male.«

»Passierte?« wiederholte ich. Ich hatte das Gefühl, als habe man mir die Kehle zugeschnürt.

»Zuerst Rhyd und Ihre Schwester. Dann Bill.« Ihr Gesicht mit den vorstehenden Backenknochen und der markanten Kinnpartie wirkte angespannt. Die Augen standen auf eine etwas verwirrende Weise schräg, das linke mehr als das rechte. Es war ein Gesicht, das Intelligenz verriet, ein Eindruck, der vielleicht noch dadurch verstärkt wurde, daß sie einen gleichzeitig aus zwei Richtungen anzusehen schien. Es war darüber hinaus ein Gesicht, das eigentlich hätte lustig aussehen sollen. Aber es sah eher unglücklich aus.

»Es ist schön, daß Sie gekommen sind«, sagte sie und steckte sich eine Zigarette an. »Eigentlich rauche ich gar nicht.«

Ich zuckte die Schultern.

»Erzählen Sie's mir«, sagte sie.

Ich beobachtete sie genau. »Da gibt es nicht viel zu erzählen. Es ging alles sehr schnell.«

»Sie wollen nicht darüber reden.«

»Stimmt.«

»Was ist mit den Jungen?«

»Sie kommen her. Ich hole sie morgen am Flughafen ab.«

»Oh, und dann?«

»Sie werden einige Zeit bei ... Ihrer Schwester bleiben.«

Sie nickte und warf die zur Hälfte gerauchte Zigarette ins Feuer. »Ich werde mich aufraffen und ihr einen Besuch machen müssen.« Sie stieß einen Seufzer aus. »Es ist wirklich nicht zu fassen«, sagte sie. »Die ganze Strecke über den Atlantik, verdammt noch mal, und dann versenkt ihn ... euch ... ein Rauschgiftschmuggler fünfzig Meilen vor der amerikanischen Küste. Eine kümmerliche kleine Geschichte auf Seite acht des *Globe*. Das war's dann.«

Sie klang traurig und enttäuscht. Ob es wegen Bills Tod oder wegen der Größe des Zeitungsartikels war, konnte ich nicht beurteilen.

»Das ist alles«, sagte ich.

»Und Sie standen unter Schock und wurden ins Krankenhaus eingeliefert?«

»Stimmt.«

»Das war Ihrem Gedächtnis sicher nicht besonders förderlich.«

Ich trank langsam ein paar Schluck Bier. »Ja, es ist alles ein bißchen verschwommen.«

»Und die Asche?« Sie sprach das Wort aus, als koste es sie große Überwindung.

Ich fühlte die Urne glatt und hart in der Tasche unter meinem Arm. Ich runzelte die Stirn und wiederholte: »Asche?«

»Bill wollte mir eine Urne mitbringen. Rhyds Asche.«

»Davon weiß ich nichts. Ich fürchte, sie ist auf dem Meeresboden gelandet.«

»Ach, du meine Güte!« Es klang eher ärgerlich als bestürzt, als hätte die Asche neben dem gefühlsmäßigen auch noch einen tatsächlichen Wert gehabt.

»Aber sein letzter Gruß galt Ihnen.«

»Wirklich?«

»Ja. Kurz bevor er ... starb.« Das war natürlich eine Lüge. Seine letzten Worte waren »Tasche ... Anhänger« gewesen.

Ihr Gesicht bekam einen weicheren Zug, und ein paar Tränen rannen aus ihren Augenwinkeln.

»Es tut mir leid«, sagte ich.

Sie lächelte etwas verloren. »Ich meine, wir waren beide gute Freunde von Bill. Das Ganze ist kaum zu glauben.« Sie holte tief Luft. »Haben Sie Lust, zum Essen zu bleiben? Wir könnten uns noch etwas unterhalten. Ich hab' einen Eintopf gemacht.«

Ich stand auf. Meine Knie kamen mir noch weicher vor als vorher. »Vielen Dank, aber ich muß noch einige andere Leute aufsuchen.«

»Es war sehr nett von Ihnen, daß Sie vorbeigekommen sind«, sagte sie. Sie zog eine Karte aus der Tasche. »Wenn Sie etwas von mir wollen, finden Sie mich hier. Vielleicht brauchen Sie ja auch jemand, der Ihnen mit den Jungen hilft, nicht wahr? Ich würde sie gerne mal sehen.«

Ich nickte und lächelte mühsam; mein Gesicht kam mir vor wie aus Holz.

Wir fuhren den Laurel Drive hoch, ich und Rhyds Asche. Ich schwitzte.

Aus dem wenigen, das Rhyd mir von seinen Schwestern erzählt hatte, wußte ich, daß Sarah verwitwet war und auf dem Familiensitz in Bethel Bay lebte; mit Maria war das eine andere Geschichte. Maria hatte sich der harten und starrköpfigen religiösen Einstellung, mit der sie erzogen wurde, widersetzt und war von zu Hause fortgelaufen, zwei Jahre bevor auch Rhyd mit seiner Gitarre auf Wanderschaft gegangen war. Er hatte sie seither nicht mehr gesehen. Bei einer Gelegenheit hatte er mir ein Bild von ihr gezeigt. Sie mußte ungefähr zehn Jahre alt gewesen sein, als das Foto gemacht wurde. Sie war ein großgewachsenes Mädchen mit goldbrauner Haut, langen blonden Haaren und kornblumenblauen Augen, deren Winkel etwas nach unten gezogen waren.

Menschen verändern sich mit den Jahren. Aber ihre Haut wird nicht sommersprossig, wenn sie ursprünglich goldbraun war, und blaue Augen werden nicht graugrün und ändern ihre Stellung.

Die Frau, die mir ein Bier gegeben und nach Rhyds Asche

gefragt hatte, war mir freundlich und aufmerksam begegnet. Unter anderen Umständen wäre sie vielleicht jemand gewesen, den ich gern kennengelernt hätte. Sie hatte einen intelligenten Eindruck gemacht und war attraktiv.

Aber ganz sicher war sie nicht Rhyds Schwester.

8

Nachdem ich den Laurel Drive hinter mir gelassen hatte, verfuhr ich mich ziemlich schnell. Schließlich hatte ich jedoch das bewaldete Gebiet und die historischen Stätten von Concord hinter mir und geriet in den Sog Bostons. Das rote Neonlicht eines Motels glühte in der nebligen Dunkelheit. In einer Gaststätte mit Gingham-Tischtüchern aß ich irgend etwas, das sie einen Caesar-Salat nannten, trank noch einige Biere und nahm mir dann ein Zimmer im Motel.

Es war eine große, schäbige »Nichtraucher«-Hütte, die durchdringend nach altem Zigarettenrauch stank. Einen Augenblick lang wünschte ich mich zurück ins Krankenhaus. Aber nur einen Augenblick. Ich lag auf dem Bett, kämpfte mit dem Caesar-Salat, der sich bemühte, wieder ans Licht zu kommen, und starrte auf das rote Neonlicht, das die schmuddeligen Vorhänge beleuchtete.

Auf dem Nachttisch lag das örtliche Telefonbuch. Eine Maria Walters, die am Laurel Drive wohnte, war nicht eingetragen. Angenommen, die angebliche Maria Walters war ein Country-and-Western-Fan, der sich in den Besitz der Asche seines Idols setzen wollte. Sicher hatte sie Bill gut gekannt, denn sie schien mir an ihm mehr interessiert als an Rhyd. Es sah mir verdammt danach aus, als habe Bill sich die ganze Sache ausgedacht. Wo sich die wirkliche Maria aufhielt, war immer noch völlig unklar. Aber wozu das Ganze? Warum hatte er die Urne an eine Betrügerin adressiert?

In meinem Kopf herrschte jetzt genauso dichter Nebel wie draußen vor dem Fenster. Ich schlief ein.

Am nächsten Morgen erwachte ich mit einem schweren Kopf, den ich dem schlechten Essen und der noch schlechteren

Belüftung verdankte. Ich duschte und begab mich auf die Suche nach Logan Airport, dem Flughafen von Boston.

Der Verkehr kam ins Stocken, als ich mich der Zahlschranke für den Sumner Tunnel näherte. So konnte ich meine Konzentration von der Fahrerei auf andere Dinge lenken.

Was ich hatte, war eine kleine Urne, rundum zugelötet, die vermutlich Knochensplitter, Holzasche und ein bißchen Erde aus Äthiopien enthielt. Der Inhalt war offenbar wichtig; zumindest hatte Bill ihn für wichtig gehalten, denn er hatte sich ja die Mühe gemacht, ihn zu sammeln und an eine falsche Adresse zu leiten.

Wenn ich die Jungen untergebracht hatte, würde ich nach Concord zurückfahren und einige gezielte Fragen stellen müssen.

Sie kamen nebeneinander durch die Ausgangstür, begleitet von einer blonden Stewardeß. Joe war größer als die Stewardeß. Er sah blaß aus und bewegte sich mit der ganzen Würde seiner Jahre; nur seine Augen waren überall und registrierten die vielen Details eines großen Flughafens mit wachem Interesse. Harry las einen Terry Pratchett. Wenn er sich nicht mit irgendwelchen Tieren beschäftigte, hatte Harry seine Nase gewöhnlich in einem Buch. Zur Zeit begeisterte er sich für Terry Pratchett.

Als sie mich erblickten, leuchteten ihre Gesichter in einer für mich sehr erfreulichen Weise auf. »Du hast es tatsächlich geschafft!« sagte Joe.

»Verdammtes Wunder, wenn du mich fragst«, sagte Harry.

Die Ansicht ihrer Eltern über meine allgemeine Brauchbarkeit war ihnen offensichtlich nicht verborgen geblieben. Ich war gleichzeitig gerührt und gekränkt. »Unser Boot ist abgesoffen«, sagte ich.

»Wir haben's mitbekommen«, sagte Joe. »Es stand in der *Daily Mail.*« Sein Gesicht war ernst. »Schreckliches Pech.«

Harry sah aus, als wollte er einen Witz machen, hätte es sich jedoch anders überlegt. Er kaute auf einem Kaugummi herum, was gegen unsere Regeln verstieß. Ich sorgte dafür, daß er ihn ausspuckte, kaufte dann beiden Hot dogs und ein paar Süßigkeiten für die Fahrt, brachte sie zum Auto, verlud das Gepäck und fuhr los in Richtung Maine.

Kaum unterwegs, setzte die übliche laute Konversation ein. Joe hatte in der Schulwerkstatt ein Sumpffahrzeug gebaut. Harry hatte im schuleigenen Brutkasten sechsundzwanzig Zwerghühner zur Welt gebracht. Natürlich wollten sie alles über den Rettungshubschrauber hören, der mich aus dem Bach gezogen hatte. Aber unter dem ganzen Gerede spürten wir alle eine gewisse Nervosität. Keiner von uns kannte ja Sarah Walters. Wir standen sozusagen am Rande des Unbekannten, und das in einem Augenblick, wo alles so normal und beruhigend wie möglich hätte sein sollen.

Wie auch immer, wir waren in Amerika.

Harry starrte mit offenem Mund auf einen großen, aus Sperrholz gebauten Rahsegler, der auf einem Gebrauchtwagenplatz neben dem Highway 1 stand. »Wahnsinn«, sagte er.

»Snob«, hielt ihm Joe entgegen. Er sagte es, nur um etwas zu sagen; genauso hatte ich Harrys Äußerung verstanden, es sei ein verdammtes Wunder, daß ich es geschafft hätte, zum Flughafen zu kommen. Insgeheim war Joe beunruhigt, und Harry ebenfalls. Damit waren wir schon drei.

Die nächsten fünfzig Meilen sagten wir gar nichts. Schließlich meinte Joe: »Wie ist sie eigentlich, diese alte Schrulle?«

Man mußte kein Gedankenleser sein, um zu wissen, daß er Sarah meinte. »Ich weiß nur, daß sie auf einer Farm lebt«, sagte ich.

»Ja«, sagte Joe. Wieder entstand eine längere Pause. »Na ja, ich denke, sie wird einen Traktor haben.« Traktoren gehörten zu den Dingen, für die sich Joe begeistern konnte.

»Und Enten«, meinte Harry.

Wieder schwiegen wir alle, während einige Meilen der Schnellstraße unter der gelben Motorhaube hindurchzogen.

»Warum können wir eigentlich nicht bei dir bleiben?« fragte Harry. Seine Stimme klang weit weniger forsch als gewöhnlich. »Das ist nicht fair.« Er streckte sein Kinn vor, um nicht zu weinen. Da war vieles, über das er hatte weinen müssen in den vergangenen vier Monaten.

»Euer Dad wollte euch eine Möglichkeit geben, den Ort kennenzulernen, wo er geboren wurde. Probiert mal aus, ob es euch dort gefällt.«

»Er hat sie ja kaum jemals erwähnt. Wir kennen sie überhaupt nicht.«

»Sie ist eure Tante«, sagte ich.

»Aber wir kennen sie nicht.«

»Sie wird schon in Ordnung sein.«

»Und dann ist da noch ihr Sohn«, sagte Harry. »Chuck heißt er. Dad hat einmal gesagt, er wäre nicht ganz dicht.«

»Er ist euer Vetter«, sagte ich. »Die Farm liegt praktisch an der See. Ihr werdet da schon klarkommen.« Ich gestand mir ein, daß aus mir weniger die Zuversicht als die Hoffnung sprach. Rhyd hatte zwar alle Beziehungen zu den Brüdern Christi abgebrochen, doch mußten die inneren Bindungen noch sehr stark sein, wenn seine Schwester eine so herausragende Rolle in seinem Testament spielte. Nur ein einziges Mal hatte er beiläufig davon gesprochen. »Das schlimmste ist nicht«, hatte er gesagt, »daß sie dich zurückhaben wollen. Das schlimmste ist, sie können dich dazu bringen zu wünschen, daß sie dich zurückhaben wollen.«

Hier war ich also im Begriff, die Jungen einer wildfremden Person auszuliefern. Letzte Nacht hatte ich die Asche ihres Vaters der Fremden nicht übergeben. So etwas hätte Camilla sehr amüsiert. Da klammert sich einer an eine Sache, die im Grunde keine Rolle spielt, gibt aber dafür etwas her, was für ihn immens wichtig ist.

»Na ja«, sagte ich. »Sarah wird schon in Ordnung sein. Euer Dad würde doch sonst nicht gewollt haben, daß ihr herkommt.« Es war mir klar, daß ich mich selbst zu überzeugen versuchte.

Sechzig Meilen nördlich von Boston führt der Highway an Portland vorbei, biegt nach Osten ab und folgt, etwas schmaler geworden, einer von Buchten, Meeresarmen und versunkenen Flußtälern tief eingeschnittenen Küste, die immer zerklüfteter wird, je mehr sie sich der kanadischen Grenze nähert.

Kurz nachdem wir die Staatsgrenze von Maine passiert hatten, kam wieder Nebel auf. Beide Jungen schliefen jetzt. Wir fuhren durch eine Landschaft, die bestanden war mit schwarzen Kiefern und geisterhaft wirkenden Ahornbäumen, in deren Wipfeln graue Nebelschleier hingen. Östlich von Ellsworth wurden die Häuser kleiner. Viele der größeren sahen mit ihren geschlossenen Fensterläden unbewohnt aus, als wären es Ferienhäuser und die Besitzer noch nicht eingetroffen. Vor den kleineren Häusern lagen Haufen von Hummerkörben, die zum Teil mit Sperrholz ausgebessert waren. Das einzige, was gepflegt aussah, waren die Lieferwagen.

Wir hielten noch einmal in Redhill, um eine letzte Cola zu trinken. Die Frau in der Imbißstube trug eine Art Schiffermütze, eine Skihose, in die wir alle drei gleichzeitig hineingepaßt hätten, und hatte unter ihrem Kinn noch zwei Reihen in Reserve. Das Fernsehgerät war, dem Lärm nach, bis zum Anschlag aufgedreht, und hinter dem Tresen hingen jede Menge Fischköder neben einem Behälter mit Kettenöl für Motorsägen. »Nebel«, sagte die fette Frau. »Dafür ist er berühmt, der Staat Maine. Normalerweise kommt er erst später im Jahr. Aber diesmal haben wir ihn schon jetzt.«

In einem Anfall von Mut sagte Joe: »Wir werden ab jetzt hier leben.«

Die Kinne der Frau arrangierten sich zu einem breiten Lächeln. »Ach, wirklich? Wo denn?«

»In Bethel Bay«, sagte Joe. »Bei Mrs. Ebden.«

Ihr Lächeln erstarrte. »Sarah Ebden«, sagte sie. »Seid ihr die Walters-Jungen?«

»Sind wir«, sagte Harry.

»Hat mir sehr leid getan, das mit eurem Vater«, sagte die Frau.

Harry straffte die Schultern. Er war immer außerordentlich stolz auf seinen Vater gewesen. »Ist es noch weit?«

»Fünf Meilen. Dies hier ist der nächstgelegene Laden.«

»Na schön«, sagte Harry mit der Miene eines Prinzen, der einen Geschäftsinhaber zum Hoflieferanten ernennt: »Wir werden unsere Bonbons künftig immer hier kaufen.«

Die fette Frau nickte mit dem Kopf. »Sicher«, sagte sie. »Der Name ist Daisy Rider.«

Sie schüttelten ihr die Hand, wobei sie ihr fest in die Augen blickten. Sie streckte sich schnaufend nach einem Regal. »Hier habt ihr jeder einen *Hershey*-Riegel. Sicher habt ihr so was noch nie gegessen.«

»Nie«, kam es unisono von den beiden Jungs.

»Also, bis bald«, sagte Daisy Rider.

Wir gingen zum Auto zurück. Ich dachte daran, wie ihr Lächeln plötzlich erstarrt war.

Als wir eine Meile aus dem Ort heraus waren, bogen wir von der Asphaltstraße auf einen geteerten Feldweg ab, der sich zwischen zwei steinigen Hügeln hindurchwand und dann in einer weißen Nebeldecke versank, aus der Kiefernwipfel wie schwarze Zähne herausragten.

»Wie ein Märchenland«, sagte Harry.

»Mit einer bösen Hexe und allem, was sonst noch dazugehört«, sagte Joe.

Wir lachten. Die Jungen wirklich. Ich tat nur so.

Der Weg wurde zu einer Folge von Schlaglöchern, verbunden durch hervorstehende Felsbrocken, die den Stoßdämpfern des Leihwagens höchst unmusikalische Töne entlockten. Neben der Straße erstreckte sich ein größerer Teich. Krähen stoben mit lautem Flattern aus den Bäumen. Nach ein paar binsenbestandenen Wiesen tauchte ein Ahornwäldchen aus dem Nebel auf. Unter den Bäumen zeichneten sich eckige Linien ab. Gebäude.

»Ich werd' verrückt«, sagte Joe. »Das liegt ja mitten im Wald.«

Wir holperten zwischen zwei Torpfosten hindurch auf einen

nahezu viereckigen, von Gebäuden umgrenzten Hof. Links stand eines der typischen Holzhäuser, dessen Wände mit sich überlappenden Brettern verschalt waren. Die Rückseite des Hofs wurde von einer großen Scheune mit Schindeldach eingenommen, deren Wände die Farbe von getrocknetem Blut hatten. Rechts stand noch eine kleinere Scheune, aus der zwei Fächer herausgeschlagen waren, um einen Unterstand für den Traktor zu schaffen; ein paar Tauben hockten verzagt auf dem First des Walmdaches. In der Mitte des Hofes stand ein riesiger Ahorn, dessen gedrungener Stamm ein pilzförmiges Laubdach trug, das einen Durchmesser von über dreißig Metern haben mußte.

Auf der ersten der drei zur Veranda hinaufführenden Stufen stand eine Frau. Man konnte nicht sagen, ob sie aus dem Haus gekommen war oder im Begriff stand, ins Haus zu gehen. Man hatte vielmehr den Eindruck, sie habe schon den ganzen Nachmittag dort gestanden, ein fester Bestandteil des ganzen Komplexes, wie der Baum. Ihr Haar, das vielleicht einmal blond gewesen war, hatte jetzt einen fahlen Gelbton angenommen und war mit vielen grauen Strähnen durchsetzt. Das Gesicht war viereckig, hager und nahezu fleischlos unter hohen Backenknochen. Ihre Augen waren grau wie die Haare und schienen mir ein wenig zu weit aufgerissen. Jedenfalls starrten sie uns mit beängstigender Intensität an. Ihr dünner Strich von Mund zeigte keinerlei Regung.

»Sarah Ebden?« fragte ich.

»Ganz recht.« Diesmal hatte ich nicht den geringsten Zweifel, daß es sich um Rhyds Schwester handelte. Sie hatten die gleiche Knochenstruktur. Bei Rhyd hatte das etwas stärkere Fleischpolster das Gesicht jedoch stark und gewinnend erscheinen lassen. Bei der Schwester zeichneten sich die Knochen schärfer und deutlicher ab, so daß das Gesicht statt Stärke Starrköpfigkeit ausstrahlte und das Gewinnende vermissen ließ.

»Ihr seid willkommen«, sagte sie und lächelte. Es war ein

freundliches Lächeln, aber es wirkte so, als habe sie es nicht oft praktiziert.

Die Jungen stellten sich vor; in strammer Haltung und mit einem Megawatt-Blickkontakt, wie Rhyd es ihnen beigebracht hatte. Noch einmal trat ein kurzes Lächeln auf ihre dünnen Lippen, als erinnerte sie das an irgend etwas. »Kommt herein«, sagte sie. »Ihr werdet müde sein nach der Fahrt.«

»Wo ist das Meer?« fragte Harry.

»Gibt's hier einen Traktor?« fragte Joe.

Sie wandte sich ab und führte uns die Stufen hinauf ins Haus. Es war, als habe sie die Fragen gar nicht gehört. Harry schnitt Joe eine Grimasse, und der zuckte die Schultern und spielte ein paar Töne auf einem imaginären Saxophon. »Ihr könnt euch später umsehen«, sagte ich.

Im Innern des Hauses war es kühl, ja sogar kalt. Es gab eine große Küche mit einem riesigen Kühlschrank und Resopal-Arbeitsflächen. Ein gerahmtes Sticktuch an der Wand verkündete: DER HERR HAT'S GEGEBEN, DER HERR HAT'S GENOMMEN, DER NAME DES HERRN SEI GELOBT. Die Jungen schenkten dem Tuch keine Beachtung. Sie sahen auf den Tisch, der reich gedeckt auf sie wartete.

Schweigend machten sie sich über Würste und Schinken, Pfannkuchen mit Ahornsirup sowie verschiedene Biskuittörtchen und Kekse her. Sicher war ihr Gesicht hager und ihr Geschmack, soweit er Sinnsprüche betraf, etwas grimmig, aber ihre Kochkunst überzeugte sie.

Sarah teilte ihnen das Essen aus und versorgte mich mit Tee. Ansonsten machte sie nicht einmal den Mund auf. Schließlich lehnte sich selbst Harry im Stuhl zurück und schlug einen weiteren Pfannkuchen aus. Dann fragte Joe: »Können wir uns ein bißchen umsehen?«

»Umsehen?«

»Na, die Gegend erkunden«, sagte Harry. »Etwas rumschnüffeln, du weißt schon.«

»Sicher«, sagte Sarah. »Aber geht mir nicht in die hintere Scheune.«

»Warum nicht?« fragte Joe, der immer den Grund für alles wissen wollte.

»Chuck schläft«, sagte Sarah. »Chuck wohnt da unten in der Scheune, und er braucht seine Ruhe.«

»Wie alt ist Chuck?« wollte Joe wissen.

»Siebzehn«, gab Sarah Auskunft. »Er führt den Hof.«

»Sicher«, sagte Joe. Er begann schon die hiesige Ausdrucksweise nachzuahmen. »Vielen Dank für das köstliche Essen.«

»Sicher«, sagte Sarah, ohne zu lächeln. »Nun geht mal schön raus.«

Betont lässig schlenderten die Jungen nach draußen. Ich sah ihnen durch die Tüllgardine nach. Harry spuckte in die Gegend, so wie amerikanische Farmer in seiner Vorstellung ausspuckten, und begann geistesabwesend einen alten schwarz-weißen Hund zu tätscheln, der aus der Traktor-Scheune herausgetrottet war und sich ihnen angeschlossen hatte. Joe verschwand in einem Schuppen, zweifellos auf der Suche nach irgendwelchen Maschinen. Ich sagte zu Sarah: »Ich hoffe, sie werden nicht allzuviel Mühe verursachen.«

Sie sah mich mit überraschten grauen Augen an. »Jeder Arbeiter ist seines Lohnes wert«, sagte sie. »Die Pflicht bereitet keine Mühe.«

Wir schwiegen eine Weile und sahen durch das Fenster auf den riesigen Baum, die Scheune von der Farbe getrockneten Blutes, die schwarzen Kiefern im grauen Nebel. »Dies ist also der Familiensitz?« fragte ich schließlich.

»Seit dreihundertelf Jahren«, sagte sie. »Nur im Besitz der Walters'.«

Ich holte tief Luft. »Rhyd hat viel davon gesprochen.«

Ihr Blick war unbewegt und frostig. »Ich bin überrascht, daß er sich überhaupt daran erinnerte«, sagte sie. »Er hat so viel vergessen.«

»Vergessen?«

»Den Glauben seiner Vorväter«, sagte sie. Sie saß da mit gefalteten Händen, Knie zusammen, Beine geschlossen, Augen niedergeschlagen. Hätte sie noch eine Haube und einen weißen Kragen getragen, wäre sie unter den ursprünglichen Auswanderern nicht aufgefallen. »Er hat der Erlösung den Rücken gekehrt.« Es klang eher traurig als zornig.

»Aber er liebte den Hof hier.«

Sie zuckte die Schultern. »Sammelt keine Schätze auf dieser Erde, wo Motten und Rost zerstören und Diebe einbrechen und stehlen.«

»Ich habe seine Asche mitgebracht«, sagte ich. »Ich denke, er hätte es gern gehabt, wenn sie hier verstreut würde.«

Ihr Gesicht wurde auf einmal völlig ausdruckslos, als hätte ich etwas Ungeheuerliches gesagt. Sie stand auf. »Kommen Sie mal mit«, sagte sie.

Sie führte mich aus dem Haus, und wir gingen durch einen Obstgarten zu einem kleinen hölzernen Gebäude, das vor einem Hain alter Ahornbäume stand. Die Bäume waren von Wind und Wetter gekrümmt und schon sehr alt. Durch ihre Stämme sah man in eine kleine, steinige Bucht, aus der das Murmeln der See drang. Das Gebäude war von einem grünen, verfilzten Rasen umgeben, der so alt schien wie die Bäume. Im Rasen waren viele kleine Hügel, sechs Fuß lang, einen Fuß breit. »Hier«, sagte sie. »Unsere Brüder.«

Die Sonne hing wie ein schwach leuchtendes, silbernes Auge im Nebel. Die Grabhügel warfen schwache Schatten auf die nasse Grasnarbe. »Alle?« fragte ich.

»Alle. Von John Walters, dem ersten, bis jetzt.« Sie schwieg eine Weile. Irgendwo im Nebel schrie eine Möwe. »Wir glauben an die körperliche Auferstehung«, sagte sie. »Daß wir beim Klang der Trompete in unserer vorherigen Form wieder zum Leben erweckt werden.«

Die Asche taugte also nicht viel.

Ich deutete auf das hölzerne Gebäude. »Ist das Ihre Kapelle?«

»Das ist das Haus Gottes.«

Es war mir noch nie gelungen, an irgendeiner Kirche vorbeizukommen, ohne meine Nase hineinzustecken. Ich ging also über den nebelgetränkten Rasen zur Tür.

»Halt!« Zum ersten Mal, seit ich ihr begegnet war, klang Gefühl aus ihrer Stimme. »Nur die Brüder dürfen das Bethaus betreten.«

»Oh«, sagte ich. »Schön.« Und da standen wir nun; sie mit nassen Füßen inmitten ihrer Vorfahren und ich mit dem Gefühl, ein Idiot zu sein.

Unten in der Bucht hinter den Ahornbäumen schwemmten die Wellen neue Kiesel auf den steinigen Strand. Eine Ente quakte. Ein Junge fing plötzlich an, laut zu brüllen; Harry lachte wie ein Wilder und schrie: »Alter Blödmann!«

»Nein!« Das war jetzt Joe. In seiner Stimme war kein Lachen. »Tu's nicht!« Dann ertönte ein anderer Laut: eine krachende Explosion. Und noch eine.

Ich kannte das Geräusch aus der Zeit, als ich im schottischen Hochland Rotwild gejagt hatte: Irgend jemand schoß mit einem großkalibrigen Jagdgewehr.

Ich rannte wie der Teufel zum Hof zurück.

9

Noch bevor ich den Hof erreichte, hörte ich lautes Rufen und Geschrei. Ich erkannte die Stimmen von Joe und Harry, und dann war da noch eine andere, laut und seltsam unmoduliert. »Geht weg!« schrie sie. »Geht weg!«

Sie standen zusammen am anderen Ende des Hofes, jenseits des großen Ahornbaumes: Joe, Henry und ein dritter Junge, der vielleicht siebzehn Jahre alt sein mochte. Ich verfiel in normales Schrittempo. Der Siebzehnjährige trug gelbe Stiefel und ein kariertes Hemd, dazu eine Basketballmütze mit einem zusammengedrückten Schirm, die so weit über seinen Kopf gezogen war, daß seine Ohren abstanden. Er hatte ein langes Kinn, eine kurze Nase und flache, mißtrauische Augen. Sein Mund stand offen und zeigte eine dicke, speichelglänzende Unterlippe. Sein Blick flog zwischen mir und den Jungen und Sarah hin und her. Er hielt eine schwere Mannlicher-Büchse in der Hand; die Mündung zeigte zum Boden.

»Chuck«, rief Sarah, »was machst du denn da?« Ihre Stimme war plötzlich sanft und schmeichelnd.

»Sie sollen wegbleiben«, sagte Chuck. »Wer ist das überhaupt?« Er brachte die Worte nur stockend heraus, als habe er einen mittelgroßen Apfel im Mund.

»Es sind deine Vettern«, sagte Sarah. »Joe und Harry. Ich hab' dir doch schon von ihnen erzählt. Und dies hier ist George ... auch eine Art Vetter.«

»Er hat die arme Taube totgeschossen«, sagte Harry. Er streckte seine Hände vor und zeigte uns einen Haufen grauer Federn, die voller Blut waren. Aus kurzer Entfernung kann man mit einer großkalibrigen Büchse eine Wildtaube praktisch in Nichts auflösen.

»Warum hast du das getan, Liebling?« fragte Sarah.

Chucks Augen begannen wieder ihre Rundumsuche. »Zu nahe«, sagte er.

»Okay.« Sie wandte sich an Joe und Harry. »Chuck ist gerne für sich«, sagte sie. »Ihr müßt euch von der Scheune fernhalten. Es ist doch so – jeder hat seinen bestimmten Platz, sein Zimmer. Kommt, ich zeig' euch jetzt eure Zimmer.« Ihre Stimme war immer noch sanft. »Und Chuck, du stellst das Gewehr wieder in den Schrank zurück. Ich will keinen Schuß mehr hören.«

Chuck nickte. Jetzt erst begannen wir die Musik wahrzunehmen, die aus der Scheune zu uns drang: Rhyds Musik. Es war das Band, das er in der letzten Nacht in Afrika aufgenommen hatte.

»Das ist dein Onkel«, sagte ich.

So etwas wie Interesse begann in Chucks Augen aufzuleuchten. Er entfernte die Patronen aus seiner Büchse. »Sicher«, sagte er. »Rhyd Walters. Er ist berühmt.«

Die Jungen redeten jetzt mit Sarah. Alles hatte sich wieder normalisiert – oder war zumindest so normal geworden, wie es hier überhaupt sein konnte. Ich erinnerte mich an das braune Päckchen, das mir Rhyd bei meiner Abreise in die Hand gedrückt hatte. Es hatte ein Dutzend Tonbänder enthalten. »Er hat dir das Band geschickt«, sagte ich zu Chuck. »Ich habe es in London auf die Post gegeben.«

»Ja«, sagte er. »Ich liebe diese Musik. Warte hier.« Er wirkte jetzt fast lebhaft.

Er trottete mit seinem Gewehr davon und verschwand um die Ecke der Scheune. Als er zurückkam, trug er ein großes Buch unter dem Arm. »Meine Briefmarken«, sagte er.

Ich mußte sie alle mit ihm ansehen. Er zeigte mir die englischen Marken und die aus Äthiopien. »Verdammt viel wert«, sagte er. »Kosten einen Haufen Geld.« Er hatte eine gewinnende Ernsthaftigkeit an sich, als er mich dabei von der Seite ansah und abzuschätzen versuchte, wie beeindruckt ich war.

»Ganz sicher sind sie das«, sagte ich und dachte: *Armer*

Chuck. Der Verstand eines Zehnjährigen in einem siebzehn Jahre alten Körper.

Er sagte: »Ich mußte es ihnen doch zeigen.« Er runzelte die Stirn. »Diesen Kindern. Meinen Vettern.«

Ich nickte. »Ich denke, sie haben's kapiert.«

Er nickte mir zu, Mann zu Mann. »Das Gewehr ist jetzt wieder im Schrank. Eingeschlossen.«

»Sicher.«

Er stapfte zur Scheune zurück. Ich fühlte mich etwas erleichtert; beileibe nicht großartig, aber doch besser als am Anfang. Ich wünschte, Rhyd wäre hiergewesen und hätte sich ansehen können, wohin er seine Kinder verbannt hatte. Ich wünschte auch, Camilla wäre dagewesen und hätte ihm ins Gewissen geredet, so wie nur sie das konnte. Aber ich wünschte mir ja immer, daß Camilla da wäre.

»Kommt mit, Leute«, sagte Sarah. Sie hatte ihre Förmlichkeit abgelegt. Wir gingen zum Haus zurück, und sie zeigte den Jungen ihre Zimmer, die in einem kleinen, einstöckigen Flügel auf der dem Hof abgewandten Seite des Hauses lagen. Man sah, daß sie doch schon etwas über die Jungen in Erfahrung gebracht haben mußte, denn in Harrys Zimmer hing ein präparierter Hirschkopf und bei Joe ein Traktor-Kalender der Firma John Deere. Das half natürlich.

In einem Schuppen standen auch zwei alte Fahrräder. Das war auch nicht gerade verkehrt. Von der Scheune kam wieder der Klang von Rhyds Gitarre, ein Stück mit einer Banjobegleitung, das ich nicht kannte. »Chuck«, sagte Sarah. »Es tut mir leid, er ist wirklich ziemlich erregt. Das mit Rhyd hat ihn hart getroffen. Er liebt seine Musik so sehr. Rhyd war auch immer sehr nett zu ihm.«

Ich versuchte interessiert auszusehen. Sarah hatte auch eine mildere Seite, und sie schien recht fürsorglich zu sein. Aber schließlich hatte ich die ersten fünf Jahre praktisch mit Joe und Harry zusammengelebt. Ich ging zurück in den rückwärtigen Flügel des Hauses. »Meinst du, daß du hier für den Rest des Sommers klarkommst?« fragte ich Joe.

»Sicher«, sagte Joe. »Ich bin hier doch schließlich an der See.«

»Das Essen ist in Ordnung«, sagte Harry, wobei er sein Kinn in einer Weise herausstreckte, die mich schrecklich an Camilla erinnerte, wenn sie meinte, es wäre ihre Pflicht, etwas zu tun, wozu sie nicht die geringste Lust hatte.

»Und vielleicht können wir später auch mal mit dem Gewehr schießen«, sagte Joe. »Ich meine nur, warum nicht?«

»Das ist es ja, was ich sage«, erklärte Harry. Und da standen wir nun, streckten das Kinn vor und gaben uns ganz britisch. Ich dachte: *Das hier kann einfach nicht richtig sein.* Aber es war ein Arrangement, das die Eltern für richtig gehalten hatten. Also gab ich ihnen einen schnellen Abschiedskuß und ging nach vorn, wo Sarah wartete.

»Na ja«, sagte ich mit einer Heiterkeit, die ich nicht im geringsten spürte, »da haben Sie jetzt allerhand Familienzuwachs bekommen.« Sie lächelte. »Ach, übrigens«, sagte ich, »ich denke, ich sollte auch Ihre Schwester Maria aufsuchen.«

Ihre Augen wurden plötzlich eiskalt. »Ich hatte nie eine Schwester Maria.«

Das brachte mich etwas aus der Fassung. »Aber Rhyd hat manchmal von ihr gesprochen«, sagte ich.

Einen Augenblick stand sie völlig regungslos da. »Worüber mein Bruder sprach, ist allein seine Sache.« Sie legte einen Finger an die Lippen und schien nachzudenken. »Ich werde Ihnen etwas zeigen«, sagte sie dann und verließ den Raum.

Sie kam mit einer in Leder gebundenen Bibel zurück, die die Ausmaße eines Handkoffers hatte. Sie war mit soliden Messingecken versehen und hatte ein Schloß. Mit einem Schlüssel, den sie an einer Kette um den Hals trug, schloß sie die Bibel auf und blätterte das Deckblatt um. »Sehen Sie hier«, sagte sie.

Auf vergilbtem, stockfleckigem Pergament war dort mit braunschwarzer Tinte der Stammbaum der Familie Walters aufgezeichnet. Die vorletzte Zeile trug Sarahs, Rhydians und Marias Namen. Die Namen Rhydian und Maria waren jedoch durchgestrichen worden. Die ursprünglich schwarze Tinte war mit den Jahren etwas rostfarben geworden.

Der Name Chuck stand auf der untersten Linie. Und dann gab es noch zwei Eintragungen neueren Datums: Joseph und Henry. Aber die Linien, die diese Namen mit dem Stammbaum verbanden, führten nicht zu Rhyd, sondern zu Sarah.

Ich sah ihr in die Augen. Sie waren grau und störrisch.

»Meine Familienmitglieder sind Kinder des Herrn«, sagte sie. »Wenn jemand vom Pfade des Herrn abweicht, gehört er nicht mehr zur Familie.«

»Wo wohnt Ihre Schwester?«

»Ich weiß gar nichts über Maria Walters. Es wäre jetzt angebracht, wenn Sie gingen.«

»Ich will mich noch einmal von den Jungen verabschieden.«

»Am besten läßt man sie jetzt in Ruhe«, sagte sie und legte dabei eine knochige Hand auf meinen Arm. »Ich weiß, daß Sie die beiden lieben, aber Sie können mir ruhig glauben, daß ich sie auch liebe.«

Eigentlich hätte ich sie auf der Stelle wieder mitnehmen sollen. Camilla hätte das bestimmt getan. Aber ich war nur zur Hälfte ihr Vormund, und Sarah war die andere Hälfte.

So ging ich also in den Hof hinaus und winkte und fuhr dann durch die Kiefern den Feldweg entlang auf die Asphaltstraße, die sich durch die felsigen Wälder zum Highway 1 hinaufschlängelte.

Und ließ sie zurück.

Reg dich ab, sagte ich zu mir. *Sie werden sechs Monate auf einer Farm an der See wohnen. Sarah ist vielleicht etwas seltsam und Chuck zurückgeblieben, aber das Essen ist tadellos. Es gibt Fahrräder und ein nicht allzu weit entferntes Geschäft, wo sie Süßigkeiten kaufen können.* Leute mit leistungsstarken Gewehren hatte es auch in Äthiopien gegeben. Als ich Camilla bei meinem ersten Besuch gefragt hatte, ob sie es der Kinder wegen nicht für gefährlich hielte, hatte sie mir entgegnet: *Warum sollte irgend jemand ein paar Kinder erschießen wollen? Uns, ja. Aber warum die Kinder?*

Wieder hatte ich den scheußlichen, bitteren Geruch von Asche in der Nase, fühlte die Sonne wie einen rotglühenden Amboß im Genick, erinnerte ich mich an das Entsetzen. Die Jungen würden schon klarkommen. Ich war Camilla und dem ganzen Dorf etwas schuldig, und diese Schuld würde ich abtragen müssen.

Der Weg wurde jetzt ebener. Am Ferienhaus mit den geschlossenen Fensterläden, wo der Weg auf die Asphaltstraße mündete, parkte jetzt ein Auto mit einem Nummernschild aus Massachusetts. Ich fuhr vorbei, bog nach links auf die Straße ein und fuhr zurück in die Zivilisation.

Der Zeitplan der Vortragsreise, den mir Jerry Stein ins Krankenhaus gefaxt hatte, steckte in meiner Tasche. Danach hatte ich meinen ersten öffentlichen Auftritt in Lexington, Massachusetts, am nächsten Abend. Meinem Autoatlas entnahm ich, daß Lexington ein Teil von Groß-Boston war. Jetzt, wo ich keinen Bill mehr zur Seite hatte, der mir zeigen konnte, wie man die Herzen der Reichen erweicht, mußte ich mich selbst bemühen, diese speziellen Fähigkeiten zu entwickeln. Außerdem würde ich bei der Gelegenheit der falschen Maria Walters einen Besuch abstatten.

So fuhr ich also in südwestlicher Richtung die Küste hinunter. Gegen acht Uhr verfärbte sich der Nebel mit einsetzender Dämmerung ins Bräunliche, und ich bekam Hunger. Ein rotes Neonlicht an der Straßenseite schrie mir RESTAURANT entgegen. Ich fuhr auf den großen, mit Kies bestreuten Parkplatz und ging hinein.

Sie gaben mir einen Tisch am Fenster. Ich bestellte ein Steak und ein leichtes *Budweiser*. Die Spiegelbilder der Gäste schwammen wie Doppelbelichtungen über den Scheinwerfern der vorbeifahrenden Autos. Auf dem großen Parkplatz standen nur sechs Fahrzeuge. Ich legte meine Stirn gegen das kalte Glas und sah genauer hin.

Mein Wagen stand in der hinteren Ecke des Platzes. Irgend

jemand machte sich dort zu schaffen. Er stand gebückt neben der Fahrertür, als wollte er das Schloß öffnen. Ich sprang auf und rannte zum Ausgang.

Die Abendluft war kalt und feucht durch den Nebel. Der Kies knirschte unter meinen Sohlen. Die Gestalt an der Fahrertür stand still; nur die Schultern bewegten sich, als wären die Hände mit irgend etwas beschäftigt.

Ich hatte nie Mary Morpurgos Ansicht verstehen, geschweige denn teilen können, ich wäre eine Mischung aus einem Einzelkämpfer der Kommandotruppen und einem Einsiedler. Vielleicht erklärte sich ihre Ansicht aus folgendem: Camilla hatte einmal einen seltsamen Freund namens Dave gehabt, einen untersetzten Mann, der politisch ziemlich weit rechts stand und bei irgendeiner Spezialeinheit gedient hatte. Sie sagte immer, seine politischen Ansichten wären ihr egal, und außerdem wäre er unheimlich nett. Dave hatte mich im Nahkampf unterwiesen, weil das das einzige war, was er wirklich konnte. Greif als erster an, hatte er gesagt. Greif an mit der Absicht, den anderen zu töten.

Die Gestalt hatte sich jetzt aufgerichtet, eine Hand in der Manteltasche. Ich sprang auf sie los und packte mit beiden Händen ihren Hals. Wir fielen beide zu Boden. Ich setzte zu einem Würgegriff an.

Irgend etwas stimmte nicht.

Der Hals war zu dünn. Das Haar in meinem Gesicht roch zu gut. Ich lockerte meinen Griff.

»Scheiße«, sagte sie.

Die Stimme einer Frau. Die Stimme der angeblichen Maria Walters.

Ich fühlte, wie mir das Blut zu Kopf stieg. Ich gehöre eigentlich nicht zu den Leuten, die Befriedigung darin finden, Frauen mit einem Tigersprung zu Boden zu werfen. »Haben Sie sich weh getan?« fragte ich.

Sie nahm den Arm zurück, als ob sie mir einen Schlag verpassen wollte. Im letzten Moment schien sie es sich jedoch anders überlegt zu haben. »Verdammter Mist!« sagte sie.

Ich betrachtete das Türfenster auf der Fahrerseite und sah, daß sie einen geradegebogenen Drahtkleiderbügel zwischen Glas und Gummidichtung geschoben hatte. *Teufel noch mal, Devis,* dachte ich, *sie hat versucht, in deinen Wagen einzubrechen, und du fragst sie noch, ob sie sich weh getan hat. Zu allem Überfluß tut sie noch so, als wärst du im Unrecht.*

Camilla würde sich schiefgelacht haben und hätte sich in ihren Vorurteilen nur bestärkt gesehen.

Die Frau rappelte sich auf und klopfte sich den Kies von den Jeans. »Was machen Sie hier eigentlich?« fragte ich.

»Ich war dabei, Ihren Wagen aufzubrechen«, sagte sie. »Ich glaube, ich brauch' jetzt einen Drink.« Sie wandte sich zum Gehen. Ihre Schultern waren hochgezogen.

»Ich werde die Polizei rufen.«

»Ich nehme trotzdem einen Drink«, sagte sie und ging davon. Nach ein paar Schritten wandte sie sich um, sah mich an und sagte: »Vielleicht sollten wir darüber reden.« Sie hatte einen Gang wie ein Model und strahlte selbst jetzt noch Selbstvertrauen aus.

Ich sah den Wagen an. Sie hatte ihn nicht aufgebrochen, und es würde schwer sein, ihr irgend etwas zu beweisen, wenn sie, was zu vermuten war, alles abstritt. Sie wollte mit mir reden. Ich klopfte den Schmutz von meinen Knien und ging ihr nach.

Sie saß an meinem Tisch und sog an ihrer Hand. »Sie haben mir die Knöchel aufgerissen«, sagte sie.

Die Kellnerin kam. Die Frau bestellte einen Bourbon mit Club Soda. Die Bedienung brachte den Drink und mein Steak. Ich begann zu essen.

»Wie heißen Sie?« fragte ich.

»Ricky Lee Klaasen.«

»Warum haben Sie sich als Maria Walters ausgegeben?«

»Wir haben früher zusammen gewohnt.«

»Sie haben *was?*« Die Mitteilung überraschte mich. Ich hatte inzwischen zu zweifeln begonnen, ob Maria überhaupt existierte.

»Wir haben zusammen in einem Haus gewohnt. Meinem

Haus in Concord. Sie war Sängerin. Ich gelegentlich auch. Wir sind zusammen aufgetreten.«

»Und wo ist sie jetzt?«

Sie rührte mit dem Strohhalm in ihrem Drink. Sie trug einen Ring mit einem großen Stein, der entweder aus Glas oder ein Smaragd war. Ihre Finger hatten gerade Kuppen mit der typischen Hornhaut des Gitarrespielers. »Sie ging einfach weg«, sagte sie. »Sie trank, okay? Nicht, daß es mir was ausmacht, wenn Leute trinken. Das tue ich auch. Ich breche auch Autos auf. Ich mache überhaupt alle möglichen seltsamen Sachen. Aber Maria hatte ... diese religiöse Erziehung, wissen Sie?«

Und ob ich das wußte.

»Daher hatte sie immer ein schlechtes Gewissen, wenn sie trank. Besonders dann, wenn sie die richtigen Saiten nicht mehr finden konnte. Verspielte sich dann oft. Ich sagte ihr, das wäre nicht so schlimm.« Sie seufzte. »Aber sie haute ab. Wir spielten damals im ›Golden Horseshoe‹ in Toronto, Kanada. Hatten ein Zimmer irgendwo auf der Queen Street. Ich hatte eine Verabredung mit einem Typ, netter Junge, Filmemacher – alle machen sie Filme in Toronto. Und als ich zurückkam, war Maria weg. Sie hinterließ eine kurze Mitteilung: *Das wär's denn, Leute.* Und ...« Sie spielte mit dem Strohhalm. »Na ja, sie war diejenige, die richtig singen konnte. Spielte auch ausgezeichnet Gitarre und Banjo. Ich machte nur so'n bißchen Begleitung und schrieb gelegentlich Texte. Als sie weg war, hab' ich natürlich damit aufgehört.« Sie seufzte wieder. »Es war eine schöne Zeit.« Sie schwieg eine Weile. »Anschließend stürzte ich mich wieder in den Hauptstrom meiner beruflichen Interessen.« Sie schnitt eine Grimasse. »Etwa zwei Monate später rief mich dann eine Dame an. Ich hatte Maria überall gesucht. Die Dame sagte, Maria wäre in Kanada von einem Lastwagen überfahren worden. Das war wirklich sehr traurig.« Sie sah mich an. Ihre Augen waren freundlich und voll Humor. »Ich hab' nicht einmal herausgefunden, wo die Beerdigung war.« Erneut stieß sie einen tiefen Seufzer aus.

»Alle sterben. Ich bin dann zurückgekommen und hab' angefangen, hier in New England ziemlich kümmerlich meinen Lebensunterhalt zu verdienen.«

Ich hatte keine Lust, in ihre Hoffnungen und Ängste verwickelt zu werden. »Erzählen Sie mir, was mit der Asche los ist.«

»Bill sagte mir, daß er die Urne an Maria adressieren wollte, weil es merkwürdig aussehen würde, wenn er sie jemandem gibt, der nicht zur Familie gehört, verstehen Sie?«

Ich säbelte mir ein Stück von dem Steak herunter. Merkwürdig konnte man die Angelegenheit wirklich nennen. »Was wollten Sie mit der Asche einer Person, die Sie gar nicht kannten?« fragte ich.

»Ich arbeitete mit Bill an einer Geschichte.«

»Sind Sie Journalistin?«

»Beim *Boston Echo*«, sagte sie. Sie nahm sich eine meiner Pommes frites. Ihre schrägstehenden Augen blickten zur Seite, als wäre ihr die Sache peinlich.

»Worum ging es denn bei der Geschichte?«

»Irgendwas über Afrika. Etwas Politisches. Bill hat viel mit Rhyd Walters gesprochen. Als Maria hier war, hab' ich sie mit Bill bekannt gemacht. Sie hat Rhyd kaum noch gesehen. Bill war so etwas wie ein ... Mittelsmann. Er hat irgendeine Schweinerei aufgedeckt und brachte jetzt irgendeinen Beweis dafür mit.«

Ich dachte an Bill, den perfekten Mitsegler und Partner, immer zuverlässig, ein Mann, der nie nach etwas fragte, aber auch nie etwas herausließ. »Und was haben Sie dabei gemacht?« fragte ich.

Sie lachte und verzog das Gesicht. »Ich verfolgte meine Karriere in der Journalistik. Ricky Lee, der Anrufbeantworter. Ricky Lee, die Briefsammelstelle. Ich öffnete weder die Briefe, noch hörte ich mir die Telefongespräche an. Das hier war eine ganz große Geschichte, eine, für die man den Pulitzer-Preis bekommen konnte, wie er sagte. Ich stellte natürlich Fragen. Aber er hat nie darauf geantwortet. Wenn ich ihn bedrängte, sagte er, daß er mich rausschmeißen würde. Ich glaube nicht, daß er das im Spaß sagte.«

»Sie rausschmeißen?«

»Ich ... also, als ich sagte, daß ich für das *Echo* arbeite, hab' ich wohl ein bißchen übertrieben. Man kann eine gewisse Zeit für irgendein Käseblättchen arbeiten, aber dann kommt einem die Arbeit plötzlich zum Hals raus. Und man kann natürlich auch fürs Fernsehen arbeiten, aber ich hab' diese komischen Augen, und dann sind meine Titten auch nicht groß genug. Und Rundfunk ist echt Scheiße, und Werbung ist auch nicht viel besser. Da hab' ich beschlossen, mir einen Job bei einer wirklich guten Zeitung zu suchen. Ich traf Bill auf einer Party in einer Gemäldegalerie. Und dann half ich ihm bei seinen Recherchen; der einzige Haken dabei war nur, daß er einem nie erzählte, worum es ging, so daß es nicht allzuviel zu recherchieren gab. Aber ich lernte auf diese Weise zumindest die Leute beim *Echo* kennen.« Sie trank ihr Glas aus. »Ich dachte, ich könnte mir Bills Beweismaterial einmal ansehen und überlegen, ob ich die Sache allein weiterverfolgen könnte.« Sie hob die Arme hoch. »Erschießen Sie mich, wenn Sie wollen«, sagte sie. »Ich hab' mich an Bill gehängt, weil ich eine Chance brauchte.«

»Was wollten Sie mit der Asche machen, wenn ich sie Ihnen gegeben hätte?«

»Bill sagte, ich sollte sie dem Redakteur des *Echo* übergeben.«

»Bill sagte?«

Sie sah zu Boden. Ihr Gesicht war ernst. Ich bemerkte kleine Falten in ihren Mundwinkeln, als ob die Sache sie doch mehr Nerven kostete, als sie zugegeben hatte. »Er rief mich von England aus an. Er sagte, er brächte eine Urne mit. Er sagte, daß mir die Urne überbracht werden würde, wenn er ... über Bord gehen sollte. Er hatte sie an Maria adressiert, weil die Leute erwarteten, daß die Asche eines Toten dem nächsten Angehörigen übergeben würde. Das hätte doch alles ganz normal ausgesehen, nicht wahr?«

Ich nickte. Es hatte auch alles normal ausgesehen, bis Ricky Lee die Tür geöffnet hatte.

»Wenn ich die Urne hatte, sollte ich sie also dem Redakteur des *Echo* übergeben.«

Ich schob den Teller zurück. Ich war nicht mehr hungrig. »Erwartete er denn irgendwelche Probleme?« fragte ich.

»Bill erzählte einem nicht einmal, ob er überhaupt irgend etwas erwartete«, sagte sie. »Das einzige, was er sagte, war, daß Leute über Bord fallen können, wenn sie über den Atlantik segeln.«

Der Lautsprecher, der uns mit Musik berieselte, bot uns eine scheußliche Travestie von »Yesterday«. Neben dem Klang der gestopften Trompeten hörte ich in meiner Phantasie das plumpsende Geräusch, mit dem Bills Kopf ins Meer gefallen war. Ich verdrängte das Geräusch schnell wieder. »Hätten Sie denn die Urne abgeliefert?« fragte ich.

Sie stützte das Kinn in die Hände und sah mich mit ihren schrägen grünlichen Augen an. »Ich hatte mich noch nicht entschieden. Ich muß schließlich an meine Karriere denken. Ich bin Reporterin, nicht nur jemand, der bei Recherchen hilft.« Sie lächelte; ein schnellen, vertrauliches Lächeln. »Aber jetzt zu Ihnen. Ich mag ihre Gedichte, und wahrscheinlich muß auch jemand Bücher über Vögel schreiben.«

Ich nahm einen Schluck von meinem Bier. Sie wollte offensichtlich das Thema wechseln. »Gut informiert«, sagte ich.

»Ich hab's aus ›Leute von heute‹. Das war nicht weiter schwierig. Allerdings stand nichts darüber drin, daß Sie etwas von militärischem Nahkampf verstehen.«

Das hätte mich allerdings auch sehr gewundert. »Wenn Sie versuchen, in die Autos anderer Leute einzubrechen, dann gehen Sie schon ein Risiko ein«, sagte ich.

Das ließ sie immerhin erröten.

»Vielleicht sollte ich also den Redakteur anrufen und ihm die Geschichte erzählen.«

»Wenn Sie das Gefühl haben, Sie müßten das tun ...«

Ich trank noch einen Schluck Bier. Ich hätte natürlich die Polizei rufen können, aber sie hatte mich neugierig gemacht. »Sie sind also bereit, aus Karrieregründen menschliche Überreste mitgehen zu lassen.«

»Das hört sich natürlich nicht sehr gut an.«

»Das sollte es auch nicht.«

Sie sah mich mit ihren schrägen Augen an. »Na ja, da haben Sie wohl recht.«

»Was ist also in der Urne?«

»Knochen, schätze ich. Hören Sie, das ist ja alles verrückt. Behalten Sie Ihre verdammte Urne. Reden wir lieber wieder von Ihnen. Wissen Sie, daß Sie ein Problem haben?«

Sie hatte zweifellos ein Talent, mich auf dem falschen Fuß zu erwischen. »Wie meinen Sie das?«

»Bill sagte, daß Sie beide eine Vortragsreise machen wollten.«

»Das stimmt.«

»Haben Sie den Zeitplan dabei?«

Ich zog das Papier aus der Tasche. Sie nahm es mir aus der Hand und fing an zu lesen, wobei sie sich das Kinn strich. Schließlich klatschte sie den Plan auf den Tisch: »Wenn Bill hiergewesen wäre, hätte er die Trommel für Sie rühren können. Das konnte er wirklich. Aber jetzt stehen andere Dinge im Vordergrund. Die ganze verdammte Welt ist verrückt geworden. Kaum jemand kann sich erinnern, wo Äthiopien überhaupt liegt. Heiliger Strohsack, die meisten Leute waren der Meinung, der Golfkrieg hätte im Golf von Mexiko stattgefunden.«

»Es wird schon gehen«, sagte ich. Ich sagte es eigentlich mehr, um mir selbst Mut zu machen. Ich war nicht sehr zuversichtlich. Ich dachte an die gelangweilten Reporter im Krankenhaus in Portland, den kümmerlichen Artikel auf Seite acht im *Boston Globe*. Von dieser kleinen Gaststätte in Maine aus gesehen, kam mir Amerika viel zu groß vor, um sich von einem britischen Ornithologen und Poeten beeindrucken zu lassen, der um Hilfe für kleine Dörfer in nicht mehr gefragten Ländern bat, von denen kaum einer etwas wußte.

»Wer ist Ihr Presseagent?« fragte sie.

»Ich brauche keinen.«

Sie schürzte die Lippen. »Mrs. Portarlington Elliott«, sagte sie. »Die Königin von Concord. Fünfzig reiche alte Damen. Sie wollen alle ihre Namen in der Zeitung lesen.«

Ich sagte: »Wenn Sie nichts dagegen haben, mache ich mich jetzt auf den Weg.«

Sie zuckte die Schultern. »Sicher«, sagte sie und sah mich an, gelassen und ein wenig belustigt. »Danke für den Drink.«

»Gern geschehen«, erwiderte ich.

Als ich den Wagen startete, sah ich sie am Fenster sitzen, das Kinn in die Hand gestützt, wie ein Fisch in einem Aquarium. Sie winkte kurz und wandte sich dann wieder ihren Gedanken zu.

Ich warf einen Blick in den Autoatlas und fuhr gen Süden. Quogue lag hinter Ellsworth, auf halber Strecke zwischen Bethel und Portland, ungefähr fünfundzwanzig Meilen von der Straße nach Boston entfernt. Es schien mir der richtige Zeitpunkt, mein neues Boot in Augenschein zu nehmen. Aber meine Gedanken waren ganz woanders.

Rhyd und Camilla hatten gewußt, daß sie in Gefahr waren, aber sie hatten mir nichts davon erzählt. Bill hatte an irgendeiner afrikanischen Geschichte gearbeitet und im Zusammenhang damit Rhyd aufgesucht – jedoch zu spät.

Ich hatte wieder die Stimme von Camilla im Ohr: *Es kann so weit kommen, daß Nichteinmischung unmöglich wird.*

Das Steak lag mir wie Kiesballast im Magen, als ich durch die Nacht fuhr. Zwei Möglichkeiten hatte ich. Erstens: die Vorträge zu halten, die Menschen, so gut ich konnte, für die Ziele von »Plough Share« zu motivieren und wieder nach Hause zu gehen. Zweitens: die Vorträge zu halten und herauszufinden, was es mit Bills Geschichte auf sich hatte und warum er nach Afrika gekommen war, um mit Rhyd zu reden.

Das Gefühl der Scham machte mich schwitzen.

Misch dich ein, meinte ich zu hören.

Ich hatte jetzt die Schnellstraße verlassen und fuhr durch einen leichten Nebel. Schwarze Bäume säumten die Straße. Ich versuchte mir zu überlegen, was ich den Gästen von Mrs. Portarlington Elliott sagen könnte, aber bedrohliche, böse Gedanken schoben die Themen meines Vortrags beiseite.

Ich dachte an die Urne und überlegte, warum Bill und Miss Klaasen wohl so sehr an ihr interessiert gewesen waren.

Zwei Journalisten jagten einem Häufchen zu Asche verbrannter Knochen nach.

Wenn es das war, was sich in der Urne befand.

Neben der Straße tauchten jetzt einige Holzhäuser auf. Ich kam an einer Tankstelle und einem Sägewerk vorbei, einem eingezäunten Areal mit großen Haufen von Sägemehl und gestapelten Baumstämmen. Dann erreichte ich eine Straße mit Holzhäusern, einer weißen Kirche mit Holzturm und Lampen, deren Licht von einer verschwommenen, gelblichen Aureole umgeben war. Ein paar Geschäfte – schon geschlossen. Vor mir eine Reihe von Pfählen. Die Scheinwerfer des Wagens warfen ihre Schatten auf dunkles Wasser. An der Ecke kam gelbliches Licht durch Gingham-Vorhänge, und ein Schild verkündete: Rooney's Lunch and Lobster. Durch einen Spalt in den Vorhängen sah ich Tische und eine Tür mit der Aufschrift: NUR FÜR KÜCHENPERSONAL. Die Jukebox spielte Willie Nelson. Ich parkte den Wagen und ging hinein.

Außer mir waren keine Gäste da. Die Jukebox dröhnte. An der weiß angestrichenen Nut-und-Feder-Wand hing eine gerahmte Fotografie von Rhyd mit einem breitrandigen Cowboyhut, in dessen Band eine Hummerschere steckte. Es trug die Widmung »Nur weiter so, Danny – Rhydian Walters«. Der Mann hinter der kleinen Theke hatte eine Gesichtsfarbe wie Schlagsahne, Haare wie Ronald Reagan und kleine Korinthenaugen. Ich sagte: »Scotch John hat mir erzählt, daß Sie die Schlüssel für die HALCYON haben.«

»Wie heißen Sie?« fragte er. Sein Gesicht war so reglos wie das einer Leiche.

Ich stellte mich vor. Er stemmte einen Ellbogen auf die Theke und schob sein Gesicht an meines heran. »Sie sind also der Schwager«, sagte er.

»Stimmt.«

Das Gesicht verzog sich zu einem ungeheuren Grinsen, das zwei Reihen makelloser falscher Zähne zeigte. »Freutmichsiekennzulern«, sagte er. »Danny Rooney, zu Ihren Diensten. Wir haben Bier, wir haben Hummer, wir haben ein Telefon, wir haben Yamaha-Ersatzteile. Wir haben auch Ihre Post, wenn Sie welche bekommen.«

»Und die Schlüssel.«

»Und die Schlüssel«, bestätigte er. »Das war schon eine schlimme Sache, was da Ihrer Schwester und Rhyd zugestoßen ist. Trinken Sie doch ein Bier.« Er deutete auf den leeren Raum. »Platz genug. Die Saison fängt erst im Juli an.«

Ich hatte inzwischen eine Entscheidung getroffen. Ich wollte den ersten Teil davon gleich durchführen, bevor ich den Mut verlor. Daher sagte ich: »Sehr gern, beim nächsten Mal. Jetzt muß ich aber erst mal nach dem Boot sehen.«

»Klar«, sagte Danny. Die momentane Lebhaftigkeit war wieder aus seinem Gesicht gewichen. Ich hatte den Eindruck, daß er einsam war und gerne Gesellschaft gehabt hätte. Er nahm ein Schlüsselbund mit einem Korkball-Anhänger von einem Haken hinter der Tür.

»Schlüssel fürs Boot und Schlüssel für den Wagen.«

»Wagen?«

Er grinste; das Strahlen seiner Zähne war überwältigend. »Er steht in Donnys Netzschuppen«, sagte er. »Ich denke, Sie sollten ihn ruhig benutzen. Festus kann Sie hinfahren. Nett, Sie kennengelernt zu haben.«

Festus war ein pickliger Jüngling, angetan mit Baseball-Mütze, kariertem Hemd und gelben Stiefeln, der typischen Uniform dieser Gegend, wie mir schien. »Walters' Boot«, sagte er und verfiel dann in Schweigen. Er machte ein Ruderboot am Heck eines großen, flachbodigen Kahns fest, der mit einem starken Außenborder ausgerüstet war, startete den Motor und brauste geradewegs ins Dunkel hinein. Drei Minuten später gingen wir an einem weißen Rumpf längsseits. »Hier«, sagte er.

Ich warf meine Tasche an Bord, nahm die Vorleine des Ruderboots los und belegte sie an einer Klampe. Festus fuhr röhrend davon. Ich stand auf einem Holzdeck. Groß- und Besanmast reckten sich in den Nebel. Der Rumpf dümpelte leicht im Nachstrom des Prahms.

Ich erinnerte mich an das Foto der HALCYON über dem großen Balken aus poliertem Akazienholz, der den Kamin des Hauses in Äthiopien stützte. Sie hatte zwei Masten, ein Bugspriet und ein großes Cockpit, in dem man bequem Bier trinken konnte. Allzuviel konnte ich von ihr im Dunkeln nicht erkennen, aber ich wußte, worauf ich zu achten hatte.

Ich schloß den Kajütdeckel auf, schob ihn zurück, stieg den Niedergang hinab und steckte die Lampe an. Rhyd hatte so viel von ihr erzählt, daß ich mit geschlossenen Augen imstande gewesen wäre, Tee zu machen. Ein prominenter Bürger aus Bar Harbor, dem daran lag, Regatten zu gewinnen, hatte sie in den zwanziger Jahren bauen lassen. Im Unterschied zu modernen Rennyachten war sie wohnlich und mit Komfort ausgestattet. Die Kajüte war erfüllt von dem goldbraunen Glanz des lackierten Ahornholzes. Es gab ein paar ordentliche Bücherregale, breite Sofas, die als Schlafplätze genutzt werden konnten, einen blitzsauberen, kardanisch aufgehängten Gasherd. Der durch das Kajütdach geführte Großmast stand wie eine Säule im Raum. Am Steuerbord-Schott befand sich eine große, flache Kiste mit der Aufschrift: GESCHLOSSEN HALTEN – SALZFREIE ZONE. Die Gitarrenkiste. Rhyd hatte mir das alles erklärt, nachts in Äthiopien, wo es so trocken war, daß man vermeinte, die Haut knistern zu hören, wenn man die Gesichtsmuskeln bewegte. Es gab einen Entfeuchter und einen Feuchtigkeitsmesser. Nur auf diese Weise war es möglich, eine

Martin-Gitarre mit auf See zu nehmen, ohne daß sie nach kurzer Zeit geklungen hätte wie ein mit Saiten bestücktes Paddel. Auf dem Kajütstisch lag ein Zettel: *Hier ist sie, voll aufgetankt, klar zum Auslaufen; Bier und Lebensmittel im Kühlschrank. Bis bald, Scotch John.* Alles in säuberlicher Schreibschrift geschrieben.

Ich war vor Erschöpfung und infolge der nervlichen Anspannung angesichts meines Vorhabens wie benommen.

Ich stöberte eine Werkzeugkiste in der Vorpiek auf und schleppte sie in die Kajüte. Dann holte ich aus der fleckigen Fototasche die Urne heraus.

Ich schüttelte sie. Es gab kein Geräusch. Ich spürte ihr Gewicht in meinen Armen. *Devis,* sagte ich zu mir, *willst du das wirklich tun?*

Ich legte sie auf die Koje. Zwischen Deckel und Gefäß war ein schmaler Spalt. Er war zugelötet. Ich hatte kein Löteisen.

Ich begann sie mit einem Tischlerhammer zu bearbeiten, kurze, scharfe Schläge, so wie man den Deckel einer zugerosteten Dose zu lösen versucht. Mein Mund war trocken, und mein Herz schlug mir bis zum Halse. Die Lötmasse bekam Sprünge. Kleine silberne Stückchen fielen auf den Segeltuchüberzug. *Rhyd, mein Alter,* dachte ich. *Der verdammte Leichenbestatter hat sich nicht einmal die Mühe gemacht, dich in einem Bronzegefäß unterzubringen. Vielleicht haben sie ja auch gar keine Bronze in Äthiopien.* Meine Handflächen schwitzten. *Reiß dich zusammen, Devis. Es ist nur Asche. Hauptsächlich Holzasche, wie du selbst betont hast.*

Das letzte Stückchen Lötmasse fiel ab. Ich stellte die Urne aufrecht hin. Sie sah jetzt ziemlich schäbig und mitgenommen aus, wie eine alte Teedose. Mit Rhyd und Camilla hatte sie nichts zu tun.

Ohne mir Zeit zum Nachdenken zu geben, schob ich die Klinge eines Schraubenziehers unter den Deckelrand und hebelte den Deckel ab.

10

Die Urne war bis oben hin voll. Etwas von dem, was darin war, rieselte über den Rand und fiel auf die Kissen. Ohne Angst, ein Sakrileg zu begehen, sagte ich laut: »Herrgott verdammt noch mal.« Ich war fast erfreut, erfüllt von dem warmen Gefühl der Erleichterung, das einen überkommt, wenn man aus einem Alptraum erwacht und feststellt, daß die Schwester doch nicht tot ist und die Neffen sich nicht in den Händen von religiösen Eiferern befinden.

Nur daß dem in Wirklichkeit nicht so war.

Trotzdem hielt sich das Gefühl der Erleichterung.

Denn was da in der Urne war, entsprach nicht im entferntesten meiner Vorstellung von menschlicher Asche. Was sich da in der Urne befand, sah wie cremefarbener Puder aus. Nein, dachte ich, doch wohl kein Rauschgift?

Ich hob die Urne hoch und roch an dem Zeug. Es hatte einen wenig ausgeprägten, aber doch angenehm natürlichen Geruch. Pulteney gehört zu jenen Orten, die gerne von reichen Dummköpfen mit großen Yachten angelaufen werden, auf denen dann sehr schräge Partys stattfinden. Auf diesen Partys hatte ich schon den Acetonduft von Kokain in die Nase gekriegt. Das hier war kein Kokain. Ich wußte zwar nicht, wie Heroin riecht, bezweifelte aber, daß der Geruch angenehm sein würde.

Daher nahm ich eine Prise und kostete.

Es war Mehl. Einfaches Mehl, ohne jegliche Zusätze. Ich stocherte mit dem Schraubenzieher in der Urne herum, um zu sehen, ob im Mehl noch etwas anderes versteckt war. Das war nicht der Fall. Dann setzte ich den Deckel wieder auf, stellte die Urne auf den Tisch und betrachtete sie.

Warum hatten sich Bill und Ricky Lee für ein Pfund schlichtes Mehl bloß all die Mühe gemacht?

Ich verschloß die Urne in dem wasserdichten Gitarrenkasten in der Kajüte, schlief dann fünf Stunden mehr schlecht als recht, und als ich wieder aufwachte, herrschte noch mehr Nebel als zuvor.

Der Hafen war eine graue, von kiefernbestandenen Felsen eingeschlossene Fläche. Zwischen den Kiefern versteckte Häuser sahen auf einige dreißig schmuddelige Hummerfangboote hinab, die an Muringbojen im Hafen lagen. Inmitten der Hummerboote lag ein Fahrzeug, das ursprünglich sicher ein Schlepper gewesen war. Das mußte Scotch Johns Hausboot sein. Aus einem Ofenrohr stieg Rauch auf, und eine Schar Enten kabbelte sich auf einem mit Stroh bedeckten, längsseits festgemachten Prahm. Die HALCYON war die einzige Yacht im Hafen. Ich stieg in das Beiboot, stieß mich ab und legte mich in die Riemen. Ein Seetaucher ließ seinen Ruf ertönen, ein langes klagendes Pfeifen. Ich atmete ein paarmal tief durch und füllte meine Lungen mit Sauerstoff. Der Motor eines Hummerfängers erwachte zum Leben und spuckte schwarzen Rauch aus. Ich ließ den letzten Atemzug in einem Seufzer enden und ruderte auf die Küste zu.

Am Kai standen Pick-ups mit Stapeln von Hummerkörben auf der Ladefläche. Ich fragte einen Mann nach Donnys Schuppen. Er führte mich auf einem schmalen Weg zu einem Schuppen mit zwei blauen Garagentoren. Darin stand ein Mustang, so rot wie ein kandierter Apfel.

»Soso«, sagte mein Führer, »Ihre Schwester war also mit Rhyd verheiratet, nicht wahr?«

»Stimmt.«

»Arme Teufel«, sagte er. »Das war eine schreckliche Geschichte. Nehmen Sie den Wagen mit?«

»Sicher«, sagte ich.

»Sie haben doch einen Mietwagen«, sagte der Mann. In Quogue schien jeder alles über alle anderen zu wissen. »In Portland gemietet?«

Ich sagte ihm, das wäre so.

»Ich bring' ihn zurück, wenn Sie wollen«, sagte er.

Ich dankte ihm und gab ihm die Schlüssel. Der Mustang hüllte mich in einen Geruch aus Leder und Benzin. Ich betätigte den Anlasser, und der Motor sprang mit einem harten, heiseren Röhren an.

Ich stieß rückwärts aus der Garage und nahm die etwas über zweihundert Meilen nach Boston unter die Räder, in dessen Randbezirken Lexington und das Haus von Mrs. Portarlington Elliott lagen. Auf dem Wege dachte ich über eine Urne voll Mehl nach, die Bill Marsden unter Vorspiegelung falscher Tatsachen über den Atlantik schaffen und mit deren Hilfe er eine preisverdächtige Geschichte zum Abschluß bringen wollte. Ich dachte an Bills Redakteur. Es wäre sicher zweckdienlich, sich einmal mit ihm zu unterhalten.

Ich machte einen Halt in Portland und kaufte mir einen dunkelblauen Anzug, ein Oberhemd und eine unauffällige Krawatte. Dann fuhr ich weiter und versuchte, mir eine Rede zurechtzulegen. Als ich in Lexington ankam, war es fast Mittag. Ein Sonnenstrahl vergoldete die Büsche hinter der langen Mauer aus roten Ziegeln, die den Besitz von Mrs. Portarlington Elliott umgab. Der Giebel des Hauses, der auf dorischen Säulen ruhte, war mit geschnitzten Akanthusblättern verziert. Am Ende der mit buttergelben Kieselsteinen bestreuten Zufahrt glänzte das Haus, als habe es ein Konditor mit Zuckerguß versehen.

Ich parkte den Mustang zwischen einem Rolls-Royce und einem Cadillac. Die Abmachung umfaßte eine Luncheinladung und einen Vortrag, wonach ich um Spenden für »Plough Share« ersuchen würde. Wenn alles so lief, wie ich es mir vorstellte, würden Mrs. Portarlington Elliott und ihre einflußreichen Freundinnen ihre Ehepartner ermuntern, die Spenden ihrer Gattinnen noch durch eigene Beiträge kräftig zu erhöhen.

So zog ich also die Krawatte gerade, prüfte den Glanz meiner Schuhe und marschierte hinein mit dem Gefühl, gut angezogen, aber völlig bedeutungslos zu sein.

In dem ovalen Speisezimmer mit der italienischen Stuckdecke saßen vierundzwanzig Damen an einem halben Dutzend kleiner runder Tische. Ungefähr zwanzig von ihnen waren erschreckend dürr. Alle waren herrlich angezogen, dezent geschminkt und dufteten überwältigend. Wir tranken ein paar Gläser Chardonnay und aßen eine Mousse aus Meeresfrüchten von umwerfender Raffinesse. Nachdem der gesellige Teil vorbei war, ließ man ein paar Presseleute herein, und ich hielt meinen Vortrag. Ich blieb sachlich und unpersönlich. Die Damen bewegten unruhig ihre Schultern unter ihren Seidenjäckchen, lächelten ihr kostbares Lächeln und schürzten bei den entsprechenden Passagen ihre roten alten Lippen vor Abscheu und Entsetzen. Sie schienen leicht erfreut zu hören, daß sich Anzeichen einer demokratischen Entwicklung in Äthiopien bemerkbar machten, aber als ich von den Problemen sprach, die eine Verbesserung der Bodenbeschaffenheit betrafen, wurden ihre Blicke leicht glasig. Als Redner weiß man, wenn man seine Zuhörer gepackt hat. Diese Gesellschaft hier war bestenfalls zur Hälfte bei der Sache.

Ich beendete meinen Vortrag früher als beabsichtigt mit einer bewegenden Schilderung des ausgebrannten Bungalows und einem Appell an ihre Hilfsbereitschaft, das »Plough Share«-Projekt phönixgleich wieder aus der Asche entstehen zu lassen. Die Stimme in meinem Hinterkopf meldete sich wieder: *Du warst da,* flüsterte sie. *Du hattest Angst und bist weggelaufen.*

Sie klatschten höflich. Ein Fotograf machte ein paar Bilder. Ich bekam Spenden in Höhe von 685 Dollar. Mrs. Portarlington Elliott schüttelte meine schwielige Hand sehr, sehr herzlich mit ihrer fleischlosen, juwelengeschmückten Klaue und dankte mir sehr für diesen Bericht, der sie alle sehr bewegt hätte. Eine der Ladies, jünger als die anderen, die fünf Gläser Chardonnay getrunken hatte und ziemlich redselig war, gab mir ihre Telefonnummer. Leicht angeschlagen ging ich hinaus in den nebligen Nachmittag.

Ich stand auf den gelben Kieseln der Einfahrt neben meinem apfelroten Mustang und versuchte mich davon zu überzeugen, daß alles gut gelaufen war. Das war nicht leicht. Ich nieste. Abhilfe der Natur gegen die parfümgesättigte Luft im Hause.

»Gesundheit!« sagte eine Stimme. Sie kam aus dem Mustang. Auf dem Beifahrersitz saß Ricky Lee und unterdrückte ein Gähnen. Sie rieb sich die Augen. »Wo sind Sie so lange geblieben?«

Ich stieg ein. Da ich keine vertrauten Gesichter mehr um mich hatte, war ich fast erfreut, sie zu sehen. »Was machen Sie hier?« fragte ich.

»Pressevertreter. Ich saß ganz hinten. Sie waren miserabel.«

Das schwache Vergnügen, das ich bei ihrem Anblick empfunden hatte, verschwand. Andererseits hatte ich das unangenehme Gefühl, daß sie recht hatte. »Wie, zum Teufel, wollen Sie das wissen?«

»Sie haben rund siebenhundert Dollar eingenommen, stimmt's? Soviel geben diese alten Schrippen allein dafür aus, ihre Haare nachfärben zu lassen. Und Ihren Namen haben sie jetzt schon vergessen.«

Ich startete den Wagen.

Sie tätschelte meine Hand und lächelte. Die schrägstehenden Augen funkelten mehr als nur ein klein wenig diabolisch. »Hören Sie, Sie sind etwas aufgeregt. Das verstehe ich. Mir ging das nicht anders. Es war ein guter Vortrag, wirklich. Aber Bill hätte die ... besonderen Umstände besser berücksichtigt, hätte gewußt, wie er die Leute manipulieren kann. Und er hätte die notwendige Unterstützung gehabt. Wenn diesen Leuten Ihr Name nicht vertraut ist, kommen Sie bei ihnen nicht an, klar? Nehmen Sie mich mit in die Stadt?«

Sie sprach selbstsicher und mit Überzeugung; schließlich kannte sie sich in diesen Dingen aus. Ich wußte, daß sie recht hatte. Bill hätte sicher alle seine Beziehungen spielenlassen. George Devis hingegen wußte nicht einmal, wo er ansetzen sollte.

Ich trat aufs Gaspedal. Der Mustang ließ einen Kieselregen hinter sich und drückte uns in die Polster.

»Sie denken wahrscheinlich«, sagte sie, »daß Sie einen Anspruch auf die Aufmerksamkeit der amerikanischen Öffentlichkeit haben, weil Sie in diesem Rennen mitgesegelt sind und beinahe Ihr Leben dabei verloren haben? Bockmist. Aber Sie haben ein Anliegen, und Sie können reden. Ich möchte Sie gern mit jemandem bekannt machen, der das Ganze etwas professioneller aufziehen könnte.«

Ich dachte an Esias und die heißen Lehmwege des Dorfes. Ich dachte an die siebenhundert Dollar und was man mit ihnen alles verbessern konnte. Siebenhundert Dollar waren soviel, wie das ganze Dorf in einem guten Jahr verdiente. Ich sah sie an und dachte: *Du weißt gar nichts. Du bist nur wegen deiner Geschichte an dieser Sache interessiert, nicht wegen Esias und des Dorfes.*

»Vertrauen Sie mir«, sagte sie. »Sie werden es nicht bereuen.«

Vertrauen war natürlich das Problem, aber ich hatte nur zwei Möglichkeiten: ihr zu vertrauen oder wegzugehen. Das letztere hatte ich schon einmal getan.

»Das ist der Bursche, mit dem Bill Verbindung aufgenommen hätte«, sagte sie. »Suchen Sie ihn wenigstens einmal auf.«

Ich überholte ein Taxi auf der rechten Seite und schoß eine mit boston beschilderte Ausfahrt hinunter. »Und wer ist das?« fragte ich.

»Pierce Rapaport. Chefredakteur bei der Poliakoff Communications Corporation, der das *Boston Echo* und rund einhundert weitere Zeitungen gehören; dazu noch zehn Fernsehstationen, einschließlich ›News Actuality‹. Wie ich Ihnen schon erklärt habe, bin ich dabei, weiter als Reporter Karriere zu machen, was bedeutet, daß ich Geschichten abliefern muß, selbst wenn sie von irgendeinem verrückten Engländer handeln. Ich habe Pierce mal auf einer Party kennengelernt, zu der Bill mich mitgenommen hatte.«

Ich warf ihr einen schnellen Blick zu. »›News Actuality‹?«

»Unter anderem.«

Kameraleute von »News Actuality« waren dabeigewesen,

als Bagdad bombardiert wurde, hatten die Eruption des Vesuv aus dem Krater gefilmt und waren beim ›Sendero Luminoso‹, den Guerilleros in den Koka-Feldern Perus gewesen. Selbst ich wußte, daß »News Actuality« zu den ganz Großen gehörte. »Wie wollen Sie das anstellen?« fragte ich.

Sie legte eine Hand auf meine Schulter, als wollte sie feststellen, ob ich Substanz hätte. »Entspannen Sie sich«, sagte sie. »Ich weiß, wie diese Organisation funktioniert. Wir werden es schaffen, daß sich die richtigen Leute für Sie interessieren.«

»Ein weiterer Höhepunkt Ihrer Karriere«, sagte ich.

Sie lachte. »Hören Sie zu«, sagte sie: »College-Zeitung, Arkansas: Ricky Lee, Redakteurin für alle Sparten der schönen Künste, verschüttet Kaffee auf Tom Wolfes weißen Anzug. Macon, Georgia, *Herald Examiner:* Ricky Lee, angehende Reporterin, schlägt Kim Basinger bei einem Interview im Fond einer Limousine mit dem Mikrofon ihres Tonbandgeräts eine Jacketkrone aus, als der Wagen über ein Schlagloch fährt. Red Dog, Omaha, *Post:* Ricky Lee kommt zum vereinbarten Interview zu einem Senator und findet ihn mit heraushängendem Schwanz in der Gesellschaft zweier Flittchen, die sich malerisch auf seinem Bett räkeln. Dem Senator gehören praktisch ganz Red Dog, Omaha und die *Post.*« Sie schwieg einen Augenblick. »Dann hat mich Bill angeheuert, und ich dachte: Jetzt wendet sich alles zum Guten.« Sie lächelte, und ihre Augen blitzten vor echtem Vergnügen. »Sie sind also nicht an meiner Karriere interessiert. Dann benutzen Sie mich doch einfach, Devis.«

»Bill wollte, daß Sie die Asche dem Redakteur des *Echo* übergeben«, sagte ich.

»Ja.« Sie betrachte ihre Hände. »Howard Sullivan. Aber Howard hat jetzt einen anderen Job.«

»Wer ist denn der neue Redakteur?«

»Lenny Gold. Lenny weiß nicht das geringste von dieser Sache. Ich glaube, Howard weiß genausowenig. Für Bill war jeder nur so eine Art Bankschließfach.«

Ich runzelte die Stirn. Ich verstand genug vom Journalismus, um zu wissen, daß Geschichten, mit denen man einen Pulitzer-Preis gewinnen konnte, für jeden Redakteur interessant waren.

Sie seufzte. »Das war das große Problem, wenn man mit Bill zusammenarbeitete. Er wollte immer alles beieinander haben, bevor er die Katze aus dem Sack ließ.«

»Sie wissen also nicht, worüber er schreiben wollte.«

Sie lächelte wieder. »Wie lange kannten Sie Bill?«

»Drei Monate.«

»Hatte er Geschwister?«

»Das weiß ich nicht.«

»Wo kam er her?«

»Er hat es mir nie erzählt.«

Wir standen vor einer Ampelanlage am Rande der Innenstadt von Boston. Hinter einem Dschungel von grüngestrichenen Stahlträgern zog sich die schnurgerade Straße unter einem marineblauen Himmel lang hin.

»Da haben Sie's«, sagte sie. »Ich lernte ihn vor fünf Jahren auf einer Party kennen, wo ich ein paar Kontakte zu knüpfen versuchte. Dann rief er mich plötzlich letztes Jahr an und sagte, ich könnte ein bißchen für ihn recherchieren. Praktisch bedeutete das nur, daß ich Telefonmitteilungen entgegennahm. Er war sechs Monate an dieser Geschichte dran, schätze ich.«

»Aber Sullivan müßte doch etwas wissen.«

Sie schob die Lippen vor. »Vielleicht, vielleicht auch nicht«, sagte sie. »Er war nur ein weiterer Briefkasten, das ist alles. Jedesmal, wenn ich ihm begegnete, fluchte er auf Bill, weil der ihm nie was erzählte.«

Die Ampel sprang auf Grün, und ich fuhr weiter. Ich dachte an einen Mann, mit dem man eine Menge Zeit verbringt und der in dieser ganzen Zeit nicht die geringste Andeutung macht, daß er eine Urne mit Mehl in deinem Boot über den Atlantik schaffen will. Aus welchem Grund auch immer.

»Wir sollten herausfinden, wo Mr. Sullivan jetzt steckt«, sagte ich.

Sie sah mich an, ohne das Gesicht zu verziehen. »Das ist eine brillante Idee.«

Wir fuhren jetzt eine breite, von Fischmärkten gesäumte Straße hinunter. Zur Linken blickte man auf schwarzes, schmutziges Wasser, in dem Pappkartons trieben.

Lange Reihen von Fischerbooten lagen festgemacht am Ufer. Hinter uns ragten die Wolkenkratzer der Innenstadt empor. Vor uns ein mächtiger, leuchtender Himmel über der abendlichen See.

Ich machte mir so meine Gedanken über Fischerboote. Ich machte mir meine Gedanken über Rauschgiftschmuggler, die einen erst mit Maschinengewehren beschossen und dann in den Grund bohrten. *Stell dir doch mal folgendes vor,* dachte ich. *Da gibt es zwei Tatsachen: Erstens, Camilla und Rhyd werden von einem äthiopischen Banditen namens Ras Hamil ermordet. Zweitens, Bill – ein Mensch der Rhyds Vertrauen genießt – wird von einem Muschelfischer einhundert Meilen südlich von Kap Sable erschossen. Wie hängen diese beiden Fakten zusammen?*

Die Anzahl der äthiopischen Banditen, die mit einem amerikanischen Muschelfischer in Verbindung standen, war praktisch sicher gleich Null.

»Dieser Fischdampfer, der unser Boot versenkt hat ...«, sagte ich nachdenklich zu Ricky Lee.

»Außerhalb der Hoheitsgewässer«, sagte sie. »Hätte jeder sein können. Keine Nummer, keine Flagge, gar nichts.«

»Sind Sie sicher?«

Sie seufzte. »Ich habe bereits zwei Tage am Telefon gehangen und nach einem Muschelfischer gefragt, der vor zehn Tagen auf See war und bei dem Reparaturarbeiten am Bug ausgeführt wurden. Von Fort Lauderdale bis rauf nach Virgin's Arm, Neufundland, haben sie mich auf meine Fragen hin nur ausgelacht. Überhaupt keine Chance. Fahren Sie hier links ab.«

Ich fuhr einen Kai entlang. Ungefähr zweihundert Meter entfernt hatte eine Yacht festgemacht. Es war eine Dampfyacht aus der Zeit King Edwards, die eher nach Monte Carlo als nach Boston gehörte. Sie war weiß, mit einem glänzenden schwarzen Anker in jeder Klüse, einem glänzenden gelbbraunen Schornstein und einem mit Blattgold belegten Wasserpaß. An der mit Mahagoni-Handläufen versehenen Gangway stand ein tief gebräunter Matrose, der eine weiße Segeltuchbluse und weit ausgestellte Hosen trug. Auf dem Mahagonischild oben an der Gangway stand, mit Blattgold ausgelegt, der Name DUCHESS OF MALFI.

Ich parkte den Wagen. Ricky Lee redete mit dem Matrosen. Dieser sagte etwas in ein Funksprechgerät. Das Gerät gab irgendeine Antwort.

Die Yacht ragte vor uns in die Höhe wie ein kleiner Ozeandampfer. Radarkuppeln, Antennen und Satelliten-Fernmeldeeinrichtungen schmiegten sich in die Aufbauten aus der *Dreadnought**-Ära.

»Willkommen an Bord der DUCHESS«, sagte der Matrose.

»Was ist das hier?« fragte ich.

»Das Welthauptquartier der Poliakoff Communications Corporation«, sagte Ricky Lee.

Serge Poliakoff war einer jener internationalen Großunternehmer, deren Namen selbst bis nach Pulteney gedrungen waren. Er leitete ein Wirtschaftsimperium, das immens verschachtelt war und Büros in den meisten Hauptstädten der Welt unterhielt. Ich erinnerte mich dunkel an eine Geschichte im *Independent*, in der beschrieben wurde, auf welche Weise er eine ganze Zeitungskette an der Ostküste und dazu noch die Fernsehgesellschaft »News Actuality« erworben hatte. Er hatte öffentlich erklärt, daß er Ted Turner und CNN auf ihrem

* *Dreadnought* (engl. »Furchtlos«), Bezeichnung des ersten großen, seit 1906 in England gebauten Schlachtschiffs mit Geschützen einheitlichen Kalibers, das alle früher gebauten Kriegsschiffe in den Schatten stellte.

eigenen Territorium schlagen wolle. Angesichts der Riesensummen, die Mr. Poliakoff aufgenommen hatte, um sein Vorhaben durchzuführen, hatte der *Independent* diesen Schritt ziemlich skeptisch beurteilt. Ich wußte praktisch nichts über die Kommunikationsindustrie, aber die DUCHESS OF MALFI war zweifellos ein beeindruckendes Chefbüro.

Ricky Lee straffte die Schultern und ging vor mir die Gangway hinauf. Sie trug ein dunkelblaues Kostüm mit einem recht kurzen Rock und rote Schuhe. Ihr üblicher Mannequinschritt erinnerte jetzt mehr an den aggressiven Gang eines Federgewichtlers. Wir gingen über das Deck zu einer lackierten Mahagonitür. Die Tür ging auf. Ein weiterer Matrose geleitete uns einen Korridor entlang zu einer anderen Tür. Wir gingen hinein.

»Mr. Poliakoffs Privatbüro«, sagte Ricky Lee und zwinkerte mir zu. Ihr Lächeln zeigte Spuren von Nervosität – wie eine neue Vestalin in Gegenwart der Heiligen Flamme, dachte ich.

Wir standen auf einem marineblauen Teppich, der so hochflorig war, daß wir fast darin versanken. An den seidenbespannten Wänden hingen einige Seestücke, die mir nach van de Velde aussahen. Der ganze Raum war sehr warm, duftete schwach nach einer künstlichen Rosenessenz und hatte absolut keine Yachtatmosphäre. Ich konnte kaum richtig durchatmen.

Ein Mann stand vor einem Schreibtisch. Er sah schlank und athletisch aus und hatte ein ebenmäßiges, gebräuntes Gesicht und kurze braune Haare. Er trug eine Fliege, graue Flanellhosen, ein Jackett mit Hahnentrittmuster und Mokassins, deren Leder sanft glänzte wie das Fell eines Zuchthengstes. Er sah Ricky Lee an, wobei er eine Augenbraue fast bis zum Haaransatz hochzog.

»Ricky Lee«, sagte er. Seine Stimme war heiter und humorvoll. »Freu' mich, Sie zu sehen.«

Ricky Lee lächelte ihn an, ein Lächeln, das überraschend viel Respekt verriet. »Pierce Rapaport«, sagte sie. »George Devis.«

»Ah, ja«, sagte Rapaport. Er richte seine durchdringenden braunen Augen auf mich. »Wie geht es Ihnen, George?« Er gab mir das Gefühl, als kenne er mich schon seit Jahren. »Der Überlebende. Willkommen an Bord der DUCHESS.« Er öffnete einen Louis-Quinze-Kühlschrank. Ich ließ mir ein Bier geben, ein echt tschechisches *Budweiser.* Ricky Lee nahm eine Cola und Pierce einen Whisky – Macallan, pur, ohne Eis.

»Also«, sagte Pierce, »wie ich von Ricky Lee erfuhr, waren Sie es, der mit dem armen Bill gesegelt ist.« Er hielt inne, Nase im Glas, und sah mich prüfend von unten her an. »Kein Unfall, wie ich höre?«

»Es war Mord, verübt von Rauschgiftschmugglern«, sagte ich.

»Eine elende Weise, sein Leben zu verlieren«, sagte er.

Er ließ mich die ganze Geschichte erzählen. Seine Fragen waren die Fragen eines Redakteurs, präzise und themabezogen.

Schließlich sagte er: »Wir hielten große Stücke auf Bill Marsden hier. Er war einer von denen, die ... fortwährend brauchbare Ideen entwickeln. Und er hat für uns schon mehrere größere Preise gewonnen. Bevor er kurz nach Weihnachten nach Äthiopien ging, erzählte er mir, daß er an einer größeren Geschichte arbeitete.«

»Das stimmt«, sagte ich.

»Bill zog es vor, den Mund zu halten«, fuhr Pierce fort, »bis er einen Überblick gewonnen hatte. Ich weiß nicht, worum es ging. Wenn Sie mir in diesem Punkt helfen könnten, würde ich einige Leute darauf ansetzen, die Untersuchungen zu Ende zu führen.«

»Er hat mir nie etwas darüber verraten«, sagte ich.

Er nippte an seinem Whisky. Er hatte das Glas schon mehrere Male zum Munde geführt, aber es war immer noch so voll wie am Anfang. »Ich bin nicht im geringsten überrascht«, sagte er. »Sie wissen also überhaupt nichts.«

Ich hätte ihm erzählen können, daß es etwas mit einem Pfund Mehl in einer Urne zu tun hatte, wenn ich nicht daran gezweifelt hätte, daß dies wirklich der Fall war. »Sehr wenig«, sagte ich.

»Ich weiß nur so viel«, sagte er. »Es hing mit irgendwelchen Ereignissen zusammen, die schließlich mit dem Tod Ihrer Schwester Camilla und Rhyd Walters' ihren Höhepunkt erreichten.«

So viel hatte ich mir auch zusammengereimt. Es war schön, das von jemandem bestätigt zu bekommen. Zu wissen, daß ich immer noch an der Sache dran war, den Fall weiterverfolgte, machte meine Schande etwas kleiner, etwas leichter zu ertragen. »Ich weiß, wer dafür verantwortlich ist«, sagte ich.

»So?« Er zog die Augenbrauen hoch.

»Ein Mann namens Ras Hamil«, sagte ich. »Oder zumindest seine Handlanger. Ein lokaler Kriegsherr.«

Pierce nickte, als erzählte ich ihm nichts Neues. »Wenn ich mich recht entsinne, ist der korrekte Ausdruck ›eine prominente Figur in einer aufstrebenden demokratischen Gruppierung‹.«

Ich fühlte mich zurückversetzt in das Büro des schlanken Obersten in Addis Abeba, die abblätternde Kalkfarbe, das Gefühl der Scham, das mir den Schweiß aus den Poren trieb.

»Und es ist eine etwas mißliche Angelegenheit«, fuhr Pierce fort, »aus Gründen, die mit der Geschichte nichts zu tun haben. Sie würden nicht in Erwägung ziehen, die Sache ruhenzulassen?«

Plötzlich rann mir das Blut heiß durch die Adern, so wie es immer war, wenn ich bei einer Regatta vor Pulteney im Begriff stand, die Ziellinie auf optimalem Kurs zu kreuzen, und alles gut aussah. Das hier waren einflußreiche Leute, die an dem interessiert waren, was auch mich interessierte. Sie konnten mir helfen, Camilla einiges von dem zu entgelten, was ich ihr schuldete. *Im Namen deiner Schwester und im Namen Gottes,* vermeinte ich zu hören. »Reden Sie keinen Stuß«, sagte ich.

Er grinste. Das war jedoch nicht das Willkommen-an-Bord-der-DUCHESS-Grinsen. Das hier war echt. »Ich freue mich wirklich, das zu hören. Ricky Lee erzählte mir, daß Sie und Bill eine Vortragsreise geplant hatten.«

»Sie hat schon begonnen.«

Er nickte. »Und Sie könnten etwas Hilfe gebrauchen.« Er lächelte: »Ich denke, das ist das mindeste, was wir tun können.«

Seit ich keine Naturfilme mehr machte, hatte ich mit einflußreichen Medienleuten kaum noch etwas zu tun gehabt. Aber selbst meine begrenzten Erfahrungen sagten mir, daß sie kaum jemals etwas aus reiner Menschenfreundlichkeit für einen Fremden tun würden, der zufällig hereingeschneit kam. »Welchen Umständen verdanke ich diese plötzliche Gönnerschaft?« fragte ich.

Ich merkte, wie Ricky Lee erstarrte. Sie war es nicht gewohnt, daß jemand so ungeschminkt mit ihren Arbeitgebern redete. Rapaports Grinsen wurde womöglich noch jungenhafter. »Es ist noch nicht entschieden«, sagte er. Er ließ seinen Blick durch den Raum wandern. »In großen Gesellschaften geschieht manches aus internen Gründen. Gehen Sie davon aus, daß Sie in einem günstigen Augenblick hierhergekommen sind. Ich darf wohl annehmen, daß Sie möglichst viel über die Umstände herausfinden möchten, die zum Tode Ihrer Schwester geführt haben?«

»Natürlich.«

»Und mit diesen Vorträgen wollen Sie Geld für diese karitative Organisation beschaffen, für die Ihre Schwester gearbeitet hat.«

»Ja, für ›Plough Share‹.«

»›Plough Share‹. Das könnte wirklich aussichtsreich sein.« Er trommelte mit den Fingern auf der mit Saffianleder bezogenen Schreibtischplatte. »Herzlichen Dank, daß Sie damit zu mir gekommen sind, Ricky Lee.«

Ricky Lee nickte, als wäre das ganz selbstverständlich, aber sie konnte doch nicht verhindern, daß sie vor Freude leicht errötete.

Rapaport strich sich über sein scharfgeschnittenes Kinn.

Sein Blick war jetzt leicht verhangen und in eine imaginäre Ferne gerichtet. »Die Regatta ist gelaufen. Bills Ermordung liegt jetzt zwei Wochen zurück. Und ›Plough Share‹ ist eine britische Hilfsorganisation. Das ist für uns nicht gerade ein ideales Thema. Aber es läßt sich natürlich machen. Durch Bill wird die Sache interessant.«

»Das *Echo* hat im Moment kein Thema für eine Kampagne«, sagte Ricky Lee.

»Afrika«, sagte Rapaport. »Ich weiß nicht so recht. Da ist ja auch noch der Streik der Feuerwehrleute in New York City.« Er griff nach einem roten Telefon und murmelte etwas in den Hörer. Dann führte er noch zwei weitere Gespräche. Schließlich legte er den Hörer aus der Hand und sagte: »Ich denke, wir könnten diese Vorträge als Vehikel benutzen ... um des Lebens und der Arbeit von Bill Marsden zu gedenken. Andernfalls wäre diese Geschichte nur eine Art Grenzfall für uns.« Er seufzte. »Weil wir da ganz sicher eine Menge Arbeit reinstecken müssen. Na ja, schön. Zum Teufel mit den Feuerwehrleuten. Ich denke, Afrika steht Boston näher als New York.«

»Und was bedeutet das?« fragte ich.

Er lächelte. »Tut mir leid«, sagte er. »Ich sollte Ihnen das vielleicht erklären. Mein Job besteht darin, die Produktion von dreizehn Zeitungen, drei Fernsehstationen und einer Latte von Rundfunkstationen zu überwachen. Mr. Poliakoffs Job ist es, für die Aktionäre der Gesellschaft, von der die Zeitungen, Rundfunk- und TV-Stationen nur einen kleinen Teil ausmachen, eine gute Rendite rauszuholen. Ich bin in erster Linie Journalist und erst in zweiter Linie Geschäftsmann. Bei Mr. Poliakoff ist es ... genau umgekehrt.« Für einen kurzen Moment ließen ihn die Falten um seine Augen müde aussehen. »Daher müssen wir Mr. Poliakoff die Dinge ... auf eine bestimmte Weise schmackhaft machen.«

Sein Gesicht hatte sich wieder belebt, und von seiner Stimme ging eine ansteckende Wärme aus. Es war schwer, ihn nicht zu mögen.

»Bleiben Sie am Ball«, sagte er.

Die Tür ging auf, und eine Stimme fragte: »Wer will mich sprechen?«

Es war eine sonore Stimme, die mit einem rauhen Rollen tief aus dem mächtigen Brustkorb eines Mannes kam, der einen weit geschnittenen, von einem erstklassigen Schneider gearbeiteten Nadelstreifenanzug trug. Er stand da mit gespreizten Beinen und leicht gebogenen Knien auf dem dicken Teppich, als wäre die Welt ein kleines Boot, das er beschlossen hatte im Gleichgewicht zu halten.

»George Devis«, sagte Pierce, »dies ist Serge Poliakoff.«

Poliakoff hatte einen Händedruck wie eine elektrische Heizdecke. Seine funkelnden blauen Augen verschwanden fast in dem Netz von Wülsten und Falten in seinem großen braunen Gesicht. »Und was können wir für Mr. Devis tun?« fragte er.

Ricky Lee strahlte jetzt die Sicherheit eines Jägers aus, der einen Bären im Visier hat. In ruhigem, ungezwungenem Tonfall sagte sie: »George liefert Ihnen das Thema für Ihre nächste Kampagne, Mr. Poliakoff.«

Poliakoff warf ihr einen langen, prüfenden Blick zu. Er betrachtete ihre Beine, ihren Busen, die schräggestellten Augen. Es war die Bestandsaufnahme eines Mannes, der sich seiner Macht bewußt ist. Es hätte beleidigend wirken können, wenn es nicht so unpersönlich gewesen wäre. Man konnte sich vorstellen, wie er dachte: *Kann ich das verwenden? Wieviel ist es wert?* »Wer sind Sie?« fragte er.

Pierce kam ihr zur Hilfe. »Serge, das ist Ricky Lee Klaasen. Miss Klaasen ist Reporterin beim *Boston Echo*.« Es klang so, als seien sie seit Jahren befreundet.

»Gut«, sagte Poliakoff. Er lächelte mit seinen wulstigen Lippen. Die Augen beendeten die Bestandsaufnahme. »Erzählen Sie mir, worum es geht.«

Ricky Lee erzählte ihm die Geschichte. Sie erzählte sie gut, wenn man davon absieht, daß ich übertrieben heroisch dabei wegkam. Poliakoff nickte, als bestätigte sie nur Dinge, über die er bereits Bescheid wußte.

»Sie sind also Segler«, sagte Poliakoff, als sie geendet hatte.

»Ich bin nur Amateur.«

Poliakoff grinste. »Zu zweit über den Atlantik, und er behauptet, Amateur zu sein. Das macht mir wirklich Spaß.« Er warf sich in einen Sessel und betrachtete mit gerunzelter Stirn sein Knie. »Aber zumindest ein erfahrener Amateur. Wenn ich mich recht entsinne, sind Sie mit Martin Devereux einige Regatten gesegelt.«

Ich starrte ihn an. Devereux war ein ehemaliger Nachbar in Pulteney, der einmal zu den zehn besten Regattaseglern der Welt gehört hatte, bevor er eine Amerikanerin geheiratet und dort eine Werft übernommen hatte. Im Alter von achtzehn Jahren hatte ich eine Saison lang auf seinem Boot an Regatten teilgenommen. Um ein Haar hätten wir uns sogar für den Captain's Cup qualifiziert; aber das alles lag gut zehn Jahre zurück. »Bemerkenswert, daß Sie sich daran erinnern«, sagte ich.

Er lächelte. »Es sind nur die wichtigen Dinge, die man im Kopf behalten muß«, sagte er. »Weniger Wichtiges überlasse ich meinen Rechercheuren.« Er griff nach einem Telefon und führte einige Gespräche. Als er fertig war, sagte er: »Mr. Devis, ich möchte Ihnen helfen. Lassen Sie mich einige Dinge erklären.«

Er hob eine dicke, braune Hand und begann an den Fingern abzuzählen. »Erstens: Wir haben uns schon für manche gute Sache eingesetzt; das gehört zur Politik unserer Gesellschaft. Ich selbst habe im Krieg in Ihrer Marine gedient. Ich lebte in Europa, einem Katastrophengebiet. Ihre Marine nahm mich an und ... formte mich, lehrte mich Methoden, mit denen ich meine Vorstellungen realisieren konnte. Dabei lernte ich auch, wie wichtig es ist, einen Anstoß in die richtige Richtung zu geben. Ich sehe es als meine Pflicht an, diese Macht einzusetzen, um meinen Mitmenschen, meinen Aktionären und mir selbst zu helfen.« Er grinste wie ein Pirat. »Nicht notwendigerweise in dieser Reihenfolge.«

Er ergriff den nächsten Finger. »Zweitens: Ich habe großen

Respekt vor Bill Marsden als Reporter und vor Rhydian Walters als Sänger und natürlich als ... Idol der *Folk*-Szene. Es tut mir leid, daß ich Ihre Schwester nie kennengelernt habe.« Er sagte es mit jener Art von Aufrichtigkeit, die einen glauben machen konnte, es überraschte ihn zu entdecken, daß es irgend jemanden auf der Welt gab, den er noch nicht kennengelernt hatte. »Wir müssen weiter nachforschen, was mit diesen Menschen geschehen ist. Ich denke, wenn wir eine Kampagne starteten, bei der Sie als zentrale Figur agierten, wären wir vielleicht imstande ... einige Tatsachen ans Licht zu bringen.« Er faltete seine Hände über der Weste, die seine gewaltige Leibesmitte umspannte. »Aber da gibt es noch etwas«, sagte er. »Wir reden hier über eine harte Kampagne, bei der Sie sich in erheblichem Maße exponieren müßten. Wie kann ich wissen, daß Sie der geeignete Mann sind, um in ihrem Brennpunkt zu stehen?«

»Ich glaube nicht, daß es da ein Problem gibt«, sagte Rapaport. »Mr. Devis ist über den Atlantik gesegelt, um das zu machen. Ricky Lee versichert mir, daß er ein ausgezeichneter Redner ist.«

Poliakoffs Blick ruhte auf mir. Das Glitzern in seinen Augen war wie das stete Glitzern eines Steines. »Ja«, sagte er. »Aber wie ich höre, schreiben Sie Gedichte und Bücher über Vögel. Bei dieser Kampagne geht es nicht um Herzen und Blumen. Was ich wissen muß, Mr. Devis, ist folgendes: Sind Sie eine Kämpfernatur?«

»Gegen wen soll ich kämpfen?« fragte ich.

Er blickte mich eine Weile grübelnd an. »Passen Sie auf«, sagte er dann. Das Lächeln stand wieder in seinem Gesicht; die wulstigen Lippen waren raubtierhaft gefletscht. »Sie haben doch auf kleinen Booten Regatten gesegelt. Wir werden Sie nach Marblehead mitnehmen.«

Ich erwiderte seinen Blick. Ricky Lee saß kerzengerade da und schien besorgt. Mr. Poliakoff wurde mir plötzlich ziemlich unsympathisch. »Was geschieht in Marblehead?« fragte ich.

»Morgen ist Sonnabend. Mein freier Tag. Ich denke, wir sollten segeln gehen.«

»Segeln?«

»Wir werden eine kleine Regatta veranstalten. Sie werden noch eine Crew brauchen. Treffen wir uns hier morgen früh um sechs?«

Ich betrachtete sein breites Gesicht. Die parfümierte Luft, die mir bei jedem Atemzug in die Nase stieg, schien plötzlich eine schärfere Beimengung zu haben.

»Ich glaube, Sie sind an einem gewissen Ras Hamil interessiert«, sagte er.

Ich spürte das Herz in meiner Brust schlagen. »Stimmt«, sagte ich.

Er lächelte. »Ich freue mich sehr auf unser Rennen, Mr. Devis. Bis morgen dann.« Die braune Hand umschloß meine, und er verließ den Raum.

»Was zum Teufel sollte das denn?« fragte ich in den Raum.

Die aristokratischen Züge von Pierce Rapaport zeigten eine gewisse Verlegenheit. »Kraftprobe«, sagte er. »Wenn es Sie tröstet, mit mir hat er das auch gemacht.«

»Und was geschieht nun?«

»Sie lassen ihn gewinnen, aber nur knapp.«

»Und dann?«

Pierce lächelte. »Dann haben Sie die ganze Macht der PKC hinter sich. Fernsehstationen, Rundfunkstationen. Dazu eine weltweite industrielle Basis – Herstellungsbetriebe, Bergbau, Öl – mit ihren Erträgen und Informationen. Ras Hamil ist für den Tod Ihrer Schwester und ihres Mannes verantwortlich, nicht wahr? Nun gut, Mr. Poliakoff besitzt einige Firmen in Äthiopien.« Er lächelte. »Sie müssen nur abwarten. Nun, wie steht es mit einer Crew für Sie?«

»Ich werde jemanden auftreiben«, sagte ich.

»Viel Glück«, sagte er. »Man erwartet Sie im ›Poliakoff Center‹. Das ist ein Hotel. Also dann bis morgen.«

Als wir die Gangway hinuntergingen, sagte Ricky Lee: »Wir haben's geschafft.«

»Können Sie segeln?« fragte ich.

Sie schüttelte den Kopf.

»Ich rufe Sie morgen an«, sagte ich. In Gedanken war ich im Dorf. In der Hitze, dem Geruch von Asche, dem Schrecken. *Und hier, weit entfernt in Amerika, weiß dieser Mann Poliakoff über Ras Hamil Bescheid,* dachte ich. *Dieser Mann, der so große Macht hinter sich hat.* Diese Begegnung verdankte ich Ricky Lee. »Ich danke Ihnen sehr«, sagte ich zu ihr.

Sie zwinkerte mir zu. Ich nahm sie in die Stadt mit, wo sie in der Menge verschwand.

Ich fuhr zum »Poliakoff Center« und rief Rooneys Gaststätte in Quogue an. Danny Rooney war selbst am Apparat. Ich fragte ihn: »Können Sie Scotch John eine Nachricht überbringen lassen?«

»Ich werde Festus hinschicken«, sagte er.

»Lassen Sie ihm bitte ausrichten, er möchte umgehend herkommen. Wir segeln morgen früh eine Regatta.« Ich hinterließ Telefonnummer und Adresse und ging auf mein Zimmer.

Um zehn Uhr abends bekam ich einen Anruf von der Rezeption. John war angekommen und wartete in der Bar. Ich ging hinunter.

Er saß auf dem Barhocker wie ein schwarzer Bär, der sich in einen Salon verirrt hat. Vor ihm stand ein halbleeres Bierglas, und seine Hände knüpften gemächlich eine Zierknotenschnur.

»Was ist das für ein Rennen?« fragte er.

Ich erzählte ihm von Poliakoff.

Er nickte und sagte dann: »Ich hab' von diesem Typ gehört. Segelt *Friendship*-Slups. Von Marblehead aus. Gott weiß warum.«

»Was ist eine *Friendship*-Slup?« fragte ich.

»Ein schnelles Boot«, sagte er. »Ursprünglich ein Arbeitsboot aus dem Ort Friendship, oben in der Muscongus Bucht. Eigentlich keine richtige Slup, sondern mehr ein Kutter. Drei Vorsegel, Gaffel-Toppsegel. Wer gehört alles zur Crew?«

»Sie und ich.«

Seine dichten schwarzen Augenbrauen gingen nach oben. Ich sah die Zähne in seinem Bart aufleuchten. »Wieviel Mann hat Poliakoff?«

»Das weiß ich nicht.«

»Ich schätze fünf«, sagte er. »Entschuldigen Sie meine Frage, aber warum fahren wir dieses Rennen überhaupt?«

»Ich bin nach Amerika gekommen, um genügend Geld für die Weiterführung der Arbeit aufzutreiben, die meine Schwester und Rhyd in Afrika begonnen haben. Wenn wir dieses Rennen gut hinter uns bringen, wird Poliakoff mir dabei helfen.«

Er sah mich an. »Was heißt: gut hinter uns bringen?«

Ich bestellte mir ein Bier. »Man hat mir geraten, Mr. Poliakoff gewinnen zu lassen.«

John steckte die Plattingsleine weg. »Wenn es das ist, was Sie tun wollen, dann tun Sie's«, sagte er. Das Gesicht hinter dem Bart war ausdruckslos. »Ich muß jetzt eine Mütze voll Schlaf nehmen.«

Ich ging ebenfalls zu Bett. Da lag ich dann, einundzwanzig Stockwerke über der City von Boston, und dachte darüber nach, wie gut ich bei Mr. Poliakoff angekommen war. Ich dachte an die Vorteile, die ich für »Plough Share« durch eine publizistisch gut vorbereitete Vortragsreise herausschlagen konnte. Ich dachte an die Vorteile, die ich mir durch die Nachforschungsmöglichkeiten einer großen Organisation wie der Poliakoff Communications verschaffen konnte, ganz besonders in bezug auf Ras Hamil.

Aber am meisten dachte ich an Rhyd und Camilla und was sie wohl von einem Fettsack wie Poliakoff gehalten haben würden. Einmal hatte ich mich wie ein Feigling verhalten, und die Vorstellung, so etwas noch einmal zu tun, gefiel mir überhaupt nicht. Ich wußte, daß es keinem von uns dreien gefallen hätte, ihn gewinnen zu lassen.

Und was immer Pierce auch gesagt hatte, ich schätzte Poliakoff nicht als einen Mann ein, der von einem Verlierer beeindruckt sein würde.

11

Um fünf Uhr dreißig am nächsten Morgen waren die Straßen von Boston nahezu leer. Ich sah ein paar Jogger und gelegentlich einen Mann, der seinen Hund ausführte. Der Himmel war blau. Als ich mit Scotch John zum Hafen fuhr, bogen sich die Rauchfahnen, die aus den Kaminen der Bankhochhäuser aufstiegen, nur geringfügig nach Lee.

Der am Fuße der Gangway postierte Matrose zog beim Anblick des Mustangs leicht die Augenbrauen hoch und wies mich dann in eine Garage in einem der schmutzigen, am Kai liegenden Wohnblocks ein.

John betrachtete die DUCHESS mit Bewunderung, wenn auch ohne Ehrfurcht. Eine Minute vor sechs gingen wir die Gangway hinauf. Im Speiseraum war ein Tisch für zehn Leute gedeckt: ein blütenweißes Tischtuch, silberne Bestecke, silberne Rechauds mit gewölbten Deckeln. Pierce erwartete uns zusammen mit vier Männern. Alle waren großgewachsen und von der Sonne dunkel gebräunt; alle trugen sie blaue Blazer und weiße Segeltuchhosen und wunderschöne neue Docksider. John trug ein »Grateful Dead«-T-Shirt, Levis und seine durchlöcherten Bootsschuhe. Pierce machte uns miteinander bekannt. Die Zähne der großen Männer strahlten so weiß wie ihre Hosen, und ihr Händedruck war wie das Zupacken einer riesigen Hummerschere. Tätowiert war keiner von ihnen. Der größte hieß Craig Bigelow. Ich hatte ihn schon auf den Regattaseiten verschiedener Segelzeitschriften gesehen. Er sagte: »Wie ich gelesen hab', hatten Sie bei der Transatlantikregatta einige Probleme.«

»Stimmt«, sagte ich. Offensichtlich wollte er mich dazu bringen, an Probleme zu denken. »Segeln Sie auch?«

Ein Mann seiner Crew lachte unterdrückt. Pierce stand hinter ihnen und zwinkerte mir zu. »Craig ist der Skipper der TEMPEST, Mr. Poliakoffs Maxi.«

»Nettes Boot«, sagte John. »Wird es zumindest sein, wenn jemand den Zossen mal richtig trimmt.«

Verärgertes Schweigen folgte dieser Bemerkung. Die TEMPEST war eine Achtzig-Fuß-Rennyacht, die regelmäßig an einer der anspruchsvollsten und aufwendigsten Rundumregatten der Welt teilnahm. Im Verlauf der letzten Saison hatte es eine Menge zweiter und dritter Plätze gegeben, aber keinen Sieg. Craig und seine Crew waren über den Vorwurf, ihr Boot sei nicht optimal getrimmt, bestimmt nicht erfreut.

Pierce sah mich an. Die Situation schien ihn zu amüsieren. »Wie wär's jetzt mit einem kleinen Frühstück?« fragte er.

Als wir uns hinsetzten, spürten wir durch das Deck das leichte Vibrieren der Maschine, und die Lagerhallen fingen an, an den großen Fenstern vorbeizuwandern. John zog ein paar von den silbernen Rechauds zu sich heran und schaufelte Würstchen und Pfannkuchen auf seinen Teller. Dann stand er auf, holte sich Eier mit Speck und fragte einen Steward: »Kann ich etwas Sirup haben?«

Der Sirup kam. Großzügig begoß er den Berg auf seinem Teller, schaufelte eine Riesenportion in seinen Mund und begann geräuschvoll zu kauen. Mit noch halbvollem Mund sagte er zum Steward: »Kann ich ein Bier kriegen?«

Ein schreckliches Schweigen breitete sich aus. Bigelow nahm ostentativ einen Schluck Orangensaft. Das Bier kam. Kurz danach erschien auch Serge Poliakoff, breit wie ein Schrank in seinem doppelreihigen Blazer mit den Knöpfen der *Royal Flotilla*. »Morgen«, sagte er. »Tut mir leid, daß ich so spät komme.« Er lächelte. Er hatte dicke Tränensäcke unter den Augen und sah aus, als wäre er überhaupt nicht im Bett gewesen. »Bier in Ordnung? Eine meiner Fluggesellschaften bringt es direkt von der Brauerei mit.«

»Sicher.« John rülpste und spießte sich eine Wurst auf die Gabel. Das Schweigen der Bigelow-Crew vertiefte sich noch.

»Sehr gut«, sagte Poliakoff, während er ihn musterte. »Jetzt sollte ich vielleicht noch etwas erklären. Ich mache dieses Rennen, um ein bißchen Spaß zu haben und mich zu amüsieren. Wir laufen jetzt erst mal nach Marblehead hinauf. In einer halben Stunde sind wir da. Dort habe ich zwei nette kleine Boote liegen, die völlig identisch sind. Dann segeln wir. Ist das alles, was Sie an Mannschaft dabeihaben?«

»Ja, das ist alles.« Ich beobachtete ihn und wartete ab, Schmetterlinge im Bauch.

Er lächelte sein breites, wulstlippiges Lächeln. Die Augen glitzerten stärker als sonst – Mr. Poliakoff schien auch etwas aufgeregt zu sein. »Das müssen Sie dann schon alleine verantworten«, sagte er. »Auf einer Transatlantik mag es mit zwei Leuten gehen, aber hierbei ... na ja.«

Craigs Augen waren klein, blau und bösartig. »Wie ich höre, sind Sie versenkt worden«, sagte er. Er versuchte immer noch, meine Gedanken auf unangenehme Dinge zu lenken.

»Stimmt«, sagte ich, an meinem Kaffee nippend.

»Aber den Typ, der das gemacht hat, hat man nicht gefunden?«

»Stimmt«, wiederholte ich einsilbig.

»Sie lagen ja an letzter Stelle, oder?« fragte er. »Sind Sie sicher, daß Sie überhaupt jemand gerammt hat? Ist nicht vielleicht nur das Boot auseinandergebrochen?«

Poliakoff beobachtete uns wie ein Luchs. »Zuerst Maschinengewehrfeuer«, sagte ich. »Dann rammten sie uns.«

Craigs Mundwinkel zuckten. »Ja, ja«, sagte er. »So was passiert ja alle naselang. Was haben Sie denn geraucht?«

Seine Crew lachte. Poliakoff trank Kaffee.

Meine Handflächen waren feucht vor Zorn. Zum Teufel mit der Psychologie, dachte ich, ich muß diesen Kerl schlagen.

Es wurde noch mehr Kaffee gebracht, und Scotch John trank noch ein Bier. Poliakoff breitete eine Karte von Marblehead auf dem Tisch aus. Der Kurs war durch drei Bojen markiert, die ein langes, spitzes Dreieck bildeten. Draußen vor den Fenstern glitt die See vorbei, die glatte, blaue Oberfläche jetzt von einer Brise gekräuselt. Am östlichen Horizont zeigte sich ein schwacher Silberschimmer, als wartete dort ein Nebel.

»Regeln«, sagte Poliakoff. »Zweimal rund. Normales Rennen. Neutraler Schiedsrichter an der Strecke.«

»Und wer ist das? fragte ich.

»Claud Bowler«, sagte er. »Sehr netter Kerl.« Er machte eine kleine Pause. Sein Grinsen war so breit, daß ich seine goldüberkronten Backenzähne sehen konnte. »Englandfreundlich.«

Nach dem Frühstück gingen wir an Deck. Mit der massigen Stärke eines langsam galoppierenden Kaltblüters schob sich die DUCHESS OF MALFI durch das Wasser. Vor uns lag eine felsige Bucht und eine Ansammlung von Holzhäusern. »Paradies für die Reichen«, sagte John.

Die DUCHESS glitt an einer Insel vorbei und ging an einem hölzernen Anleger längsseits. Vor uns lagen noch weitere Yachten, aber für die DUCHESS war genügend Platz freigelassen. Als die Matrosen mit den Festmachern zugange waren, mußte ich gähnen. Ich sah auf meine Uhr. Es war zehn vor sieben.

Poliakoff steckte sich eine neue Zigarre an. »Nun, Gentlemen«, sagte er. »Wollen Sie sich mal das Boot ansehen? Das Rennen beginnt um acht Uhr fünfzehn.«

»Klar«, sagte ich.

Gewinne das Rennen, dachte ich. *Bring das Geld auf. Im Namen deiner Schwester und im Namen Gottes.*

Wir gingen die Gangway hinunter. Die Holzplanken der Pier waren glatt und hatten keine Splitter. Einige feuchte Stellen konnten entweder von einem nächtlichen Regenguß herrühren oder von jemandem, der Möwendreck weggeschrubbt hatte. Craig Bigelow und seine Gorillas trotteten in ihren identischen Bootsschuhen vor uns her. Poliakoff deutete mit seiner Zigarre auf die Holzhäuser. »Nette Gegend«, sagte er. »Einige Häuser sind aus dem siebzehnten Jahrhundert. Ruhig. Kann Lärm nicht ausstehen. Friede. Abgeschiedenheit.«

»Kostet auch 'ne Menge«, sagte John ohne Umschweife.

»Und ob«, sagte Poliakoff, der keine vornehmen Skrupel

hatte, über Geld zu reden. »Aber wir halten auch alles gut in Schuß, so daß der Wert steigt.«

Wir hielten bei zwei hübschen Yachten, deren vorspringende Buge mich an Schnepfenschnäbel erinnerten. Sie besaßen große, lange Cockpits und schlanke Bugspriets. Ihre mit einem Schloßholz befestigten Toppmasten gaben ihnen ein malerisches, altmodisches Aussehen. Das lackierte Holz glänzte nur so, und die Messingteile leuchteten buttergelb.

»Hier hat jemand fleißig poliert«, sagte John.

»Wie ich schon sagte«, bemerkte Poliakoff, »wir pflegen sie gut, so daß sie im Wert steigen. Sind Sie sicher, daß Sie zu zweit klarkommen?«

Die Boote hatten drei Vorstags, und das bedeutete auch drei Vorsegel. Dann gab es noch ein Gaffel-Toppsegel. Der Mast war sehr hoch. Er sah so aus, als wäre es nicht allzu schwer, ihn abzusegeln. »Sicher, wir kommen schon klar«, sagte ich. »Wie groß ist Ihre Crew?«

»Fünf«, sagte Poliakoff und grinste.

»Das ist doch dummes Zeug«, sagte ich.

Poliakoffs Augen wurden wachsam. »Was schlagen Sie denn vor?«

»Zwei Mann pro Boot.«

»Nein«, sagte Poliakoff. »Ich bleibe dabei.« Offenbar hatte er erwartet, ich würde klein beigeben. Überrascht dachte ich: *Dieser Mann will unter allen Umständen gewinnen, selbst wenn er sich dabei unlauterer Mittel bedienen muß.*

Ein kleiner Mann mit einer blauen Schirmmütze kam auf uns zu. Er hatte einen echten Seemannsgang und eine Gesichtshaut wie sandgestrahltes Leder. »*Howdy,* Mr. Poliakoff«, grüßte er.

Poliakoff wandte ihm seinen Blick zu. Sein Gesicht wurde ausdruckslos. »Morgen, Claud«, sagte er. »Sind Sie bereit?«

»Was liegt denn an?«

Poliakoff machte uns miteinander bekannt.

»Hmmm«, sagte Claud. Er hatte alte, etwas gelblich schimmernde Augen, die mehr wußten, als sie preisgaben. »Das waren also Sie, der bei der Atlantikregatta sein Boot verloren hat? Schlimme Geschichte.«

Ich pflichtete ihm bei.

»Wieder nur zu zweit?« fragte Claud. »Eine Menge Leinen auf diesen *Friendships*. Aber sie laufen wirklich gut.«

Poliakoffs helle Augen wanderten zwischen mir und Claud hin und her. Er spürte die Sympathie zwischen uns – er hatte ausgezeichnete Antennen. Ich fühlte, daß Clauds Anerkennung ihm fast so viel bedeutete, wie ein Rennen zu gewinnen. Andererseits konnte ich mir bei Claud auch vorstellen, daß er Poliakoff als einflußreichen Freund und Gönner ansah. Nach einer kurzen, nachdenklichen Pause nickte Poliakoff, als sei er zu einem Entschluß gekommen, und sagte: »Und ich nehme Mr. Bigelow und David. Ich selbst segle als Eigner und Beobachter mit.«

»Das klingt fair«, sagte Claud. »Harte Arbeit am Morgen für alle Beteiligten. Ich danke Gott, daß ich für die Rennsegelei zu alt bin.«

Erste Runde: unentschieden. Jetzt waren es nur noch drei gegen zwei.

Wir gingen zum außenliegenden Boot hinüber. Poliakoff und seine Crew blieben auf dem inneren.

Wir nahmen die Persennings ab und heißten die Fock. John warf los. Der Wind drückte das Vorschiff vom Anleger weg. Während wir auf die Hafeneinfahrt zuliefen, setzte er die übrigen Segel. »Achten Sie auf die Fock«, sagte er.

Das Ende der Pier glitt überraschend schnell an uns vorbei. Der Baum war lang, die Gaffelpiek hoch. Vor dem Mast führten wir drei Segel: Klüver, Fock und einen Flieger hoch oben unter dem Knopf des Toppmastes. Als ich höher an den Wind ging, begann die Fock zu killen. Das Deck hob sich unsicher unter meinen Bootsschuhen, als das aerodynamische Profil sich verformte und unsere Fahrt zurückging. Als ich über die Schulter zurückblickte, sah ich eine weitere Pyramide weißer Segel hinter dem Hafendamm herankommen. Die andere *Friendship* kam wie ein angreifender Plesiosaurus aus der Hafeneinfahrt heraus. Ihre Fock wurde nicht bedient und flatterte im Wind. Das Großsegel schien zu flach und schlecht getrimmt. Claud folgte in einem halbstarren Schlauchboot.

»Ihm fehlt die Crew, an die er gewöhnt ist«, sagte John.

Craig war am Ruder. Eine blaue Rauchwolke von Poliakoffs Zigarre trieb über das grüne Wasser. Da ich vermutete, daß es mit Clauds Sehschärfe nicht mehr allzuweit her war, sagte ich: »Behalten Sie ihn im Auge, vielleicht legt er heimlich mit Hand an.«

Wir hatten vierzig Minuten Zeit, um uns mit dem Boot vertraut zu machen. Eine Woche wäre mir lieber gewesen, aber auch so machten wir das Beste daraus. Wir fuhren etwas weiter hinaus, wo die Windverhältnisse besser waren, und ich erprobte sie auf verschiedenen Kursen. Wie viele Boote mit einem Gaffelrigg, war sie sehr schnell auf raumem Kurs. Am Wind oder an der Kreuz war sie langsamer, denn dabei mußten die weichen Tragflächen der Segel sehr sorgfältig getrimmt werden, und ein alter Gaffelsegler hat eine Menge Schlitze und Spieren, die den laminaren Fluß der Luftströmung über gewölbtes Tuch stören können.

Aber John hatte schon früher eine *Friendship* gesegelt, und soweit ich es beurteilen konnte, hatte er das sehr gut gemacht. Auf der anderen Seite ist eine Zweimann-Regatta über den Atlantik ein ausgezeichnetes Training, wenn man unterbemannt ein kompliziertes Boot segeln will.

Craig war vielleicht ein Profi von Weltklasse, aber er war ein angeheuerter Profi, der es gewohnt war, mit einer Crew von zwanzig engagierten Athleten zu segeln.

Ich sah auf die Uhr. Noch zehn Minuten bis zum Start. Die DUCHESS OF MALFI war inzwischen aus der Bucht herausgekommen und hing wie die Miniaturausgabe eines Ozeandampfers über der kabbeligen graugrünen See.

Zwischen uns lag eine rote Tonnenboje, die zusammen mit der DUCHESS die Startlinie markierte.

»Er läuft jetzt in die Startzone ein«, sagte John.

Die Startzone ist ein gedachtes Dreieck hinter der Startlinie und dient gewissermaßen als Arena für die Gladiatoren, die an einem Zwei-Boote-Rennen teilnehmen. Das andere Boot lief, gerade, silbrige Schaumstreifen aufwerfend, unter vollem Zeug hinein, die Segel wie eine weiße Pyramide, die in der Sonne glänzte.

»Sie sieht wirklich hübsch aus«, sagte John. »So schön gelackt und alles.«

Er hatte recht. Die andere *Friendship* sah aus, als wäre sie gerade aus der Hochglanzanzeige eines Schiffsmaklers herausgesegelt. Gerade ließ die Sonne ein Messingbullauge auffunkeln. Ich dachte an Poliakoffs Bemerkung, daß Dinge wertvoller werden, wenn man sie gut pflegt. Er war ein Mann, der an materiellen Dingen hing, besonders wenn sie einen größeren Wert repräsentierten. »Sie zu rammen wäre schrecklich«, sagte ich.

John hüstelte. »Wirklich schrecklich«, sagte er.

Ein Windstoß ließ das grüne Wasser an Backbord grau werden. Ich kam mit dem Ruder auf, als sich die *Friendship* auf die Seite legte, mit der Leereling eintauchte und dabei mit den Relingstützen weiße Schaumstreifen durchs Wasser zog. Wir machten jetzt sehr gute Fahrt; unser Heckwasser gurgelte davon wie ein Forellenbach. Jetzt gab es nur noch unser Boot und das andere Boot, den Wind und die Startlinie.

Ich sagte John, was ich vorhatte.

Er strich sich seinen Bart. »Kein Problem«, sagte er. »Es sei denn, der Kerl da drüben weiß mehr als wir.«

»Hoffen wir das Beste.«

Er fierte die Großschot auf und wartete. Wir verloren Fahrt, schoben uns dümpelnd langsam voran, während das Großsegel die Luft mit donnerndem Knattern erfüllte.

»Jetzt«, sagte er und holte die Schot wieder dicht.

Sie begann Fahrt aufzunehmen.

Das Murmeln des Kielwassers wurde zum Blubbern, das Blubbern zum brausenden Rauschen. Die Relingstützen tauchten wieder unter, und das weiße Wasser zischte wie ein Korb voll Schlangen. Die Segeltuchwolke über uns, von einer

Vierzig-Kilowatt-Brise angetrieben, gewann Festigkeit. Das Boot krängte, bis sich die Überhänge zuversichtlich aufs Wasser lehnten.

Sie lief wie ein Torpedo, das Bugspriet zielte ein gutes Stück vor das Bugspriet des anderen Bootes. Wenn ich auf diesem Kurs blieb, hatte ich die Chance, daß wir vor dem heranstürmenden Rammbock seines Bugspriets vorbeilaufen, vor ihm wenden und ihm den Wind aus den Segeln nehmen konnten.

Nur eine Chance.

Ich sah Bigelows Gesicht, einhundertfünfzig Meter entfernt, das mich über einen Handpeilkompaß hinweg ansah. Eine plötzliche Bö drückte den Mast weit nach Steuerbord über, so daß Wasser ins Cockpit strömte und meine Schuhe volliefen. Ich luvte an, um meine Absicht noch deutlicher zu machen. *Diese verdammten Hunde wollen genau vor mir vorbeilaufen,* würde er jetzt denken. *Ich liege über Backbordbug und habe Wegerecht.* Er würde anfangen, sich sicher zu fühlen.

Weil wir es nicht schaffen würden.

12

Die Linie unseres Bugspriets schnitt seinen Kurs immer noch ein Stück vor seinem Bugspriet. Aber er würde seine Peilungen genommen und unsere Abtrift beobachtet haben, und er würde grinsen.

Ich hielt meinen Kurs. Die Pinne schlug ein bißchen unter meiner Hand, als sie die Wasserwirbel spürte, die der lange, glatte Rumpf erzeugte. Wenn ich ihn rammte, würden wir disqualifiziert werden.

Wir würden auch Serge Poliakoffs wunderschönes antikes Boot mit Craig am Ruder unter den Augen des Eigners ramponieren. Es würde meine Schuld sein. Aber es wäre auch ein großes psychologisches Problem für Craig.

Alle sahen sie jetzt zu uns herüber. Ich luvte an, ging bewußt etwas zu hoch an den Wind, um es so aussehen zu lassen, als ob ich versuchte zu kneifen und auf diese Weise noch vor ihm vorbeizukommen. Die Segel wurden bauchig und fingen an zu schlagen, und wir verloren an Fahrt. »Jetzt geht's um die Wurst«, sagte ich.

Die Seite der anderen *Friendship* war noch fünfzig Fuß entfernt. Dann vierzig. Dreißig. Jetzt war keine Zeit mehr zu wenden. Ich würde ihn genau mittschiffs erwischen, eine klassische T-Ramming. Brüllende Stimmen mischten sich in das Knattern und Schlagen des Segeltuchs. Ich versuchte, schockiert und entsetzt auszusehen, wie ein Mann, der sich verkalkuliert hat – überfordert in einem fremden Boot. Es war nicht allzu schwer. Ich hielt meinen Kurs und beobachtete seine Segel.

Ich sah, was ich zu sehen gehofft hatte. Oben am Himmel begann sein Flieger zu flattern. Dann killte das Gaffel-Topp-segel, dann das Großsegel.

Er stieg auf die Bremse; nicht weil er sicher war, daß es eine

Kollision geben würde, sondern weil er Angst hatte, das Boot zu beschädigen.

Unser Bugspriet war zehn Fuß von seiner Seite entfernt, als ich die Pinne zu mir heranzog. Wasser strömte gurgelnd über das Ruder. Das Bugspriet fegte über sein Achterdeck, ohne jedoch irgend etwas zu berühren. Wir schossen hinter seinem Heck durch.

»Wende«, sagte ich und schob die Pinne von mir weg.

John sprang auf das Seitendeck. Die drei Vorsegel schlugen ein paarmal und standen dann voll und bei. Als ich unter dem Baum hindurchsah, lag das andere Boot ohne Fahrt im Wasser; alle Segel schlugen, und irgend jemand befahl brüllend, ein Vorsegel back zu schoten, um das Boot durch den Wind zu bringen.

Craigs Gesicht hatte die Farbe von roher Leber. Claud Bowler saß zurückgelehnt im Sitz seines Schlauchboots, zuckte die Schultern, breitete dann die Arme aus und lachte. Es gibt keine Regel, die es einem verbietet, einen Konkurrenten durch einen Bluff zum Stoppen zu bringen.

»Noch zehn Sekunden bis zum Startschuß«, sagte John.

Fünfunddreißig Sekunden später tanzten wir mit fünf Längen Vorsprung beschwingt über die Startlinie. Wir gaben die Führung während des ganzen zweimaligen Rundkurses nicht mehr ab.

»Du meine Güte«, sagte John, als wir über die Ziellinie gingen. »Ich dachte, dieser Bigelow verstünde was von der Sache.«

»Er wollte nur nicht, daß dem Boot von seinem Boß etwas zustößt.«

»Er hat nichts nach uns geworfen«, sagte John.

Ich fühlte mich großartig. Die Sonne war herausgekommen, es war zehn Uhr morgens, und wir hatten gewonnen. Wir liefen zurück in den Hafen, und ich ging unter Segeln längsseits.

Ein Schatten verdunkelte die silbrig schimmernden Decksplanken. Ich sah nach oben. Poliakoff stand über uns, eine gewaltige schwarze Silhouette, die die Morgensonne verdeckte. »Devis, Sie sind ein alter Halunke«, sagte er. Seine polternde Stimme bebte. Ich begriff, daß er lachte. »Wissen Sie was, Devis? Ich habe was übrig für alte Halunken. Tatsächlich, das habe ich. Verdammt eindrucksvoll, das Ganze. Aber Sie müssen jetzt nett zu dem armen Craig sein. Kommen Sie bitte auf die DUCHESS, wenn Sie hier fertig sind.«

Das Beiboot brachte uns hin. Craig saß so weit weg wie nur möglich. Wir meldeten uns in dem Raum mit den Seidenwänden. Poliakoff schoß den Korken einer Flasche *Krug rosé* neben einen van de Velde an die Wand und füllte die Gläser. Er hob sein Glas, die Augen wie hellblaue Spalten über dem wulstigen Schlitz, der die Zähne freigab. Er kam zu mir herüber und sagte: »Sie haben bewiesen, was zu beweisen war. Pierce ist irgendwo an Bord. Er wird sich um Sie kümmern. Ich sage ihm Bescheid.«

Ich fing den Blick seiner starren blauen Augen auf. »Was ist mit Ras Hamil?« fragte ich.

Er lächelte. »Warten Sie's ab, Mr. Devis.«

Er hob das Glas an die Lippen und setzte es wieder ab. »Entschuldigen Sie mich.« Er verließ den Raum.

Ein paar Minuten später kam Pierce herein. Er sagte zu mir: »Ich brauche Sie heute morgen.«

»Wann?«

»Sobald wir anlegen. George Devis ist im Begriff, eine Persönlichkeit des öffentlichen Lebens zu werden.«

»Eine Sache interessiert mich noch«, sagte ich. »Warum haben Sie mir geraten, das Rennen absichtlich zu verlieren?«

Pierce grinste und sagte: »Wir können uns nicht mit Leuten abgeben, denen es nichts ausmacht zu verlieren.«

Die DUCHESS legte an. Matrosen in weißen Segeltuchblusen machten sich mit den Festmachern zu schaffen. Zwischen den Pollern stand eine schwarze Limousine. »Die wartet auf uns«, sagte er. »Gehen wir.«

Ich bot John die Schlüssel für den Mustang an, aber er lehnte ab. »Wir sehen uns in Quogue«, sagte er.

Pierce fuhr mit mir in ein Fernsehstudio. Dort interviewten

sie mich eine halbe Stunde lang und schnitten es dann anschließend für die Sechs-Uhr-Nachrichten auf drei Minuten zusammen.

Ich glaubte mich aufgrund meiner Erfahrungen mit naturgeschichtlichen Filmen, die ich für die *Anglia* gemacht hatte, etwas im Fernsehgeschäft auszukennen. Das hier hatte nicht die geringste Ähnlichkeit mit Naturgeschichte. Der Moderator extrahierte die Geschichte mit der Präzision, mit der ein Sommelier den Korken aus einer Flasche zieht. Was dabei herauskam, hatte nichts mit dem langsamen, schwerfälligen Prozeß der Entwicklungshilfe zu tun, wie sie von »Plough Share« betrieben wurde. Es war vielmehr ein Epos von zusammenhängenden Mordtaten, garniert mit der höllischen Willkür des Schicksals. Bill Marsden wurde als einer der beliebtesten Enthüllungsjournalisten der Ostküste herausgestellt. Ich entpuppte mich als ein einsiedlerisches Genie, das die besten Eigenschaften von Christoph Columbus, Charles Audubon und Alexander Pope in sich vereinte. Sie sprachen auch viel über Rhyd und Camilla und »Plough Share«, ließen aber alles über Ras Hamil weg. »Zuviel auf einmal«, sagten sie. »Das hier wird ja fortgesetzt, wie eine Art Fernsehserie.«

Pierce erwartete mich vor dem Studio. »Großartig«, sagte er. Offenbar meinte er mich. Als ich ein etwas skeptisches Gesicht machte, sagte er. »Sie brauchen mir nicht zu glauben. Glauben Sie den Zuschauern. Bis jetzt haben wir feste Zusagen für zweiundsiebzigtausend Dollar, und es gehen immer noch Anrufe ein. Ich spiele Ihnen das Band vor.«

Wir gingen in ein großes Büro mit zwei Vierzig-Zoll-Bildschirmen.

Dann sah ich mich selbst, sehnig, gebräunt und sehr britisch, und hörte mich über gewaltsames Sterben reden. Es folgten eine Handvoll Hungertod-Statistiken, Rhyd spielte »The Alleluia Tree«, ein Mitschnitt aus dem großen, weltweit ausgestrahlten Country-music-Festival, und schließlich kamen noch Bilder von Poliakoff vor einer Palette mit Getreidesäcken unter einem Banner, das in großen Buchstaben verkündete: BOSTON ECHO HILFT

AFRIKA. »Das war unsere letzte Kampagne«, sagte Pierce. »Mosambik. Serge kann sich einfach nicht raushalten.« Er zog die rechte Augenbraue ein wenig nach oben. Ich hatte das Gefühl, daß es ganz schön anstrengend sein konnte, für Poliakoff zu arbeiten. Ein gut gemachter Appell des Moderators an die Hilfsbereitschaft der Zuschauer beendete die Sendung. Pierce schenkte mir einen Whisky ein. Ich spürte kaum, daß ich ihn trank. Pierce schenkte mir nach.

»Wie gut kannten Sie Bill Marsden?« fragte ich ihn.

»Leider habe ich nicht mehr allzuviel Kontakt mit den Journalisten«, sagte er etwas wehmütig. »Die übliche Geschichte, fürchte ich. Wenn man eine Sache gut macht, geben sie einem etwas andres zu tun.«

Ich rief Jerry Stein im »Plough Share«-Büro in Bristol an. »Es scheint zu laufen«, sagte ich.

»Ich freue mich riesig«, sagte er. »Was uns betrifft. Aber auch für Sie.«

Ich wußte, wie er es meinte. Zum ersten Mal seit Monaten war das Gefühl der Scham nicht mehr im Vordergrund meiner Gedanken.

Ein anderes Telefon läutete. Pierce ging an den Apparat. Seine Augenbrauen hoben sich. »Er steht neben mir, Mr. Diglis«, sagte er und gab mir den Hörer.

Die Stimme am anderen Ende war sanft, tief und irgendwie bedrohlich. »Hallo, George«, sagte sie.

»Mit wem spreche ich?«

»Hier ist Warren Diglis. George, ich denke, Sie sollten diese Kampagne nicht fortsetzen.«

»Wirklich?« sagte ich.

»Hier draußen gibt es eine Menge Leute, George, die die neokolonialistische Scheiße, die Sie verzapfen, nicht mögen. Wir wissen genau, daß Sie Leim an den Fingern haben, wenn Sie Spenden einsammeln. Daher wollen wir, daß Sie damit aufhören und die Sache uns überlassen, die wir's besser wissen. Wir haben eine schwarze Lösung für ein schwarzes Problem. Sie halten sich da raus.«

»Ich weiß nicht, wovon Sie reden«, sagte ich.

»Halten Sie sich raus«, wiederholte er und lachte kalt und bedrohlich. Dann war die Leitung tot.

Ich legte den Hörer auf.

»Hat Warren Ihnen gesagt, die Sache ginge Sie nichts an?« fragte Pierce.

»So ist es.« Ich nahm einen Schluck Whisky. Ich war durch die anderen Ereignisse zu aufgeregt, um mich durch eine Stimme aus dem Telefon in Mißstimmung bringen zu lassen. »Wer ist das?«

»Ein Boxkampf-Promoter. Das selbsternannte Gewissen des schwarzen Amerika. Hat in seiner Jugend mal wegen bewaffneten Raubüberfalls gesessen, hat aber dann ein neues Leben begonnen. Eine Menge einflußreicher Freunde, insbesondere solche, die die Stimmen schwarzer Wähler brauchen.« Einen Moment lang betrachtete Pierce seine sanft glänzenden Schuhe. Ganz der Absolvent einer Eliteuniversität und unergründlich. »Kümmern Sie sich gar nicht darum«, sagte er. Er hob die Augen und sah mich an. »Darf ich mir erlauben, Ihnen eine Anregung zu geben?«

»Anregung?«

Er schenkte mir noch einmal nach und sagte dann: »Eigentlich eine Unverschämtheit. Nehmen Sie's als den Versuch eines ehemaligen Redakteurs, eine Geschichte immer noch ein bißchen zu verbessern. Ich habe mich mit Ricky Lee über Ihre Vorträge unterhalten. Sie ist noch relativ unerfahren – hat aber ein gutes Gespür. Wenn Sie jetzt anläßlich dieser Luncheinladungen Ihre Geschichte erzählen, sollten Sie das ruhig etwas persönlicher gestalten. Attackieren Sie ruhig Ras Hamil. Aber könnten Sie nicht darüber hinaus noch einen anderen Aufhänger finden? Ricky Lee sagte mir, ihr wäre es etwas unklar vorgekommen.« Etwas verlegen senkte er den Blick. »Sie sind doch ein Dichter, nicht wahr? Ich weiß, daß Sie Ihre Sachen öffentlich vorgetragen haben, und ich erteile Ihnen nur sehr ungern gute Ratschläge. Aber einem normalen Vortrag eignet eine ... gewisse Kälte. Versuchen Sie die Sache als eine nicht zu hoch aufgehängte Dichterlesung anzusehen. Sie sind morgen im ›Cambridge Regency‹, wo Sie ein wirklich verständnisvolles Publikum vorfinden sollten. Fällt Ihnen vielleicht noch ein einzelnes Bild oder eine Tatsache ein, die Ihnen als Aufhänger dienen könnten?«

Ich dachte: *Devis, sie verändern die Tendenz deiner Geschichte.* Andererseits waren dies die Leute, denen »Plough Share« schon siebzigtausend Dollar verdankte. Sie waren dafür ausgebildet, den Inhalt einer Geschichte richtig aufzubereiten. Wenn sie einen Aufhänger wollten, sollten sie ihn haben.

»Da wäre der ›Halleluja-Baum‹«, sagte ich.

»Klingt gut«, sagte er. »Was ist das?«

Ich erklärte es ihm.

»Ras Hamil«, sagte er. »Mit ihm können wir anfangen. Der Mann, der den ›Halleluja-Baum‹ verbrannte. George, ich denke, das ist genau das, was wir gesucht haben.«

Ich fuhr ihn im Mustang zu einem eichengetäfelten Restaurant, das sich auf Hummer spezialisiert hatte. Dort stieß auch seine Frau zu uns. Sie war dunkelhaarig und sah gut aus, und sie hatte meine Gedichte gelesen. Es war ein erfreulicher Abend, mehr wie ein Essen mit Freunden als mit Geschäftspartnern. Gegen Ende des Abends sagte Pierce: »Ich freue mich, daß Ricky Lee Sie zu uns gebracht hat. Es ist schön, etwas tun zu können, was nicht nur den Aktionären nützt.«

Wir schüttelten uns die Hand.

»Wir sehen uns ja morgen beim Lunch«, sagte er.

Ich fuhr zurück zum »Poliakoff Center« und begann an meinem Vortrag zu arbeiten. Die Furcht hatte mich verlassen. Jetzt konnte ich etwas bewirken, und »Plough Share« bekam Geld. Die Dinge, die ich schon im Dorf hätte geschehen lassen müssen, geschahen jetzt in Boston.

Der Lunch am nächsten Tag war nicht im entferntesten mit der Affäre im Hause von Mrs. Portarlington Elliott zu vergleichen. Poliakoffs Rundfunk- und Fernsehstationen hatten keine

Gelegenheit ausgelassen, darüber zu reden. Die Geschichte von Bills Ermordung stand mitten auf Seite eins der Zeitung, die mir der Zimmerpage heraufbrachte. Ich trat vor den Spiegel und betrachtete den internationalen Helden George Devis. Gegen vier Uhr morgens war ich mit meiner Rede fertig geworden. Mein Gesicht kam mir hagerer vor als sonst. Unter den Augen lagen schwarze Schatten. Ich parkte den Mustang ein Stück hinter dem »Cambridge Regency«, wo die Veranstaltung über die Bühne gehen sollte. Vor dem Eingang standen Polizisten, die die Menge zurückhielten, und vier Fernsehteams. Es gab sogar eine kleine Gruppe von Demonstranten mit Plakaten, auf denen zu lesen war: ÜBER DEM BRITISCHEN EMPIRE IST DIE SONNE SCHON UNTERGEGANGEN. Pierce wartete auf mich. Er sah aus wie ein besonders intelligenter Falke in einem schwarzgrauen Anzug. Er machte mich mit ein paar Senatoren bekannt, und wir alle lächelten brav in die Kameras. Wir aßen Gummiadler, und ich erzählte die Geschichte von Ras Hamil und dem »Halleluja-Baum«, schlicht und ergreifend. Die Leute weinten. Zum Schluß ergab die Sammlung einundvierzigtausend Dollar. Irgend jemand vom *Boston Echo* sammelte die Schecks ein. Sie hatten sogar eine Kreditkartenmaschine.

Pierce ging anschließend zu einer Konferenz. Als das Händeschütteln vorbei war, erschien Ricky Lee und schob ihre Hand unter meinen Arm. »Ist das nicht alles der Mühe wert?« sagte sie.

Ich lächelte sie an und sagte: »Ich bin Ihnen wirklich und wahrhaftig dankbar.«

Mit ihren schrägen Augen sah sie mich ebenfalls lächelnd an. »Sie haben mir auch einen Gefallen getan. Ich denke, wir haben alle gewonnen. Hören Sie, ich kann Sullivan nicht finden.«

»Sullivan?«

»Den Redakteur. Ich suche weiter nach ihm. Jetzt muß ich los, um ein Interview zu machen.«

»Ich bin in Quogue.« Ich gab ihr die Nummer von Rooneys Pinte.

»Bis bald«, sagte sie. »Und nochmals vielen Dank, okay?«

Ich sah ihr nach, wie sie mit ihrem beschwingten, eleganten Gang die Blicke auf sich zog, als sie die Hotelhalle durchquerte.

»Auf ein Wort«, sagte eine Stimme.

Ich wandte den Kopf. Die Stimme gehörte zu einem breitschultrigen Mann mit einem Gesicht, das die Farbe von Milchkaffee hatte und so aussah, als hätte es schon eine Menge mitgemacht. Die Augen waren groß, aber zusammengekniffen. Das Haar war kraus und grau.

Der Mund öffnete sich, die Augen blieben so, wie sie waren. Der Mann sagte: »Hören Sie damit auf, sofort.«

Das Gesicht war das Gesicht eines Boxers, aber nach einem Lunch wie diesem machten mir Boxer nichts aus. »Womit soll ich aufhören?« fragte ich.

»Dieses Redenschwingen«, sagte er. »Sie hauen uns in die Pfanne.« Die Stimme war tief, kalt und bedrohlich. Ich hatte sie schon einmal gehört – am Telefon im Fernsehstudio.

»Wen haue ich in die Pfanne?«

»Mein Name ist Warren Diglis«, sagte er. »Ich bin ein persönlicher Freund von Ras Hamil.«

Ich sah in seine schmalen schwarzen Augen. Ich dachte an Maschinengewehre. »Ihr persönlicher Freund hat meine Familie umgebracht«, sagte ich.

»Können Sie das beweisen?«

»Natürlich.« Ich dachte an Mr. Gugsa mit dem wie eine Kappe anliegenden krausen Haar, an die Lehmstraße im Dorf. Fast meinte ich den bitteren Geruch der Asche wieder zu riechen, das Entsetzen wieder zu spüren.

»Ich glaube nicht, daß Sie das können«, sagte er. »Weil es nicht stimmt.« Er lächelte. Es war ein kaltes, krokodilhaftes Lächeln. »Passen Sie jetzt gut auf sich auf, hören Sie?« Er starrte mich mit seinen kalten Augen an. Sein Blick schien sich in meinen Kopf zu bohren, dorthin, wo die Angst sich versteckt hielt. Dann ging er.

Die Menge hatte sich zerstreut. Das Hochgefühl, welches mich noch vor wenigen Minuten erfüllt hatte, war in sich zusammengefallen. Meine Schritte hallten von den hohen Betonbauten wider, als ich den Bürgersteig entlang zu der Parkuhr ging, wo ich meinen Wagen abgestellt hatte. Die Straße war lang und grau und verschwand schließlich, drei Häuserblocks weiter, in einem dunstigen Fluchtpunkt. Ich zog den Schlüssel aus der Tasche, um die Fahrertür aufzuschließen. Mitten in der Bewegung erstarrte ich.

Irgend jemand hatte das hintere Seitenfenster auf der Beifahrerseite zertrümmert. Der ganze Rücksitz lag voller Glasscherben. Als ich hinten um den Wagen herumging, sah ich, daß der Rand des Kofferraumdeckels verbogen und der Lack abgesplittert war. Ich schob die Finger unter den Rand des Deckels und war nicht überrascht, als er ohne weiteres aufging. Meine Tasche war noch drin, aber der Inhalt lag verstreut herum. Ein Paar fast neue Docksiders waren weg, und das Reserverad fehlte ebenfalls. Die Kleider hatten sie zurückgelassen.

Ich stand davor und fluchte gemessen vor mich hin.

Irgend jemand räusperte sich ungefähr in Höhe meines Ellbogens. Ich sah nach unten und erblickte einen sehr kleinen, fetten Mann mit Ohren, die wie die Henkel einer Schale abstanden und eine Baseballmütze hochhielten, auf der FLORIDA VACATIONLAND stand. »Autoknacker«, sagte er. Die Super-King-size-Zigarette, die wie ein Riesenschnuller in seinem Mund steckte, wippte beim Sprechen auf und nieder. Seine Stimme war hoch, und er roch nach schalem Rauch. »Ich hab' sie gesehen.«

Mein Herz hämmerte in der Brust. »Sie haben meine Schuhe geklaut«, sagte ich.

»Ja«, sagte der fette Mann. »Und Ihren Reservereifen. In dieser Stadt ist nichts sicher. Ich verkaufe Zeitungen.« Er zeigte auf eine Art Kiosk an der Ecke. »Ich hab' alles mitgekriegt.«

»Wer war es?«

»Ein Weißer und ein Schwarzer«, sagte er. »Drogensüchtige, denke ich.«

Ich dankte ihm, packte meine Sachen wieder in die Reisetasche und rief die Polizei, die mir mehr oder weniger dasselbe erzählte und keineswegs interessiert schien. Ich kaufte neue Schuhe und fand schließlich auch ein Geschäft für Künstlerbedarf, wo ich mir Gouache- und Aquarellfarben sowie ein halbes Dutzend Blöcke eines schweren, handgeschöpften Papiers besorgte. Dann fuhr ich ohne größeres Bedauern aus der Stadt heraus und die Küste hinauf.

Von Boston nach Quogue fährt man ungefähr vier Stunden. Nach einiger Zeit hörte ich auf, mich über den Einbruch in das Auto zu ärgern. Ich verließ den Highway, folgte dann der Landstraße, die sich durch Kiefern und zutage tretenden Fels schlängelte, nach Quogue und parkte den Wagen vor Rooneys Pinte.

Danny wandte mir sein käsiges Gesicht zu und fragte: »Hat das mit Scotch John geklappt?«

Ich sagte, es wäre alles gut gelaufen, und dankte ihm, daß er meine Nachricht übermittelt hatte. »Sind Briefe für mich da?«

Er schüttelte den Kopf. »Auch keine Anrufe. John ist heute morgen zurückgekommen. Er wird wohl auf dem Boot sein.«

Die Enttäuschung ließ das Lächeln auf meinem Gesicht gefrieren. Erst jetzt kam mir so richtig zum Bewußtsein, wie sehr ich mich um die Jungen sorgte. Ich dachte: *Gib ihnen noch zwei Tage*. Ich kaufte ein paar Dosen *Budweiser* zum Mitnehmen und ging zurück zum Kai.

Über dem Wasser hing ein Nebelschleier. Hinter den Hummerfangbooten schwammen die schwarzen Bäume von Quogue Island wie auf einem silbernen Kissen. Ich brachte den Mustang zu Rays Autowerkstatt und ging mit meiner Tasche zurück zum Kai.

Eine Tauchente driftete über die graue, glasige Wasseroberfläche des Hafens, eine Reihe Küken im Schlepptau. Ich suchte die Reihe der am Kai festgemachten Beiboote mit den Augen ab, bis ich auf das mit dem Namen HALCYON stieß. Es war ein hölzernes Dory, eine kleine Ausgabe der Dories, welche die großen Schoner auf den Neufundlandbänken auszusetzen pflegten, um Dorsche zu angeln. Ein Boot, wie es für Rhyd typisch war: nicht besonders schön, aber gut gearbeitet und seetüchtig. Ein gutes Arbeitsgerät.

Ich ruderte hinaus zu den Festmacherbojen in der Mitte der blaugrauen Wasserfläche. Auf der Yacht machte ich eine Dose Bier auf und warf meine Tasche durch das Kajütluk nach unten. Nach meinem Terminplan sollte ich übermorgen in Rochester, New Hampshire, sein. Ich machte mir Sorgen um die Jungen. Ich war beunruhigt wegen Warren Diglis. Ich hasse es, mir Sorgen über etwas zu machen, wenn ich an der Sache nichts ändern kann.

Die Sonne versank langsam im Nebel und gab dem Grau eine rosa Tönung, wie wenn Blut sich mit Wasser mischt. Ich ging unter Deck und machte den Ofen an. Dann holte ich einen Aquarellblock und einen Pinsel heraus und legte einen grauen Untergrund an, mit einem Rand für den schwarzen Saum von Quogue Rock. Irgendwo draußen im Nebel ließ ein Seetaucher seinen langen, verzweifelt klingenden Ruf erschallen. Ich malte die Bäume hinein, mischte rosa in den Nebel. Kleine Wellen schlugen gegen das Boot. Die Tauchente kam eilig vorbeigerudert, gefolgt von ihren Küken; wie Scherenschnitte hoben sie sich gegen die tiefstehende Sonne ab. Auch sie wurden Teil des Bildes.

Das Malen hatte mir immer geholfen, eine gewisse Gelassenheit gegenüber den Wechselfällen des Lebens zu entwickeln. Wahrscheinlich war es aus diesem Grund nichts für Mary Morpurgo, die solche Wechselfälle lieber noch kultivierte. Sie und ich hatten etwas über ein Jahr lang zusammengelebt. Während dieser Zeit hatte ich sie auf fünf Vortragsreisen begleitet, wo sie ihre Gedichte rezitierte, und sie war drei Wochen mit mir Segeln gewesen. Am Ende ihrer sechsten Vortragsreise war ich mit der AUK nach Essex gesegelt, hatte sie am Kai von Maldon mit an Bord genommen und sie in die Themsemündung verschleppt.

Es war im Juli gewesen; eine von den Nächten, in denen es

nicht richtig dunkel zu werden scheint. Die AUK lag vor Anker, während die Tide gurgelnd ablief. Mary hatte sich früh in ihre Koje verkrochen. Ich hingegen war noch lange aufgeblieben, hatte den vollen Mond beobachtet und gemeint, die Anziehungskraft zu spüren, mit der er die weite Fläche schmutzigen Wassers ansaugte. Schließlich war ich etwas eingenickt, hatte dann aber in der Morgendämmerung meinen Malkasten herausgeholt. Das Licht lag als verwaschenes Grau über dem Wasser und buttergelb über den Schlickbänken. Sonne und Mond hingen auf entgegengesetzten Seiten am Himmel, als befänden sich beide auf einer riesigen, unsichtbaren Wippe. Innerhalb dieser Matrix von Kräften schrieben Enten und Gänse Botschaften an den Himmel und auf das Wasser. Ich malte ungefähr eine Stunde lang. Dann erschien Mary an Deck, nackend wie eine praktizierende Hexe.

»Du lieber Gott«, sagte sie, »dieser Schlamm stinkt ja entsetzlich. Können wir nicht an Land gehen? Hier ist es so schrecklich langweilig.«

Zwei Wochen später ging sie mit einem Dichter, der ebenfalls öffentliche Lesungen hielt, nach Barcelona. Ich vermißte sie. Aber nicht so sehr, wie ich das Malen vermißt hätte, wenn ich damit aus irgendeinem Grund hätte aufhören müssen.

Heute abend in Quogue mußte ich viermal ansetzen, bevor mir die Tauchente richtig gelang.

Das große Konzert der Dämmerung begann jetzt. Hauptakteure waren die Vögel: »Hier sind wir«, schrien sie. »Bleib mir vom Leibe.« – »Ich liebe dich.« – »Ich bin hungrig.« Möwen waren dabei, Watvögel, Enten, Taucher. Die Sonne versank im Nebel. Ich vergaß weiterzumalen, saß nur da und hörte zu.

Es wurde kalt, und ich ging unter Deck. Die Kajüte hatte sich inzwischen erwärmt. Ich fand einen Kleiderhaken, hängte das Aquarell zum Trocknen auf und briet mir ein paar Eier mit Schinken. Nach dem Essen breitete ich einen Schlafsack auf der Steuerbordkoje aus, kroch hinein und war sofort weg.

Am nächsten Morgen sah ich blauen Himmel durch die

Bulleyes, als die Motoren der Hummerfänger mich aus dem Schlaf holten. Ich machte mir eine Tasse Kaffee, griff meinen Skizzenblock und stieg ins Cockpit. Seewärts lag Johns Hausboot an einer Muringtonne, die aus einem Bündel von Autoreifen und Ölfässern bestand. Er hatte die Aufbauten durch eine Reihe von Laufgängen und kleinen Deckshäusern erweitert, aus denen Ofenrohre und Antennen hervorsprossen wie die Stacheln eines Stachelschweins. John war auf dem obersten Laufgang, eine Wellblechplatte hinter sich herziehend. Er winkte mir zu. Die Schläge seines Hammers dröhnten über das Wasser. Ich trank meinen Kaffee und aß ein altbackenes Brötchen dazu. Ich malte für die Jungen eine kleine Studie vom Hafen und markierte den Liegeplatz der HALCYON mit einem »x«. Dann ruderte ich zu Johns Boot hinüber.

Es sah aus, als wäre es einmal ein Schlepper gewesen. Er hatte den achteren Teil der Brücke zu einer Veranda umgebaut, und wo einmal der Schleppbock gewesen war, stand jetzt ein Pingpongtisch.

Ich machte einen Bogen um die Entenschar, die an dem an Backbord festgemachten strohbedeckten Prahm herumschwamm, kletterte über die Reling und machte an einem Poller fest, der von zwei Fünfzig-Gallonen-Fässern eingerahmt wurde, in denen Kartoffeln wuchsen. Es gab eine Glocke mit einem Glockenzug aus kunstvoll geflochtenen Kabelgarnen. Ich zog daran.

Eine Tür öffnete sich, und Johns Kopf erschien. *»Hi«*, sagte er. »Kommen Sie rein.«

Früher hatte der Raum als Mannschaftsquartier gedient. Jetzt war der größte Teil der Wände mit seemännischen Flechtarbeiten behängt. In den Fenstern war buntes Glas und in der Luft ein starker Geruch von Marihuana. Aus der Stereoanlage kam eine langsame Gitarrenmelodie, dann Rhyds Stimme in einer Doppelspuraufnahme, die obere Begleitung eine Terz über der Melodiestimme: *Vernunft dir beizubringen ist der Versuch, ein Loch in einen See zu graben.*

John machte Kaffee. »Ich wollte mich bei Ihnen dafür bedanken, daß Sie nach Boston gekommen sind«, sagte ich.

»War mir ein Vergnügen«, sagte er. »Macht immer Spaß, eine *Friendship* zu segeln.« Er grinste. »Macht auch immer Spaß, eine Wettfahrt zu gewinnen.« Er griff sich ein Stück Leine und begann, einen komplizierten Knoten zu knüpfen. »Aber Sie sind doch nicht nur hier, um Rennen zu segeln?«

Ich erzählte ihm von der Vortragsreise. Er nickte. Sein Blick war etwas glasig. Wir verfielen in Schweigen. Das Band spielte automatisch die andere Seite. Auch auf dieser war Rhyd zu hören. Schließlich fragte John: »Wer war es, der Rhyd und Ihre Schwester ermordet hat?«

»Ein Mann namens Ras Hamil«, sagte ich.

Er zog die Augenbrauen in die Höhe. »Ah«, sagte er. Wieder schwiegen wir eine Weile. »Warum hat er das getan?«

»Ich weiß es nicht.«

»Würden Sie's gerne wissen?«

»Natürlich.«

»Wenn Sie irgendwann Hilfe brauchen, sagen Sie mir Bescheid.«

»Gut«, sagte ich.

Er betrachtete eine gerahmte Fotografie an der Wand. Sie zeigte ein Boot, einen Kutter mit einem Stahlrumpf, der an einem Kai festgemacht hatte. Im Hintergrund waren Schuppen und eine staubig aussehende Palme zu sehen. John saß oben auf dem Kajütdach. Rechts neben ihm saß Rhyd, der wegen des grellen Sonnenlichts die Augen zusammengekniffen hatte. Links neben ihm war eine schwarze Frau in einem ärmellosen Trikothemd.

Er bemerkte, daß auch ich auf das Foto blickte, und nickte. »Die SIMOOM«, sagte er. »Lag in Port Sudan, am Roten Meer. Ich arrangierte Chartertouren für Taucher. Ich war damals sehr am Tauchen interessiert.«

»Wann war das?«

»Letztes Jahr. Vor vier Jahren bin ich nach Port Sudan gegangen, okay? Rhyd erschien zwei Jahre später auf der

Bildfläche und charterte mich für ein paar Tauchausflüge. Wir sind ziemlich gute Freunde geworden, er und Camilla und ich und Abeba. Abeba war die Frau, mit der ich damals zusammenlebte. Die gute alte Abeba. Wir sind zusammen segeln und tauchen gegangen; ich spielte so ein bißchen Gitarre, und wir traten in den Bars in Port Sudan auf und dann in allen möglichen Schuppen, die Küste rauf und runter. Wir haben viel Spaß gehabt, letztes Jahr, das Jahr davor. Ich denke, er und Camilla wollten sich einfach nur erholen. Camilla sagte, es wäre schön zu sehen, daß sich der alte Knabe nach all der Arbeit mal amüsierte.«

Ich konnte mir das von Camilla gut vorstellen. Sie war immer mehr an anderen interessiert als an sich selbst.

Er griff sich ein Päckchen Zigarettenpapier und eine Dose Marihuana und begann, einen Joint zu drehen. Ich bin nicht gerne mit Leuten zusammen, die Rauschgift nehmen. Ich verabschiedete mich und ruderte an Land.

Es war immer noch kein Brief von den Jungen da.

Ich schickte ihnen mein Aquarell. Dann rief ich Ricky Lee an, um sie zu fragen, ob sie Sullivan gefunden hätte. Ricky Lee war nicht zu Hause. Also begab ich mich zurück auf mein Boot.

13

Am nächsten Morgen zog ich einen guten Anzug an und ruderte an Land. Immer noch war keine Post von den Jungen da. Gut, dachte ich, eine Woche ist jetzt vergangen. Heute mache ich einen Besuch. Aber zuerst die Pflichtaufgabe.

Ich holte den Mustang aus Rays Werkstatt ab und fuhr nach Rochester, New Hampshire, das auf drei Viertel des Weges nach Boston lag. Der Lunch fand im Hause eines Privatmannes statt, der, soviel ich wußte, keinerlei politische Verbindungen hatte. Folglich waren meine Erwartungen auch nicht sehr hoch gesteckt. Darüber hinaus war ich nach dem Triumph im »Cambridge Regency« innerlich auf eine Enttäuschung gefaßt.

Im Hause warteten jedoch sechzig Lunchgäste und ein Fernsehteam. Die Gäste spendeten an die dreißigtausend Dollar. Nachdem die Mitarbeiterin vom *Echo* damit fertig war, Schecks in Umschläge zu stecken und die Kreditkartenmaschine zu bedienen, machten die Fernsehleute ein weiteres Interview, bei dem sie danach fragten, was Rhyd und Camilla denn nun im einzelnen in Äthiopien getan hätten. Der Leiter des Teams dankte mir »In den Sechs-Uhr-Nachrichten sind Sie wieder dabei«, sagte er.

»Ist denn die Geschichte für die Allgemeinheit so interessant?«

Er schürzte die Lippen und sah nach unten. »Entschuldigen Sie«, sagte er dann, »entscheidend ist nicht, was Sie zu sagen haben, sondern wen Sie kennen.«

»Mr. Poliakoff.«

Er grinste. »Mr. Poliakoffs Kampagnen sind ganz großartig, wenn das, wofür er Sie einspannt, mit dem übereinstimmt, was Sie selbst vorhaben.« Er steckte sich eine Zigarette an. »Auf diese Weise bekomme ich Geschichten für die Sechs-Uhr-Nachrichten, und Sie werden der Medienheld der nächsten zwei Wochen.« Ein Held, der vor dem Gestank der Asche davongelaufen war. Er schüttelte nervös meine Hand. Seine Handfläche war feucht. »Danke«, sagte er.

Ich fuhr aus der Stadt heraus, hielt an einer Tankstelle und versuchte, Ricky Lee zu erreichen. Der Anrufbeantworter teilte mir mit, sie sei weggegangen. Dann rief ich Sarah Ebden an. Dort nahm niemand den Hörer ab. Ich stieg wieder in den Mustang und fuhr nach Osten zur Bethel Bay.

Vom Kamm aus, wo die Straße zwischen den beiden Hügeln hindurchführte, konnte ich den Teich, die schwarzen Kiefern, die den Hof umgaben, und dahinter einen Teil des Meeres sehen. Die Windschutzscheibe eines Pick-ups, der zwischen den Scheunen geparkt war, reflektierte die Strahlen einer blassen Sonne. Ich gab vorsichtig Gas und navigierte vorsichtig um die Schlaglöcher herum, wobei ich mich gelegentlich nach Joe und Harry umsah. Am Teich stand irgendein Gebilde, das entweder das Versteck eines Entenjägers oder eine äthiopische Hütte sein konnte. Von den Jungen selbst war keine Spur zu sehen.

Ich kam unter die Bäume, die den Hof umgaben, und suchte mit den Augen den Teppich aus Licht und Schatten ab. Die Jungen waren nicht da. Aber irgendwo würden sie schon stecken, und ich war freudig erregt durch die Vorstellung, sie bald zu Gesicht zu bekommen.

Als ich das Hoftor erreichte, trat eine Gestalt in den sonnigen Fleck, der sich über den Weg erstreckte. Es war Chuck. Er trug ein T-Shirt und abgeschnittene braune Segeltuchhosen. Er stand vor dem Wagen, unbeweglich wie ein Sandsack. Sein Gesicht unter der Baseballmütze war aufgedunsen und mißmutig. Aber es war nicht so sehr sein Gesicht, das mich interessierte, es waren seine Hände. Seine Hände hielten die Mannlicher-Büchse. Die Mündung zeigte genau auf mein linkes Auge.

»Guten Tag, Chuck«, sagte ich.

Seine Augen waren zusammengekniffen und verquollen. »Steigen Sie aus«, sagte er.

Meine Hände waren plötzlich feucht geworden. »Ich bin's«, sagte ich. »George Devis. Der Onkel von Joe und Harry. Erinnerst du dich nicht?«

Ein langer Spuckefaden hing von seiner dicken Unterlippe herab. »Ich erinner' mich an gar nichts«, sagte er. »Dies ist eine Sicherheitsüberprüfung. Steigen Sie aus.«

Was für eine blöde Geschichte, dachte ich. Nur daß absolut nichts blöde ist an einem Gewehr, mit dem jemand auf dein linkes Auge zielt. »Wo sind die Jungen?« fragte ich.

»Steigen Sie aus«, wiederholte er.

Ich stieg auf das Gas. Der Motor gab ein kehliges Knurren von sich, wie ein Hund, der zum Angriff ansetzt. »Geh bitte aus dem Weg«, sagte ich.

Er rannte schwerfällig um das Auto herum. Das einzige, was nicht schwerfällig war, war die Mündung des Gewehrs, das stetig auf mich gerichtet blieb. »Steigen Sie aus«, sagte er noch einmal. Er stieß das Gewehr durch das offene Fenster in mein Ohr. Es tat höllisch weh.

»An deiner Stelle würde ich das nicht machen«, sagte ich.

Camillas SAS-Mann hatte mir Kampftechniken beigebracht, die es mir ermöglicht hätten, ihm das Gewehr wegzunehmen und ihn kampfunfähig zu machen. Aber er war mein angeheirateter Neffe, und außerdem entsprach seine Intelligenz der eines Zehnjährigen. Dazu war auch noch zu berücksichtigen, daß er mir mit einer Fingerbewegung das Gehirn wegpusten konnte.

Ich stieg also aus.

»Engländer«, sagte Chuck mit düsterer Stimme, als zitierte er aus einer Comics-Serie, »wer kann ihnen trauen?«

»Wenn ich das deiner Mutter erzähle, wird sie nicht gerade erfreut sein«, sagte ich.

»Sie hat mir gesagt, ich soll aufpassen.« Er spielte Wache, und in seinem Kopf würde zwischen Spielzeugpatronen und scharfer Munition kein Unterschied bestehen.

»Wollen wir den ganzen Morgen hier stehen bleiben?« fragte ich.

Vom Hof rief eine Stimme: »Chuck!«

Er verzog das Gesicht und schüttelte den Kopf, als wollte er sagen: Bleib ganz still.

Ich fühlte mich plötzlich erleichtert. Chuck wußte, daß es nicht richtig war, was er machte. »Hier«, rief ich.

Sarah kam um die Ecke. Sie sah blaß aus. Ihr normalerweise zu einem strengen Knoten gebundenes Haar hatte sich gelockert und sah aus wie die Explosion eines blond-grauen Feuerwerks. »Sagen Sie ihm, er soll das Ding da wegtun«, rief ich ihr zu.

Sie sah erst mich und dann Chuck an. »Stell es in den Schrank«, sagte sie. Ihre Stimme war weit weg. Ihre Augen ebenfalls. Mein Herz begann wieder ruhiger zu schlagen. *Rhyd,* dachte ich, *warum hast du deine Kinder hierhergeschickt?* Testament hin, Testament her, dies hier war ein Narrenhaus.

»Du hast es aber gesagt«, rief Chuck ihr in weinerlichem Ton zu.

»Erinnerst du dich nicht an Onkel George?«

Er sah mich mit gerunzelter Stirn an, wobei er ein Auge zusammenkniff. Dann nickte er. Ich faßte es als Signal auf: Verpetz mich nicht. Es war ein Spiel nach kindlichen Konventionen, aber mit scharfen Waffen. »Klar«, sagte er. »Ich erinnere mich. ich hab' dir meine Briefmarken gezeigt.«

»Großartig«, sagte ich.

»Meine Briefmarken haben sie nicht gefunden«, sagte Chuck. Die Mannlicher war jetzt auf den Boden gerichtet. Ich schwitzte. Aus der Scheune drang Musik; Rhyds Musik.

»Ich bin gekommen, um die Jungen zu besuchen«, sagte ich.

»Sie sind nicht hier«, sagte sie.

Ich starrte sie an. »Wo sind sie denn?«

»In einem Lager«, sagte sie. »In einem Ferienlager, wissen Sie?«

»Wo?«

»Weiter im Norden. Pleasant Lake. Sie haben sich hier nur herumgetrieben und sich gelangweilt.« Sie schlug die Augen nieder. »Und Chuck ... na ja, sein Zustand hatte sich etwas verschlimmert. Daher habe ich sie da raufgeschickt.«

»Sie hätten mich anrufen sollen«, sagte ich.

Sie sah mich verständnislos an. »Warum hätte ich das tun sollen?«

Natürlich sah sie dafür keinen Grund. Das Testament hatte dieses Unheil angerichtet. Sie war genauso Vormund wie ich, mit den gleichen Rechten. Und was im Moment am meisten zählte: Sie hatte die Jungen. Der tatsächliche Besitz bedeutet schon neun Zehntel des Rechts. »Ich werde rauffahren und sie besuchen«, sagte ich.

Sie lächelte verkniffen und sagte: »Das würde nicht so ganz einfach sein. Man gestattet keine Besuche in der Eingewöhnungszeit.«

Ich dachte an die überwachsenen Grabhügel vor der Kapelle und an ihre Worte: *Nur die Brüder dürfen das Bethaus betreten.* »Es ist ein Lager der ›Brüder‹«, sagte ich.

»Ich bin ihr Vormund«, sagte Sarah Ebden. »Es ist meine Pflicht, für ihr Wohlergehen zu sorgen. Es ist ein sehr schönes Lager.«

Ich nickte und dachte an Chuck und seine Gewehre – und an seine Anfälle.

Offenbar tat Sarah das auch. Ihre Augen bekamen einen etwas wärmeren Ausdruck. »Das mit Chuck tut mir wirklich leid«, sagte sie. »Vielleicht ist es besser, wenn Sie das nächstemal anrufen, bevor Sie herkommen. Wir hatten ... Eindringlinge hier.«

»Eindringlinge?«

»Irgend jemand rief an und erzählte, oben in den Bullough-Bergen läge ein Kalb mit gebrochenem Bein. Also sind Chuck und ich mit dem Wagen hingefahren. Wir haben kein Kalb entdecken können, aber als wir zurückkamen, war die Haustür eingedrückt, und das Haus war durchwühlt.«

»Sie meinen, daß Einbrecher da waren?«

»Meine Briefmarken haben sie nicht gefunden«, wiederholte Chuck.

»Sie können sie nennen, wie Sie wollen«, sagte Sarah. Ihre Stimme klang jetzt gepreßter, hatte einen rauhen Unterton. »Sie haben das ganze Haus durchsucht, die Schränke ausgeräumt und alles auf den Boden geworfen, als wäre es Plunder.« Ihre Hände zitterten.

»Haben sie was mitgenommen?«

»Ein paar Handarbeiten«, sagte sie. »Ein paar heilige Texte. Die Polizei war da. Sie sagten, den Leuten wäre heute nichts mehr heilig.«

»Sie wurden also nicht erwischt?«

»Man hat sie gesehen. Es waren ein weißer und ein schwarzer Mann.«

Ein Weißer und ein Schwarzer hatten in Cambridge auch den Kofferraum des Mustang aufgebrochen. Aber es gibt natürlich eine Menge schwarzer und weißer Männer in Amerika.

»Lieutenant Coleman sprach von mehreren Einbrüchen in der Gegend und meinte, wir hätten noch Glück gehabt. Jedenfalls habe ich Chuck gesagt, daß er von jetzt an aufpassen soll. Vielleicht hab' ich ihm das etwas zu eindringlich gesagt.«

»Die Jungen waren nicht da«, sagte ich.

»Doch, sie waren noch da«, sagte Sarah. »Aber sie sind mit uns gefahren, um nach dem Kalb zu suchen.« Sie wandte den Blick ab. Ich vermutete, daß die Jungen Chuck nervös gemacht hatten und daß der Einbruch das Maß voll gemacht hatte. »Hornbeck, einer von unseren Gemeindeältesten, brachte sie am nächsten Tag mit dem Auto ins Lager. Wenn Sie uns jetzt entschuldigen, Vetter, wir wollen versuchen, unsere Gemütsruhe im Herrn wiederzuerlangen.«

»Natürlich«, sagte ich. Chuck stand, an den Stamm gelehnt, neben dem großen Ahornbaum im Hof. Er hatte die Anmut eines Sacks Zement. »Können Sie mir die Adresse des Lagers geben?«

Ich sah Sarah an, daß sie mit sich kämpfte. Doch dann sagte sie: »Sicher«, ging ins Haus und kam mit einem Zettel zurück. Ich steckte ihn ein und wendete den Wagen. Als ich in den

Rückspiegel sah, erblickte ich Chuck, wie er, die dicken Beine gespreizt, in der Einfahrt stand und Wächter spielte. Ich winkte ihm zu. Er winkte halbherzig zurück, als hätte er mich bereits wieder vergessen. Schließlich mußte er ja für Sicherheit sorgen – für seine Mammi und all die vergangenen Generationen der Walters-Familie seit der Landung der ARK.

Hinter der ersten Wegbiegung hielt ich und sah mir den Zettel an, den mir Sarah gegeben hatte. *Pleasant Lake Camp* stand darauf sowie eine Postfachnummer in Bangor. Sonst war keine Adresse angegeben. Ich stoppte am ersten öffentlichen Fernsprecher. Meine Hand zitterte, als ich die Post in Bangor anrief. Sie sagten mir, es täte ihnen leid, aber es verstieße gegen die Bestimmungen, die Anschriften der Postfachinhaber mitzuteilen, wenn es denn welche gäbe. Eine gewaltige Enttäuschung bemächtigte sich meiner.

Ich sah im Namenverzeichnis der Karte nach. Bei Bangor gab es im Umkreis von fünfzig Meilen allein vier Pleasant Lakes. Nach meinem Zeitplan hatte ich morgen wieder einen Vortrag zu halten. Es war jetzt nicht an der Zeit, die Felsen und Wälder von Maine nach Neffen abzusuchen, die meine Briefe vielleicht deswegen nicht beantwortet hatten, weil sie gar nicht in ihre Hände gelangt waren.

Ich sollte mich jetzt lieber ernsthaft bemühen herauszufinden, was Bill nun wirklich im Sinn gehabt hatte.

Ich hielt an einem Andenkenladen, kaufte zwei Ansichtskarten und schickte sie ab. Dann fuhr ich wieder nach Süden.

Um sechs Uhr kam ich in Quogue an, parkte und ging zum Kai hinunter. Als ich an Rooneys Pinte vorbeikam, ging die Tür auf. Dannys Gesicht war heute blaßrosa, als hätte jemand Grenadine in die Sahne gerührt. »Ich hab' Sie im Fernsehen gesehen«, sagte er grinsend.

Ich grinste zurück und fragte mich, was man als höflicher Mensch wohl darauf antworten sollte.

»Junge, Junge!« sagte er. »Diese Bastarde haben Rhyd einfach umgelegt, was?«

»Verdammte Bastarde«, sagte ich.

»Telefon«, sagte er und schwenkte einen Zettel. »Wollen Sie von hier aus anrufen?«

Die Nummer kam mir vage bekannt vor. Ich wählte, und eine Stimme sagte: »Hallo.« Ricky Lees Stimme. Als sie hörte, daß ich es war, sagte sie: »Ich habe Sullivan gefunden.«

»Großartig.«

»Gar nicht großartig«, sagte sie. »Er will nicht reden.«

»Was soll das heißen?«

»Er sagt, Bill wäre unberechenbar und Rhyd verrückt gewesen, und er hätte nicht die geringste Ahnung von irgendeiner Geschichte, und würde ich bitte aufhören, ihm auf die Nerven zu fallen, weil er jetzt nämlich Mitherausgeber von *Woods and River* sei und Gott auf Knien danke, daß er sich kaum noch daran erinnern könne, jemals für Poliakoff gearbeitet zu haben.« Sie hüstelte. »Serge hat nun mal diese Wirkung auf manche Leute.«

»Oh«, sagte ich. »Gab's sonst noch was?«

»Nichts, was Ihre Geschichte betrifft. Ich habe inzwischen ein paar Interviews für das *Echo* gemacht. Richtige Arbeit. Es geht prima.«

»Sehr schön«, sagte ich.

»Aber das interessiert Sie bestimmt nicht«, sagte sie. »Es tut mir leid, aber jetzt müssen wir wohl noch mal von vorne anfangen, wie?«

Insgeheim fand ich, daß mich ihr Schicksal sehr wohl interessierte, sagte aber nur: »Das ist richtig. Was hat er für eine Nummer?«

Sie gab mir Sullivans Telefonnummer. »Er ist ein gerissener Hund«, sagte sie. »Erzählen Sie mir, wenn Sie was herausbekommen haben?«

»Ich rufe Sie an«, sagte ich.

Ich legte den Hörer auf und wählte dann Sullivans Nummer. Da niemand an den Apparat ging, stieg ich ins Beiboot und ruderte zur HALCYON hinaus.

Ich dachte über Sackgassen nach, trank ein Bier und dachte

weiter über Sackgassen nach. Mein linkes Ohr, das mit Chucks Gewehr in Berührung gekommen war, schmerzte.

Ich holte den Malkasten heraus und machte eine schnelle Studie von einer aufrecht im Wasser stehenden und mit den Flügeln schlagenden Löffelente. Es war nicht so gut, wie ich es von mir gewohnt war, hatte aber die übliche beruhigende Wirkung. Um neun Uhr machte ich die Lampe aus und schlief sofort ein.

Einige Zeit später fand ich mich plötzlich hellwach. Ich lag mit aufgerissenen Augen in der tintigen Dunkelheit und hörte mein Herz dumpf wie eine Baßtrommel schlagen, während in der Ferne die Ziegenmelker schrien.

Und ich hörte noch etwas anderes.

Die Tide lief mit stetigem Gurgeln am Rumpf vorbei. Kleine Wellen schlugen gegen die Seiten. Aber jetzt verloren sie ihren rhythmischen Gleichklang; die Backbordseite war gegenüber der Steuerbordseite phasenverschoben. Oben an Deck knarrte irgend etwas.

Es war jemand an Bord.

14

Es wird Scotch John sein, dachte ich. *Er will sicher nur mal nachsehen, ob alles in Ordnung ist.*

Das erschien mir überzeugend, so wie das ist, wenn man glaubt, wach zu sein, ein Teil von einem aber noch im Schlafzustand ist. Finger machten sich am Lukendeckel zu schaffen. Er glitt zurück und zeigte ein graues Viereck vom Himmel, gegen den der Besucher sich als Silhouette abzeichnete. Ich hatte das Gefühl, mein Herz hörte auf zu schlagen.

Scotch John glich einem Betonpfeiler mit einem dichten Haarschopf und einem Prophetenbart. Der Mann, der sich als Schatten gegen den Himmel abhob, hatte breite, klobige Schultern und ein langes Kinn; sein Schädel glänzte schwach, als wäre er rasiert.

Mit einem dumpfen Hämmern setzte mein Herzschlag wieder ein. Der Mann landete auf dem Kajütboden mit einer Lautlosigkeit, die einer Katze Ehre gemacht hätte. Er hielt etwas in der Hand. Revolver, dachte ich. Mein Mund fühlte sich so trocken an wie ein Tongefäß, das aus dem Brennofen kommt. *Das hier ist Amerika,* dachte ich. *Es könnte durchaus ein Revolver sein.*

Wenn du den Niedergang raufgehst, wird er dich gegen das Licht sehen, dachte ich. *Wenn du liegen bleibst, wird er dich sowieso sehen.*

Der Mann hob seine rechte Hand, die Hand, in der er den Gegenstand trug, den ich für einen Revolver hielt. *Jetzt ist es soweit,* dachte ich, *er hat dich gesehen.*

Ein rotes Licht glomm an dem Objekt auf, und ich hörte ein seltsames elektronisches Knattern. Sein linker Arm griff nach dem Schott in Richtung des Gitarrenschranks.

Ich schluckte, auch wenn nichts da war, was ich hätte schlucken können. Es war doch kein Revolver.

Die Tür des Gitarrenschranks öffnete sich mit einem leisen Knarren.

»Ich hab' hier einen Revolver«, sagte ich. »Rühren Sie sich nicht vom Fleck.«

Er fluchte erschrocken. Es mußte ein ziemlicher Schock für ihn sein. Das rote Licht ging aus. Irgend etwas flog klappernd an Deck.

Dort, wo er stand, leuchtete eine kleine weiße Sonne auf. Eine Taschenlampe. Ich hörte schlurfende Schritte, die sich entfernten. Ich schlüpfte aus dem Schlafsack und stürzte mich auf die Taschenlampe.

Irgend etwas sehr Großes und sehr Hartes traf mich seitlich am Kopf. Mein Schädel dröhnte wie eine Kirchenglocke, und mir war, als hätte ich keine Knochen mehr in den Beinen. Mit einem widerhallenden Schlag knallte ich seitlich auf den Kajütboden. Der Schein der Taschenlampe wanderte durch die Kajüte, blitzte im Spiegel auf. Darin erschien ganz kurz ein Gesicht: weiß, mit breiter Nase und dicken Lippen; die Backenknochen klein, scharf gezeichnet und hoch über langen, flachen Wangen. Das Gesicht verschwand, und ich hörte, wie er den Niedergang hinaufstürmte. Das Dröhnen in meinen Ohren war schwächer geworden, und ich hörte es nur noch summen.

Ich setzte ihm nach.

Taumelnd wie ein Betrunkener kam ich an Deck. Er war gerade dabei, über die Reling zu steigen. Sicher hatte er sein Boot dort liegen. Verdammter Bastard. Ungeschickt tastete ich nach dem Bootshaken. Ich packte ihn wie einen Speer und warf ihn nach ihm. Ich traf ihn irgendwo am Körper. Er gab einen stöhnenden Grunzlaut von sich, der in der Stille der Nacht sehr laut klang. Ein harter Gegenstand fiel klappernd an Deck. Dann hörte ich ein leises, aber deutliches Platschen. Er wandte sich um. Seine Bewegungen waren so schnell, daß ich ihnen nicht folgen konnte. Ich bekam den Geruch von Knoblauch in die Nase. Dann traf mich etwas in den Solarplexus, und die Nacht, die Vögel und die Masten drehten sich um dreihundertsechzig Grad. Meine Beine gehörten einem Fremden, und wenn ich jemanden gekannt hätte, der eine nicht funktionierende Lunge brauchte, hätte ich ihm meine geben können.

Der oberste Relingsdurchzug preßte sich in meine Beine. Ich lehnte außenbords, nach vorne gekrümmt, um meinen Magen zu schützen. Ich lehnte so weit außenbords, daß ich das Gleichgewicht verlor. Ich schlug eine Art Purzelbaum und platschte wie ein toter Frosch ins Wasser.

Das Wasser war kalt genug, um mir den Atem zu verschlagen, wenn es da überhaupt etwas zu verschlagen gab. Ich ruderte und planschte. Mein Gesicht kam über Wasser. Unwillkürlich schnappte ich nach Luft und bekam auch welche in die Lungen. Besser.

Ich tastete nach der Bordwand, aber meine Hände fanden nur Wasser. Ich zwinkerte das Salzwasser aus meinen Augen. Was ich sah, lähmte mich fast.

Ein halber Mond hing über dem grauen Wasser. Ein kleines Ruderboot vor einem silbrigen Nebelvorhang entfernte sich mit unregelmäßigen Schlägen. Rund zwanzig Meter entfernt sah ich die schwarze Silhouette einer vor Anker liegenden Ketsch. Ich konnte mir nicht erklären, was mit der HALCYON passiert war. Die Ketsch schien zu schrumpfen, kürzer zu werden.

Da begriff ich.

Die Ketsch war die HALCYON. Der Ebbstrom setzte stark ein. Wenn ich mich weiter wie ein totes Schwein treiben ließ, würde ich aus dem Hafen auf das Meer hinausgeschwemmt. Die Angst war wie ein weiterer Schlag in den Magen. Ich versuchte, zur Ketsch zurückzuschwimmen, aber meine Arme und Beine waren ohne Kraft. Außerdem hatte ich angefangen nachzudenken. Die Seiten waren vier Fuß hoch, und eine Bordleiter gab es nicht. Die einzige Möglichkeit, an Bord zu kommen, war über die Muringleine, und dazu war ich nicht in der körperlichen Verfassung.

Zu meiner Linken verdunkelte jetzt ein großer, verwinkelter Schatten den Himmel. Einen Augenblick lang wußte ich nicht, was es war, aber dann fiel es mir ein: Es war Scotch Johns Hausboot.

Die Kälte drang mir durch Mark und Bein. Meine Finger hatten nahezu alles Gefühl verloren. *Das ist deine einzige Chance, Devis,* dachte ich. Ich begann mich quer zur Tide durch das Wasser zu arbeiten. Meine Zähne klapperten, ohne daß ich etwas dagegen tun konnte. *Okay,* dachte ich. *Okay.* Das Wasser kam mir so schwer vor wie Quecksilber. *Schwimm weiter,* dachte ich. Wenn du absäufst, ist alles zu Ende; für das Dorf, für die Jungen. Dann wäre alles vergeblich gewesen. Ich schwamm weiter.

Meine Hand traf auf etwas Hartes. Ich gab ein Wimmern von mir, das eigentlich als Fluch gedacht war. Eine schwarze Linie kreuzte meinen Horizont. Die Kante von irgend etwas. Die Kante eines Floßes. Die Kante des Floßes, das als Heim für Scotch Johns gemischtrassige Entenschar diente. Mühsam hievte ich mich auf das übelriechende Strohlager.

Die Enten reagierten mit lautem, aufgeregtem Geschnatter und Flügelschlagen. Ich lag erschöpft im Stroh, mit meinem Gesicht in irgend etwas Schleimigem.

Eine undeutliche Stimme fragte: »Wer ist da?«

Ich versuchte zu antworten, brachte aber keinen Ton heraus.

Eine Tür fiel ins Schloß. Ich verlor das Bewußtsein.

Irgendwann später muß ich versucht haben, meinen Kopf zu bewegen. Meine Nackenmuskeln fühlten sich an, als hätte jemand sie durch rostige Drahtleinen ersetzt. Mein Gesicht war ins Stroh gepreßt. Ich rollte mich herum und öffnete mühsam die Augen. Unter dem Bauch einer Ente sah ich, was mir wie eine dampfende Metallplatte vorkam, über der ein glühender Eisenball schwebte. Es sah aus wie ein Sonnenaufgang. Die Morgendämmerung. Ich krabbelte über das Floß und zog mich an Deck. Ein Fenster ging auf, und Scotch John steckte den Kopf heraus. »Menschenskind«, sagte er. Mein Mund war eine mit trockenem Schlamm gefüllte Höhle. John half mir hinein, und ich trank ungefähr zwei Liter Wasser. Dann ruderte er mich zur HALCYON zurück.

Als ich das nächste Mal erwachte, war die Kajüte sehr warm, und ich war völlig verschwitzt. Es war wieder jemand an Deck. Ich begann zu rufen, aber es wurde kaum ein Krächzen daraus. Eine Gestalt verdunkelte die Lukenöffnung. Diesmal waren Haar und Bart nicht zu verkennen.

»Legen Sie sich nur wieder hin«, sagte Scotch John.

Ich legte mich also wieder hin. Er klapperte mit dem Wasserkessel herum; dann hörte ich, wie er in einem Blechkasten, wahrscheinlich dem Erste-Hilfe-Kasten, herumstöberte. Ich mußte Pillen schlucken und eine Tasse Kaffee mit einem kräftigen Schuß Alkohol. Die Schmerzen in meinen Rippen ließen nach. »Setzen Sie mich unter Drogen?« fragte ich.

»Starke Sachen«, sagte John. »Paracetamol. Bourbon. Sie sind praktisch zu bis unter die Halskrause.«

Ich versuchte zu lächeln, aber das tat meinem Nacken zu sehr weh.

»Also, warum haben Sie meine Enten aufgescheucht?« fragte er.

Mein Erinnerungsvermögen war etwas getrübt. »Einbrecher«, sagte ich.

»Was haben sie mitgenommen?«

Allmählich begann ich mich zu erinnern. »Machen Sie mal den Gitarrenschrank auf«, sagte ich.

»Der ist auf«, sagte er. Ich drehte langsam meinen Kopf herum. Es tat ziemlich weh, aber es schien noch alles zu funktionieren.

Die Schranktür stand offen. Der Schrank war leer. Die Urne war verschwunden.

»Was liegt hier für Zeug an Deck rum?« fragte John. Er blickte auf seine Füße. Die Ahornplanken waren von einem weißen Staub bedeckt. In einer Ecke hatte sich ein kleines Häufchen von dem Stoff gesammelt. Ich erinnerte mich an den Fluch, das Klappern, mit dem irgendein Gegenstand an Deck gefallen war.

Das Klappern, mit dem die Urne an Deck gefallen war.

Das Brummen in meinem Schädel ließ nach. Die Räder meines Verstandes griffen wieder ineinander und begannen zu rasseln. »Kehrschaufel«, sagte ich. »Besen.«

John kniete sich hin und kehrte den Rest des weißen Pulvers zusammen. »Nicht wegschmeißen«, sagte ich. Mit großer Mühe kam ich auf die Beine. Mit viel Getöse suchte ich im Lebensmittelschapp herum und fand schließlich ein leeres Marmeladenglas. »Hier rein«, sagte ich.

John schüttete den Rest des Pulvers in das Glas. Alles in allem war es eine gute Handvoll. Ich saß auf der Koje und wartete darauf, daß das Blut aufhörte, sich einen Ausgang durch mein Schädeldach zu hämmern.

»Was hat er mitgenommen?« fragte John.

Ich antwortete nicht. Letzte Nacht war wie ein Film, aus dem man große Stücke herausgeschnitten hatte. Vieles war im Dunkel. Aber ich erinnerte mich an einen Gegenstand, der an Deck fiel. Und noch etwas.

John drehte den Hahn auf, um seine Hände zu waschen. Das Wasser schlug mit einem lauten Platschen auf dem Aluminiumboden des Waschbeckens auf.

Ein Platschen.

»Kennen Sie hier irgendeinen Taucher?«

»Ich kann doch tauchen. Ich hab' meine ganze Ausrüstung an Bord.« Er machte noch mehr Kaffee, diesmal ohne Bourbon. »Sie haben sich also auf diesen Kerl gestürzt. Und sind dabei über Bord gefallen.«

»Richtig.«

John schüttelte den Kopf. »Wir sind in Amerika, wo jeder einen Revolver tragen kann, selbst hier in Maine.«

»Was hätten Sie denn gemacht?«

»Mich still verhalten«, sagte er. »Sie haben Glück gehabt, daß Sie dabei nicht draufgegangen sind.« Er kratzte sich am Kopf. »Irgend jemand bricht in Ihren Wagen ein. Und jemand bricht in Ihr Boot ein. Wo Sie auch hingehen, es bricht jemand ein. Richtig?«

Meine Augen fühlten sich an wie glühende Kugeln. Irgend jemand war auch in das Farmhaus in Bethel Bay eingebrochen.

»Sie haben also nach etwas gesucht. Und was sie letzte Nacht mitgenommen haben, war das, was sie gesucht haben. Und jetzt, wo sie es haben, werden sie Sie entweder in Ruhe lassen, oder ...«

Selbst mit einem Kopf voll Bilgewasser wußte ich, was er sagen wollte, und ich wußte auch, daß er recht hatte.

»Oder sie wissen, daß Sie wissen, was sie gesucht haben, und sie werden annehmen, daß Sie neugierig werden, warum sie es haben wollten. Sie müssen mit dem Schlimmsten rechnen.« Er machte eine kleine Pause. »Nach was soll ich denn tauchen?«

»Ihm ist etwas ins Wasser gefallen«, sagte ich. »Ein elektronisches Gerät. So groß wie ein Walkman.«

»Ich hol' meine Ausrüstung«, sagte er.

Nach einer Viertelstunde war er wieder da, in einem Naßtauchanzug mit der orangefarbenen Kopfhaube eines Tauchgruppenleiters. Ich zeigte ihm, wohin der Gegenstand gefallen sein konnte. Er murmelte etwas von Suchsektoren, legte die Tarierweste mit den Preßluftflaschen an und verschwand mit einer Rückwärtsrolle im graublauen Wasser.

Silberne Luftblasen stiegen noch oben und zerplatzten. Ein paar Seeschwalben kreischten. Ich wartete.

Nach meiner in Japan hergestellten Schweizer Uhr wartete ich fünfeinhalb Minuten. Der kühle Wind wirkte Wunder an meinem hämmernden Schädel. Als der Sekundenzeiger die Dreißig erreichte, teilte sich brodelnd das Wasser, und Johns orangefarbener Kopf erschien. Als er auf das Boot zuschwamm, hielt er die rechte Hand hoch. In der Hand war ein kleines schwarzes Kästchen von der Größe eines Sony Walkmans. Ich nahm es ihm ab. Er befreite sich von den Preßluftflaschen, hievte sie in sein Schlauchboot und kam an Deck. »Ist es das?« fragte er.

Ich betrachtete das kleine Kästchen in meiner Hand. Wasser tropfte aus einem kleinen Gitter auf der Vorderseite, das sich unter einem grauen Anzeigefenster befand, in dem normalerweise die Zahlen einer Flüssigkristallanzeige erschienen wären. Jetzt stand dort nur ZENITH 5 – 6000X. Als ich den Ein-Schalter betätigte, geschah nichts. Seewasser und technisches Gerät.

»Lag an einem Felsen«, sagte John. »Zehn Meter tief. Wir haben wirklich Glück gehabt. Der Untergrund ist sonst schlammig und glatt wie ein Billardtisch. Was haben wir hier?«

Meine Kopfschmerzen waren weg. Mein Mund war trokken, und meine Hände schwitzten.

Letzte Nacht hatte dieses Ding in meiner Hand ein knatterndes, elektrisches Geräusch von sich gegeben, das sich bei Annäherung an die Urne verstärkt hatte.

Ich faßte seine Frage bewußt ganz allgemein auf, nicht im besonderen Sinne. »Ich weiß es nicht.«

Aber im besonderen Sinne wußte ich es.

Das Ding in meiner Hand war ein Geigerzähler.

15

»Was wissen Sie über äthiopisches Mehl?« fragte ich Scotch John.

Er kämmte seinen Prophetenbart mit den Fingern. »Mehl? Nichts«, sagte er. »Rauschgift – jede Menge. Altes äthiopisches Sprichwort: Brauchst du Rauschgift, versuch es bei den Polizisten oder beim Friedenskorps; brauchst du Mehl, versuch's bei der UNO.«

Ich steckte also das Marmeladenglas mit dem Mehl und den nassen Geigerzähler ein, kletterte ins Beiboot und ruderte sehr langsam und vorsichtig ans Ufer. Vom öffentlichen Telefon an der Pier aus rief ich die PKC an. Als ich der Vermittlung meinen Namen sagte, stellte sie mich mit erfreulicher Geschwindigkeit durch. »Wie läuft's denn?« fragte Pierce.

Ich sagte ihm, alles liefe bestens. Das Pochen in meinem Kopf erwähnte ich nicht.

»Morgen wieder ein Lunch?« fragte er.

Nach meinem Plan sollte morgen die Frau eines Senators ein Wohltätigkeitsessen veranstalten. »Kennen Sie jemanden, der in einer Hilfsorganisation tätig ist?«

»Was für einer Hilfsorganisation?«

»Getreide in Dritte-Welt-Länder.«

»Oh.« Pierce' Stimme verlor den gesellschaftlich-launigen Ton und wurde zur Ausgabeeinheit einer Entscheidungsmaschine. »Wir haben eine ganze Menge kennengelernt, als wir mit dem Afrikaprojekt beschäftigt waren. Ich sehe mal, ob Serge frei ist.« Es dauerte drei Minuten. »Versuchen Sie es mal hiermit«, sagte er. »Charis Brown. Sie ist bei der FAO, der Organisation für Ernährung und Landwirtschaft der UNO und jetzt auf Forschungsurlaub. Lebt ganz in Ihrer Nähe in Bar Harbor. Eine großartige Frau. Sie wird Ihnen gefallen. Serge sagt, sie wäre absolute Spitze auf ihrem Gebiet.« Er gab mir die Nummer. »Es ist ein Ferienhaus, aber sie hält sich dort das ganze Jahr auf. Schwimmt das Boot noch?«

»Aber sicher.«

Er verabschiedete sich. Er hatte viel zu tun, wie an allen anderen Tagen auch. Ich merkte es seiner Stimme an.

Dann rief ich die Nummer an, die er mir gegeben hatte. Eine Frauenstimme fragte: »Mit wem spreche ich?« Es hörte sich an, als gurgelte sie mit Kies.

Ich sagte ihr, wer ich sei.

»Was wünschen Sie? Wie sind Sie an meine Nummer gekommen?« fragte sie.

»Durch Pierce Rapaport«, sagte ich.

»Oh, *Pierce*«, sagte sie. Jetzt hörte sie sich an wie eine mit Kies gurgelnde Taube. »Was kann ich für Sie tun?«

»Ich würde gern auf eine halbe Stunde zu Ihnen kommen.«

Sie erklärte mir, wie ich fahren sollte. Ich trank drei große Cokes und warf vier Tylenoltabletten ein. Der Kopf beruhigte sich. Ich kletterte in den Wagen und fuhr dreißig Meilen nach Nordosten, dann wieder nach Süden über die grüne Meerenge nach Mount Desert Island. In Bar Harbor fuhr ich an den illustren Villen aus der Zeit Edwards VII. vorbei. Am frühen Nachmittag klopfte ich an die Tür eines mit Schindeln aus Zedernholz gedeckten Hauses, von dem aus man eine herrliche Aussicht auf die Cadillac Mountains und einen Teil der Frenchman's Bay hatte. Drinnen begann ein Hund hysterisch zu bellen. Niemand schien mir gefolgt zu sein.

Die Frau, die die Tür öffnete, war ungefähr sechzig Jahre alt und trug Jeans, ein kariertes Hemd und eine rosa Schürze. Ihr Haar war eisengrau und zu einem kurzen Bubikopf geschnitten. Ihre Augen funkelten wie Meißel über dicken Tränensäcken. Der Spaniel zu ihren Füßen wedelte heftig mit dem Schwanz.

»Miss Brown?« fragte ich.

»Miss Brown«, sagte sie. »Sie sind derjenige, den Pierce hergeschickt hat? Ich denke, Sie kommen am besten rein.«

Die Bücherregale im Flur reichten bis zur Decke. Im

Wohnzimmer waren noch mehr. Es gab einen staubigen Holzofen und einen ziemlich schmuddeligen Navajo-Teppich auf den verfleckten Dielen. Es wirkte wie das Ferienhaus eines Menschen, der mehr Wert darauf legt, was er liest, als darauf, wie er wohnt. Sie nahm die Schürze ab, warf sie in eine Ecke und hieß mich Platz nehmen. Ich fand einen braunen Cordsessel gegenüber einem Bücherbord, in dem, wenn mich nicht alles täuschte, lauter Erstausgaben von Konrad Lorenz standen.

»Nun?« Sie stand vor dem Ofen, Hände in den Taschen und die Beine leicht gespreizt.

Der Hund war ein dünner Springerspaniel. Er kam und beschnüffelte meinen Fuß. Ich tätschelte ihn am Kopf, in der Hoffnung, sie etwas milder zu stimmen. Der Erfolg schien mir nicht überwältigend. Ich sagte: »Getreide für Nahrungsmittelhilfe. Ich brauche einen Experten.«

»Das bin ich«, erwiderte sie und sah mich mit gerunzelter Stirn an. »Wie sagten Sie noch, daß Sie heißen?«

»George Devis.«

»Der Ornithologe?«

»Richtig.«

Ihr brummiges Gesicht wurde um mehrere Grade freundlicher. Sie nahm die Hände aus den Taschen. »Ich wußte doch, daß ich Sie schon gesehen hatte«, sagte sie. »Im Fernsehen. Freue mich, Ihre Bekanntschaft zu machen, George. Es ist nur so, daß Pierce mir manchmal die seltsamsten Leute herschickt. Journalisten und so was. Ich war sehr angetan von Ihrer Arbeit über Alke.« Sie trat vor eines der Regale und zog ein Buch aus dem obersten Bord. Es war meine Arbeit über Alke. »The Best Guide to British Birds« stand ebenfalls dort oben. »Sie können mir gleich eine Widmung reinschreiben.«

Das tat ich denn auch.

Sie fühlte sich gut, weil sie die Bücher mochte. Und ich fühlte mich gut, weil mich jemand um meinetwillen akzeptierte und nicht nur, weil ich im Fernsehen aufgetreten war. Es war, als hätte ich ein Stückchen Wirklichkeit zurückgewonnen. Sie machte Tee, weil sie dachte, Engländer mögen Tee. Wir redeten über Alke.

Schließlich sagte sie: »Wie sind Sie an Pierce geraten? Er ist doch kein Ornithologe.«

Ich berichtete ihr von der »Plough Share«-Kampagne.

»Dann wird mir die Sache klar«, sagte sie. »Bemerkenswerter Mann, Serge Poliakoff. Und Pierce ist das, auf seine Weise, in noch höherem Maße.«

»Auf welche Weise?«

»Er hat in Harvard mit *summa cum laude* in Politologie promoviert. In die Politik selbst wollte er nicht gehen. Er schrieb seine Arbeit über Macht, Nahrung und Politik in den baltischen Staaten, als wir uns im kalten Krieg befanden. Zu der Zeit habe ich ihn auch kennengelernt. Dann machte er sich daran, Zeitungen herauszugeben. Und jetzt arbeitet er für diesen Poliakoff.« Sie zog die Mundwinkel herunter.

»Sie sind damit nicht einverstanden?« fragte ich.

Sie lächelte. Es war das Lächeln einer harten, ironischen Frau mit Herz. »Nein«, sagte sie. »In gewisser Hinsicht bin ich das nicht. Serge Poliakoff ist ein Genie. Aber das waren auch P. T. Barnum und Josef Stalin. Er kann es sich leisten, erstklassige Köpfe zu kaufen. Ich mag es aber nicht, wenn erstklassige Köpfe gekauft werden.« Sie zuckte die Schultern. »Aber dann sagt mir Pierce, daß ich eine etwas verrückte alte Demokratin aus New England bin. Damit könnte er recht haben.« Sie kratzte sich an einem jeansbekleideten Schenkel. »Ich könnte noch den ganzen Tag darüber reden, aber ich denke, es ist besser, wenn ich den Mund halte. Sie sind also an Getreide interessiert?«

»Getreide für Hilfslieferungen in die Dritte Welt. Pierce sagte, Sie wären eine Autorität auf diesem Gebiet.«

»Reine Zeitverschwendung«, sagte sie.

»Was ist reine Zeitverschwendung?«

»Nahrungsmittelhilfe. Getreidelieferungen. Es gibt gewichtige ökonomische Argumente, die dagegen sprechen, aber ich kümmere mich nicht darum. Was mich bewegt, sind die

Menschen am Empfängerende. Sie werden abhängig. Dann all diese Plätze, meilenweit von den Hungergebieten entfernt, wo Tonnen von Lebensmitteln gelöscht werden. In allen Häfen herrscht Korruption. In allen Häfen der Dritten Welt ist die Korruption perfekt. So gelangen vielleicht drei Viertel des Getreides auf die privaten Märkte. Und das eine Viertel, das vielleicht an seinem vorgesehenen Bestimmungsort ankommt, verstärkt die Abhängigkeit von Hilfslieferungen.«

»Das klingt ziemlich zynisch«, sagte ich.

»Eher realistisch«, erwiderte sie. Wir schwiegen eine Weile. »Okay«, sagte sie dann. »Es *ist* zynisch. Da draußen haben Sie es mit zynischen Leuten in einem zynischen System zu tun. Wenn Sie nicht selbst zynisch sind, erreichen Sie nichts.« Sie lächelte wieder. Sie hatte kräftige, gelbliche Zähne. »So steht es«, sagte sie.

»Ich möchte Sie etwas im Vertrauen fragen«, sagte ich.

»Das tun die Leute immer«, sagte sie.

Sie war energisch und sachlich. Ich dachte: *Dieser Frau kann man vertrauen.* »Wenn sich eine Probe einer nach Äthiopien geschickten Getreidelieferung als radioaktiv erwiesen hätte, was würden Sie dann vermuten?«

Sie zuckte die Schultern. »Die GUS wahrscheinlich«, sagte sie. »Rußland, vielleicht auch die Ukraine. Sie wollen gut dastehen und entledigen sich der Nahrungsmittel, die sie selber nicht essen wollen. Es gibt große Landstriche in der Ukraine, die im Dunkeln leuchten.«

»Es würde Sie also nicht überraschen?«

»Wenn Sie mal für eine Hilfsorganisation gearbeitet haben, überrascht Sie so leicht nichts mehr.«

»Wie kann ich erfahren, ob das Zeug aus Rußland, der Ukraine oder sonstwoher kommt?«

Sie konsultierte ein dickes schwarzes Ringbuch, das neben dem Telefon lag, und schrieb mir eine Nummer auf einen Zettel. »Caroline Impey«, sagte sie. »Getreideforscherin am Wallace Institute in Portland. Sagen Sie ihr, daß Sie von mir kommen. Ich nehme an, Sie haben eine Probe dabei. Dann kommen Sie wieder her, und wir können überlegen, was weiter zu tun ist.« Sie machte eine Pause und legte den Kopf auf die Seite. »Ach, nebenbei, sind Sie vielleicht ein weißer Ritter?«

»Ein *was?*«

»Ein weißer Ritter. Einer, der versucht, die Probleme der Welt zu lösen. Wie Poliakoff.«

»Nein.«

»Im Fernsehen klang es fast so.«

Ich fühlte mich in die Defensive gedrängt. »Ohne Publicity kann man heute nicht viel ausrichten«, sagte ich.

Sie machte ein überraschtes Kleinmädchengesicht, als habe sie auf etwas Bitteres gebissen. »Es gibt keine gute Sache, für die der Einsatz lohnt«, sagte sie und gab mir den Zettel. »Es gibt Reklametricks und Pleiten. Und Experten. Caroline Impey ist eine Expertin.«

»Kann sie schweigen?«

»Ich vermute es«, sagte sie. »Entschuldigen Sie meine Frage, aber wenn Sie kein weißer Ritter sind, sind Sie dann vielleicht eine Art Geheimdienstmann?«

»Nein«, sagte ich.

»Sie würden es mir wohl auch nicht erzählen, wenn das der Fall wäre«, meinte sie. »Nun ja, ich hoffe, Sie sind es nicht. Dieses Hilfegeschäft zieht die Geheimdienste an wie ein Magnet.« Sie schob die Hände in die Taschen ihrer Jeans und zog die Schultern hoch. »War nett, Sie kennenzulernen«, sagte sie. Es war eine Verabschiedung – entschieden, aber ohne Rankune.

Ich schüttelte ihre große, kräftige Hand und fuhr in den Nachmittag hinaus. Charis Brown gefiel mir.

Der Himmel bezog sich wieder; das Blau des Himmels wurde am Rande schon vom Nebel getrübt, der vom Meer heranzog. Ich hielt an einer Telefonzelle und wählte die Nummer, die Charis Brown mir gegeben hatte. Als ich ihren Namen erwähnte, wurde eine Sekretärin sehr hilfsbereit. Ich verabredete einen Termin und stieg wieder in den Wagen. Wohl aufgrund der Luftfeuchtigkeit roch er wie ein Pappkarton, in dem irgend jemand längere Zeit gewohnt hat. In Ellsworth fuhr ich auf den Highway 1 in Richtung Portland. Niemand schien mir zu folgen. Ich stopfte alte Pappbecher, Hamburger-Behälter und das Einwickelpapier von Sandwiches in eine Plastiktüte für den Fall, daß ich einen Anhalter mitnahm, den ich mit meiner Ordnungsliebe zu beeindrucken wünschte.

Aber es gab keine Anhalter, nur grauen Nebel und Schmerzen irgendwelcher Prellungen. Und ein sehr unangenehmes Gefühl der Unsicherheit.

Bill Marsden hatte versucht, radioaktives Mehl über den Atlantik zu schmuggeln, nicht um den Zoll zu umgehen, sondern weil er wußte, daß jemand hinter dem Mehl her war. Bill Marsden war tot. Und irgendwelche Leute waren noch immer hinter dem Mehl her. Ich erinnerte mich an das, was Camilla gesagt hatte, als Esias, der Silberschmied, vom Feuer in den Bergen gesprochen hatte. *Es kann so weit kommen, daß Nichteinmischung unmöglich wird.*

Und sie war tot, und Rhyd auch, und ich war weggelaufen. Aber es ging jetzt nicht mehr darum, die Schande zu tilgen. Der Einbrecher hatte mir diese Botschaft übermittelt. Die Botschaft war, daß auch ich jetzt in der Sache drinsteckte, und zwar bis zum Hals.

Die Angst fiel mich wieder an; ich erkannte sie. Diesmal war ich jedoch in einem zivilisierten Land. Ich sagte ihr, sie solle sich zum Teufel scheren. Im Rückspiegel zeigte sich im Moment nichts.

Das Wallace Institute war ein weißlicher Kasten inmitten kiefernbestandener Rasenflächen in den nördlichen Vororten von Portland. Die Empfangsdame benachrichtigte eine Sekretärin, die mich in den rückwärtigen Teil des Gebäudes geleitete, wo die Teppiche aufhörten und die Gänge mit grünem Vinyl verkleidet waren.

Dr. Caroline Impey wartete vor einer splittersicheren Glastür. Sie trug einen weißen Mantel. Sie hatte mausgraues

Haar, das sie zu einem dünnen Pferdeschwanz zusammengebunden hatte, ein ovales, etwas prüde wirkendes Gesicht und rosa Augenlider. Ihr Händedruck war feucht und schwach. »Miss Brown sagte mir, Sie hätten ein Problem«, begann sie, ohne mich anzusehen. Sie führte mich in ein Labor. »Sie hat ganz schön Reklame für Sie gemacht. Was können wir für Sie tun?«

Ich holte das Marmeladenglas mit dem Mehl heraus und sagte: »Ich wäre daran interessiert zu erfahren, wo dies herkommt.«

Sie nahm das Glas in die Hand und schüttelte etwas Mehl heraus. »Reformkost«, sagte sie. Ihre Stimme war entschlossener, selbstsicherer geworden. »Nein. Warten Sie.« Sie brachte ein Pröbchen auf einen Objektträger auf und schob ihn unter das Mikroskop. »Interessant«, sagte sie. »Es ist voll von Steinen. Sehen Sie.« Sie winkte mich ans Binokular.

Der Objektträger war gefüllt mit etwas, das aussah wie zerschmetterte Holzteilchen. Klumpen brauner Borke mischten sich mit Stücken von weißem Kernholz. »Hülse, Keim und Stärkeanteil«, sagte Impey. »Das ist Vollkornmehl. Aber sehen Sie sich mal diese anderen Burschen an.« Die anderen Burschen sahen aus wie große, schwarzbraune Felsbrocken. Einer von ihnen war facettiert wie ein Kristall.

»Steinchen«, sagte Impey. »Steingemahlen. Aber nicht mit einem großen Stein wie in einer industriellen Mühle. Sehen Sie sich an, wie die Körner zerdrückt sind. Sehen Sie die Gesteinskörnchen. Dies wurde in einer Handmühle zerstoßen. In so einer Art großem Mörser.«

»Verstehe«, sagte ich.

»Es kommt also aus der Dritten Welt«, sagte sie. »Könnte das stimmen?«

Ich dachte an die hochgewachsenen Frauen mit den Gesichtern ägyptischer Königinnen und an die Babys, die sie in Tüchern auf dem Rücken trugen, wie sie lachend vor ihren Lehmhütten standen und mit Eisenholzkeulen das Mehl im Mörser stampften. Ich dachte an die schwarzbraunen Berge, die die gleiche Farbe hatten wie die winzigen Felsbrocken auf dem Objektträger des Mikroskops.

»Wurde es auch in der Dritten Welt angebaut? fragte ich.

»Kriegen wir gleich raus«, sagte sie. Ihre Stimme hatte alle Schüchternheit verloren. Die Jagd war im Gange. »Versuchen wir es mal mit ein bißchen Elektrophorese.« Sie nahm eine Prise Mehl und schüttelte sie mit destilliertem Wasser in einem Reagenzglas. Dann machte sie alle möglichen kabbalistischen Bewegungen mit Bunsenbrennern und Pipetten und einem Gegenstand, der wie ein Oszilloskop aussah, nur daß er einen Farbbildschirm und eine kleine Falltür an der Oberseite hatte, in die sie die Mehl-Wasser-Mischung hineintropfen ließ.

»Da gibt es noch etwas«, sagte ich. »Das Zeug ist radioaktiv.«

»Radioaktiv?« Sie zwinkerte mit ihren rosa Augenlidern. »Das ist sonderbar. Dann halten Sie's also für russisch?« Sie drückte auf einige Tasten an der Vorderseite des Geräts. Eine blaue Linie erschien auf dem Bildschirm. »Da haben Sie's«, sagte sie mit der Selbstgefälligkeit eines Zauberkünstlers, der ohne die geringste Schwierigkeit ein Kaninchen aus seinem Zylinder hervorgezogen hat. »Die elektrophoretische Signatur. Hallo.« Sie runzelte die Stirn. »Sie meinten doch wohl, es wäre russisch?«

»Ja«, sagte ich.

»Nichts da.« Sie schüttelte den Kopf und blickte durch mich hindurch, als konsultiere sie Kataloge in ihrem Gedächtnis. »Was Sie hier sehen, ist nordamerikanischer Hartweizen. Angebaut im mittleren Westen, vielleicht auch in Kanada.«

»Was macht er dann in Äthiopien?«

»Irgend jemand hat ihn dorthin verschifft«, sagte Impey. »Hilfsgut oder Handelsware. Das kann man natürlich nicht sagen.«

Das konnte man also nicht sagen. Amerikanischer Weizen, handgemahlen und in der Urne, die für die Asche meines Schwagers vorgesehen war, aus Äthiopien reimportiert. Einige Leute verübten Verbrechen, um diese Urne in ihren Besitz zu bringen. »Wie ist das Mehl radioaktiv geworden?«

Sie zuckte die Schultern. »Vielleicht durch Zufall. Vielleicht absichtlich. Wer kann das wissen? Das ist nicht mein Gebiet.«

Wir redeten noch einen Augenblick über das Wetter. Ihre Schüchternheit war zurückgekehrt, und ich hatte das Gefühl, daß sie mich jetzt gern los wäre. Soweit es sie betraf, war das Problem gelöst.

Schließlich sagte ich: »Kennen Sie irgend jemanden, der ... sich mit Radioaktivität auskennt?«

Sie runzelte die Stirn. »Wenn Sie wollen, kann ich mich erkundigen. Warum?«

»Ich bin neugierig.«

»Ich werde mein Bestes versuchen«, sagte sie.

Ich dankte ihr.

Wir verteilten den Inhalt des Glases auf zwei Plastiksäckchen. Ich behielt die eine Hälfte. Für die andere gab sie mir eine Quittung in ihrer ordentlichen, präzisen Handschrift.

Ich verließ Portland in Richtung Süden. Die ganze Zeit beobachtete ich den Rückspiegel.

16

Ich fand ein Motel an einer Seitenstraße nördlich des Highway 95, ungefähr auf der Hälfte zwischen Portland und Boston. Der Mustang stach unter den ganzen Toyotas hervor wie eine Orange in einem Haufen Kohlen. Ich parkte ihn auf der Rückseite der Apartment-Kabinen, zahlte bar im Büro und ging zum Telefon.

Ricky Lee war beim dritten Klingeln am Apparat. Ich stellte fest, daß ich erfreut war, ihre Stimme zu hören, und es klang so, als ob es ihr ähnlich ginge. »Ich habe gerade ein Interview mit Randy Newman gemacht«, sagte sie, »und jetzt trete ich im ›Colonial Inn‹ auf. Ich fühl' mich absolut bescheuert.«

»Hals und Beinbruch«, sagte ich.

»Besten Dank, der Herr«, sagte sie in einem übertriebenen Südstaaten-Akzent. Es war schön zu hören, daß jemand einen Scherz machte, auch wenn es nur ein ganz kleiner war.

»Haben Sie Sullivans Adresse?«

»Sicher. Aber er ist nicht da.«

»Oder er geht nicht ans Telefon.«

»Vielleicht auch das.« Sie schien nicht ganz bei der Sache, als wären ihre Gedanken schon bei dem bevorstehenden Auftritt im »Colonial«.

»Könnten Sie mir die Adresse geben?«

»Warum?« Ihre Stimme war kühler geworden. Aber sie war natürlich nicht nur Sängerin von Folksongs, sondern auch Journalistin. Und Journalisten kommen nicht an die Spitze, wenn sie ihre Kontakte preisgeben.

»Ich möchte ihm schreiben.«

»Okay.« Sie ließ mich einen Moment warten. »260 Ellerton. In Cambridge. Die Straße geht von der Massachusetts Avenue ab, nördlich vom Harvard Square.«

Ich dankte ihr und hängte auf. Dann lag ich eine ganze

Weile da und starrte auf die Schallschluckplatten an der Decke.

Radioaktiver amerikanischer Weizen, verschifft nach Äthiopien und von Bill wieder nach Amerika gebracht. Es kam mir vor wie eine Art Beweismaterial.

Um drei Uhr morgens rollte ich mich aus dem Bett, duschte und lenkte den Mustang nach Süden. Es war noch immer dunkel, aber der Himmel wurde langsam hell, als ich vom Highway 94 runterfuhr und nach Cambridge einbog.

Cambridge bildet die nördliche Hälfte von Boston. Ellerton Street war still, mit Bäumen bestanden und ohne Verkehr. Die Häuser waren aus Ziegeln gebaut, die vermutlich braun waren; bei diesem Licht war das schwer zu sagen. Die Vögel in den Ahornbäumen erhoben das rauhe Geschrei, das in Amerika als Morgenkonzert gilt. Ich fuhr langsam an Nr. 260 vorbei. Der kleine Vorgarten war ungepflegt, die Jalousien heruntergelassen. Das war ein gutes Zeichen. Leute, die wegfahren wollen, lassen ihre Jalousien nicht herunter. Heruntergelassene Jalousien ziehen Einbrecher an.

Ich parkte den Mustang und ging zum Haus zurück. Das zitronenfarbene Leuchten am östlichen Himmel spiegelte sich im Glas des vorderen Fensters. Ich drückte auf den Klingelknopf.

Ich hörte es im Hause klingeln. Nichts rührte sich. Ich klingelte noch einmal.

Ein Hund begann zu bellen: ein scharfes »Wuff« – ein großer Terrier oder ein kleiner Jagdhund. Jetzt hab' ich dich, dachte ich. Leute, die verreisen, vergessen vielleicht einmal, die Jalousien hochzuziehen, aber sie vergessen nicht, ihren Hund mitzunehmen.

Ich hörte Schritte eine Treppe herunterkommen, hörte das Schnüffeln eines Hundes. Eine Stimme fragte: »Was wollen Sie?«

»Polizei«, sagte ich.

Eine Männerstimme grunzte irgend etwas. Sie klang verschlafen. Dann rasselte eine Kette, und die Tür ging auf.

Ich ging in den Flur hinein. Das war schon mehr, als ich zu hoffen gewagt hatte. Ich sagte nichts weiter. Nicht sehr viele Polizisten aus Boston haben einen englischen Akzent.

»Wie spät ist es?« fragte er und sah mich mit zusammengekniffenen Augen an. Ich trug ein Sammelsurium marineblauer Kleidungsstücke. Ich mußte mir dringend die Haare schneiden lassen. Wie ein Straßenräuber sah ich jedenfalls nicht aus.

»Noch früh«, sagte ich. Im Flur war kein Licht. Ich stolperte über irgend etwas. Im Halbdunkel sah es aus wie zwei Koffer und ein rohrartiger Behälter, in dem man Angelruten mit auf die Reise nimmt.

Sullivan war ein großer, schwerer Mann, der seine Leibesfülle durch das Badetuch, das er sich um die Hüften geschlungen hatte, nicht verbergen konnte. Arme und Beine waren mit rötlichen Haaren bedeckt. Auch sein Kopfhaar war rot und stand verstrubbelt über dem Gesicht eines Trinkers, das gleichzeitig mißtrauisch und verschlafen war. Er roch so, als wäre er nicht nüchtern zu Bett gegangen. Wäre das der Fall gewesen, hätte er mich wahrscheinlich nicht hereingelassen. »Ich möchte gern Ihren Ausweis sehen«, sagte er.

Ich zog meine Brieftasche heraus, öffnete sie kurz und ließ sie wieder zuschnappen. Er machte nicht den Eindruck, als ob er allzugut sehen könnte. »Warten Sie einen Moment«, sagte er, »ich ziehe mir schnell einen Bademantel an.«

Ich hörte, wie er oben herumwanderte. Dann hörte ich das Murmeln einer Stimme. Als er wieder herunterkam, redete die Stimme immer noch: das Radio. Ächzend führte er mich in die Küche und schaltete eine helle Leuchtstofflampe ein. Auf dem Tisch standen zwei leere Burgunderflaschen und ein schmutziger Teller. Mit einem Faustschlag schaltete er einen elektrischen Kessel ein. »Also, was wollen Sie?« fragte er.

»Sie haben mit Bill Marsden zusammengearbeitet«, sagte ich. Mein Akzent hörte sich schrecklich an.

Er schaufelte Pulverkaffee in einen Becher und goß Wasser darüber, das kaum warm geworden war. Mir bot er nichts an. »Na und?«

»Bill ist tot«, sagte ich.

Er setze den Becher ab. »Ich weiß«, sagte er. Seine Augen waren noch halb verklebt, aber mißtrauisch. »Sie sind kein Polizist«, sagte er.

»Ich bin ein Freund von Bill«, sagte ich. »Sie waren Redakteur beim *Echo*.«

»Was zum Teufel ...«

»Bill ist tot. Und Sie gehen fischen. Es sei denn, ich rufe die Polizei. Dann werden Sie nämlich zum unentbehrlichen Zeugen, und man wird Sie dabehalten, um Ihnen eine Menge Fragen zu stellen.«

Er starrte mich mit offenem Mund an. Dann klappte er ihn schließlich zu und sagte: »Sie und Ricky Lee Klaasen.«

»Stimmt.«

»Sind Sie auch so ein verdammter Folk-Sänger?«

»Nein.«

Er setzte sich an den Tisch und kratzte sich den Schädel. »Marsden und Klaasen«, sagte er. »Ein verdammt schlaues Gespann. Aber ohne jeden Respekt.«

»Was genau hat Bill Marsden für Sie gemacht?« fragte ich.

»In der Hauptsache hat er mir Spesenforderungen vorgelegt«, sagte er. »Flugtickets und Fahrkarten von überallher aus Afrika und Europa. Das *Echo* ist eine Bostoner Zeitung, Herrgott noch mal. Long Island ist schon so gut wie Übersee. Und da treibt sich Marsden in diesem verdammten Äthiopien rum.«

»Und was tat er da?«

Er hielt eine Weinflasche ans Licht, schnitt eine Grimasse, als er sah, daß sie leer war, und schüttete sich statt dessen den lauwarmen Kaffee hinein. Er lachte. »Glauben Sie wirklich, Bill Marsden hätte einem einfachen Redakteur erzählt, woran er gerade arbeitete?« Er zog eine Augenbraue hoch. »›Hallo, Sullivan. Kann im Moment nicht reden. Kriminelle Machenschaften bei Entwicklungshilfe. Äthiopienpolitik. Hillbilly-Musikkassetten. Unterschreiben Sie die Spesenabrechnung.‹«

»Hillbilly-Musik?« fragte ich.

»Irgend jemand hat mir ein Band geschickt«, sagte er. »Aus England. Bill sagte, ich sollte das Band wie meinen Augapfel hüten. Irgendein Hillbilly-Sänger. Ich persönlich stehe auf Wagner, und das wußte er auch.«

»Haben Sie es noch?«

»Sicher.«

»Könnte ich es mir anhören?«

Er sah auf die Edelstahl-Rolex an seinem haarigen Handgelenk und sagte: »Um sieben Uhr fahre ich zum Logan Airport und steige in ein Flugzeug, und das Flugzeug bringt mich weg von diesem verdammten Boston zum Forellenangeln in Kaschmir, im Auftrag der Zeitschrift *Woods and River,* die mich zur Mitarbeit als beitragender Redakteur eingeladen haben, nachdem ich mir dreißig Jahre lang für alle möglichen Skandalblätter die Finger wundgeschrieben habe. Das hier ist der Höhepunkt meines Ehrgeizes, denn es bedeutet, daß ich bezahlt werde, um angeln zu gehen. Wenn Sie glauben, daß ich jetzt dableibe und mir diese verdammte Hillbilly-Musik anhöre, dann sind Sie nicht recht bei Trost.«

»Diese Kassette ist Beweismaterial in einem Mordfall. Wie ich Ihnen schon sagte: Es könnte auch die Polizei sein, die Ihnen Fragen stellt. Aber dann würden Sie Ihr Flugzeug verpassen.«

Er sah mich mit seinen trüben Augen an. Er sah mich eine ganze Weile an, als berechnete er seine Möglichkeiten. Dann trat er an einen Schreibtisch und begann in einer Schublade herumzuwühlen. »Hier«, sagte er. »Sie wollen es, da haben Sie's.«

Er gab mir einen gepolsterten Umschlag, der in Bills Handschrift an ihn adressiert war. Im Umschlag war eine Tonbandkassette. »Teil zwei«, sagte er.

»Teil zwei?«

»Er wollte etwas mitbringen«, sagte Sullivan. »Teil eins. Zusammen mit Teil zwei – eben diesem Tonband – sollte es Beweismaterial für irgend etwas sein. Fragen Sie mich nicht, was, weil ich es nicht weiß und weil es mir auch ziemlich egal ist.«

»Danke«, sagte ich.

»Keine Ursache.«

Ich schob die Tonbandkassette in die Tasche, wünschte ihm viel Erfolg beim Angeln und verließ das Haus.

Die Sonne war inzwischen aufgegangen. Die Blätter der Ahornbäume sahen jung und frisch aus. Der Himmel war von einem klaren Blau, und die Straßen waren leer, abgesehen von einem Penner, der mir auf dem Bürgersteig entgegenkam. Er trug eine schmutzige Parka mit einer Kapuze. Seine Schultern kamen mir so breit vor wie ein Scheunentor. Als er noch etwa dreißig Meter entfernt war, sah er auf und blickte mich an.

Mein Herz schlug einen Purzelbaum.

Er hatte hohe Backenknochen, eine platte Nase und breitgeschlagene Lippen. Ich hatte dieses Gesicht schon einmal gesehen. Es war das Gesicht, das sich für einen Moment im Rasierspiegel gezeigt hatte, als der Strahl der Taschenlampe durch die Kajüte der HALCYON gewandert war. Das Gesicht des Mannes, der die Urne mitgenommen hatte.

Ich zog die Kassette aus der Tasche und warf sie in die Hecke, die Sullivans Vorgarten von der Straße trennte. Von dort, wo er sich befand, konnte er das nicht beobachten. Dann ging ich die wenigen Schritte zurück zur Haustür und lehnte mich auf den Klingelknopf. Oben aus dem Haus brüllte eine Stimme. »Lecken Sie mich am Arsch!«

Ich öffnete den Mund, um Hilfe herbeizurufen.

»Keinen Lärm«, sagte eine Stimme.

Ich drehte mich um.

Der Mann in der Parka stand am Ende des Gartenwegs. Er lächelte und sagte: »Haben Sie 'n bißchen Kleingeld übrig, Boß?«

»Scheren Sie sich zum Teufel«, sagte ich.

Er nahm die Hand aus der Tasche. Eine Messerklinge schnellte aus der klumpigen Faust hervor. »Wirf mir die Brieftasche rüber«, sagte er.

Ich lehnte mich noch einmal gegen den Klingelknopf. Mit

zwei langen Schritten kam er den Weg herauf. Ich versuchte, einen Schlag in seinem Gesicht zu landen. Er wich aus, packte mein Handgelenk, verdrehte mir den Arm und zog mich hinter die Hecke. Unter seiner offenstehenden Parka trug er graue Trainingshosen und ein T-Shirt, bedruckt mit einer schwarzen Faust in einem Boxhandschuh. Sein Gesicht war dicht vor meinem, so daß ich die kleinen silbrigen Narben alter Boxverletzungen über den Augenbrauen sehen konnte. »Mach keine Dummheiten«, sagte er, »und leer die Taschen aus.« Das Messer befand sich unter meinem Kinn. Ich konnte die Spitze auf meiner Haut fühlen. *Ein Stich,* dachte ich. *Durch den weichen Gaumen ins Hirn. Die Jungen sind dann ganz auf sich gestellt, und alles, was ich weiß, nützt niemandem mehr etwas.*

Die Angst war wieder da.

Ich leerte meine Taschen: Brieftasche, Schlüssel, Kleingeld.

Er ging ein paar Schritte zurück, dann hockte er sich hin und breitete alles auf dem Bürgersteig aus, behielt mich dabei jedoch die ganze Zeit im Auge. Er durchsuchte die Brieftasche und steckte 150 Dollar ein. Er nahm die Wagenschlüssel und warf sie die Straße hinunter in irgendeinen Vorgarten. Ich folgte ihrem Flug mit den Augen und merkte mir den Platz.

Schließlich erhob er sich und kam auf mich zu. Als er dicht vor mir stand, sagte er: »Dreh dich um und nimm die Hände hoch.«

Ich bekam eine Gänsehaut. Sein Atem roch heute nach Pfefferminz. Die Spitze seines Messers berührte meinen Bauch. Ich drehte mich um. *Das wär's denn wohl,* dachte ich. *Goodbye.* Es gab nichts, was ich hätte machen können.

Er durchsuchte meine Kleidung, schnell und professionell. *Er sucht das Tonband,* dachte ich. *Teil zwei – das Tonband.* Das zu Teil eins, der Urne, gehörte. Wie konnte er das wissen?

Er war mit seiner Durchsuchung fertig und trat einen Schritt zurück. *Jetzt kommt's,* dachte ich.

Irgend etwas krachte gegen mein Rückgrat. Es fühlte sich an wie ein Dampfhammer. Zischend entwich der Atem aus meinen Lungen. Meine Beine gaben nach, und ich fiel hin. Ich fragte mich, ob ich wohl einen Messerstich in den Rücken bekommen hatte und ob ich je wieder atmen würde.

Meilenweit entfernt sagte jemand: »Halt du dich da raus.«

Rote Schleier vernebelten mein Gehirn. Ich rollte mich herum und zog die Knie ans Kinn. Ich wartete auf die Schmerzen. Die Schmerzen kamen. Nach einiger Zeit, die mir sehr lang vorkam, ließen sie allmählich nach. Auch meine Atmung schien wieder funktionieren zu wollen. Meine Zehen bewegten sich. Das Rückgrat war also nicht verletzt. Ich rollte mich auf die Knie.

Der Straßenräuber war weg.

Ich kroch zu meiner Brieftasche. Ich kroch weiter und holte das Tonband aus der Hecke. Ich kroch die Straße entlang bis zu dem Vorgarten, in dem die Schlüssel sein mußten, und suchte herum. Ein Jogger kam vorbeigetrabt; er blickte geflissentlich zur Seite. Die Schlüssel lagen am Torpfosten.

Ich kroch zurück zu Sullivans Haus und klingelte. Nichts rührte sich. Danke, Mr. Sullivan. Ich kroch mühsam in meinen Wagen und fuhr langsam davon, wobei ich mich gegen die Tür lehnte und so vorsichtig atmete wie möglich.

Als ich wieder halbwegs klar denken konnte, dachte ich an Straßenräuber.

Ich dachte an einen Straßenräuber, der sich auch als Einbrecher betätigte.

Nur sehr wenige Menschen hatten gewußt, daß ich Mr. Sullivan besuchen wollte. Sullivan selbst natürlich; und Sullivan hatte sein Radio angestellt, möglicherweise um das Geräusch eines Telefongesprächs zu übertönen, das er geführt hatte.

Die einzige andere Person, die wußte, daß ich wußte, wo Sullivan wohnte, war Ricky Lee Klaasen, die mir erzählt hatte, sie wüßte absolut gar nichts über die Geschichte, an der Bill Marsden gearbeitet hatte. Aber Ricky Lee war eine ehrgeizige Journalistin, und ihre Behauptung, sie wisse nichts über Bill Marsdens Geschichte, konnte ich glauben oder nicht.

Ich beschloß, Ricky Lee im Augenblick noch nicht aufzusuchen.

Ich nahm mir ein Zimmer in einem Motel und rief Sullivans Nummer an. Niemand antwortete. Es sah so aus, als hätte er es geschafft, rechtzeitig zum Flughafen zu fahren. Ich lag rund zwei Stunden auf dem Bett und versuchte dann, meinen Rücken durch eine heiße Dusche zu entspannen. Ziemlich schnell konnte ich ohne größere Schmerzen atmen.

Als ich meine Arme einigermaßen hochheben und bewegen konnte, zog ich meinen dunklen Anzug und die schwarzen Schuhe an und fuhr nach Portland zurück, wo ich im Hause von Frau Senator Harry Chance eingeladen war, meinen Vortrag zu halten. Während der Fahrt spielte ich das Band ab und beobachtete den Rückspiegel.

Im Rückspiegel sah ich nichts, was mich hätte beunruhigen können. Auf dem Band war ebenfalls nichts Unerwartetes.

Es war eine der üblichen Musikaufnahmen, die Rhyd von Afrika nach Hause zu schicken pflegte: Gitarre, Baß, Synthesizer, ein bißchen Mandoline; Rhyd, der ein paar Country-songs sang, und Camilla, die gelegentlich die zweite Stimme übernahm. Ich war geistig vielleicht nicht gerade in bester Form, aber auf dem Band war nichts, was nur irgendwie aus dem Rahmen gefallen wäre. Camillas Stimme zu hören, ließ mich an sie denken, und das wiederum machte mich traurig. Und das Gefühl der Traurigkeit ließ mich an die Angst denken ...

Mit einiger Mühe schüttelte ich diese Gedanken ab. Was man auch immer über Bill sagen konnte, ein Spinner war er nicht gewesen. Das Band war Teil zwei, und das Mehl war Teil eins. Das Band enthielt Informationen.

Ich konzentrierte mich auf die Kunst, ohne Schmerzen zu atmen. *Spar jetzt deine Energie für die Gäste von Mrs. Senator Harry Chance auf, Devis,* sagte ich mir. *Versuch es später noch einmal.*

Beim Lunch begegnete ich den üblichen alten Damen, den üblichen Kameraleuten. Immer wieder mußte ich an Straßenräuber denken.

Ich betrachtete sie alle genau, registrierte den Diamantschmuck, die teuren Frisuren und die schweren Halsfalten. Ich sagte mir, daß keiner von diesen ehrenwerten Leuten eine Maschinenpistole hochreißen und mir den Kopf abschießen würde. Aber ich konnte es mir so oft erzählen, wie ich wollte, ich mußte meine Hände in den Taschen lassen, um ihr Zittern zu verbergen.

Ich hielt meine Rede, trank das erfrischende Glas Chardonnay und schnitt auch keine Grimassen, wenn mir plötzlich ein Schmerz durch den Rücken fuhr. Die Spenden waren eingesammelt. Die Leute gingen nach Hause. Pierce Rapaport kam auf mich zu. Er hatte ein wunderschönes Tweedjackett an, Cordhosen mit einer messerscharfen Bügelfalte und eine hübsche, dezente Fliege in rotbraunen Herbstfarben.

»Läuft ja bestens«, sagte er.

Ich lächelte etwas mühsam.

Er runzelte die Stirn, sah auf meine Hand. Ich folgte seinem Blick. Die Hand zitterte. »Sind Sie okay?«

»Mir geht's gut«, sagte ich. Pierce strahlte Selbstvertrauen und Savoir-vivre aus, ganz im Einklang mit dem Salon von Mrs. Senator Harry Chance, in dem wir uns befanden. An der Wand hing ein echter Matisse. Vor den Terrassentüren erstreckte sich der von Lanning Roper gestaltete senatorische Garten und bot eine schöne Aussicht auf Eibenhecken und einen florentinischen Brunnen, der sich in einem schimmernden Nebelschleier verlor. Ich verlagerte mein Gewicht, um die Schmerzen in meinem Rücken zu mildern.

»Haben Sie sich verletzt?« fragte Pierce.

Ich erzählte ihm, daß ich überfallen worden sei. In dieser Umgebung klangen die Worte so, daß man befürchten mußte, sie könnten die Blumenarrangements zum Welken bringen.

Pierce ließ seinen Blick auf mir ruhen. Er sah beunruhigt aus. »Es tut mir leid, das zu hören«, sagte er.

Ich traf eine Entscheidung. »Lassen Sie uns einen Moment nach draußen gehen«, sagte ich.

Pierce folgte mir durch die Terrassentür, die Eibenallee

entlang in einen Rosengarten. Seine schönen Schuhe wurden naß vom Tau. »Das war kein normaler Überfall«, sagte ich.

»Was soll das heißen?«

»Irgend jemand ist hinter etwas her, das in meinem Besitz ist.«

Pierce blieb an einem Rosenbusch neben einem grünlichen Teich stehen. Eigentlich war es zu früh im Jahr für Rosen, aber diese hier hatte ihre Jugend im Treibhaus verbracht. »Und was ist das für eine Sache?« fragte er.

»Eine Probe Mehl. Ein Tonband mit Liedern.«

»Ah«, sagte Pierce.

»Amerikanisches Mehl«, sagte ich. »Bill hat es aus Äthiopien mitgebracht. Es war Teil der Geschichte, an der er arbeitete.«

Pierce brach eine Rose ab. Sie sah aus wie eine Sorte, die Camilla einmal vor unendlich langer Zeit an unserer Scheune gepflanzt hatte. »Hören Sie, George«, sagte er. »Ich möchte hier mal ein bißchen aus dem Nähkästchen plaudern. Ich weiß, Sie sind ... daran interessiert, das Warum und Weshalb dieser Geschichte herauszufinden.«

»Richtig.«

»Das bin ich auch, vom journalistischen Standpunkt aus.« Er roch an der Rose. »Und anderen.«

»Dann setzen Sie doch ein Team auf die Sache an.«

»Ganz so einfach ist das nicht. Serge besitzt eine Menge Dinge. Nicht nur Zeitungen und Fernsehgesellschaften. Ich arbeite für Serge, und zwar mit hundertprozentigem Einsatz. Er bezahlt mich sehr gut. Er betrachtet alle seine Gesellschaften als eine Einheit, als verschiedene Teile einer Maschine, mit der er Geld verdient. Und so sehe ich das natürlich auch.« Er hielt inne. Sein Gesicht hatte einen Ausdruck, den ich nie zuvor an ihm gesehen hatte. Er sah sorgenvoll aus, gequält von Selbstzweifeln. »Jedenfalls bis zu einem gewissen Punkt. Kann ich ... im Vertrauen mit Ihnen reden?«

Ich hatte es Pierce zu verdanken, daß ich überhaupt so weit gekommen war. »Natürlich«, sagte ich.

Er zerzupfte jetzt die Rosenblüte. Die blutroten Blütenblätter segelten in das grüne Wasser des Teiches. Der Wind trieb sie auf die Leeseite, wo sie zusammen hin und her schaukelten, bis die kleinen Wellen sie versenkten. »Ich werde nicht fürs Däumchendrehen bezahlt. In dieser Situation sind wir in eine ... kommerzielle Sackgasse geraten. Da gibt es einige Tatsachen, die meiner Ansicht nach veröffentlicht werden sollten, die aber aufgrund kommerzieller Pressionen aus anderen Ecken der Firmengruppe nicht veröffentlicht werden können. Daher kann ich niemanden in der Firmengruppe bitten, Untersuchungen anzustellen.«

»Tatsachen?«

Er sah mich an und sagte: »Das wird Sie interessieren. Jemand, den Sie kennen, landete gestern in Seattle.«

»Wer?«

»Ras Hamil.«

Ich starrte ihn ungläubig an. »Was macht der denn hier?«

»Er ist auf einer ... Inspektionsreise. Serge hofft, bei gewissen ... geschäftlichen Unternehmen sein Partner zu werden.«

»Was bedeutet das alles?« fragte ich.

Pierce verzog keine Miene. »Es bedeutet, daß er ihn eingeladen hat, herzukommen«, sagte er. »Ich könnte mir vorstellen, daß Sie etwas damit zu tun haben.«

»Ich?«

»Sie haben ein Rennen gewonnen.«

Ich erinnerte mich an die Worte Poliakoffs nach dem Rennen: *Warten Sie ab.* »Das wäre dann aber sehr schnell gegangen«, sagte ich.

»Es ist leicht, die Macht zu unterschätzen, die Serge auf ... einigen Gebieten ausüben kann«, sagte Pierce.

»Wovon reden Sie?«

Pierce lächelte; ein Lächeln, dessen Natürlichkeit für dieses beherrschte Gesicht überraschend war. »Serge ist der Ansicht, daß er diesem Mann, wenn er ein ernstzunehmender Bewerber um die Macht in Äthiopien ist, Produkte verkaufen kann, die er in seinen Fabriken herstellt. Wenn man ein Land regiert, selbst ein relativ armes Land wie Äthiopien, dann besitzt man

Dinge, mit denen man Handel treiben kann. Der Handel ist Serges Motivation für alles.«

»Warum holt er ihn dann mir zuliebe hierher?« fragte ich.

»Sich selbst zuliebe«, sagte Pierce. »Das gilt für alles, was er tut. Er liebt den Wettbewerb, den Wettkampf. Sie gegen General Hamil. Wenn Hamil nichts taugt, werden Sie ihn schlagen. Taugt er was, wird er Sie schlagen. Serge gibt sich nur mit Gewinnern ab, verstehen Sie?«

»Warum würde er denn Vorträge unterstützen, in denen Hamil als Mörder hingestellt wird?«

Pierce lächelte sein Höflingslächeln. »Sie dürfen nicht vergessen, daß es nicht Serge Poliakoffs Art ist, sich in aller Öffentlichkeit bei Despoten der Dritten Welt lieb Kind zu machen.«

In dem feuchtkalten New-England-Rosengarten plätscherte ein höflicher kleiner Wasserstrahl aus dem Maul eines steinernen Delphins. Dessenungeachtet meinte ich zu fühlen, wie die äthiopische Sonne wie ein heißer Amboß auf meinen Kopf drückte; hatte den strengen, bitteren Geruch von verbranntem Lehm und Stroh in der Nase. Der alte Mann hatte aufgehört zu reden. Jetzt stand der junge Mann vor mir mit seinem runden, lächelnden Gesicht, den kurzen gekräuselten Haaren auf seinem Hinterkopf, die wie ein Scheitelkäppchen anlagen, und dem rechten Auge, das unbeweglich seine Nase fixierte. *Es ist Ras Hamil, der das getan hat.* Und ich hatte Derek herbeigerufen und war, vor Angst wie von Sinnen, mit ihm weggeflogen.

»Was wollen Sie damit andeuten?«

»Es ist manchmal problematisch, eine Nachrichtenorganisation zu leiten, die die Tochtergesellschaft einer mächtigen Wirtschaftsgruppe ist. Man muß schließlich ... aus seiner eigenen Ecke kämpfen. Muß sich für Sachen einsetzen, die man für richtig hält. Sagen wir mal, daß ich der Ansicht bin, Sie und ich könnten zusammen etwas Positives ausrichten. Ich rede jetzt von mir persönlich. Serge benutzt Sie nur als eine Art Dekorationsstück. Ich denke, wir könnten etwas weiter gehen und diesen Mann Hamil ein bißchen altmodischer Gerechtigkeit unterwerfen. Was ich Ihnen anbiete – ganz persönlich und außerhalb meiner offiziellen Verpflichtungen –, ist eine gewisse sachkundige Unterstützung.«

Ich dachte an Charis Brown und sagte: »Die geben Sie mir bereits. Sie werden auch Ihre Geschichte bekommen. Aber es sieht nicht so aus, als wenn Sie sie jemals veröffentlichen dürften.«

»Ich hatte auch nicht daran gedacht, sie als normale Geschichte zu veröffentlichen«, sagte Pierce.

»Als was dann?«

»Als Untersuchung, die zu einer Anklage führt«, sagte er. »Für den Mord an Rhydian und Camilla Walters. Rhydian Walters war amerikanischer Bürger. Sein Mörder kann hier in den USA vor Gericht gestellt werden.«

Ich starrte ihn an.

»Serge Poliakoff ist ein mächtiger Mann«, sagte er, »aber er ist nicht so mächtig wie das Justizministerium.«

Das Schweigen breitete sich aus und füllte den Garten. Nur im Innern hörte ich eine Stimme. Camillas Stimme: *Es kann so weit kommen, daß Nichteinmischung unmöglich wird.* Abgesehen von dieser Stimme – nichts. Die kratzige kleine Stimme meines Gewissens war still.

»Nun?« sagte er. Er lächelte nicht mehr. Seine Augen waren zusammengekniffen. »Es könnte gefährlich werden. Wir müssen Ihnen einen Leibwächter besorgen.«

In der Stille, die uns umgab, hörte ich meine eigene Stimme sagen: »Das wäre keine schlechte Idee.«

17

Als ich in Quogue ankam, war es acht Uhr abends, und die Sonne stand schon sehr tief über dem Wasser. Ich parkte den Mustang am Kai und sah mich langsam und sehr sorgfältig um. Möwen hockten auf den Pollern, ein alter Mann flickte einen Hummerkorb und murmelte dabei in seinen Bart, ein Gabelstapler lud Kisten mit Lachs aus einer Fischfarm in einen Tiefkühlwagen.

Ich nahm meine Reisetasche und ging zu Rooneys Pinte. Danny trug gerade eine Schüssel fritierter Muscheln zu einem Tisch, an dem eine Touristenfamilie saß. Alles war, wie es sich gehörte, sicher und normal.

»Ist Post für mich da?« fragte ich.

»Nein. Nur Telefonanrufe.«

»Oh.« *Ferienlager hin, Ferienlager her, inzwischen hätten die Jungen wirklich schreiben können. Du bist gerade in Boston gewesen,* dachte ich. *Du hättest dir dort einen Anwalt suchen sollen.*

Aber die Schmerzen in meinem Rücken und ein nervöses Zucken in meinen Augen sagten mir deutlich, warum ich das nicht getan hatte.

Danny gab mir einen Zettel mit zwei Telefonnummern. Ich wählte die erste. Die rauhe Stimme am anderen Ende erkannte ich sofort. »Miss Brown«, sagte ich.

»Charis«, korrigierte sie. »Hören Sie, Caroline Impey möchte mit Ihnen sprechen. Sie hat sich inzwischen mit einem Radiologen getroffen, glaube ich. Sie war mächtig aufgeregt und wollte über das Telefon nichts sagen. Können Sie morgen herkommen? Am frühen Nachmittag?«

»Sehr schön, ich komme«, sagte ich und legte auf. Die zweite Nummer war die von Ricky Lee. Ich hatte mir über Ricky Lee allerhand Gedanken gemacht und mich in diesem

Zusammenhang gefragt, wie der Mann mit der Parka mich um vier Uhr morgens in der Ellerton Street hatte finden können.

»Hi!« sagte sie. Sie klang sehr aufgekratzt.

»Sie haben mich angerufen«, sagte ich.

»Ich wollte Ihnen ein paar Neuigkeiten mitteilen«, sagte sie. »Zum mindesten wollte ich mich bei Ihnen bedanken. Man hat mir einen Job gegeben.«

»Wer?«

»Das *Echo*. Ich bin jetzt angestellter Reporter auf Probe. Richtige Aufgaben, richtiges Geld. Ich denke, es war diese ›Plough Share‹-Geschichte. Wir sollten einen Drink zusammen nehmen. Zwei Drinks.«

Die Wärme ihrer Stimme erinnerte mich daran, daß es solche Dinge wie Freunde gab und Barbesuche mit gutaussehenden Frauen, mit denen man sich interessant unterhalten konnte. Das waren meine Empfindungen gewesen, als wir das letzte Mal miteinander gesprochen hatten. Ich sagte mir daher energisch, daß ich in der gegenwärtigen Situation ganz sicher sein mußte, auf welcher Seite die gutaussehenden Frauen standen. »Ein anderes Mal«, sagte ich. »Ich bin gerade in Maine.«

»Das ist schade«, sagte sie. Sie klang ehrlich enttäuscht. »Haben Sie an Sullivan geschrieben?«

»Ich habe ihn aufgesucht.«

»Hat er Sie reingelassen?«

»Ich sagte ihm, ich wäre von der Polizei.«

»Ein englischer Polizist?« Sie lachte. »Dieser Kerl trinkt wirklich ein bißchen viel. Was haben Sie von ihm erfahren?«

Ich betrachtete das Foto von Rhyd mit der Hummerschere im Hutband. »Nichts«, sagte ich. »Er hatte keine Ahnung, wovon ich sprach.«

»Oh«, sagte sie. »Das tut mir leid.« Die Enttäuschung klang echt. Ich hatte auch den Wunsch, mich von ihr überzeugen zu lassen. »Passen Sie auf sich auf«, sagte sie. »Ich mach' mir Sorgen.«

Ich lachte. Das tat meinem Rücken keineswegs gut.

»Also ... melden Sie sich bald wieder«, sagte sie.

Es klang so, als läge ihr was daran. Aber es konnte auch sie gewesen sein, die über einen unbekannten Dritten den Boxer mit der Parka benachrichtigt hatte.

Die Zeit würde es lehren.

Ich kletterte den Kai hinunter und ruderte zur HALCYON hinaus.

John war dagewesen und hatte aufgeklart. Die letzten Spuren von Mehl waren verschwunden, und die Leinen waren ordentlich aufgeschossen. Ich saß einen Augenblick im Cockpit und blickte hinaus auf die See. Die Tauchente ging mit ihren Küken auf einen kleinen Ausflug. Die gleiche alte Sonne verschwand in dem, was mir als die gleiche alte Nebelbank vorkam. Jeder, der nicht gerade meine letzten achtundvierzig Stunden durchlebt hatte, würde sich jetzt tiefen und friedlichen Gedanken hingegeben haben.

Ich jedenfalls hatte Angst.

Mir machen eine Menge Dinge angst. Höhen zum Beispiel. Höhenangst ist vernünftig, weil man tot ist, wenn man aus größerer Höhe auf die Erde fällt. Die See bereitet mir keine Angst und auch nicht die Statistiken der Verkehrsunfälle. Wenn man alle Vorsichtsmaßnahmen ergriffen hat und trotzdem ertrinkt oder von einem Lastwagen überfahren wird, hat man Pech gehabt. Wenn man sich davor fürchtet, Pech zu haben, ist das Paranoia, nicht Selbsterhaltung.

Was mich jetzt ängstigte, war ein Abkömmling der Furcht, die ich in dem Dorf in Afrika erlebt hatte. Es war die Furcht, sich am Rande der Einflußzone einer großen Maschinerie zu befinden, zu der Straßenräuber in Cambridge, Einbrecher auf Yachten und Leute auf olivgrünen Lastwagen gehörten, die Rhyd und Camilla mit Maschinengewehren niedermähten und sie anschließend verbrannten. Sie arbeitete völlig lautlos, diese Maschinerie. Ich war mir nicht einmal sicher, daß sie überhaupt existierte. Aber ich mußte sie finden, in sie hineinkriechen und sie auseinandernehmen. Morgen früh würde ich damit beginnen.

Ein Dory kam über das Wasser auf mich zu. Der Mann an den Riemen war breit genug, um über die Bordwände hinauszuquellen. John.

Er wandte mir den Kopf zu und sagte: *»Howdy.«*

Die gelassene Stimme, die über die glatte See kam, war sehr beruhigend.

»Haben Sie Lust, auf ein Bier mitzukommen?« fragte er.

»Nein.« Ich wollte nur irgendwo nett und ruhig sitzen und über die Maschinerie nachdenken.

John zog den unvermeidlichen Tampen aus der Tasche und begann einen türkischen Bund zu flechten. Nach einer Weile sah er mich an. Seine schwarzen Augen blickten klar und ruhig. »Wie geht's denn so?«

Ich wußte, daß er nicht nach meiner Gesundheit fragte. »Der Kerl, der Rhyd umgebracht hat – Poliakoff hat ihn hierher einfliegen lassen. Vielleicht können wir ihn vor Gericht stellen.«

»Hier?«

»Anscheinend ist das möglich.«

Er kämmte mit den Fingern seinen grauen Bart. »Schön«, sagte er.

»Wie sind Sie als Leibwächter?« fragte ich.

Er sah auf den Knoten hinunter. »Ich hab's nie versucht.«

»Könnten Sie morgen anfangen?«

Seine Zähne blitzten im Bartgestrüpp auf. »Na klar«, sagte er.

»Und jetzt können Sie mir vielleicht einen Ankerplatz zeigen, wo mich niemand findet.«

Er steckte den Knoten in die Tasche und zeigte mir auf der Karte eine Bucht, die in eine kleine Insel hineinführte; auf der Insel waren keine Straßen. Ich warf los, lief unter Motor um die Landspitze in die graue Dämmerung und ankerte schließlich in der Bucht. Es gab keine anderen Boote, keine Lichter an Land, nur Tausende von Vögeln. Ich trank ein Bier. Unter normalen Umständen hätte ich die Zeit bis zur vollen Dunkelheit sehr zufrieden damit verbringen können, die einzelnen

Vogelarten zu bestimmen und zu beobachten. Heute nicht. Ich dachte an die Tatsache, daß Ras Hamil sich jetzt im selben Lande befand wie ich.

Ich war müde, aber ich schlief schlecht und wachte auf, als der Morgen dämmerte. Die Ketsch schwebte wie ein Raumschiff in einem silbrigen All von Nebel. Ich startete die Maschine und lief auf verschiedenen Kompaßkursen nach Quogue zurück. John stand neben dem Pingpongtisch auf dem Brunnendeck und angelte. Es war ein ruhiger Morgen; eine metallisch aussehende See, Nebel in riesigen Kissen vor dem Hafen. Ich ging an die Muringboje und machte fest.

»Geht's los?« fragte er.

»Ja.«

Er war ungefähr dreihundert Meter entfernt, aber keiner von uns hatte lauter als gewöhnlich sprechen müssen; unsere Stimmen trugen mit großer Deutlichkeit über das Wasser.

»Ich will eben noch das Gemüse gießen«, sagte er.

John fütterte die Enten auf dem Floß und verschwand unter Deck. Kurze Zeit später tauchte er wieder auf, stieg in sein Dory und kam herübergerudert. »Steigen Sie ein«, sagte er.

Ich stieg an Bord. »Sehr hübsch, John«, sagte ich.

Er machte ein etwas verlegenes Gesicht und begann zu rudern. Er trug ein Sportsakko aus Acryl, das weinrot und leuchtend grün kariert war und in das er nur mühsam hineinpaßte. Der Kragen seines weißen Nylonhemds wäre vielleicht zugegangen, wenn sein Halsumfang fünf Zentimeter weniger gemessen hätte. Ein schwarzer Lederschlips und die üblichen Levis vervollständigten seine Garderobe. Sein Haar hatte er mit viel Pomade gebändigt. Die Gesamtwirkung war ziemlich atemberaubend. Er sah bizarr aus, aber gleichzeitig auch gefährlich.

»Danke, daß Sie mitkommen«, sagte ich.

»Klar«, sagte er und entspannte sich merklich. Ich fuhr die vierzig Meilen nach Bar Harbor, dann wieder aus der Stadt heraus in die Wälder und schließlich in die Einfahrt von Charis Browns Ferienhaus.

»Es dauert nur eine Minute«, sagte ich.
»Wer ist da drin?« fragte John.
»Zwei Universitätsprofessorinnen.«
»Tragen sie Messer bei sich?«
»Bestimmt keine gefährlichen.«
Er grinste, zog den Tampen aus der Tasche und begann mit seinen Knoten. »Viel Glück«, sagte er.

Charis Brown trug noch immer ihr kariertes Hemd und die Jeans, hatte heute aber keine Schürze an. Sie war im Zimmer mit den Bücherregalen. Caroline Impey war auch da. Dr. Impeys Haar war offen, voller Locken und blond. Ihr Mund war etwas zusammengekniffen, die Augen unter den rosa Lidern wirkten nervös. Nur gut, daß John im Wagen geblieben war. Wir schüttelten uns die Hand. Charis' Hand war warm und fest. Sie schien ehrlich erfreut, mich zu sehen. »Dr. Impey war der Meinung, ich sollte mit dabeisein und sozusagen als ... Schiedsrichter fungieren. Vielleicht kann ich ja auch etwas zum Verständnis beitragen.« Sie lächelte Dr. Impey zu, die nervös zurücklächelte und ihre Augen niederschlug. »Nun denn, Caroline«, sagte sie, »was können Sie uns erzählen?«

Dr. Impey zwinkerte mit den Augen wie eine Maus, die just in dem Augenblick auf die Bühne spaziert kommt, als der große Scheinwerfer angeht. »Ich kann mir nicht vorstellen«, sagte sie, »warum irgend jemand so etwas getan haben sollte.«

»Was getan haben sollte?« fragte Charis Brown.

»Diese Probe zu bestrahlen.«

Charis Brown sagte ruhig, aber bestimmt: »Würde es Ihnen etwas ausmachen, uns die Sache von Anfang an zu erzählen?«

Mir wurde klar, daß sie ein bemerkenswert effektives Ausschußmitglied abgegeben haben würde. Dr. Impey zwinkerte mit ihren rosa Augenlidern und schien der Panik nahe. »Sie haben also Fortschritte gemacht«, sagte ich zu ihr.

Daran konnte sie anknüpfen. Sie schürzte die Lippen, reckte ihr mausähnliches Kinn in die Höhe und sagte: »Sicher. Ich habe Teile der Probe einer Reihe von Tests und Analysen unterzogen ...«

»Ich fürchte, wir sind nicht so mit der Terminologie vertraut«, sagte ich. Sie fing an, wie eine Maus auszusehen, in der sich Gefühle von Überheblichkeit breitmachen. »Könnten Sie uns vielleicht nur eben eine Zusammenfassung Ihrer Schlußfolgerungen geben?«

Sie lächelte verhalten und hob ihr Kinn. »Ich formuliere es also in einer für Laien verständlichen Sprache: Radioaktivität ist die Emission ionisierender Strahlungen, die mit Hilfe einer Reihe von Geräten entdeckt und gemessen werden können. Im Falle einer, sagen wir mal, zufällig kontaminierten Probe gäbe es viele radioaktive Signaturen, wie wir sie nennen können.« Charis Brown unterdrückte ein Gähnen. Ihre Augenbrauen waren tief heruntergezogen. Offensichtlich behagte ihr dieser Vorlesungsstil nicht. »Aber diese Probe ist anders. In dieser Probe ist nur ein Element präsent. Ich nehme an, daß es sich um ein radioaktives Jod-Isotop handelt.« Sie machte eine Pause. Eine bedeutsame Pause. Eine Einladung an die Intelligenteren unter den Studienanfängern, jetzt nachzuhaken.

»Was kann man daraus also schließen?« fragte ich.

Sie sah jetzt aus wie eine Maus, die die Witterung eines prächtigen Käses aufgenommen hat. »Radioaktive Jod-Isotope haben eine Reihe von nützlichen Charakteristika. Wie alle Isotope können sie als Markierungsstoff dienen.«

»Markierungsstoff?«

»Wie bei den Tracer-Mechanismen. Möglicherweise als in Röntgengeräten sichtbare Markierungsstoffe im menschlichen Körper, mit denen man zum Beispiel verstopfte Lymphgefäße aufspüren kann. Jod ist besonders nützlich in der Landwirtschaft. Wenn man es auf eine wachsende Pflanze sprüht, wird die Frucht dieser Pflanze nicht-toxisch markiert – *spezifisch* markiert – und bleibt es, bis sie vernichtet wird. Ich denke, wir können die Hypothese aufstellen, daß Ihr Mehl aus einem derart markierten Korn gewonnen wurde.« Sie schniefte kurz; eine Maus, die nicht gewillt war, sich etwas zu vergeben. »Obgleich ich, wie ich schon zu Beginn dieses Seminars –

dieser Unterhaltung – sagte, nicht die geringste Ahnung habe, warum man so etwas tun sollte.«

Ich begegnete ihrem Blick und lächelte ihr zu. Sie lächelte etwas nervös zurück. »Ich danke Ihnen sehr für diese scharfsinnige Analyse, Doktor«, sagte ich.

»Es war mir ein Vergnügen«, erwiderte sie. Einen Moment lang sah sie so aus, als ob es ihr wirklich ein Vergnügen gewesen war.

Miss Brown sagte: »Irgend jemand hat also Getreide radioaktiv markiert. Und wir wissen nicht, wer das war oder warum er das getan hat.«

»Das ist richtig«, sagte Dr. Impey.

»Fällt Ihnen dazu irgend etwas ein, Charis?« fragte ich.

Sie zuckte die Schultern und sagte: »Ich habe Ihnen das schon beim letztenmal gesagt. Hilfe für die Dritte Welt und Geheimagenten sind wie Bohnen und Speck. Ich bin an Geheimagenten nicht interessiert.«

Dr. Impey fand sich plötzlich am Rande der Aufmerksamkeit. Sie lächelte etwas hilflos, und ihre Augen wanderten zwischen uns hin und her. Ich hatte den Eindruck, daß sie noch etwas sagen wollte, aber nicht sicher war, ob das auch passend sei. Schließlich kam sie doch damit heraus: »Entschuldigen Sie meine Frage, aber sind Sie vielleicht der George Devis, der die ›Neuen Eklogen‹ geschrieben hat?«

Im ersten Moment war ich enttäuscht. Dann war ich verblüfft, so wie ein Chirurg, der auch Fußball spielt, verblüfft wäre, wenn ihm jemand einen Ball zuspielt, während er gerade operiert. »Ja«, sagte ich, »das bin ich.«

Sie biß sich auf die Unterlippe. Die Selbstsicherheit, die sie auf dem ihr vertrauten Gebiet gezeigt hatte, war verschwunden. »Würden Sie ... ich meine, wir haben eine Gesellschaft für Poesie am College. Wir treffen uns jede Woche zu Lesungen und Vorträgen. Heute abend ... nun ja, vermutlich haben Sie ja schon etwas vor.«

Unter normalen Umständen verursachen mir derartige poetische Gesellschaften das kalte Grausen. Aber die Umstände waren nicht normal. Daher sagte ich: »Es wird mir ein Vergnügen sein zu erscheinen.«

Ihr Gesicht wurde so rosa wie ihre Augenlider. »Das wäre wirklich wunderbar! Wir treffen uns um sechs Uhr dreißig im Wyeth-Saal der Universität. Ein Glas Wein gibt es auch. Kommen Sie doch auch mit, Charis.«

»Portland ist mir zu weit weg für ein paar Gedichte. Selbst wenn sie von George sind.«

»Oh, aber Sie sollten es doch wenigstens versuchen«, sagte Dr. Impey. »Jetzt muß ich aber zurück.«

»Bis später also, Doktor«, sagte ich.

Sie sagte: »Caroline.« Dann ging sie.

Charis Brown schüttelte mir die Hand. Ihr Händedruck war fest. »Das war wirklich eine nette altruistische Geste«, sagte sie.

»Eitelkeit und Neugier zu gleichen Teilen«, sagte ich.

»Natürlich.« Immer noch hielt sie meine Hand fest. »George, ich habe eine gute Meinung von Ihnen gewonnen. Ich sähe es nicht gern, wenn man Ihnen Schaden zufügte.«

»Wie meinen Sie das?«

»Irgend jemand hat sich sehr viel Mühe gegeben, dieses Getreide zu markieren. Ein recht ungewöhnlicher Aufwand. Ein weiser Mann ließe schlafende Hunde ruhen.«

»Hilfsmaßnahmen und Geheimagenten?« sagte ich.

»Genau das.«

Ich lächelte sie an. »Danke sehr«, sagte ich.

Ihre Augen blickten besorgt. »Aber Sie werden nicht aufhören, Fragen zu stellen?«

»Irgendwann schon«, sagte ich.

»Kommen Sie mich besuchen?«

»Natürlich.«

Damit ging ich nach draußen, zurück auf die Einbahnstraße, die zum Herzen der Maschinerie führte.

18

Im Wagen blickte John von der geflochtenen Schnur auf, mit deren Hilfe er die Geheimnisse des Universums erkundet hatte. »Wohin, Boß?« fragte er.

»Nach Portland. Aber sehen wir, daß wir erst mal etwas in den Magen kriegen.«

Der Schalthebel faßte sich anders an. John hatte den Knopf mit einem Türkischen Bund umflochten. Wir hielten an einem billigen Freßlokal. Ich bestellte ein Steak und Salat; Athletennahrung angesichts der bevorstehenden poetischen Herausforderungen. John bestellte Speck und Eier, Würstchen und das den ganzen Tag über erhältliche große Spezialfrühstück, das aus einem Riesenstapel Pfannkuchen bestand, und tränkte das ganze reichlich mit künstlichem Ahornsirup.

»Reine Energie«, sagte er. Er aß schweigend. Anschließend zog er seine Knotenschnur aus der Tasche, und wir gingen zum Wagen zurück.

Ich schob Rhyds Kassette wieder in den Recorder ein. Felsen und Bäume zogen am Fenster vorbei. Camilla hatte immer auf einer Gitarre mit Nylonsaiten gespielt und in ihrem Gesangsstil ein Joan-Baez-Vibrato entwickelt. Als wir in dem Haus am Sweigh wohnten, hatte ich Lieder für sie geschrieben: poetische Lieder, die viel zu ausgeklügelt waren. Rhyd hatte sie nicht gemocht. Aber er hatte erfolgreich versucht, Camillas Rhythmusgefühl zu entwickeln. Und jetzt hörte ich ihre Stimmen wieder aus den Lautsprechern, wie sie ein Lied über einen der frühen Flieger sangen, der zu einer Notlandung gezwungen war:

Look out that window, Mavis,
Did Gabriel blow his horn?
It's worse than that there, Elmer,
There's a birdman in the corn.

(Sieh aus dem Fenster, Mavis,
Blies Gabriel sein Horn?
's ist schlimmer als das, Elmer,
Ein Flieger ist im Korn.)

Der Flieger ging mit der Tochter des Farmers über alle Berge. Der Farmer war ärgerlich über den Verlust der Ernte, die das Flugzeug vernichtet hatte, aber er war traurig über den Verlust seiner Tochter. In seiner Thematik lag der Text nicht in der Hauptrichtung von Rhyds Liedern.

Es war nur die Doppelspuraufnahme einer Gitarre und dazu ein Baß; kein Banjo, keine Geige. Ich meinte sie schon irgendwo einmal gehört zu haben, und zwar mit einem Banjo als Rhythmusinstrument. Aber wo das gewesen war, wußte ich nicht mehr. Das spielte auch keine Rolle. Was eine Rolle spielte, war, daß es sich hier um »Teil zwei« handelte. Was immer das auch bedeuten mochte.

Wir hörten uns das Band zweimal an. Es waren drei Songs darauf. Einmal der »Flieger im Korn«, der harmlos war. Dann ein Song mit dem Titel »Mr. Coffee«, eine Art Hymne über einen apokalyptischen Besucher in einem Dorf. Das klang schon beziehungsreicher. Aber der Text war unspezifisch, enthielt keine Tatsachen. Und schließlich gab es eine Version vom »Halleluja-Baum«. Der Text war gleich. Aber bei dieser Version hatte Rhyd noch einen Vers angehängt.

Wenn das Buch des Lebens geschrieben wird,
Zu dem dies der Schlüssel ist,
Wird der Herr es in der Bibliothek aufstellen,
Dort beim Halleluja-Baum.

Das klang mehr nach Informationen. Aber der »Halleluja-Baum« war in Äthiopien. Und was er mit dem Buch des Lebens meinte, wußte ich nicht. Vielleicht hätte Bill etwas damit anfangen können.

Ich ließ die Kassette herausspringen und versuchte mich zu

erinnern, wie so eine Dichterlesung vonstatten zu gehen pflegte.

Um sechs Uhr kamen wir vor der Universität an und parkten nicht weit vom Wallace Institute. Caroline Impey erwartete uns vor dem Wyeth-Saal. Sie trug ein dunkelgrünes Schürzenkleid mit einem rosa Rollkragen. Ihr Lächeln erstarb, als ihr Blick auf Johns Jackett und seinen Lederschlips fiel. »Ein Mitarbeiter«, sagte ich. »Eine internationale Autorität auf dem Gebiet seemännischer Knoten.«

John entblößte seine Zähne, und Caroline Impeys Blick fiel auf den großen Türkenbund an seinem Handgelenk. »Ah«, sagte sie. »Nun denn. Ich konnte leider nur fünfzig Leute zusammenbekommen.«

Fünfzig Leute innerhalb von zwei Stunden zusammenzutrommeln erschien mir ein außerordentlich gutes Ergebnis. Sie saßen in einem Vortragsraum mit hufeisenförmig angeordneten Bänken. Ich las aus dem Bibliotheksexemplar der »Neuen Eklogen«. Sie blieben die ganze Zeit wach und stellten hinterher auch noch Fragen.

»Die pastoralen Motive«, sagte ein Mann mit sehr dicken Brillengläsern. »Wie viele davon beruhen auf direkten, persönlichen Beobachtungen?«

Ich versuchte mich zu erinnern. Aber zwischen mir und den pastoralen Motiven wogte ein blutiger Atlantik.

Am Ende der Veranstaltung war Dr. Caroline Impey entzückt. Ihre Aktien waren offenbar gewaltig gestiegen. Wir gingen an die Bar. Sie hatte ihre rosa Augenlider dunkler geschminkt. Über ihrem Glas Chardonnay sah sie mich an wie eine Maus, die unerwartet einen Zugang zur Speisekammer entdeckt hat.

»Das war wunderbar«, sagte ich.

»Für uns auch«, sagte sie. »Könnten Sie nicht noch einmal kommen?«

»Sagen Sie mir nur Bescheid.«

»Das werden wir tun.« Sie lächelte. »Ich muß nach Hause zu meinem Mann. Er macht sich nichts aus Gedichten. Er weiß gar nicht, was ihm entgeht.« Sie wurde rot und rettete sich in die Sachlichkeit. »Sagen Sie, warum interessieren Sie sich für diese Mehlprobe?«

»Ich versuche, ihren Weg von einem Feld in Amerika zu ihrem Bestimmungsort in Afrika zu verfolgen.«

»Ah.« Sie betrachtete nachdenklich ihr Glas. Plötzlich hatte sie überhaupt nichts Mausartiges mehr an sich. »Warum?«

»Neugier«, sagte ich. »Bezüglich einer Reihe von Vorfällen in der Dritten Welt.«

»Ich sollte eigentlich nicht ... ich kann Ihnen nicht wirklich helfen. Ich meine, es ist nur ein Gerücht.«

»Ich bin ein Dichter, kein Wissenschaftler. Ich lege nicht so strenge Maßstäbe an Beweise.«

Sie lächelte etwas unsicher und nahm einen großen Schluck Wein, um sich Mut zu machen. »Ich habe mir erlaubt ... ich, äh, ließ einen meiner wissenschaftlichen Assistenten die Fachliteratur durchsehen.« Sie sah jetzt sehr nervös aus.

»Und was heißt das?«

»Es ist kein großes Fachgebiet«, sagte sie. »Ich meine, nicht viele Getreideanbauer fühlen sich bemüßigt, ihre Produkte zu markieren. Daher dachte ich ... nun, heute nachmittag sagte ich meinem Assistenten, er solle einmal die einschlägigen Veröffentlichungen durchsehen. Wir haben vier Spezialisten gefunden. Ich habe Nachforschungen angestellt. Und wir haben einen Bericht über ein Experiment entdeckt, das letztes Jahr im Mittleren Westen durchgeführt wurde.«

»Bitte etwas langsamer«, sagte ich.

Sie lächelte. Ihr Selbstbewußtsein nahm wieder zu. »Es war eine höchst interessante Übung«, sagte sie, »und ich denke, wir haben herausgefunden, wer Ihre Getreideprobe markiert hat.«

Ich starrte sie an.

»Den Namen des Wissenschaftlers kann ich Ihnen nicht sagen, wohl aber den des Farmers.«

»Wunderbar«, sagte ich.

»Es war in Ohio. Irgendwo bei Cleveland. Sein Name ...« Ihr Blick ging hastig von links nach rechts. John knüpfte, wie üblich, an seiner Zierknotenschnur, vor sich ein Glas Orangensaft. »Sein Name ist Bruno Wanamaker. Das Isotop entsprach dem in Ihrer Probe. Es könnte theoretisch ein Zufall sein, aber es ist sehr unwahrscheinlich. Äh ... ich hätte gern, daß diese Sache unter uns bleibt.«

»Selbstverständlich«, sagte ich. Ich trank meinen Wein aus und stand auf. »Ich bin Ihnen sehr dankbar.«

»Von mir haben Sie kein Wort erfahren.« Hinter ihrem Lächeln spürte ich die Angst – so, als hätte sie etwas getan, was sie jetzt schon bereute. »Besonders wenn Sie mit Charis reden. Charis ist sehr ... genau. Sehr diskret.« Dann gab sie sich einen Ruck. »Also jedenfalls danke ich Ihnen sehr für die Lesung. Es war wirklich sehr schön.« Ihre Augenlider flatterten. Ich küßte sie auf die Wange und stellte fest, daß ich dabei an Ricky Lee dachte. John sah angestrengt in die andere Richtung. Wir verließen das Gebäude.

Als wir im Mustang saßen, sagte John: »Sie ist hinter Ihnen her, Mann.«

»Machen Sie sich darüber keine Gedanken«, sagte ich. Ich dachte immer noch an Ricky Lee. »Wir fahren nach Cleveland.«

Nach Quogue zurückzufahren war mir einfach zuviel, daher gingen wir in ein Motel am Flughafen. Ich zog mich in mein Zimmer zurück und rief die Auskunft an. Es gab nur einen Bruno Wanamaker in Ohio. Er wohnte in der Nähe von Ganges, südwestlich von Cleveland. Dann rief ich Bethel Bay an, aber dort meldete sich niemand. Also schrieb ich einen Brief an die Jungen. Durch den Ventilator der Nach bartür drang Sinsemilla-Rauch, gemischt mit den Klängen der »Grateful Dead«.

Am nächsten Morgen brachte uns der Motelbus zum Flughafen, und wir nahmen den Flug nach Cleveland um 10.44 Uhr.

Das Herz schlug mir bis zum Halse, wie immer, wenn es ans Fliegen ging. Mühsam schluckte ich die Angst hinunter und schickte ein Gebet gen Himmel. John trank vier Flaschen Bier und betrachtete mit offensichtlichem Interesse die unter uns vorbeiziehende Landschaft. Er trug seine »Leibwächteruniform«, wobei er jedoch das Nylonhemd durch ein T-Shirt ersetzt hatte, das mit einem von Rosen umrahmten Totenschädel geschmückt war. Auf die Lederkrawatte hatte er allerdings nicht verzichten wollen. Ich schloß die Augen, als der Pilot die Maschine hart auf die Piste aufsetzte. Als wir schließlich einen Wagen gemietet hatten und auf Südwestkurs davonfuhren, war es vier Uhr nachmittags.

Wir kamen in eine Landschaft voller Scheunen und Silos. Die Scheunen waren rostrot und kupfergrün. An einigen der Gebäude war die Farbe schon ausgeblichen und begann abzublättern. Aber die Weizenfelder bildeten ordentliche Vierecke leuchtenden Grüns, getönt von dem Blau des reichlich ausgebrachten Stickstoffdüngers. Um sechs Uhr waren wir da.

Bruno Wanamaker wohnte in einem viereckigen, rostroten Holzhaus mit weißgestrichenen Fensterrahmen. Das Haus stand genau im Zentrum eines großen grünen Rasens mit zwei symmetrisch gepflanzten Ahornbäumen und einem weißen Lattenzaun. Der kurzgeschnittene Rasen wiederum lag in der Mitte von vier L-förmigen Koppeln. Auf einer der Koppeln grasten drei elegante braune Pferde. Hinter den Koppeln, östlich vom Haus, stand eine Scheune, deren Walmdach mit Zedernschindeln gedeckt war, die im Lauf der Zeit einen silbrigen Schimmer angenommen hatten. Der Himmel war blau und völlig klar. Nur am östlichen Horizont lag eine dicke Gewitterwolke. Die untergehende Sonne zeigte jede Furche und jede Ausbauchung der Wolke, so wie man auch jeden Wulst und jede Rinne in der Wellblechverkleidung der großen Lagerhäuser und Silos hinter der hölzernen Scheune erkennen konnte.

»Ein Möchtegern«, sagte John.

Das stimmte vielleicht, wenn man die Stahlgebäude außer acht ließ.

Wenn man sie allerdings berücksichtigte, dann war es eine recht ansehnliche Fabrikanlage. Ich fuhr die tadellose Asphaltstraße entlang, die zur Rückseite des Hauses führte, und parkte neben zwei Pick-ups und einem Lincoln Continental. John paßte hierher wie ein Stahlschreibtisch in die Werkstatt eines Kunsttischlers. »Bleiben Sie im Wagen«, sagte ich. Er zog die unvermeidliche Schnur aus der Tasche und begann zu knüpfen. Ich ging zum Haus und läutete.

Eine Frau öffnete mir. Sie hatte ein graues Gesicht, eine Brille und farblose, lange Haare, die sie offen trug, wofür sie eigentlich nicht mehr jung genug war. Sie hatte eine weiße Bluse an mit einem Kragen, der mich an die Papierkrause an einem Lammkotelett erinnerte; dazu einen gerade geschnittenen schwarzen Rock, der bis zu den Knien ging. Sie sah tüchtig, aber ziemlich abweisend aus. »Wohnt Mr. Wanamaker noch hier?« fragte ich.

Sie musterte mich mit dem schnellen, prüfenden Blick der Privatsekretärin. »Ich glaube nicht, daß er Sie erwartet«, sagte sie. Was sie da vor sich sah, war ein mittelgroßer, schlanker Mann in einem annehmbaren Jackett mit einer anständigen Krawatte, der dringend einen Haarschnitt brauchte und der mit einem englischen Akzent sprach. Sie runzelte die Stirn und sagte: »Hab' ich Sie nicht schon irgendwo mal gesehen?«

»Vielleicht im Fernsehen?« sagte ich.

Sie runzelte erneut die Stirn, doch dann errötete sie plötzlich bis zu den Haarwurzeln. »Oh«, sagte sie. »Natürlich. Ich sah Sie in der Nachrichtensendung ›News Actuality‹, nicht wahr? Sie sind doch der Mann, der die Probleme mit seinem Boot hatte? Und die Geschichte aus Äthiopien?« Sie streckte mir ihre Hand entgegen, die ich ergriff und schüttelte. Sie schwitzte vor Begeisterung. »Ach, einen Moment«, sagte sie, sich auf ihre Pflichten besinnend, »Sie sind doch wohl nicht hergekommen ... um Spenden zu erbitten?«

»Keineswegs«, sagte ich, wobei ich mich bemühte, mein

bestes Fernseh-Lächeln aufzusetzen. »Ich muß nur kurz mit Mr. Wanamaker sprechen.«

»Das ist gut«, sagte sie ernsthaft. »Kommen Sie herein.«

Bruno Wanamaker war ein kleiner, braunrot aussehender Mann mit büscheligem blondem Haar, das dabei war zu ergrauen. Er saß in einem ledernen Drehsessel vor einem Schreibtisch mit einem Computer, einem Bildschirm mit den Börsennotierungen und einem kompliziert aussehenden Telefon. Er trug ein Lederjackett und Gucci-Mokassins. An der Wand hing ein Kalender vom Moorings Beach Club, Antigua, und das Foto eines grauen Kanonenboots aus dem Zweiten Weltkrieg mit einem jüngeren, noch voller behaarten Wanamaker, der grinsend auf der Brücke stand. Ich wußte nicht viel über amerikanische Farmer, aber er sah jedenfalls wesentlich kosmopolitischer aus als der durchschnittliche Bauer aus dem östlichen Mittelwesten. Seine Sekretärin stellte mich vor: »Dies ist Mr. Devis.«

Seine Augen waren von einem verschwommenen Blau und sehr wachsam. Sie blieben von seinem Lächeln völlig unberührt. »Devis«, sagte er. »Verwandt mit dem alten Dandy Devis?«

»Ich bin Engländer«, sagte ich.

»Das ist Dandy auch«, sagte er grinsend, als ob er irgendwie Punkte gesammelt hätte. »Was können wir für Sie tun?«

»Es geht um eine ziemlich heikle Geschichte«, sagte ich.

»Verkaufen wollen Sie sicher nichts«, sagte er, »so, wie Sie aussehen, und so spät, wie Sie hier ankommen. Also spucken Sie's schon aus.«

»Sie bauen Weizen an, nicht wahr?«

»Wie mein alter Bootsmann zu sagen pflegte: Scheißt ein Bär in den Wald?«

Ich lächelte und versuchte den Eindruck zu erwecken, daß ich diesen Ausdruck noch nie gehört hätte. »Innerhalb der letzten zwei Jahre haben Sie eine Ladung nach Äthiopien verkauft.«

Er zuckte die Schultern. »Wir ernten fünfundzwanzigtausend Tonnen pro Jahr. Wen kümmert's schon, wohin es geliefert wird, solange der Preis stimmt?«

»Natürlich«, sagte ich. Waren seine Augen nicht noch eine Spur wachsamer geworden? »Aber mit einem Teil dieser Ladung hatte es ... eine besondere Bewandtnis.«

»Weizen ist Weizen«, sagte er. Wieder dieses Grinsen, als ob er Punkte gesammelt hätte.

»Irgend jemand kreuzte hier auf und verlangte von Ihnen, daß Sie ein Feld mit einem radioaktiven Jod-Isotop besprühen sollten«, sagte ich. »Das war das Besondere an der Ladung.«

Jetzt war er ganz entschieden auf der Hut. »Wie kommen Sie darauf?«

»Man hat es mir erzählt.«

»Entweder glauben Sie dann, was man Ihnen erzählt hat, oder Sie glauben es nicht.« Er lächelte. »Ich sehe nur keine Möglichkeit, wie ich Ihnen helfen kann.« Sein Gesicht war keineswegs fett. Es war rund, aber so hart wie rosa Granit. Es war das Gesicht eines Mannes, der seit seiner Entlassung aus der US-Navy nichts anderes getan hatte, als aus Land Geld zu machen.

»Ich versuche, den Weg dieser Lieferung zu verfolgen«, sagte ich. »Sie könnte mit einem Schwerverbrechen in Zusammenhang stehen. Einem Doppelmord.«

»Sind Sie Polizist?«

»Meine Schwester war eine der ermordeten Personen.«

Er zog die Augenbrauen hoch. »Faszinierende Geschichte«, sagte er. »Tut mir leid, das mit Ihrer Schwester. Diese Markierung, soviel kann ich Ihnen erzählen, wurde auf Wunsch eines Maklers vorgenommen, der wiederum Anweisungen von einer Regierungsstelle bekommen hatte.«

Hungerhilfe und Geheimagenten, dachte ich. *Wie kommt man an so eine Regierungsstelle heran?* »Welche?« fragte ich.

Er lächelte. Es sah ganz so aus, als wolle er jetzt von sich sprechen. »Sir, ich bin ein guter Republikaner«, sagte er. »Ich weiß es nicht, und es ist mir auch egal. Ich weiß nur: Je weniger Regierung, desto besser. Ich sitze hier und beobachte einen Weizenpreis, der mir Magenschmerzen bereitet. Sie haben mir fünftausend Dollar zusätzlich zum reinen Getreidepreis bezahlt. Ich kann Ihnen versichern, daß man angesichts der Lage, in der sich die Landwirtschaft hier befindet, fünftausend Dollar nicht einfach ausschlagen kann. Nein, Sir, auf keinen Fall.« Seine Lebhaftigkeit verließ ihn, als habe er einen Schalter betätigt. Ich dachte an die Farmer in dem äthiopischen Dorf mit ihren Kornspeichern aus Lehm und ihren mit unendlicher Mühe aus den Blattfedern ausgedienter Lastwagen hergestellten Arbeitsgeräten. Esias wäre sicher sehr höflich gegenüber Mr. Wanamaker gewesen und hätte sich sein Teil gedacht. Camilla würde ihn mit ihrem unwiderstehlichen Lächeln dazu gebracht haben, das zu tun, was sie wollte.

Ich hingegen nickte mitfühlend und sagte: »Es ist jetzt überall nicht einfach«, und hoffte nur, daß mich ob dieser schwachsinnigen Bemerkung nicht der Blitz träfe.

»Nun ja«, sagte Wanamaker, »das ist alles, was ich Ihnen dazu sagen kann. Ich bin sicher, Sie haben noch andere Termine.« Damit drehte er seinen Sessel zum Schreibtisch herum und begann, auf der vor dem Bildschirm befindlichen Tastatur herumzuhacken.

»Vielen Dank für Ihre Hilfe«, sagte ich. Er nickte, schon mit etwas anderem beschäftigt. Ich verließ den Raum.

Die Sekretärin erwartete mich, besorgt lächelnd, im vorderen Büro. »Ich hab' alles über die Sprechanlage mitbekommen«, sagte sie. »Es tut mir wirklich leid. Bruno ... er ist nicht immer so. Es ist nur, daß Weizen im Augenblick wenig Geld einbringt, und es ist das Ende des Tages ... der Woche ...«

Ich wischte mir die vor Wut feucht gewordenen Handflächen am Futter meiner Jackentaschen ab. »Ich verstehe schon«, sagte ich. Die arme Frau rang ihre Hände. Oh, der Zauber des Fernsehens. »Ich wollte von ihm ja nur den Namen des Maklers erfahren, nichts weiter.«

Sie sah unwillkürlich über die Schulter. »Hören Sie«, sagte sie, nahezu flüsternd, »ich erinnere mich an diese Ladung. Sie war kleiner als üblich. Sie ging an J. J. Birdman in Cleveland.« Sie warf einen Blick auf die Tür. Wanamaker redete laut über Geld in sein aufgemotztes Telefon. Sie öffnete einen Aktenschrank und studierte einen Rechnerausdruck. »Ladungsnummer«, sagte sie, wobei sie etwas auf einen Zettel schrieb. Sie reichte mir den Zettel, legte gleichzeitig den Zeigefinger vor den Mund und zog die Augenbrauen hoch. »Er arbeitet zuviel. Im Grunde ist er ein sehr netter Mann.«

Ich faltete den Zettel zusammen und steckte ihn in die Tasche. »Ich habe mich wirklich sehr gefreut, Ihre Bekanntschaft zu machen«, sagte ich.

»Ich auch«, erwiderte sie. Ihre Stimme zitterte wie ein verwundeter Vogel. »Viel Glück«, flüsterte sie und drückte meine Hand.

Scotch John legte gerade letzte Hand an einen komplizierten Zierknoten. »Das ging aber schnell«, sagte er.

Ich fuhr zurück auf die Straße und fragte ihn: »Haben Sie je mit einem FBI-Agenten zu tun gehabt?«

»Nein. Nur mit der DEA.«

»DEA?«

»Der Drug Enforcement Administration. Eine Bundesbehörde, die sich mit der Drogenbekämpfung befaßt.«

»Das genügt schon. Können Sie sich wie einer von denen benehmen?«

John nickte langsam mit seinem großen Kopf. »Ich kann die richtigen Drohungen ausstoßen und die Leute weichprügeln.«

»Ich dachte eigentlich an eine weniger gewalttätige Art, das Gesetz zu vertreten.«

»Verzeihung, Sir«, sagte John. »Ich habe hier einen Befehl, diesen Wagen nach Substanzen zu durchsuchen, von denen ich Grund habe anzunehmen, daß sie gegen Bundesverordnungen verstoßen, die den Transport von Narkotika über die Grenze eines Bundesstaates verbieten.«

»Das hört sich sehr gut an«, sagte ich.

»Wohin fahren wir?"

»In ein Motel. Dann nach Cleveland, wo wir einige Getreidespediteure aufsuchen werden. Im Namen Ihres neuen Arbeitgebers, der Regierung der Vereinigten Staaten von Amerika.«

19

Am nächsten Morgen fuhr John, während ich von Zeit zu Zeit die Karte konsultierte. An kleinen Holzkirchen sammelten sich Leute in steifen Anzügen und Hüten. Wir entdeckten ein geöffnetes Bekleidungsgeschäft, hielten und stiegen aus. Ich sagte John, er solle sich etwas Passendes für einen FBI-Agenten kaufen, ging derweil zu einer Telefonzelle und rief die Firma Birdman an. Eine nasale Stimme sagte mir, daß sie geöffnet hätten und dabei wären, ein Schiff zu entladen. John tauchte wieder aus dem Laden auf; er trug einen erbsengrünen Anorak, ein dezent gestreiftes Baumwollhemd und kastanienbraune Polyesterhosen. Seine wilde Haarpracht hatte er zu einem Pferdeschwanz zusammengerafft, und die Augen waren hinter einer Rayban-Sonnenbrille verborgen. »Hier sehen Sie den FBI-Mann, der aus der Hölle kommt«, sagte er.

Während er weiterfuhr, erklärte ich ihm, was er tun sollte. »*Yeah*«, sagte er. »Das gefällt mir besser, als den Leibwächter zu spielen.«

Am späten Morgen streckte Cleveland seine schmutzigen Betonarme aus und geleitete uns in die Stadt. Bis wir am Ufer des Eriesees ankamen, war es 11 Uhr 30. Wir kamen an ein hohes Stahltor in einem langen Maschendrahtzaun. Das Tor stand offen. Wir konnten ein Schiff sehen, das an einem Kai festgemacht hatte. Es war groß und schwarz und hatte die Brücke weit vorn. Die Nähe zum Wasser schien John munter zu machen. »Binnenseeschiff«, sagte er. »Hat die Brücke ganz vorn, damit der Schiffsführer sieht, wo er hinfährt.«

Der Name J. J. Birdman stand auf einem hohen, eisernen Getreideelevator am Kai. Am Fuß des Getreidehebers befand sich ein Gebäude mit Fenstern aus dickem Glas und einem flachen Dach, das durch die ungeheure Höhe der daneben aufragenden Eisenwände fast wie ein Spielzeughäuschen wirkte. An einer der Türen stand BÜRO. Eine Reihe von Lastwagen wartete unter dem Getreideelevator, während Förderschnekken wie die Rüssel riesiger Insekten das Getreide aus ihren Anhängern saugten.

Wir ließen das Auto bei den Lastwagen stehen und betraten das Büro. Ich ließ John vorangehen.

Wir fanden uns vor einem Schalter, von dem die grüne Farbe abzublättern begann. Der Mann hinter dem Schalter sah nicht weniger mitgenommen aus. Er sah von seiner Zeitung auf und sagte fragend: »Ja?«

»Ich muß mit dem Boß reden«, sagte John.

Der Mann stank nach Zigarettenrauch. Ich konnte ihn von der Tür aus riechen, wo ich, Hände in den Jackentaschen, stehengeblieben war. »Wer sind Sie?« fragte er.

»Amtssache«, sagte John. »Wo ist Mr. Birdman?«

»Seit vierzig Jahren tot«, sagte der Mann. »Sie müssen sich an Mr. Cullis wenden.«

»*Yeah*«, sagte John.

»Sind Sie angemeldet?«

John lehnte sich auf den Schaltertisch. Seine verschränkten Hände sahen aus wie eine Vier-Pfund-Portion Schweinswürstchen. Er warf mir einen Blick zu und sagte: »Wir erbitten Ihre Unterstützung in dieser Angelegenheit.«

»Wer sind Sie?« fragte der Mann hartnäckig.

»Mr. Cullis erzählt's Ihnen vielleicht, wenn wir fertig sind«, sagte John. »Was ist jetzt, sagen Sie ihm Bescheid, oder muß ich reingehen und ihn holen?«

Der Mann sah John an. John erwiderte seinen Blick. Die Hand des Mannes zitterte leicht, als er sich eine Zigarette ansteckte. Dann griff er zum Telefonhörer und sagte: »Mr. Cullis? Hier sind zwei Leute, die angeblich von einer Regierungsbehörde kommen.« Er legte den Hörer wieder auf. »Er sagt, Sie sollen reinkommen.«

John wandte den Kopf und sah mich an. »Agent Fester?« sagte er. Ich folgte ihm durch das Büro, einige Stufen hinauf und in einen Raum mit einem Teppich und einem kahlköpfigen Mann.

Der Kahlköpfige lächelte gastfreundlich und bot uns Stühle an. »Wie kann ich Ihnen behilflich sein?« fragte er.

An diesem Punkt mußte John aufhören zu improvisieren und sich an den verabredeten Text halten. Er streckte die Beine von sich, zog das Kinn an die Brust und sagte: »Gemeinsame CIA/FBI-Untersuchung. Interne Rechnungsprüfung. Aufteilung der Verantwortlichkeit, Tätigkeitsbeschreibung. Ich habe hier eine Ladungsnummer, die von meiner Abteilung genehmigt wurde. Zur Bestätigung brauche ich jetzt den Namen des Empfängers.«

»Können Sie sich ausweisen?« Das verbindliche Lächeln verrutschte nicht, aber die Augen musterten John von oben bis unten. Getreidespediteure kannten sich mit Hilfslieferungen aus. *Hungerhilfe und Geheimagenten.*

John zog meine Brieftasche heraus und entnahm ihr meinen Leserausweis für die British Library. Er trat sehr nahe an den kahlköpfigen Mann heran, so daß dieser sich darüber klarwerden konnte – wenn er es nicht bereits gemerkt hatte –, daß er, wenn er aufstand, mit der Nase gerade nur bis an Johns Brustbein reichte. Der kahlköpfige Mann konnte sich nicht auf den Ausweis konzentrieren. Die Haut seines Schädels nahm einen blassen Glanz an.

»Also«, sagte John. »Bitte geben Sie Agent Fester jetzt die Informationen, um die ich Sie gebeten habe.«

Das Lächeln des kahlköpfigen Mannes war nervös geworden »Sicher«, sagte er. »Natürlich. Sofort. Geben Sie mir nur noch mal die Ladungsnummer.«

Ich trat einen Schritt vor. John kam wieder nach hinten, so als wolle er mir die Sache jetzt überlassen. »Ich gehe inzwischen zum Wagen«, sagte er. »Muß noch mal telefonieren.« Es war die Maßnahme eines Leibwächters: Sichere den Eingang.

Ich gab dem Mann die Ladungsnummer, die ich von Wanamakers Sekretärin bekommen hatte. Er gab sie in seinen Computer ein und sagte dann: »Datum – letzten November.

Empfänger – Aid Services, Port Sudan. Verfrachter – Emergency Relief Bureau.« Er lächelte. »Aber das wissen Sie ja schon.«

Ich nickte mit ausdruckslosem Gesicht und schrieb seine Angaben in ein Notizbuch. »Ich danke Ihnen für Ihre Mitarbeit«, sagte ich, als ich fertig war.

»Jederzeit«, sagte er.

Ich klapperte die Stufen hinunter. Draußen auf dem Betonplatz, wo die Lastwagen geparkt waren, schrie jemand. Ich konnte es hören, als ich durch das vordere Büro ging, verstand aber die Worte nicht. Ich öffnete die Tür.

Ich hörte das Brausen des Windes, der vom See hereinwehte, das mahlende Geräusch eines anlaufenden Dieselmotors und, alles übertönend, die Stimme eines Mannes. »Okay, Ihr Hurensöhne«, schrie sie, »bewegt schon eure Ärsche.«

Johns Stimme. Er stand am Wagen, groß wie ein Haus, in seinem erbsengrünen Anorak und mit seinem vom Wind zerzausten Bart. Ihm gegenüber, mit dem Rücken zu mir, standen zwei Männer mit breiten Schultern. Einer war schwarz, der andere weiß.

Sie blickten sich nicht um. Die Bürotür fiel hinter mir krachend ins Schloß. Der Weiße wandte den Kopf. Er hatte lange, flache Wangen und Backenknochen, die aussahen wie der Augenschutz am Sparringhelm eines Boxers. Plötzlich hatte ich ein hohles Gefühl im Magen, und mein Mund war wie ausgedörrt.

Das Gesicht kannte ich. Ich hatte es im Hafen von Quogue und auf der Ellerton Street in Cambridge gesehen. Es war das Gesicht des Mannes, der an Bord der HALCYON gekommen war und die Urne mit Mehl gestohlen hatte.

»Die haben versucht, in den Wagen einzubrechen«, sagte John.

Der Schwarze täuschte einen Schlag in Johns Gesicht an. John nahm die Arme hoch, um den Schlag abzublocken. Der Schwarze machte etwas anderes, was professionell und sehr schnell aussah. John machte »Uffh« und knickte zusammen.

Der Schwarze versetzte ihm einen Fußtritt. John fiel hintenüber. Es gab einen scheußlichen dumpfen Schlag, als sein Kopf auf den Zementboden knallte. Er stand nicht wieder auf.

Ich konnte nicht glauben, was ich da sah.

Aber es geschah tatsächlich.

Der Weiße hatte knorrige kurze Finger, die wie Tatzen aus den Ärmeln seiner Baseballjacke heraushingen und die er abwechselnd beugte und streckte. Das T-Shirt mit der schwarzen Faust, das er unter der Jacke trug, ließ seine Brustmuskeln deutlich hervortreten. Sein Gesicht war unbewegt. Er kam lässig auf mich zu; er hatte keine Eile.

Mir begannen die Knie zu zittern. Ich rief: »Polizei!« Die Tür und das Fenster hinter mir blieben geschlossen. »Polizei!« rief ich wieder.

»Schnauze«, sagte der Weiße. Sein Mund formte das Wort nicht. Ein Schlitz öffnete sich, und die Silben fielen heraus. Er näherte sich so unwiderstehlich wie ein Erdrutsch.

Ich hatte das Gefühl, meine Kehle wäre voll Sand und mein Magen vor Angst erstarrt.

Ich konnte sehen, was er vorhatte. Ich sah es in seiner plattgeschlagenen Nase, den Augenschlitzen des Killers, den breitgehämmerten Lippen. Er wollte mir weh tun. Auf welche Weise er das konnte, wußte ich bereits. Ich wußte aber nicht, warum.

Ich lief weg.

Ich rannte weg vom Tor, am Getreideelevator vorbei; meine Beine gingen wie Kolben auf und ab. Hinter mir rief jemand etwas. Maschinen dröhnten, und der Wind kam heulend vom See herein. Ich rannte in den Wind wie ein Kaninchen. Ich rannte am Büro vorbei. Ein Gesicht zeigte sich am Fenster. Ich schrie, aber ich konnte nicht sagen, ob ich auch einen Laut hervorbrachte. Mein Fuß rutschte auf einer braunen Schiene, die in den Boden eingelassen war. Ich war auf dem Kai und bewegte mich auf die hohe, schwarze Seite des Schiffes zu, das dort festgemacht hatte. Zu meiner Rechten erstreckten sich die Gebäude bis zum Wasser. Links war ein freier Streifen Kai, der auf der Landseite von dem Getreideelevator und auf der Seeseite durch den schwarzen Eisenrumpf des Schiffes begrenzt wurde.

Ich wandte mich nach links. Ich konnte die Schritte des Boxers hinter mir hören. Er war zu schwer, um schnell laufen zu können. Okay, dachte ich. Ich werde den Abstand halten, bis die Polizei kommt. Ich lief weiter den Kai entlang, zwischen Schiff und Elevator. Ich dachte: *Wenn ich erst am anderen Ende bin, kriegt er mich nie.*

Eine Gestalt bewegte sich plötzlich vor mir in der Lücke. Es war eine kräftige Gestalt, groß, mit breiten, abfallenden Schultern. Es war der Schwarze, der Scotch John niedergeschlagen hatte.

Der Getreideelevator zu meiner Linken war eine schwarze, eiserne Klippe. Eine eiserne Klippe, zu der eine Leiter hinaufführte. Oben gab es umlaufende Galerien.

Die Schritte hinter mir waren mühelos und locker; die Schritte eines Mannes, der daran gewöhnt ist, regelmäßig in der Halle zu trainieren, Langläufe zu machen und anderen Leuten die Köpfe einzuschlagen. Ich hörte immer noch den dumpfen Schlag, mit dem Johns Kopf auf den Boden knallte.

Ich haßte Leitern. Aber die Leiter schien mir die beste Möglichkeit.

Ich packte die eisernen Sprossen und begann zu klettern.

Ich kletterte schnell, so wie man in den Wanten eines Schiffes aufentert, Gewicht nach außen, Füße und Arme in schnellem, versetztem Rhythmus arbeitend. Klettern machte mir nichts aus. Aber das, was passieren würde, wenn ich oben war, machte mir zu schaffen.

Ich atmete inzwischen heftig. Der Schweiß lief mir in Strömen herunter. Durch die Sprossen der Leiter konnte ich die Schwingungen fühlen, die durch andere Hände und Füße verursacht wurden. Die eiserne Wand zog an meinem Blick vorbei. Ich wollte nicht nach unten blicken.

Aber ich mußte es tun.

Ich drehte meinen Kopf und sah hinab. Die Holme der

Leiter verengten sich in der Perspektive und umrahmten das blasse, nach oben gerichtete Gesicht des Boxers. Der geparkte Jeep unter ihm hatte die Größe eines Spielzeugautos. Meine Knie wurden weich. Der Mund des Boxers verbreiterte sich zu einem Lächeln, das mir wie der Schlitz eines Briefkastens vorkam. Die Höhe war das Problem. Schwindel, dachte ich. Ich begann zu brüllen. Schwindel.

Meine Hände begannen auf dem Eisen zu rutschen. Ich war fit, aber nicht so fit wie ein Boxer. Die Erschöpfung machte meine Bewegungen unkoordiniert. Ich blickte nach oben.

Ungefähr fünf Meter über mir führte die Leiter durch eine Öffnung in der Galerie. Oberhalb der Galerie strebte die eiserne Wand des Elevators weitere fünfzehn bis zwanzig Meter in die Höhe. Dort über dem Rand strömten die Wolken vorüber, so daß der Riesenturm zu schwanken schien. Ein neues Schwindelgefühl packte mich. Ich schob Kopf und Schultern durch die Öffnung und kletterte auf das Stahlgräting.

Okay, du Bastard, dachte ich. Hier krieg' ich dich, wenn du den Kopf durch das Loch steckst.

Dann dachte ich an einen Kampf hier oben, fünfundzwanzig Meter über dem Kai. Ich, der ich von Camillas altem Verehrer ein Wochenende lang auf dem Rasen unseres Hauses trainiert worden war; und er, ein professioneller Boxer. Das Geländer der Galerie bestand aus einer alle drei Meter unterstützten Eisenstange. Es war höchst einfach, zwischen Handlauf und Gräting durchzufallen und in den Abgrund zu stürzen.

Meine Knie gehorchten mir nur widerwillig. Ich taumelte zur Innenseite des Laufstegs, legte die Hände gegen die beruhigende Eisenwand des Elevators und begann, wie ein Betrunkener an der Wand entlangzuschlurfen.

Einige Meter vor mir tauchten plötzlich Kopf und Schultern des Schwarzen auf, der sich durch eine weitere Öffnung in der Galerie hindurchzwängte. Dicht hinter mir hörte ich den schweren Tritt des Boxers näher kommen. Eine Stimme sagte: »Du bist erledigt.«

Ich stand plötzlich an einer Tür. Es war eine Stahltür, die glatt mit der Wand abschloß. Ich drückte die Klinke herunter. Die Tür ging auf. Ich schoß hinein, schlug sie zu und suchte nach einem Riegel. Es gab keinen Riegel. Es gab wohl ein Schlüsselloch, aber keinen Schlüssel.

Meine Augen stellten sich auf das Halbdunkel ein.

Ich stand auf einer Galerie, dem Zwilling der Galerie draußen, nur daß diese hier unter Dach war. Sie führte an einer Reihe riesiger Vorratsbehälter entlang. Der durchdringende Geruch von Getreide hing in der Luft. Der ganze Innenraum war von Getreidestaub wie vernebelt. Ich hörte, wie hinter mir eine Tür geöffnet und kurz darauf wieder zugeschlagen wurde. Das Geräusch hallte in der riesigen Stahlhöhle wieder. Ich fing wieder an zu rennen. Der Atem pfiff in meiner Kehle. Ein Lichtstrahl kreuzte die Galerie vor mir, als eine andere Tür aufging. Wie von einem Scheinwerfer angestrahlt, stand da der schwarze Boxer. Die Sonne brachte die goldenen Ringe an seinen Händen zum Funkeln.

Der Schwarze blieb stehen, Das Geräusch der Schritte hinter mir verstummte. Ich blieb ebenfalls stehen. Weitere Türen gab es nicht.

Ich saß in der Falle. Die eine Seite der Galerie wurde von der Stahlwand begrenzt, an der sich irgendwelche Maschinenanlagen befanden, die andere von den Getreidebehältern. Vor mir und hinter mir meine Verfolger.

Hoch über mir hörte ich das Zwitschern von Spatzen. Für sie war es eine richtige Fettlebe. Der Staub reizte meine Kehle. Ich konnte meinen heißen, rasselnden Atem hören.

Der Schwarze sagte: »Du mußt langsamer machen, dich nicht so anstrengen.« Seine Stimme wurde von den Wänden metallisch zurückgeworfen.

»Wir werden dir weh tun«, sagte der Weiße.

»Umbringen sollen wir dich nicht«, sagte der Schwarze. »Man hat uns nur aufgetragen, dir weh zu tun.«

»Dir so weh zu tun, daß du lieber tot wärst«, sagte der Weiße.

»Dir sehr weh zu tun«, sagte der Schwarze.

»Weil du zu viele Fragen stellst«, sagte der Weiße.

»Und Fragen machen nur Ärger«, sagte der Schwarze.

Die Tür hinter ihm stand immer noch offen. Ich sah seine Zähne in der Sonne blitzen. »Und wenn du noch mehr Fragen stellst«, sagte er, »könntest du sterben.«

»Und wärst tot«, sagte der Weiße.

Der Schwarze schloß die Tür. Im Halbdunkel sah er riesig aus; sogar noch größer als der Weiße. »Fertig, Jackson?« fragte er.

Jackson schob die Ärmel seiner Jacke hoch und zog den Kopf zwischen die Schultern. »Fertig, Gerard.«

Langsam wie Spaziergänger, die eine Menge Zeit haben, kamen sie von beiden Seiten auf mich zu.

Ich sah auf die Getreidebehälter hinunter.

Sie waren mit Schatten gefüllt. Unterhalb der Schatten, in einer Tiefe von rund sieben Metern, schimmerte blaßgolden der Weizen. Ich stand an einer Stelle, wo ein Behälter an den anderen grenzte. Die Wand, die beide Behälter trennte, war oben vielleicht fünfzehn Zentimeter breit. Sie führte quer durch das Gebäude zum Laufsteg gegenüber, eine Entfernung von gut zwolf Metern.

Das Geländer war knapp einen Meter hoch. Ich stieg hinauf und begann hinüberzugehen.

Das Korn unter mir schimmerte wie eine Sanddüne. Die Behälter waren wie riesige Trichter. Lastwagen wurden unter ihnen geparkt, um beladen zu werden. Ich ging langsam und sorgfältig, wie ein Seiltänzer.

»Erschieß ihn«, sagte Gerard.

Verdammter Narr, dachte ich. *Du bist hier in Amerika, wo die Leute Revolver tragen. Nein,* sagte ich mir dann. *Sie sind nicht hier, um dich zu töten. Sie haben doch selbst gesagt, daß sie das nicht wollen.*

Mein Körper glaubte mir nicht. Ich bekam eine Gänsehaut,

während ich auf der schmalen Wand entlangbalancierte und auf die Kugel wartete.

Irgendwo hinter mir gab es eine gewaltige Explosion. Ich machte einen krampfhaften Sprung nach vorn. Ich hatte jetzt die Hälfte der Strecke geschafft. Ich geriet ins Taumeln, versuchte mein Gleichgewicht wiederzugewinnen.

Ich stürzte hinunter.

20

Mit einem dumpfen Schlag landete ich platt auf dem Rücken im Korn. Durch den Aufprall wurde die Luft aus mir herausgepreßt. Ich japste wie ein Fisch auf dem Trockenen und rutschte mit dröhnendem Kopf einen Hang von Getreidekörnern hinunter. Alles tat mir weh, und ich versuchte – anfangs vergeblich –, Luft in die Lungen zu bekommen. Daneben hatte ich in mir die Vorstellung einer Ameise, die den Sandtrichter eines Ameisenlöwen hinunterrutscht. Das Rutschen hörte auf. Es gelang mir, einen kleinen Atemzug zu tun, der voll war vom mehligen Geschmack des Getreidestaubs. Noch einmal holte ich Luft.

Ich lag auf dem Rücken am tiefsten Punkt der trichterförmigen Senke, die sich gebildet hatte, als Getreide aus dem Behälter abgelassen worden war. Ich lag fast bequem hier – abgesehen von dem Staub in den Lungen, den Schmerzen im Rücken und der Angst.

Und dem Geräusch.

Das hohe Dachgewölbe war voll von dem Geräusch. Es klang wie das Schreien eines Pfauen, nur ungeheuer verstärkt. Vielleicht aber doch kein Pfau, eher ein Rieseneisvogel, ein Lachender Hans.

Jackson und Gerard lachten.

Mühsam wälzte ich mich auf die Knie und Hände herum. Die Hände sanken in das Korn ein. Die Angst wurde zur Wut. *Ruf-einen-Schläger-an,* dachte ich. Mr. Sullivan und Mr. Wanamaker hatten ihre Anrufe gemacht. *Wenn ich hier rauskomme, werde ich herausfinden, wer am anderen Ende der Leitung war.*

Falls *du hier rauskommst.*

Wenn, sagte die Wut. Lacht nur, ihr verfluchten Hunde. Ich sah hoch. Eine der beiden Gestalten dort oben winkte mir zu.

Auf der anderen Seite des Getreidebehälters konnte ich eine Reihe von horizontalen Linien erkennen, die, parallel zueinander, von der Oberfläche des Korns an der Innenseite des Speichers nach oben führten. Leitersprossen. Eine Möglichkeit herauszukommen.

Die Gestalten verschwanden.

Ich begann, die trichterförmige Mulde hinaufzukriechen. Das Gelächter hing noch in der Luft. Irgendwo im Raum hörte ich einen Motor anlaufen.

Neben dem Jaulen des Motors gab es jetzt noch ein anderes Geräusch: ein sanftes, rieselndes Rauschen.

Die Kornfläche, die ich hinaufzukriechen versuchte, begann sich in Bewegung zu setzen.

Ich wußte jetzt, warum sie lachten.

Je schneller ich kroch, desto schneller rutschte auch das Korn unter mir weg. An den Seiten des Trichters stieg Getreidestaub auf, wie Zigarettenrauch von den Zuschauerrängen in einem Fußballstadion. Er klebte am Schweiß fest und juckte. Bei jedem Atemzug keuchte ich asthmatisch. Aber es gab noch Schlimmeres als das Jucken. Meine Hände und Füße waren tief ins Getreide eingesunken. Die Körner verschoben sich dort unten, gerieten in Bewegung.

Durch das Jaulen des Motors drangen neue Geräusche an mein Ohr, Geräusche aus einer anderen, fernen Welt. Einer sicheren Welt. Räumlich war sie nicht weit weg, aber praktisch hätte sie sich am anderen Ende des Universums befinden können. Polizeisirenen heulten dort draußen. Irgendwo über mir hörte ich das Klatschen von Trainingsschuhen auf der Galerie. Durch den Staubvorhang konnte ich nichts erkennen außer dem hohen, von Trägern gestützten Raum und dem blaßgelben Hang von Weizenkörnern, der sich bis zum dunklen Rande des Behälters erstreckte. Ein Teil des gelblichen Hangs löste sich, kam heruntergeströmt und klatschte mir ins Gesicht.

Der Hang war plötzlich wie flüssig geworden. Meine Arme und Beine wurden verschluckt. Noch einmal atmete ich das

Gemisch aus Luft und Staub ein, dann floß das Getreide über mich hinweg, oder ich versank im Getreide – ich konnte nicht sagen, was. Es umschloß mich wie eine Flüssigkeit, nur daß man in einer Flüssigkeit schwimmen kann.

Ich hatte in mir die Vorstellung einer Welt fließender Getreidekörner und eines Körpers im Zentrum dieser fließenden Bewegung. Der Geist im Zentrum dieses Körpers hatte nur einen Gedanken: *Nicht atmen.*

Alles wurde plötzlich rot, blutrot. Ich hatte das Gefühl, daß ein Ledergurt meine Brust umspannte, und die Sprungfedern der Panik, die ihn zu sprengen suchten, schrien: *Atme!* Aber der Geist, der Sitz des Willens, befahl mir durch das anschwellende Brausen des Blutes in den Ohren: *Nicht atmen!*

Ich zappelte wie ein sterbender Fisch, nur daß das Korn meine Bewegungen verlangsamte. Meine rechte Hand wurde plötzlich kalt. Kälte bedeutete irgend etwas.

Luft.

Ich rollte mich in Richtung meiner rechten Hand.

Mein Gesicht kam an die Luft. Ich atmete, strampelte, rollte mich erneut herum. Das Korn war nicht mehr in Bewegung. Ich bekam mehr Luft. Das Jaulen des Motors hatte aufgehört. Vorsichtig bewegte ich ein Bein. Eine dicke Getreideschicht glitt widerwillig herunter, blieb liegen. Ich bewegte einen Arm. Ich hustete. Die Oberfläche rührte sich nicht. Ich lag nur da und atmete. Die Luft war voller Staub, aber mir kam sie besser vor als die Luft in einem Schweizer Sanatorium. Der Sauerstoff erreichte Arme, Beine und Gehirn. Langsam begann ich den Hang hinaufzukriechen, dorthin, wo die Leitersprossen an der Wand des Behälters hinaufführten.

Das Korn verschob sich. Ich bewegte mich sehr langsam, halb kletternd, halb schwimmend, so als ginge es eine nach unten führende Rolltreppe hinauf – zwei Schritte vor, einen zurück. Der Schweiß bahnte sich kleine Kanäle durch den Staub auf meinem Gesicht.

Als ich schließlich die unterste Leitersprosse erreicht hatte, krallte ich meine Finger um das Eisen, legte den Kopf auf den

Getreidehang und schloß die Augen. Ich fühlte mich, als wäre ich mindestens eine Halbmarathonstrecke im Schlamm gelaufen. *Beweg dich,* sagte mein Verstand. *Laß nicht nach.* Ich zog mich langsam hoch, tastete mit den Füßen nach der untersten Sprosse und hievte mich über die Oberfläche. Draußen heulten noch immer die Sirenen. Ich begann zu klettern. Nach einiger Zeit schwang ich mich mit letzter Kraft über die Brüstung.

So hatte ich es schließlich doch noch geschafft, den Getreideelevator zu durchqueren. Der Laufsteg war natürlich genauso wie auf der anderen Seite. Ich lehnte mich gegen die Stahlwand und hustete den Staub ab. Mein Verstand begann wieder zu arbeiten.

Ich folgte der Galerie bis zu einer Tür, öffnete sie einen Spaltbreit und spähte nach draußen.

Unter mir befand sich der Hof mit den Büros und ein paar Lastwagen; außerdem ein Krankenwagen und ein Polizeiauto mit blinkenden Lichtern. Die Polizeibeamten lehnten an ihrem Fahrzeug und unterhielten sich mit Mr. Cullis. Wahrscheinlich war es Mr. Cullis gewesen, der sie benachrichtigt hatte. Was bedeutete, daß Jackson und Gerard Mr. Cullis nicht bekannt waren. Außerdem würden Jackson und Gerard keine Zeit gehabt haben, meinen Wagen zu durchsuchen, wenn sie wirklich hinter dem Tonband her waren. Mr. Cullis zuckte die Schultern, als wollte er sagen, daß er nicht die geringste Ahnung habe, was los sei. Da wäre also dieser Typ vom FBI gewesen, und dann noch ein anderer im Hof, der von zwei Leuten niedergeschlagen worden sei; diese hätten sich dann irgendwie in Luft aufgelöst, und wäre es nicht der Job der Polizei, anständige Geschäftsleute wie ihn vor solchen Rowdys zu schützen?

Mr. Cullis fuchtelte mit den Armen. Er machte einen ziemlich verärgerten Eindruck. Von Jackson und Gerard war nichts zu sehen. Die Polizeibeamten zogen ihre Revolver und gingen zum anderen Ende des Getreideaufzugs, wo ich eine Tür gesehen hatte, die vermutlich zu einer Treppe führte.

Ich starrte einen Moment durch den Türspalt hoch über dem Hof und versuchte, das Jucken von Schweiß und Getreidestaub zu ignorieren.

Der Krankenwagen war sicher für John gekommen. Mr. Cullis würde die FBI-Geschichte erzählt haben. Wenn die Polizei ihn im Krankenhaus befragte und herausfand, daß er sich mit meiner Lesekarte von der British Library ausgewiesen hatte, würden sie sicher seine und meine Identität überprüfen. Ich hatte keine Ahnung, welche Strafe darauf stand, wenn jemand sich fälschlich als FBI-Agent ausgab, und ich hatte auch nicht den Wunsch, es herauszufinden. Ich ging schnell die Galerie entlang zur entgegengesetzten Seite, wo sich ebenfalls eine Treppe befand. Ich lief, so schnell ich konnte, hinunter und öffnete die Tür. Mr. Cullis wandte mir den Rücken zu. Ich rannte über den Hof. Meine Lungen keuchten erbärmlich. Schließlich erreichte ich den Wagen, riß die Tür auf und ließ mich auf den Sitz fallen.

Mr. Cullis' Gesicht sah weiß und angespannt aus. Ich konnte auch sehen warum. In der Seite des Getreideelevators befanden sich mehrere Rohrstutzen zum Beladen der Lastwagen. Unter einem dieser Stutzen türmte sich ein großer, goldener Getreideberg, in dem, halb verschüttet, ein Lastwagen stand.

Ich hatte noch die Stimmen von Jackson und Gerard im Ohr: *Wir werden dir sehr weh tun,* und: *Wenn du noch mehr Fragen stellst, könntest du sterben.*

Sie hatten den Behälter geöffnet und beobachtet, wie ich im herausfließenden Korn versank. Dann hatten sie die Entladeöffnung wieder geschlossen.

Nett, wie sie waren.

Ich startete den Wagen und stieg aufs Gas. Am Tor riß ich das Lenkrad herum und fuhr mit quietschenden Reifen auf die Hauptstraße. Hinter der großen Reklametafel, die den Getreideelevator von der Straße aus verdeckte, fuhr ich dann nach rechts ab. Wenn Mr. Cullis keine Adleraugen hatte, war er sicher nicht imstande gewesen, das Nummernschild zu lesen.

Nach einem Kilometer begann ich so heftig zu zittern, daß ich meinen Fuß nicht mehr auf dem Gaspedal halten konnte. Ich fuhr auf den Parkplatz eines »Burger King« am Seeufer und saß eine Weile nur da, starrte auf das graublaue Wasser des Eriesees und wartete darauf, daß das Zittern aufhörte.

Du bist nicht tot, sagte ich mir. *Im Gegensatz zu Rhyd und Camilla hast du es überlebt.*

Ich merkte, daß ich allmählich darüber nachdenken konnte, was als nächstes zu tun war. Das Zittern hörte auf. Ich fühlte mich krank und fror.

Ich stieg aus und klopfte meine Kleider ab. Eine Wolke von Weizenstaub erhob sich im Wind und trieb über den Lake Boulevard in Richtung der Farmen, von denen das Getreide einmal gekommen war. Durch den Kornstaub drang der schale, chemische Geruch eines großen, verseuchten Gewässers.

Ich schlug weiter den Staub aus meinen Kleidern. Einige Möwen kreisten im Wind über dem See und warteten darauf, daß irgend etwas Eßbares an den Strand gespült würde. Dazu hätte auch ich gehören können.

Hinter mir sagte eine Stimme. »George!«

Mein Herz schlug plötzlich bis zum Halse. Ich drehte mich um und ging unwillkürlich in Boxstellung. Vor mir sah ich eine Frau in Jeans und einem T-Shirt, das im Winde flatterte. Sie hatte rötliche Haare und Augen, die seltsam schräg im Gesicht lagen.

»Ricky Lee«, versuchte ich zu sagen. Einen Augenblick lang fühlte ich eine so große Erleichterung, als wäre ich nach Hause gekommen. Dann kam ich wieder zu mir. »Was zum Teufel ...« sagte ich.

»Bill hatte es bis zu Birdman geschafft«, sagte sie, »dann kam er nicht weiter.«

Ich legte die Hände auf das Wagendach, legte meinen Kopf darauf und schloß die Augen. Es war ruhig und dunkel, und es wirkte besänftigend auf das Pochen in meinem Kopf und den brennenden Schmerz in meiner Brust.

Ich fühlte eine Hand auf meiner Schulter. »Sie brauchen einen Kaffee«, sagte Ricky Lee.

Die Vorstellung, daß Kaffee meinen gegenwärtigen Zustand auch nur im geringsten verbessern könnte, belustigte mich fast. Die Finger zogen an mir. Ich setzte mich in Bewegung.

»Ich bestelle den Kaffee«, sagte sie. »Vielleicht machen Sie sich inzwischen etwas frisch.« Sie schob mir eine kleine, malvenfarbige Haarbürste in die Hand. Es war eine seltsam intime Geste. Dann dachte ich mir jedoch, es könnte auch eine Geste der Autorität sein, nicht der Intimität. Wie alle guten Reporter, denen ich je begegnet war, vermittelte sie den Eindruck, daß sie einem sehr präzisen, ganz persönlichen Plan folgte. Noch etwas benommen dachte ich: *Alles, was sie dir vorher erzählt hat, dieses Armes-Mädchen-bekommt-eine-Chance-Gerede, damit hat sie dir doch nur etwas vorgemacht, Devis. Die ganze Zeit.*

Vielleicht brachte das aber auch nur die feste Anstellung beim *Echo* mit sich.

Ich lehnte mich an das Waschbecken und wusch mich. Ich bürstete mir die Haare. Von einem grauhaarigen Poeten mit geröteten Augen verwandelte ich mich in einen braunhaarigen Poeten mit geröteten Augen. Die Augen lagen sehr tief, wie bei einem Menschen, der unter Schock steht oder dem Tode nahe ist. Eine Menge Fragen begannen sich in meinem Kopf zu sammeln und verdrängten das momentane Gefühl der Intimität.

Als ich zurückkam, saß sie, aufrecht und mit zusammengepreßtem Mund, in einer schlecht einsehbaren Ecke in einiger Entfernung vom Fenster. »Hier ist Ihr Kaffee«, sagte sie. »Was ist passiert?«

Ich ignorierte die Frage. »Wie sind Sie hierhergekommen?« fragte ich zurück.

Sie starrte mich an. Dann öffnete sie den Mund, als wollte sie etwas Ärgerliches sagen. Etwas in meinem Gesicht schien ihr jedoch nahezulegen, daß dies keine besonders gute Idee wäre.

»Sie haben John und mich hier gefunden. Wie?«

Sie hob die Augenbrauen. »War sicher nicht verkehrt, daß ich es getan habe«, sagte sie.

»Wie?« fragte ich erneut.

Sie schlug die Augen nieder und spielte mit dem Kaffeelöffel aus Kunststoff.

»Sagen Sie mir die Wahrheit!«

»Ich habe Nachforschungen angestellt«, sagte sie.

»Dummes Zeug«, erwiderte ich. Sie hob den Blick und sah mich scharf an, als wollte sie sagen: *Wage es bloß nicht, so mit mir zu reden.* »Ich habe Sullivan aufgesucht. Sie waren der einzige Mensch, der davon wußte. Ein Typ mit einer Faust auf dem T-Shirt wartete auf mich, als ich aus dem Hause kam. Er hat mir fast die Rippen eingeschlagen. Und heute, wo ich ihn erneut traf und er mich warnte, weitere Fragen zu stellen, treffe ich auch Sie wieder. Ich denke, wir sollten zu Ihrem neuen Redakteur gehen und ihn fragen, ob er glaubt, daß Sie über diese Geschichte berichten, oder ob Sie Teil der Geschichte sind.«

Sie war sehr blaß geworden. »Nein«, sagte sie.

»Warum nicht?«

»Ich habe Ihnen nicht alles erzählt.«

Ich war müde. Ich lehnte mich in die Ecke zurück und fragte: »Und was heißt das?«

Sie legte die Hände auf den Tisch. An der linken hatte sie die Nägel ganz kurz geschnitten: Fingernägel einer Gitarrenspielerin. »Ich fuhr hin, um mit Sullivan zu reden«, sagte sie. »Sie waren gerade weg. Er war ärgerlich, hatte Angst; ich weiß das nicht so genau. Es war sechs Uhr morgens, aber er war schon halb blau. Daher versuchte ich es auf die freundliche Tour.« Sie kam jetzt ins Erzählen. Ihre Lippen sahen nicht mehr so streng aus, und ihre Augen blickten humorvoll. Plötzlich sah ich sie wieder als Freund an und erinnerte mich daran, wie oft sie mir in letzter Zeit in den Sinn gekommen war. Wenn sie Sullivan auf diese Weise begegnet war, hatte er keine Chance gehabt. »Ich habe ihn also zum Flughafen gefahren, ihn und seine Angelruten, habe ihm einige Margaritas zum Frühstück spendiert und ihn dazu gebracht, über Bill zu reden. Er hatte keine Ahnung, an welcher Geschichte Bill arbeitete, und das war auch nicht weiter schlimm, denn wie Sie wissen, hat Bill anderen Leuten nie etwas erzählt, am allerwenigsten seinen Redakteuren. Aber er fing an, über Spesenforderungen zu reden, und da vermutete ich, daß Sie an derselben Geschichte dran waren wie Bill. Ich ging also zum *Echo* und ließ mir vom Computer Bills Spesenabrechnungen ausdrucken. Dann rief ich Pierce Rapaport an, und er sagte mir, Sie wären in Portland. Aber sie waren nicht in Quogue und John auch nicht. Daher rief ich eine Freundin am Flughafen an und erfuhr von ihr, daß Sie einen Flug nach Cleveland gebucht hätten. Bei Bills Spesenabrechnung für Januar fand ich ebenfalls einen Flug nach Cleveland. Schließlich fand ich in meinem Notizbuch diesen Eintrag.« Sie legte das Buch auf den Tisch.

Es war ein schwarzes Notizbuch mit einem Gummiband, das die Seite markierte. Die Seite war die vom 4. Januar. Sie enthielt einige Eintragungen in ihrer Handschrift, unter anderem den Namen J. J. Birdman und zwei Zahlen. Die eine war eine Telefonnummer, die andere eine unverständliche Aneinanderreihung von Ziffern.

Nur daß sie mir keineswegs unverständlich waren, weil es sich nämlich um die Frachtnummer von Bruno Wanamakers Lieferung bestrahlten Weizens handelte, die von J. J. Birdman an Aid Services in Port Sudan verschifft worden war.

»Die hat er mir telefonisch durchgegeben, bevor er nach Afrika flog«, sagte sie. »Ich vermutete daher, daß Sie vielleicht auch zu Birdman gehen würden. Aus diesem Grund habe ich ... eine Überwachung durchgeführt.«

»Die Schläger haben also mit Ihnen nichts zu tun?«

Ihre Augen verengten sich. »Was reden Sie da!« Es klang ärgerlich und enttäuscht.

»Einer von ihnen ist in mein Boot eingebrochen. Er hat mich bei Sullivan abgepaßt. Und heute war er auch zur Stelle.«

»Also hat Sullivan ihn angerufen. Oder irgendein anderer die anderen Male. Glauben Sie wirklich, ich wäre es gewesen? Hören Sie, Kumpel, ich will diese Geschichte schreiben. Aber Sie sind ein Teil dieser Geschichte, stimmt's? Warum sollte ich jemand anheuern, um Sie zu verprügeln?«

Ich trank meinen Kaffee. Sie fragte mich, ob ich einen Donut dazuhaben wollte. Ich versuchte, ihr nicht zu glauben. Aber es gelang mir nicht. Vielleicht hatte ich ja auch Kornstaub im Hirn, aber ich glaubte ihr wirklich.

»Wer sind diese Leute denn?« fragte ich.

»Leute?«

»Ein Schwarzer und ein Weißer. Groß.« Ich erzählte ihr, was im Getreideelevator passiert war.

»Ich wartete am Tor in meinem Wagen«, sagte sie. »Ich sah sie ankommen; ich sah sie wegfahren. Ich sah ihre Gesichter.«

»Sie sind an den gleichen Dingen interessiert, an denen auch ich interessiert bin.«

»An denen wir interessiert sind.«

»Natürlich.«

Sie nahm einen Schluck Kaffee. »Das sind professionelle Boxer.«

»Ich weiß«, sagte ich müde.

»Es sind diese Hemden.«

»Was ist damit?«

»Warren«, sagte sie. »Schwarze Faust in einem Boxhandschuh. Das ist sein Logo.«

»Warren?«

»Eine Boxschule in South Boston. Gehört einem Kerl namens Warren Diglis.«

Ich starrte sie an.

»Was ist los?«

»Ich kenne Mr. Diglis«, sagte ich.

Warren Diglis hatte mich einen weißen Imperialisten genannt. Ich erinnerte mich an das, was er mir nach meinem Vortrag im Cambridge Regency gesagt hatte: *Passen Sie jetzt gut auf sich auf, hören Sie?*

Oder er würde sich um mich kümmern.

»Übler Bursche«, sagte sie. »Straßenräuber mit politischem Rückhalt. Warum?«

»Er betrachtet sich als Freund von Ras Hamil.«

Sie hob die Augenbrauen. »Woher wissen Sie das?«

»Er hat es mir selber gesagt.« Ich wollte Ras Hamil zur Strecke bringen. Es wäre nicht weiter überraschend gewesen, wenn er dasselbe mit mir vorhatte oder zumindest alles versuchte, mir Angst einzujagen.

»Wir sollten herausfinden, wo John ist«, sagte ich.

»Der Bursche im Krankenwagen sagte, sie brächten ihn ins Sacred Heart Hospital.«

Ich machte mir Sorgen, was im Sacred Heart Hospital passieren könnte. Ich sagte ihr, was ich vorhätte. Sie zog ein Gesicht. »Kennen Sie sich in Cleveland aus?« fragte ich.

»Ich habe mal als Volontärin beim *Plain Dealer* gearbeitet«, sagte sie und lachte. »Ein Job von vielen. Fahren Sie mir nur hinterher.«

Ich folgte ihrem gelben Chevrolet durch den beginnenden Berufsverkehr.

Sullivan hatte mir Jackson auf den Hals gehetzt. Der Farmer Bruno Wanamaker hatte Jackson und Gerard alarmiert – oder jemanden, dessen Leute sie waren. Ich glaubte nicht, daß Jackson und Gerard für Ras Hamil arbeiteten. Ich glaubte, daß sie für das Emergency Relief Bureau arbeiteten, eine Organisation der US-Regierung. Aber wenn Warren Diglis etwas mit Ras Hamil gemein hatte, dann bedeutete das, daß auch Hamil und die US-Regierung etwas mit Diglis gemein hatten.

Ich verstand überhaupt nichts mehr.

Ein plötzlicher kalter Schauer ließ eine Gänsehaut auf meinem Rücken entstehen. Da blieb vor allem ein zentrales Problem.

Für wen auch immer sie arbeiteten, Jackson und Gerard hatten mir angedroht, daß es mir das nächste Mal noch dreckiger gehen würde.

Es war schwer, sich etwas Übleres vorzustellen als das, was mir bei J. J. Birdman im Korn ...

»Verdammt noch mal!« sagte ich laut.

Ricky Lee bog nach rechts ein. Inmitten eines wilden Hupkonzerts schnitt ich den fließenden Verkehr und folgte ihr, eine Hand am Lenkrad, während ich mit der anderen im Handschuhfach herumwühlte. Ich fand die Sullivan-Kassette, schob sie ein und spulte sie zurück. Der gelbe Chevrolet fuhr nach links. Da waren die Gitarre und Rhyds Stimme:

It's worse than that there, Elmer,
There's a BIRDMAN IN THE CORN.

Ich spulte das Band wieder zurück. Ricky Lee parkte am Straßenrand. Ich setzte mich dahinter, ließ die Kassette herausspringen und steckte sie in die Tasche. Dann ging ich zu ihr ans Fenster und sagte ihr, was sie tun sollte. »Ist das wirklich eine gute Idee?« fragte sie.

»Das müssen Sie schon selbst entscheiden«, sagte ich. »Sie sind der Köder.«

Sie lächelte. »Es geht schließlich um die Geschichte«, sagte sie. *»Toujours le story.«* Sie tätschelte meine Hand und ließ dann ihre auf meiner liegen. Sie fühlte sich an, als gehörte sie dorthin. »Seien Sie vorsichtig.«

»Natürlich«, sagte ich.

Wir verstummten beide. Sie bemerkte, wo ihre Hand lag, und wurde rot. Dann stiegen wir beide in meinen Wagen und fuhren zwei Häuserblocks weiter zum Krankenhaus.

Das Krankenhaus roch frisch und sauber. Ich hatte das große Bedürfnis, mich auf den Boden zu legen und meine Stirn gegen die kühlen Fliesen zu drücken. »Finden wir erst mal heraus, wo er liegt«, sagte ich.

Sie lächelt wieder. Ich folgte ihr mit den Blicken, als sie mit ihrem Tänzerinnenschritt davonging. In ihrem großen T-Shirt sah sie wie eins der vielen netten Mädchen aus, die an diesem schönen Frühsommertag durch Cleveland spazierten. Sie sollte aber auch Blickfang sein, um die Augen eines jeden Verfolgers abzulenken, der nach George Devis Ausschau hielt.

Sie kam in schnellerem Tempo zurück, als sie gegangen war. »Er hat eine Gehirnerschütterung«, sagte sie lauter als notwendig. Dann, in leiserem Ton: »Ein Polizeibeamter ist bei ihm. Er liegt auf B15.«

Laut sagte ich: »Warten Sie hier. Ich werde diesen Saukerl aufsuchen.«

Ihre seltsamen schräggestellten Augen wurden vor Empörung größer. Ihr Mund öffnete sich wütend. Sie war eine gute Schauspielerin. Bevor sie etwas erwidern konnte, sagte ich: »Wenn Sie nicht wollen, daß ich mit diesem Schleimscheißer rede, dann kommen Sie doch mit und hindern Sie mich daran.«

Ungefähr ein Dutzend Leute befanden sich im Warteraum am Empfang. Einige blickten in unsere Richtung, durch den sich offenbar anbahnenden Streit angezogen.

Ricky Lees Zähne schlugen mit einem energischen Klicken aufeinander. »Vielen Dank«, sagte sie. »Er kann auf sich selbst aufpassen und auf Sie noch dazu. Ich warte hier unten. Er ist in Zimmer B15.« Sie stemmte eine Hand in die Hüfte. »Passen Sie nur auf, daß er Sie nicht frißt.«

»Bin gleich wieder da«, sagte ich.

21

Ich ging die mit Vinyl belegten Treppen hinauf. Niemand warf mir auch nur einen Blick zu. B15 lag im ersten Stock. Ich blieb einen Moment am Anfang des Korridors stehen und sah mich nach etwaigen Polizisten um. Es waren keine da. Ich ging schnell an den Zimmern 12, 13 und 14 vorbei. Nr. 15 hatte eine Glasscheibe in der Tür. Durch die Scheibe sah ich John im Bett liegen. Sein Kopf war bandagiert, sein Bart breitete sich malerisch über die hochgezogene Decke. Seine Augen waren halb geschlossen. Neben seinem Bett saß ein Mann auf einem Stuhl und las in einem Buch. Er hatte kurzgeschnittenes Haar und ein wettergegerbtes Gesicht. Er machte eher den Eindruck eines Polizisten als eines Arztes. Johns Augen waren der Tür zugewandt. Er sah mein Gesicht und zwinkerte heimlich mit einem Auge.

Ich winkte ihm kurz zu und ging dann den Korridor zurück bis zu einem Haustelefon. Ich ließ mir Johns Nummer von der Pforte geben und wählte. Eine Stimme sagte: »Hallo?«

»Lieutenant Murray möchte Sie gern in der Eingangshalle sprechen, Sir.« Ich tat mein Bestes, um einigermaßen amerikanisch zu klingen.

»Wer ist Lieutenant Murray?« fragte die Stimme.

»Er steht hier an der Rezeption, Sir. Er sagte, Sie möchten bitte herunterkommen.«

Die Stimme sagte: »Ich habe hier Wache. Ich kenne keinen Lieutenant Murray.«

Ich begann zu schwitzen. »Lieutenant Murray sagt, er ... äh – ich möchte nicht gern wiederholen, was er sagt. Entschuldigen Sie bitte.« Ich hielt eine Hand über den Hörer und machte ein brummendes Geräusch. »Er sagt, entweder kommen Sie runter, oder er reißt Ihnen den Arsch auf.«

»Sagen Sie ihm ...«

Ich legte auf. Meine Handflächen schwitzten. Ich verdrückte mich um eine Ecke und wartete vor einer Reihe von Aufzügen. Nach kurzer Zeit hörte ich, wie die Tür auf- und zuging und jemand, übellaunig vor sich hin brummelnd, den Gang entlangstampfte. Sobald er außer Sicht war, ging ich eilends zurück und öffnete die Tür. »John«, sagte ich.

Er setzte sich auf. Er trug einen blaugestreiften Krankenhauspyjama. Er faßte sich an den Kopf.

»Wollen Sie hierbleiben?« fragte ich.

Er zwinkerte abwechselnd mit beiden Augen, so als wolle er ausprobieren, ob das noch funktionierte. »Du lieber Himmel, nein«, sagte er. »Sie haben Ihre Karte noch nicht gefunden, aber meine Kleider haben sie mitgenommen.«

»Schnell«, sagte ich.

Seinen Kopf vorsichtig festhaltend, als trüge er eine Ming-Vase, taumelte er über den Fußboden. »Autsch«, sagte er. »Tut weh.« Ich hielt ihm die Tür auf, und wir gingen den Korridor entlang zu den Aufzügen. Er schwankte wie ein Betrunkener. Irgend jemand hatte einen Rollstuhl im Gang stehenlassen. Ich drückte auf den Aufzugknopf und sagte: »Setzen Sie sich hin.« Stöhnend ließ er sich in den Stuhl fallen. Sein breiter Rücken paßte gerade noch hinein.

Das nächstliegende Krankenzimmer war nicht belegt. Ich griff mir zwei Decken vom Bett, legte eine um seine Knie und eine über seinen Kopf. Er sah wie eine riesige, bärtige, russische Großmutter aus, bei weitem seltsam genug, als daß die Leute aus Mitleid Fragen gestellt hätten. Der Aufzug kam. Ich schob ihn hinein, und wir fuhren nach unten. Unsere Mitfahrer wandten ihre Augen ab. Unten im Empfangsbereich bemerkte ich Ricky Lee. Sie wartete auf mich, also mußte ich mich noch oben befinden. Der wettergegerbte Polizist stritt sich mit der Frau am Empfang. Ich wollte Ricky Lee nicht zurücklassen. Aber ich zog die Schultern hoch und schob den Stuhl einen Gang entlang, der in die entgegengesetzte Richtung führte. Die Zeit war knapp.

Auf dem Parkplatz standen noch andere Rollstühle, wie

Einkaufswagen eines Supermarkts, und warteten auf Kundschaft. John kletterte auf allen vieren ins Auto und manövrierte sich stöhnend auf den Beifahrersitz. Er legte den Kopf auf die Nackenstütze und schloß die Augen. Ich drehte die Rückenlehne herunter und warf eine Decke über ihn. Dann fuhr ich vom Parkplatz runter und verließ die Stadt, wobei ich mich knapp unter dem Tempolimit hielt.

Ich fuhr stetig nach Osten und beobachtete dabei den Rückspiegel. Wir hatten uns als FBI-Beamte ausgegeben. Wir hatten uns der Festnahme widersetzt, einem Verdächtigen geholfen, sich dem Gewahrsam zu entziehen. Aber Polizeiautos waren nicht meine Hauptsorge. Meine Hauptsorge waren T-Shirts mit schwarzen Fäusten darauf.

Im Rückspiegel war nichts Verdächtiges zu sehen. Die Gebäude blieben zurück; die Straße erstreckte sich schnurgerade vor uns. Das Getreideland wurde allmählich von grasbedeckten Hügeln abgelöst. Ich begann mich zu entspannen. Die Straße machte einen langen Bogen nach links, um ein großes Gewässer zu umgehen. Es gab jetzt Bäume und kleinere Waldflächen. »Soll ich Sie in ein anderes Krankenhaus bringen?« fragte ich.

»Bloß nicht«, sagte er.

In Meadville legten wir einen kurzen Halt ein. Ich kaufte John eine Baseballkappe, um seine Bandagen zu verdecken. Das, was ich von seinem Gesicht sehen konnte, schien mir allzu blaß, und ich machte mir Sorgen um ihn. Vom nächsten öffentlichen Telefon aus rief ich das Krankenhaus an und verlangte die Röntgenabteilung. Ich sagte ihnen, ich riefe aus Kanada an, und wenn John stürbe, würden seine Erben einen Prozeß anstrengen. Sie erklärten mir, die Röntgenbilder zeigten keinerlei Frakturen. Erleichtert legte ich den Hörer auf, kaufte ein paar Sandwiches in einer Gemischtwarenhandlung und ging zum Wagen zurück.

John hatte sich inzwischen in seine alten Kleider gezwängt und die Rückenlehne wieder gerade gestellt. Abgesehen von den Bandagen sah er so normal aus, wie er überhaupt aussehen konnte. Ich startete den Wagen. »Was machen wir jetzt?« fragte er.

»Wir fahren nach Portland«, sagte ich. »Holen meinen Wagen ab. Wollen Sie ein Sandwich?«

Er schüttelte den Kopf, verzog das Gesicht. »Fühlt sich an, als ob mein Gehirn lose im Kopf herumschwappt«, sagte er. Wir fuhren nach Nordosten und kamen westlich von Erie auf die Schnellstraße. Hinter einem flachen Küstenstreifen, der mit heruntergekommenen Landhäusern gesprenkelt war, warf die untergehende Sonne einen leuchtenden, mandarinenfarbenen Streifen auf die Oberfläche des Sees. Im Innern des Wagens fühlte ich mich sicher, unverletzlich.

John nahm die Kassette aus dem Abspielgerät, fummelte am Radio herum und fand schließlich eine Station mit Countrymusic.

Wir hörten eine Gitarre, eine Männerstimme, die hohen, Einsamkeit ausstrahlenden Stimmen von Begleitsängerinnen:

I been out of luck.
I been down so long I feel like the feathers
On a duck.

Der Begleitchor wiederholte die Zeilen. Der DJ sagte: »Der kürzlich verstorbene große Rhydian Walters, meine Damen und Herren.«

Ich schob die Sullivan-Kassette in das Gerät, spielte »Birdman in the Corn« und schaltete das Gerät wieder ab. »Was halten Sie davon?« fragte ich.

»Wovon?«

»›Birdman in the Corn‹.«

Er runzelte die Stirn. »Es ist ein Lied über einen Flieger, der im Kornfeld gelandet ist.«

»Was bedeutet das?«

Er zuckte die Schultern.

»Wir haben gerade J. J. Birdman besucht, einen Getreidehändler«, sagte ich.

Sein Kopf fuhr herum. Sein Mund war ein rotes Loch in seinem Bart.

»Was meinen Sie, warum Rhyd das geschrieben hat?« fragte ich.

»Ich hab' keine Ahnung. Heiliger Strohsack.« Er schwieg die nächsten fünf Meilen. Dann sagte er: »Er hat recht gehabt.«

»Womit?«

»Er hatte eine hohe Meinung von Ihnen. Er sagte, Sie verstünden Dinge, die andere Leute nicht verstehen könnten, und das machte Sie zu einem richtigen Poeten, etwas, das er nie sein würde.«

Ich war so überrascht, daß es mir die Sprache verschlug. Er sprach von Rhyd, der imstande war, alles zu tun, was er tun wollte. Ich kannte mich mit Segelbooten, dem Schreiben von Gedichten und dem Privatleben der Vögel aus. Alles triviale Dinge. Rhyd und Camilla hatten ihre Hände auf dem Hebel, der die Welt bewegte.

»Er hat Ihnen das nie gesagt?« fragte John.

»So jedenfalls nicht«, sagte ich. Derart persönliche Bemerkungen waren Rhyds Sache nicht gewesen. Er und Camilla hatten mir ihre Kinder anvertraut und mich als Freund behandelt. Aber keiner von beiden hatte die Art von Persönlichkeit gehabt, von der man sich hätte vorstellen können, daß sie sich anderen gegenüber in ein schlechteres Licht stellte. Einen Augenblick lang kam das Verlustgefühl in voller Stärke zurück.

»Also, was ist mit diesem Lied?« fragte John. »Hat das etwas mit dem zu tun, was passiert ist?«

Ich riß mich von der Vergangenheit los. »Ja«, sagte ich.

»Wie?«

»Wir haben da eine Regierungsstelle, die eine Getreidelieferung markiert«, sagte ich. »Das Getreide wird als Teil einer Hilfslieferung ins Ausland verschifft. Rhyd schickt verschlüsselte Mitteilungen über diese Lieferung nach Amerika zurück. Sie waren doch mit ihm in Afrika. Hat er je über dieses Thema gesprochen?«

John versuchte sich zu erinnern, wobei er wegen seiner starken Kopfschmerzen heftig die Stirn runzelte. »Vielleicht. Ich hab's erwähnt, als Sie zu mir aufs Boot kamen. Rhyd ging immer mit mir segeln, wenn ich keine Chartergäste hatte, und Sie können sich sicher vorstellen, daß ein Taucherboot im Unterhalt ziemlich kostspielig ist. Daher hab' ich die Sache gemacht, und deshalb nannten sie mich auch Scotch John.«

»Was für eine Sache?«

Er machte einen seltsam verlegenen Eindruck. »Es ist im Grunde ganz einfach. Im Frühjahr fahre ich rauf nach Rhodos, okay? In Rhodos kostet schottischer Whisky zollfrei fünfzehn Dollar die Flasche – Johnny Walker, Chivas, alles ganz legal. Also hab' ich das Zeug nach Port Sudan runtergebracht und mit diesem Typen ein Geschäft gemacht. Er gab mir rund sechzig Dollar pro Flasche. Bei fünfzig Kisten ist das eine ganz schöne Stange Geld. Jedenfalls hat mich dieser Bursche teils mit Geld, teils mit Rauschgift bezahlt. So hatten wir denn dieses Riesenbündel Gras, schön verpackt in Plastikfolie, nahmen's nachts mit raus auf See und hievten es über Bord, ein bißchen südlich der ägyptischen Hoheitsgewässer. Der Wind schob es dann über die Grenze, und in ägyptischen Gewässern wurde es dann von einem Polizeiboot aufgefischt.«

»Von einem Polizeiboot?«

»Eine Sache lernt man dort unten«, sagte John. Es war jetzt dunkel geworden. Die Bäume des Staates New York huschten grün und naß durch den Strahl der Scheinwerfer. In meiner Vorstellung sah ich fast die gelbbraune Küste, das leuchtende Türkis des Roten Meeres. »Man lernt, niemandem zu trauen. Aber wenn man etwas hat, mit dem man Geld machen kann, dann ist man am besten beraten, wenn man mit einem Polizisten zusammenarbeitet, weil man auf diese Weise keine Probleme mit irgend jemandem bekommt, ausgenommen vielleicht mit dem Militär.«

»Was hat Rhyd damit zu tun?« fragte ich.

»Mit dem Rauschgift? Nichts.« Er klang richtig schockiert. »Nicht das allergeringste. Jedenfalls nicht direkt. Als ich dieses

Geschäft eine Weile erfolgreich gemacht hatte, kommt da so ein Typ aus dem Süden auf mich zu. Ein Polizist namens Eugene Wollo. In Eritrea hätten sich die Dinge jetzt beruhigt, sagte er, es ergäben sich neue Möglichkeiten, und ob ich ihm etwas Whisky beschaffen könnte. Der Kerl war ein guter Organisator. Er hatte vorher in Mitsiwa, im Norden von Äthiopien, gearbeitet. Ich hab' also angefangen, mit ihm Geschäfte zu machen. Whisky gegen Marihuana. Alles lief über Eugene. Der Stoff war ein nettes kleines Nebengeschäft für ihn; wenig Mühe, großer Verdienst. Zu der Zeit begann Rhyd sich für die Sache zu interessieren.«

»Wie kam das?«

»Wir saßen in Port Sudan auf dem Boot und tranken ein Bier. Im Handelshafen lag ein riesiges Getreideschiff; die Ladung war in Säcken abgepackt, weil sie auf diese schrecklichen Lastwagen verteilt werden sollte, die sie da unten haben. Dann waren da noch die Wagen vom Roten Kreuz und der Unicef, und alle übernahmen sie ihre Ladung und rollten nach Süden davon, wo die Leute ergeben vor sich hin starben und wo eine größere Hilfsmaßnahme durchgeführt wurde. Und mitten zwischen diesen ehrenwerten internationalen Helfern taucht dann noch ein weiterer Schwarm von Lastwagen auf, der Wollo gehört. Und wir sehen, wie eine Palette Getreidesäcke nach der anderen auf diese Wagen verladen wird. Aber als sie ans Hafentor kommen, fahren sie nicht, wie die anderen, nach Süden, sondern in die entgegengesetzte Richtung. Rhyd meinte, wir sollten uns das doch mal näher ansehen. Wir nahmen also ein Taxi und hängten uns an einen von Eugenes Wagen. Er brachte uns zu einer großen Lagerhalle nördlich der Stadt, die ebenfalls Wollo gehört. Ein Teil des Getreides geht wieder raus und wird ins Hungergebiet gefahren. Aber da sind noch all die anderen Kerle mit kleinen Wagen, die bei der Lagerhalle warten. Aber diese Typen haben nichts mit der internationalen Hungerhilfe zu tun, sondern arbeiten auf eigene Rechnung, denn so, wie es aussieht, stehen dort alle Kornhändler und Bäcker Ostafrikas Schlange. Jeder einzelne zahlt Wollo fünf Dollar pro Sack für dieses Getreide, das die ehrlichen Bürger der westlichen Welt gespendet haben.« Er lachte und verzog dabei vor Schmerz das Gesicht. »Gutes Geschäft«, sagte er. »Fünfzig Prozent von allem, was auf seinen Lastwagen befördert wurde, wanderte in seine Tasche. Na, jedenfalls eine Weile später, letzten Sommer, setzte ich mein Boot auf ein Riff. Die Markierung durch Bojen ist dort unten ziemlich unzuverlässig. Abeba ertrank dabei.« Er schwieg eine Zeitlang und beobachtete das Wandern des Scheinwerferlichts über die flache Oberfläche eines Sees. »Versicherungen hatte ich nicht abgeschlossen. Also kam ich zurück in die Staaten. Rhyd half mir dabei. Er ließ mich die HALCYON überholen, wofür er mich gut bezahlte, und schenkte mir den alten Schlepper. Er war wirklich sehr gut zu mir.«

»Warum war er so an diesem Wollo interessiert?«

»Hören Sie«, sagte John. »Ich habe ein Ziel im Leben: schwerelos zu bleiben, das heißt, mir keine Verpflichtungen aufzuhalsen. Rhyd war da ganz anders. Er wollte nicht nur Gitarre spielen, sondern auch die Welt ernähren. Er wollte Wollo am Arsch kriegen, weil Wollo die Leute hungern ließ. Vielleicht gab es da noch was anderes. Ich hab' nicht weiter gefragt.«

Ich dachte an Rhyd und Camilla, wie sie in den Korallenriffen des Roten Meeres tauchten. Wie sie die schwere Bürde ihres Lebens zurückließen – schwerelos wurden.

Aber noch andere Bilder drängten sich auf. Rhyd in einem Taxi vor einer großen Lagerhalle, wo er beobachtet, wie pralle Getreidesacke auf Lastwagen verladen wurden, die sich dann, große Staubfahnen hinter sich herziehend, auf den Weg ins Landesinnere machten. Hinten im Taxi war es sicher staubig gewesen. Der Staub vermischte sich mit dem Schweiß, der ihm den Hals herunterlief, verwandelte seinen Kugelschreiber, mit dem er sich Notizen machte, in ein kleines Mühlrad, das über das Papier mahlte. Ein Mühlrad, das wieder andere Mühlräder antrieb. Jeder hatte etwas zu mahlen.

»Und was ist mit Ras Hamil?« fragte ich.

»Ras … *wer?*«

»Ras Hamil. Hat Rhyd je von ihm gesprochen?«

»Rhyd wußte, was ich machte. Er hat mir nur gesagt, was ich wissen mußte.«

Ich dachte an die Getreidelieferung, die vom ERB mit radioaktivem Jod markiert worden war. Ich stellte mir vor, wie sie bei J. J. Birdman in Säcke gefüllt und, unsichtbar vor sich hin strahlend, nach Port Sudan verschifft worden war. Ich sah, wie sie im Staub und in der flirrenden Hitze von Port Sudan entladen und dann in die große Lagerhalle gebracht wurde, die Eugene Wollo gehörte, dem Besitzer der Gesellschaft, die J. J. Birdmans Auftragnehmer war.

»Und Wollos Gesellschaft hieß ›Aid Services‹«, sagte ich.

John wandte langsam den Kopf. »Wie Rhyd schon sagte, Sie verstehen Dinge, die andere nicht verstehen.«

Ich verstand eine Menge. Aber sehr wenig davon ergab einen Sinn. Erschöpft schob ich Rhyds Kassette wieder in das Gerät.

22

Verglichen mit anderen Gedichten, sind Country-songs recht einfach gestrickt. Sie haben ihren Ursprung in Liedern aus den Appalachen, die wiederum von europäischen Volksliedern abstammen, welche von den frühen Siedlern mitgebracht wurden. Country-music ist die Volksmusik der Vorstädte und stützt sich auf die Sehnsucht nach den einfachen Weisheiten eines ländlichen Goldenen Zeitalters, das es wahrscheinlich nie gegeben hat.

Rhyds persönliche Version dieser Musikform hing im wesentlichen von einer sinnspruchartigen Chorzeile oder einem Couplet ab. In den einzelnen Versen wurde das vom Chor angeschlagene Thema erweitert und erzählerisch fortgeführt. Ich hatte einmal einen Artikel darüber in den *Acta Poetica* geschrieben.

Aber ich hatte nie zuvor versucht, mit Hilfe der Literaturkritik die Hintergründe von Betrügereien und Mord im Zusammenhang mit Hilfslieferungen zu untersuchen.

Zunächst eine Bestandsaufnahme.

Drei Lieder auf dem Band. Erst »Birdman in the Corn«. Dann »Mr. Coffee«:

Komm und trink ein Bier mit Mr. Coffee
Mr. Coffee nimmt dich bei der Hand.
Amüsiere dich ein bißchen
Mit Mr. Coffees Schießgewehr
Und stirb mit Mr. Coffee dann im Sand.

Die verschiedenen Strophen ergaben ein Porträt von Mr. Coffee, der mit der einen Hand Geld an Leute verteilte, die es nicht brauchten, während er mit der anderen ihre Kinder erwürgte.

»Ernten gegen Bares«, sagte ich.

»Was?« sagte John.

Jahrelang hatten die Äthiopier ihren eigenen Kaffee angebaut, in Gegenden, die dafür geeignet waren. Kürzlich waren die Farmer von Händlern überredet worden, Kaffee auch auf nicht geeigneten Böden anzubauen. Der Kaffeepreis war in den Keller gefallen, das Land war erschöpft, die Farmer nagten am Hungertuch. Es war ein typisches Rhyd-Thema.

Nichts Geheimnisvolles daran.

Das nächste Lied war die Version vom »Halleluja-Baum«, Rhyds großer, triumphaler Hymne. Es ging darin um eine Frau, deren Mann mit einem Flittchen durchgebrannt war. Die Frau durchkämmte alle Bars und Lokale nach dem Ehebrecher und fand ihn schließlich allein an einem Tisch sitzend, wo er sein schlechtes Gewissen mit Whisky betäubte. Er versprach, wieder nach Hause zu kommen, und machte sich in seinem Wagen auf den Weg, mit ihrer Anweisung, die Außenbeleuchtung des Hauses einzuschalten, sobald er da wäre. Da er ziemlich betrunken war, schlief er jedoch auf der Veranda ein, ohne das Licht einzuschalten. Die Frau, die später ankam, sah das dunkle Haus und glaubte, er hätte sie erneut verlassen, fuhr mit ihrem Pick-up gegen den »Halleluja-Baum« und starb. Am nächsten Morgen trug der Baum, zum ersten und einzigen Mal, blutrote Blüten.

Bei dieser Version folgte nun der neue Vers:

Wenn das Buch des Lebens geschrieben wird
Zu dem dies der Schlüssel ist,
Wird der Herr es in der Bibliothek aufstellen,
Dort beim Halleluja-Baum.

Ich spielte es noch einmal. Es hörte sich immer noch an wie neo-apokalyptisches Geschwafel. »Hat er jemals von einem ›Halleluja-Baum‹ gesprochen?« fragte ich.

»Sicher«, sagte John. »Er stand in dem Dorf, wo er wohnte.«

Den kannte ich auch. »Sonst fällt Ihnen dazu nichts ein?«

»Nein.«

Es regnete jetzt. Ich beobachtete die Straße durch das Hin und Her der Scheibenwischer und dachte über den Schlüssel zum Buch des Lebens nach. Das war kein Bild, das so recht zu Rhyd Walters paßte. Sein Stil lag mehr auf der Linie von Lastwagen und Whisky.

»So«, sagte John. »Und wo stehen wir jetzt?«

Es hörte sich an, als erwartete er, daß ich schon alle Fragen gelöst hätte. »Da gibt es einen ›J. J. Birdman‹-Song«, sagte ich. »Einen Song gegen Kaffee-Ernten, die gegen Bares verkauft werden. Und einen Vers über das Buch des Lebens im ›Halleluja-Baum‹.«

»Und?« sagte John.

»Wir suchen Belastungsmaterial gegen Ras Hamil«, sagte ich. »Jeder Anwalt in Amerika wird uns sagen, daß in diesen Liedern nichts davon zu finden ist.«

Das Band spielte weiter. Der Text von »Birdman in the Corn« zeigte Rhyds üblichen flüssigen Stil. Aber nachdem ich den letzten Vers zehnmal gehört hatte, stutzte ich.

So she handed him a number
Said: »Quit looking so forlorn.
I'm off to Quebec, Papa,
With the birdman in the corn.«

(Also gab sie ihm 'ne Nummer
Sagt': »Hör auf, so verzweifelt zu schaun.
Ich geh' jetzt nach Quebec, Papa
Mit dem Flieger aus dem Korn.«)

Mit der zweiten und der dritten Zeile stimmte etwas nicht. In der zweiten Zeile knubbelten sich die Silben wie Sardinen in einer Büchse. Er hätte genausogut singen können: *»Don't look so forlorn«*. In der dritten Zeile ließen die Anfangskonsonanten der beiden letzten Wörter die Stimme stolpern und erschwerten den flüssigen Vortrag.

Die Anfangskonsonanten!

Ich griff in meine Hemdentasche und gab John den Zettel, den ich bei Birdman für meine Notizen verwendet hatte. »Vier, vier, sieben, zwei, sieben QP«, sagte ich.

»Was?« fragte John verständnislos.

»Lesen Sie, was auf dem Zettel steht.«

Er machte das Deckenlicht an. »›Vier, vier, sieben, zwei, sieben QP‹. Das haben Sie behalten?«

»Ich hab' es aus dieser Strophe abgelesen«, sagte ich. Die Zahl der Buchstaben in der zweiten Zeile. Dann die Wörter für Q und P aus dem neuen Internationalen Buchstabieralphabet.«

»Wozu sollte das gut sein?«

»Rhyd gab Bill auf diese Weise Informationen durch. Sicher hatten sie das alles vorher miteinander abgesprochen. So ist Bill zu der Ladungsnummer gekommen.« Der Nummer, die ich auch in Ricky Lees Notizbuch gesehen hatte.

»Aber wir haben sie jetzt«, sagte John, »und damit immer noch nichts Überzeugendes in der Hand. Wollen Sie noch mal über die anderen Songs nachdenken?«

»Das tue ich bereits«, sagte ich.

Aber ein Rätsel mit einer bekannten Tatsache in Übereinstimmung zu bringen ist eine Sache. Es ist etwas völlig anderes, ganz von vorne anzufangen.

Schweigend fuhren wir weiter. Es wurde allmählich spät. Aus dem Kassettenrecorder kam weiterhin Rhyds Gesang. Gelegentlich huschte rechts und links der Lichtschein von Häusern vorbei, die an der Schnellstraße zwischen den Bäumen standen. Ich dachte, John wäre eingeschlafen.

Es war sicher eine Stunde vergangen, als er plötzlich den Mund aufmachte. »Hat Rhyd versucht, Informationen nach Hause zu schicken, um Wollos Hilfsdienst hochgehen zu lassen?«

»Können Sie sich vorstellen«, sagte ich, »daß Rhyd für die amerikanische Regierung gearbeitet hat?«

»Überhaupt nicht«, sagte er.

Das war das erste Problem. Das zweite war, daß Rhyd und Camilla von Ras Hamil umgebracht worden waren, nicht von Eugene Wollo. Wenn also ein Zusammenhang zwischen dem Mord und der Mehlprobe bestand, dann mußte es auch eine Verbindung zwischen Hamil, dem Kriegsherrn, und Wollo, dem Polizisten, geben.

Angenommen, es gab eine Verbindung. Angenommen, Rhyd hatte herausgefunden, welcher Art sie war. Angenommen, Rhyd hatte nicht für irgendeine Regierung gearbeitet. Angenommen, er hatte sich entschlossen, Bill eine Geschichte zu liefern. Bill war auf dem Wege nach Äthiopien gewesen, als Hamil Rhyd und Camilla getötet hatte, um sie zum Schweigen zu bringen. Aber Rhyd hatte eine Mehlprobe für Bill hinterlassen und hatte Tonbänder mit verschlüsselten Informationen verschickt, als er merkte, daß sein Leben in Gefahr war.

Und auf dem Weg nach Hause, wo er die Informationen vorzufinden hoffte, war Bill von Drogenschmugglern erschossen worden.

Zum Glück für irgend jemanden. Vielleicht für denjenigen, der Gerard und Jackson auf mich gehetzt hatte. Aber wenn das der Fall war, warum hatten Gerard und Jackson mich am Leben gelassen?

Mein Fuß auf dem Gaspedal fing an weh zu tun. Jenseits der weißen Lichtfläche der Scheinwerfer war die Nacht schwarz wie Teer. Ich fühlte mich nackt, wie angestrahlt auf einer großen, flachen Ebene ohne Versteckmöglichkeiten; wo ich nirgends mehr hingehen konnte als weiter, in die Mitte der Angst. Das Wort war heraus und konnte nicht zurückgerufen werden, so wie auch eine Bombe nicht zurückgerufen werden kann, sobald sie abgeworfen ist. Rhyd und Camilla würden mich beglückwünscht haben.

Um als die Bombe zu sprechen: Ich war mir nicht so sicher, daß Glückwünsche angebracht waren.

Wir holten den Mustang vom Flughafen in Portland ab und brachten den Leihwagen zurück. Am späten Nachmittag kamen wir wieder in Quogue an. Der Hafen war glatt wie

Asphalt und in einen Dunstschleier gehüllt. Quogue Island ragte aus dem Wasser wie ein grauer Walrücken, dessen Konturen sich im Grau auflösen. John hatte den größten Teil der Strecke geschlafen. Das Tageslicht ließ die Dinge weniger gefährlich erscheinen. Ich holte mir bei Danny einige Briefe ab und sagte John, er solle sich gründlich ausschlafen. Mit müden Beinen ging ich zum Beiboot und ruderte zur HALCYON hinüber.

Ich ging unter Deck, legte ein paar Holzscheite in den Ofen und begann die Post durchzusehen. Ich arbeitete mich langsam durch das kleine Päckchen in der Hoffnung, jeden Moment auf die Handschrift der Jungen zu stoßen. Der Ofen füllte die Kajüte mit dem Geruch von heißem Eisen. Pierce hatte mir zwei Briefe von Verehrerinnen nachgeschickt; eine von ihnen entschuldigte sich dafür, daß sie kein Geld für eine Spende hätte, dafür würde sie aber gern eine Nacht mit mir verbringen. Dann war da ein Brief von Julia, meiner Lektorin, in dem sie mir mitteilte, daß meine Saumseligkeit den Erfolg des ganzen Entenprojekts gefährde. Was hätte sie wohl gesagt, wenn sie gewußt hätte, wie gefährdet das Entenprojekt wirklich war.

Der letzte Umschlag trug eine Adresse in meiner eigenen Handschrift. Einen Augenblick lang war ich ganz verwirrt. Was machte ein Brief, den ich geschrieben und abgeschickt hatte, auf meinem Tisch?

Der momentane Nebel in meinem Kopf lichtete sich, und mein Herz begann heftig gegen die Rippen zu schlagen.

Er war adressiert an die Herren Joe und Harry Walters in Pleasant Lake Camp. Die Namen waren ausgestrichen. Irgend jemand hatte mit einem blauen Stift daruntergeschrieben: ZURÜCK AN ABSENDER – EMPFÄNGER HIER NICHT BEKANNT.

Ich zog meine Schuhe und einen Pullover an und stürmte den Niedergang hoch. Ich benötigte zehn Minuten, um zur Telefonzelle hinüberzurudern. Der Nebel war sehr dicht geworden. Ein Eiderentenpaar schwamm, nahezu unsichtbar, in den schwarzen Schatten unter dem Pfahlwerk der Pier. Sie flogen davon, als ich mich näherte, zwei geflügelte, flaschenförmige Körper, die in ihrer einfachen Welt nur drei Dinge kannten: fressen, sich fortpflanzen, am Leben bleiben. Ich warf mehrere Münzen in den öffentlichen Fernsprecher in Dannys Pinte.

Das Telefon schrillte lange und laut am Ende einer Leitung, die wie eine Schlange zischte. Ich stellte mir vor, wie das Echo der Klingel von den gelackten Oberflächen der hohen, leeren Räume zurückschallte.

Schließlich hörte das Klingeln auf und wurde durch eine Stille ersetzt, in der ich das Blut in meinen Ohren singen hören konnte. Dann sagte die Stimme einer Frau: »Wer ist da?«

»George Devis«, sagte ich.

»Oh.« Das Wort fiel wie ein Stein in das Schweigen.

Ich sagte, so ruhig ich konnte: »Ich habe versucht, mich mit den Jungen in Verbindung zu setzen.«

»Wir haben es Ihnen doch schon gesagt. Sie sind im Lager.«

Ich atmete tief durch. »Nein, das sind sie nicht.«

»Woher wissen sie das?« fragte sie scharf.

»Ich habe an die Adresse geschrieben, die Sie mir gegeben haben. Der Brief kam vom Lager zurück.«

»Oh«, sagte sie, ohne daß ich irgendein Gefühl in ihrer Stimme entdecken konnte.

Das Blut brauste jetzt in meinen Ohren. Vermassel es jetzt bloß nicht, sagte ich mir. »Wo sind sie?« fragte ich.

»Das werden Sie nicht erfahren.«

»Ich habe ein Recht, es zu erfahren«, sagte ich.

Sie legte den Hörer auf.

Ich wählte die Nummer noch einmal, mit einer Hand, die zitterte. Nach meiner Uhr schrillte das Telefon am anderen Ende zwölf Minuten lang. Ich verließ die Telefonzelle, schaffte es, Danny einigermaßen normal zuzuwinken, stieg in meinen Wagen und fuhr Richtung Norden.

Ich fuhr wie der Teufel. Camilla und Rhyd waren tot. Joe und Harry lebten und waren zu jung, um allein klarzukommen.

Auf dem Highway ging mein Puls auf einen harten, stetigen Schlag zurück. Die Lichter der anderen Wagen kamen mir wie unregelmäßige, leuchtende Nebelbälle entgegen. Ich war auf mich selbst gestellt, wie die Jungen. Ich würde sie aus diesem Höllenloch herausholen und in die Freiheit zurückbringen.

Nichts anderes spielte irgendeine Rolle.

23

Um elf Uhr bog ich auf den Weg nach Bethel ein. Das Licht der Scheinwerfer spiegelte sich schwach in den Teichen. Das Haus lag im Dunkel; nur ein verschwommenes, gelbliches Viereck in Richtung des Scheunengiebels schimmerte zwischen den Baumästen durch. Chuck war zu Hause. Meine Hände auf dem Lenkrad wurden feucht. Wahrscheinlich ölte er seine Gewehre.

Ich fuhr auf den Hof, stieg aus dem Wagen und machte das Licht aus. Die Dunkelheit war vollkommen. Chucks Giebelfenster war vom Hof aus nicht zu sehen. Die See nagte an der Küste, und der Wind strich flüsternd durch die Kiefern. Irgendwo in einem Schuppen bellte ein Hund. Durch die Brise wurde der Klang von Country-music herangetragen. Da war Rhyds solide Gitarrenbegleitung, sein lässig-lockerer Gesang. Eine kommerzielle Aufnahme: »Kinder, spielt nicht mit Daddys Glasauge, er braucht's, um einen Job zu finden.« Die Aufnahme enthielt auch einen Banjopart. Ich konnte mich nicht erinnern, auf dem Original ein Banjo gehört zu haben. Ich ging die Verandatreppe hinauf und zog an der Klingelschnur. Ein Fenster über mir wurde hell. Ich hörte das Geräusch von Schritten auf einem hölzernen Fußboden, auf einer hölzernen Treppe. Eine Stimme hinter der Tür fragte: »Wer ist da?«

Sarahs Stimme.

»George Devis.«

Sie schwieg einen Moment. Dann sagte sie: »Gehen Sie weg.«

»Ich gehe nicht eher weg, als bis Sie mir sagen, was Sie mit den Jungen gemacht haben.«

»Nein.«

Die Wut in mir brodelte wie Lava. »Die Vormundschaft

wurde uns gemeinsam übertragen. Wenn Sie mich nicht hereinlassen, bin ich innerhalb von vier Stunden mit meinem Anwalt wieder hier.«

»Sind Sie allein?«

Der Hund bellte jetzt lauter. Ich würde nicht mehr lange allein sein. Chuck würde mir Gesellschaft leisten. Er mit seinem Gewehr und dem unzuverlässigen Gedächtnis eines Zehnjährigen. »Ja«, sagte ich.

Riegel wurden zurückgeschoben, und Ketten rasselten. Die Tür ging auf. Licht fiel hinaus in den Nebel und blendete mich. Ich trat ein.

Sie trug einen grün-grauen, wollenen Morgenmantel und karierte Pantoffeln. Das Haar hing ihr lose über die Schultern. Ihr Gesicht sah grau und angestrengt aus, die Augen waren etwas zu weit aufgerissen, die Winkel ihres praktisch lippenlosen Mundes waren heruntergezogen. »Warum verfolgen Sie uns auf diese Weise?« sagte sie.

»Ich versuche, Joe und Harry aufzuspüren. Ich will wissen, wo sie sich aufhalten.«

»Das geht Sie nichts an.«

»Ich bin ebenfalls ihr Vormund.«

Sie sah mir in die Augen. Ihr Mund war zusammengepreßt, blaß wie eine alte Narbe. Sie wußte, daß ich im Recht war, und versuchte ein Lächeln. Es war nicht sehr überzeugend. »Sie sind in einem Lager«, sagte sie.

Ich atmete tief durch. Sei logisch, sagte ich mir. Laß dich nicht von der Vorstellung mitreißen, daß die Jungen die letzten deiner Familie sind, die letzte Verbindung zu Camilla. »Das haben Sie mir schon beim letztenmal erzählt«, sagte ich.

Ihr Lächeln verzerrte sich zu einer Grimasse. »Änderung des … ursprünglichen Plans«, sagte sie. »Wir haben uns für einen anderen entschieden.«

»Sie haben mich angelogen.«

»Sie hätten es sowieso nicht verstanden«, sagte sie.

Ich hielt mich mühsam unter Kontrolle. »Wie wollen Sie das wissen?«

Sie hob die Hände, ließ sie dann wieder fallen. »Sie können es gar nicht«, sagte sie. »Sie sind nicht …« Ihre Stimme verstummte.

»Einer der Auserwählten.«

Sie hob die Augen. Ich vermeinte fast eine Spur Wärme in ihnen zu entdecken, aber nur eine ganz kleine. »Als er einmal hier war, hat Rhydian Gutes über Sie zu sagen gewußt«, sagte sie. »Aber Sie können nicht verstehen, was der Glaube für uns bedeutet.«

»Ich dachte immer, Rhydian wäre für Sie ein verlorenes Schaf.«

»Rhydian war ein erwachsener Mann. Man lehrt uns, unsere Kinder dazu anzuhalten, auf dem Pfad der Tugend zu wandeln.«

Ich dachte an die Namen, die mit frischer Tinte in die Familienbibel geschrieben worden waren. Ich spürte das heftige Schlagen des Herzens in meiner Brust. *Ganz ruhig,* redete ich mir zu. So sanft ich konnte, sagte ich: »Nach den Bedingungen des Testaments tragen wir die gemeinsame Verantwortung für die Jungen. Wenn Sie sich nicht an diese Bedingungen halten, erfüllen Sie Ihre Seite der Vereinbarung nicht. In diesem Falle könnte ein Gericht die näheren Umstände untersuchen. Das liefe dann möglicherweise darauf hinaus, daß Sie überhaupt keinen Einfluß mehr auf die Jungen haben.«

Sie starrte mich mit ihren zu weit aufgerissenen Augen an. Das Fünkchen Wärme darin war verschwunden.

»Noch etwas«, sagte ich. »Ich weiß nicht, ob das für Sie irgendeine Bedeutung hat, aber die Jungen haben sowieso schon eine sehr schwere Zeit hinter sich, so daß man ihnen jede zusätzliche seelische Belastung ersparen sollte.«

»Es gibt wichtigere Dinge als irdische Wünsche«, sagte sie schnell.

»Vielleicht habe ich mich nicht klar genug ausgedrückt«, sagte ich. »Ich möchte mit den Leuten sprechen, unter deren Obhut die Jungen sich jetzt befinden. Und zwar jetzt.«

Sie rang die Hände. »Gut«, sagte sie. »Vielleicht könnte ich am Morgen anrufen ...«

»Wenn ich nicht sofort mit den Jungen reden kann, werden morgen früh meine Anwälte vor der Tür stehen.«

Mit lebloser Stimme sagte sie: »Billigerweise kann ich das nicht ablehnen.«

Mir drehte sich fast der Magen um. Sie zitierte aus dem Testament. Insgeheim hatte ich gehofft, daß ihr Verhalten auf Unwissenheit und Unerfahrenheit beruhte. Doch von jetzt an würde alles strikt nach dem Buchstaben des Gesetzes gehen.

Jedenfalls von ihrer Seite aus.

Füße kamen die Verandastufen heraufgestampft. Der Vorsetzer an dem schwarzen Eisenofen ratterte. Chuck stürmte herein.

Er sah aus, wie ich ihn in Erinnerung hatte. Da war der halb offenstehende Mund mit dem Speicheltropfen an der Unterlippe. Da war die Machias-Freezer-Baseballkappe, die er weit genug heruntergezogen hatte, um die Ohren abstehen zu lassen. Da war schließlich sein bester Freund, das Gewehr. Ich ignorierte sein Aussehen und konzentrierte mich auf das Gewehr. Sein dicker Zeigefinger lag am Abzugsbügel. Zum Schuß bereit.

Sarah blickte auf, das Telefon in der Hand. »Nicht im Haus, Chuckie«, sagte sie mit der sanften Stimme, die sie nur für ihn reserviert hatte.

Chuck machte ein finsteres Gesicht. »Was will er?« fragte er mit großen Pausen zwischen den einzelnen Wörtern, als fehlten einige Zähne im Getriebe seines Verstandes.

»Er macht uns einen Besuch«, sagte Sarah und versuchte, sich ein Lächeln abzuringen. »Hallo«, sagte sie in den Hörer, »ist dort Greenbank?« Ihr Blick wanderte zu mir herüber. Ich grinste Chuck an und sagte: »Eigentlich wollte ich die Jungen besuchen.«

Chuck nickte mit ausdruckslosem Gesicht. »Sie sind nicht da«, sagte er.

»Ich weiß. Haben sie dir Ärger gemacht?«

»Sie sind da hingegangen, wo sie nicht hingehen sollten«, sagte er. »In meine Scheune.«

»Und das hat dich ärgerlich gemacht, ja?«

»Klar«, sagte Chuck. »Ich bewahre da oben meine Briefmarken auf. Meine Sammlung. Da darf nichts durcheinanderkommen.«

»Nein«, sagte ich.

»Sie sind überall rumgeklettert«, sagte Chuck. »Oben in meiner Scheune. Überall in der Gegend. Bis sie ins Lager gingen. Neugierige Kinder.«

Ich schob die Hände in die Taschen und ballte die Fäuste, um ihm nicht sein Gewehr über den Schädel zu ziehen.

Sarah blickte vom Telefon auf. »Wollen Sie mit ihnen reden?«

»Natürlich«, sagte ich.

»Sie werden geholt.«

Wir warteten schweigend. Chuck hatte das Gewehr auf zwei Wandhaken gelegt und summte ein Lied vor sich hin. Ich entspannte mich etwas.

»Okay«, sagte Sarah. Sie hatte sich jetzt unter Kontrolle und präsentierte ein fröhliches Stewardessenlächeln. Es sah ziemlich lächerlich aus. Sie reichte mir den Hörer.

»Wer ist dort?« fragte ich.

»Ich«, sagte eine Stimme. Selbst durch das Zischen der Telefonleitung von Bethel Bay war das ohne Zweifel Joe. Ich fühlte eine plötzliche Welle von Zuneigung und Erleichterung. »Geht es die gut?« fragte ich. »Harry auch?«

»Ja«, sagte er. Diese Einsilbigkeit war keineswegs typisch für ihn.

»Wo bist du?«

»Netter Ort. Mit allen Annehmlichkeiten.«

»Wirklich?« fragte ich.

Das war ein Scherz innerhalb der Familie. Der letzte Ort, von dem er mir gesagt hatte, er hätte alle Annehmlichkeiten, war das neue Schlachthaus in Pulteney. Sicher bediente er sich dieser doppeldeutigen Ausdrucksweise, weil noch ein Fremder neben ihm am Telefon stand.

»Wie geht es dir?« fragte Joe.

Ich erzählte ihm, ich sei jetzt ein Fernsehstar, und andere Halbwahrheiten. Viel mehr interessierte es mich, wie es ihm ging. »Bist du mal segeln gewesen?« fragte ich.

»Nein, nur Kanu gefahren.«

Er war also an einem Fluß oder See. »Und ein wenig Religionsunterricht?«

»Nur ein bißchen«, sagte er. »Sehr erbaulich.« Sarkasmus war immer schon eine seiner hervorstechendsten Eigenschaften gewesen. »Ich muß jetzt aufhören. Harry will auch noch was sagen.«

Harry war weitaus deutlicher: »Komm und hol uns hier raus, bitte.« Er bewahrte Haltung, aber nur mit äußerster Mühe. Darin hatte er während der letzten Monate viel Übung gehabt.

Ich sagte: »Wir arbeiten schon daran«, bevor sie ihm den Hörer aus der Hand nehmen konnten.

Am anderen Ende hatte sich offenbar so etwas wie ein Handgemenge entwickelt. »Nur sachte«, hörte ich seine leiser werdende Stimme. Ich schwitzte vor Aufregung und konnte kaum den Hörer halten. Ich brüllte seinen Namen.

Die Stimme eines Mannes sagte: »Es war nett, mit Ihnen zu reden, Sir.«

Dann war die Leitung tot.

»Sehen Sie?« sagte Sarah. »Es geht ihnen gut.«

Ich hatte das Gefühl, daß mir die Dinge entglitten. »Nein«, sagte ich, »es geht ihnen nicht gut, verdammt noch mal. Ich will sie da raushaben, wo immer das auch ist. Innerhalb von vierundzwanzig Stunden.«

»Bringen Sie ruhig Ihre Anwälte, aber nützen wird Ihnen das nichts, das hat man mir versichert.«

»Das hat der Gemeindeälteste Hornbeck gesagt«, stammelte Chuck. Sie starrte mich mit ihren kalten grauen Augen an. Ich sah die Entschiedenheit in ihrem Gesicht, in der Haltung ihres Unterkiefers. Rhyd hatte seinen Unterkiefer auf ähnliche Weise vorgeschoben; nur daß es bei ihm Entschlußkraft bedeutet hatte, nicht Sturheit.

Chuck begab sich mit seinem watschelnden Gang in die Ecke, nahm sein Gewehr herunter und sah aus, als fühlte er sich jetzt besser. Er fand vielleicht Worte kompliziert, hatte aber ein ausgezeichnetes Gespür für Stimmungen. Wir hatten den Rubikon jetzt überschritten. Ich holte tief Luft. »Nun gut«, sagte ich, »wann kann ich die Jungen sehen?«

Sie entspannte sich. Ich war anscheinend zur Vernunft gekommen. »Nach der Grundausbildung. Ich rufe Sie an. So genau kann man das nicht sagen.«

»Klar«, sagte ich und sah Chuck an, der meinen Blick erwiderte. Ich grinste sie beide an. Das Grinsen war unaufrichtig, aber die gefletschten Zähne waren es nicht. Zwei Gedanken gingen mir durch den Kopf, der eine schwer zu verstehen, der andere nicht. Der schwer zu verstehende war, wie Rhydian auch nur eine Sekunde hatte glauben können, daß diese Frau ein vernünftiger Vormund für seine Kinder sein würde.

Der leicht zu verstehende war, daß Sarah nicht mehr so auf der Hut sein würde, wenn sie glaubte, daß ich mein Besuchsrecht bis zum Ende der sogenannten Grundausbildung zurückstellen wollte.

Und dann würde sie einen Schock erleben.

24

In Red Hill brannte eine Lampe über dem Eingang der Gemischtwarenhandlung und beleuchtete eine Kraftstoffpumpe und die abblätternde grüne Farbe an der Vorderseite des Gebäudes. Die Imbißstube war voll von Dampfschwaden und schmutzigem Chrom. Mrs. Rider quoll immer noch über den Rand ihrer Skihosen und trug immer noch ihre riesigen Turnschuhe. Im Fernsehen keifte eine aufgetakelte Frau mit einem Mann, der ein silberglänzendes Toupet trug. Die Lautstärke war nahezu voll aufgedreht. Zwei Männer in karierten Hemden, die mit dem Rücken zur Bar saßen, sahen sich die Sendung an.

»Hallo!« schrie Mrs. Rider begeistert. »Wie geht es Ihnen?«

Bei dem Krach vom Fernseher konnte ich sie kaum verstehen. Sie drückte auf die Fernbedienung, und die Lautstärke nahm ab. »Die beiden Herren arbeiten im Sägewerk. Der Lärm da schlägt einem auf die Ohren.«

Ich bestellte ein Bier. »Kennen Sie hier in der Gegend einen Ort namens Greenbank?«

Sie schüttelte den Kopf, was auch einige ihrer Kinne zum Wabbeln brachte.

Das erstaunte mich nicht weiter. Den »Brüdern« standen schließlich die gesamten Vereinigten Staaten zur Anlage ihres Ausbildungslagers zur Verfügung.

»Ich habe Joe und Harry gesehen«, sagte sie.

»Wann war das?«

»Sie kamen her, um sich mit Süßigkeiten einzudecken. Vielleicht vor einer Woche. Der Kleine – das ist Harry, nicht wahr? –, er sagte, er ginge auf eine Fahrt und brauchte einen großen Vorrat. Ich sagte ihm, bei den Mengen, die er einkaufte hoffte ich, daß seine Zähne das überstehen würden. Er meinte, dort, wo sie hingingen, würden sie ihm wahrscheinlich seine Zähne sowieso alle ziehen.« Zur Erleichterung schob sie den Gummizug ihrer Skihosen vom dritten auf das vierte Röllchen ihres Bauches hinab. »Sehr witziger kleiner Kerl«, sagte sie.

»Hat er vielleicht erzählt, wo er hingehen wollte?«

»Ja«, sagte sie. »Bangor. Irgendein Ort nahe Bangor.«

Da hatte ich es also. Nette, phantasielose »Brüder«. Greenbank, nahe Bangor. Ungefähr einhundert Meilen entfernt. An einem Fluß oder See gelegen.

Sie schüttelte den Kopf. »Ich wäre froh, wenn sie da wieder raus wären«, sagte sie. »Bethel, meine ich. Dieser Chuck. Gibt mir das kalte Grausen. Ich mein', er ist ein armer Kerl und all das, aber ... puh.« Sie schüttelte sich, als fände in ihr ein Erdbeben statt. Hinter mir hörte ich die Tür aufgehen. Mrs. Riders schwarze Augen blickten an mir vorbei. »Greenbank«, sagte sie nachdenklich.

»Greenbank wo?« sagte eine Stimme hinter mir.

Ich drehte mich um. Natürlich war es Ricky Lee.

Sie trug Jeans und ein kariertes Hemd. Sie kam zu mir herüber, zog sich einen Barhocker heran, schwang sich hinauf, lehnte sich mit dem Rücken gegen die Bar und stützte die Ellbogen auf, wobei sie den Hocker etwas zurückkippte. Sie hakte die Hacken ihrer Cowboystiefel hinter die Fußleiste und ließ ihr Kinn auf die Brust sinken, so daß sie wie eine halb Gekreuzigte auf dem Hocker hing. Dann lächelte sie mich an. Sie sah müde, aber zufrieden aus. »Sie sehen so aus, wie ich mich fühle«, sagte sie.

Ich lächelte zurück. Eigentlich fühlte ich mich absolut nicht danach, irgend jemanden anzulächeln, aber bei ihr war es sehr schwer, das nicht zu tun. Einen kurzen Augenblick lang fühlte ich so etwas wie eine telepathische Kommunikation. Ich war nicht allein, und sie war nicht allein, und wir waren beide erfreut darüber, und wir wußten es auch. Ich bestellte ihr ein Bier. Das schien ihr ebenfalls zu gefallen.

»Ist das ein Zufall?« fragte ich.

Müde sagte sie: »Leute zu finden ist mein Job. Darin bin ich gut.« Das Bier kam, ohne Glas. Sie nahm einen kräftigen Schluck aus der Flasche. »Uff«, machte sie. Die Haut unter ihren Augen war dunkel, und haarfeine dünne Linien zogen sich um ihre Mundwinkel. »Es ist ein weiter Weg von Cleveland hierher.«

»Was ist passiert?«

Sie lächelte ironisch. »Ich wurde verhaftet.«

»Ist das alles?«

Ihre Augenbrauen gingen nach oben. »Alles?« sagte sie. »Begünstigung der Beihilfe, sich der Verhaftung zu entziehen. Wer bezahlt die Anwälte?«

»Ich?«

Sie legte ihre Hand auf meinen Arm. Es schien, als gehörte sie dorthin. »Ich werde die Kosten dem *Echo* anhängen«, sagte sie.

»Es tut mir leid.«

»Ich bin mit offenen Augen in die Falle gegangen«, sagte sie wobei sie die Mundwinkel herunterzog. »Und ich hatte es nur mit Polizisten zu tun.«

»Nur.«

»Keine Preisboxer. Nur zehn Stunden im Verhörzimmer und meine unsterbliche Seele in Gefahr.« Sie nahm noch einen großen Schluck.

»Wie haben Sie mich gefunden?«

Sie gähnte. »Scotch John sagte, sie wären wahrscheinlich nach Bethel Bay gefahren. Es wird Ihrer Aufmerksamkeit nicht entgangen sein, daß nur eine Straße nach Bethel Bay führt und daß man auf ihr sicher nicht allzu vielen knallroten Mustangs begegnen dürfte.«

»Schlau«, sagte ich.

»Man muß schon recht schlau sein, wenn man festangestellter Mitarbeiter beim *Echo* werden will.« Sie sah mich direkt an. Ihre Augen waren grün wie die einer Katze. »Außerdem gibt es zur Zeit nicht allzu viele nette Männer in meinem Leben.«

Die Leute auf dem Fernsehschirm hatten aufgehört zu

reden. Die Worte echoten durch den Raum. Die Sägewerksarbeiter behielten den Bildschirm im Auge und warteten darauf, daß die Lippen der Darsteller sich wieder bewegten.

Sie senkte den Blick und nahm einen Schluck Bier. Ich trank auch etwas von meinem. Das Unausgesprochene zwischen uns kam langsam aus der Verborgenheit ins Freie.

»Also, was ist mit Greenbank?« fragte sie.

»Die Jungen sind dort.«

Sie sagte: »Oh« und blickte in ihr Glas. Das Thema hatte gewechselt. Ihre Mundwinkel waren nach unten gezogen. »Was wissen Sie von diesem Ort?« fragte sie.

»Es ist ein Ausbildungslager für die ›Brüder Christi‹.«

»Das stimmt.«

»Woher wissen Sie das?« fragte ich.

Sie blickte nicht auf. »Ich bin selbst auch dort gewesen.«

Die Leute aus dem Sägewerk brüllten Mrs. Rider ein »Gute Nacht!« zu. Mrs. Rider sagte: »Es ist okay, ich schließe den Laden noch nicht« und zwinkerte uns zu.

»Warum?« fragte ich.

»Meine Mutter hat mich hingeschickt.«

Ich wartete.

»Mein Vater war gestorben. Meine Mutter lernte dann diesen Mann kennen. Er war einer der ›Brüder‹, verstehen Sie? Greenbank ist der Ort, wohin man geschickt wird, um gesalbt zu werden.«

»Gesalbt?«

»Die ›Brüder‹«, sagte sie. »Sie sind die Gesalbten des Herrn. Sie wollen kaum zugeben, daß irgend jemand außerhalb ihres Kreises überhaupt existiert. Aber es ist ihnen natürlich klar, daß Leute, gewissermaßen unter außergewöhnlichen Umständen, ihre Kinder behalten möchten; daher müssen sie die Kinder zurechtbiegen.«

»Zurechtbiegen.« Ich hatte noch die Stimmen von Joe und Harry im Ohr, spürte noch ihre Erleichterung, die sie beim Klang einer Stimme von außerhalb empfunden hatten. »Sind sie sicher?«

»Das ist kein Ort, an dem man sich amüsiert«, sagte sie und trank von ihrem Bier. Ihr Gesicht war wie versteinert und wirkte erschöpft. Zum ersten Mal, seit ich sie kennengelernt hatte, war es ohne jeden Humor. »Warum, glauben Sie, arbeite ich an dieser Geschichte?«

Ich betrachtete sie. Ihre Augen waren zornig und sahen gleichzeitig gequält aus. »Sie sollten mir alles erzählen«, sagte ich.

Sie lächelte. Es war ein hartes, verzerrtes Lächeln, ganz anders als ihr wirkliches. »Es ist nicht leicht, über die ›Brüder‹ zu reden«, sagte sie.

Ich dachte an Rhyd, der all die Jahre geschwiegen und schließlich seine Söhne wissentlich in die Gefangenschaft geschickt hatte. »Das habe ich bemerkt«, sagte ich.

»Wir hatten mal eine Party«, sagte sie. »Es war so eine Art Musikerparty. Hud Krantz war da. Er war mal Rhyds Manager. Das war eigentlich auch der Grund, weswegen ich selbst da war. Ich wollte Hud treffen und ihm ein Band mit Liedern geben, die ich geschrieben hatte. Ich bewunderte Rhyd irgendwie. Ich meine, ich kannte ihn zwar nicht, aber er hatte sich von den ›Brüdern‹ gelöst, und ich kannte seine Schwester und so was alles. Und vielleicht dachte ich auch, mein Band wäre so eine Art Vermächtnis für Maria. Jedenfalls war Hud auf dieser Party geschäftig, wie diese Leute es auf Partys immer sind. Ich sah, wie er mit Bill redete. Und er machte mich mit Bill bekannt und verdrückte sich dann, um ein bißchen Kontaktpflege zu betreiben. Bill und ich blieben also allein. Ich war Bill zwar schon einmal begegnet, aber ich glaube, er erinnerte sich nicht an mich. Wir sprachen über Rhyd. Und Bill sagte, er wäre mit Rhyd befreundet, und da erzählte ich ihm, daß ich Maria gut gekannt hätte. Dann begannen wir, über die ›Brüder‹ zu reden und wie es wohl wäre, wenn man sich von ihnen löste. Bill stellte die Theorie auf, daß es so ähnlich wäre, als verlöre man seine Familie; entweder brächte es einen um, oder es machte einen stärker, als man es sonst hätte werden können – aber es würde auch irgendwie Narben hinterlassen.«

Ich dachte daran, wie es war, die Familie zu verlieren, und fragte mich, wie ich damit fertig werden würde.

»Na, jedenfalls erzählte ich ihm, daß ich Journalistik studiert hätte, und er fragte mich, ob ich für ihn arbeiten wollte. Ich schlug natürlich sofort ein, denn Bill war ein wirklich guter Reporter und außerdem berühmt.«

»Was hatte die Geschichte mit den ›Brüdern‹ zu tun?«

»Ich hab' Ihnen ja schon erzählt«, sagte sie, »daß Bill so geschwätzig wie eine Auster war. Er sagte, wenn man eine große Geschichte schreiben wolle, dann brauchte man nicht nur Tatsachen und ihre Hintergründe; man brauchte auch Charakterschilderungen, damit man den Lesern verständlich machen könnte, wie die Tatsachen in die jeweiligen Biographien hineinpaßten. Also mußte er sich auch mit dem Problem der ›Brüder‹ auseinandersetzen.« Sie zuckte die Schultern. »Damit wurde das für mich natürlich ein wunderbarer Job. Eine Sprosse die Leiter hinauf und eine Arbeit aus Liebe zur Sache.« Sie sah mich von der Seite an. »Nur aus Liebe zur Sache; das war alles rein professionell. Bill nahm von mir nur, was er brauchte: meine Finger, um das Telefon zu bedienen, mein Notizbuch. Das war alles.«

Ich war erleichtert. *Das ist ja lächerlich,* dachte ich. *Worüber bist du denn erleichtert?*

»Sie wollen also nach Greenbank fahren?«

»Wie ist es mit morgen früh?« fragte ich.

»Ganz so einfach wird das nicht sein.«

Ich versuchte zu lächeln, aber es kam mir steif und unnatürlich vor. »Wir werden es schaffen«, sagte ich. »Sie haben es doch schon einmal geschafft.«

»Das war damals etwas anderes«, sagte sie. »Ich bin nur weggelaufen.«

»Einfach so?«

»Ich hatte ein ganzes Jahr dort verbracht«, sagte sie. »Sie haben dort diese Diakone, die auch als Lagerwächter fungieren. Es sind eine Menge Kinder da. Erziehung und Indoktrination werden ganz groß geschrieben. Wenn man irgend etwas macht, was sie nicht mögen, setzt es Prügel. Wenn jemand dir erzählt, daß schwarz weiß ist, und dich schlägt, wenn du das bestreitest, dann fängst du sehr schnell an zuzustimmen. Es ist so, als würde man plötzlich ... irgendwie deformiert, wie in einem Traum. Es ist eine schreckliche Vorstellung. Das schlimmste dabei ist, daß man sich daran gewöhnt. Wenn man also eine Zeitlang zugestimmt hat, fängt man an, daran zu glauben. Besonders wenn man noch ein Kind ist.«

Ich war wie zu Eis erstarrt. »Was geschah dann?«

»Ich fand eine *Cosmopolitan* im Abfall des Lagerleiters.«

»Die Zeitschrift *Cosmopolitan?*«

»Die Problemseiten. Es ging darin nur um Sex. Über Sex wurde in Greenbank überhaupt nicht geredet. Ich war dreizehn. Ich dachte ziemlich viel an so was. Mir wurde dadurch klar, daß die Welt dort draußen mit meinen Gefühlen übereinstimmte, die Welt im Lager jedoch nicht. Also waren sie draußen vernünftig und drinnen verrückt, und das war das genaue Gegenteil von dem, was man uns im Lager erzählte. Also machte ich mich über den Zaun davon. Das war vor langer Zeit. Jetzt haben sie Bandstacheldraht am Zaun angebracht. Ohne Dynamit werden Sie die Jungen gar nicht rauskriegen.«

So, wie ich mich fühlte, schien mir Dynamit eine vorzügliche Idee. Dynamit und vielleicht ein Anwalt.

»Und ...«, sagte sie. Sie begegnete, etwas zögernd, wieder meinem Blick.

»Ja?«

»Ich möchte Sie daran erinnern, daß für morgen abend ein Vortrag angesetzt ist. In Lexington, Massachusetts.«

Ich nickte. Der George Devis, der Vorträge hielt und als Spendenbeschaffer auftrat, schien mir so fern wie Christoph Columbus. Wir gingen in die Nacht hinaus.

Ich folgte den kleine roten Augen von Ricky Lees Rücklichtern, bis sie in den Parkplatz eines Motels einbog. Wir nahmen benachbarte Kabinen. Am nächsten Morgen erwachte ich von einem leichten Klopfen an der Tür. Es war Ricky Lee mit zwei Pappbechern voll Kaffee. Sie gab mir einen und setzte sich auf das Bett. »Was wollen Sie machen?« fragte sie.

»Einen Rechtsanwalt finden. Den Jungen einen Besuch abstatten.«

»Kennen Sie einen Anwalt?«

»Nein.«

»Da war dieser Typ, der mir geholfen hat. George Caziris. Er hat ein Büro in Boston. Er ... hat mich rausgeholt. Oder jedenfalls hat er es erreicht, daß ich nicht wieder zurück mußte.«

»Wie lange ist das her?«

»Zehn Jahre. Er ist noch da. Er ist ein guter Freund.«

»Haben Sie seine Nummer?«

Sie schrieb sie mir auf einen Zettel, und ich ging damit zu einem Münzfernsprecher in der Motelhalle.

Es war gerade acht geworden, aber George Caziris war schon bei der Arbeit. Er hatte eine Stimme wie der Mustang im Leerlauf. Ich erklärte ihm, daß meine beiden Neffen in Greenbank wären. »Wie sind Sie an meine Nummer gekommen?« fragte er.

»Ricky Lee Klaasen.«

Er machte ein Geräusch, das sicherlich als Lachen gedacht war. »Treffen der Ehemaligen«, sagte er. »Hat sie Ihnen erzählt, daß ich sie dort rausgeholt habe? Nun, sie hat selbst für ihre Befreiung gesorgt, und ich hab' erreicht, daß es dabei auch blieb.«

»Sie hat's mir erzählt.«

»Sie sind also der Onkel der Jungen, wie?«

Ich erklärte ihm, daß ich auch ihr Mitvormund sei.

»Mit wem zusammen?«

Ich erzählte ihm von Sarah Ebden.

»Und sie hat sie jetzt für diesen Teil des Jahres, stimmt's? Nach den Bestimmungen des Testaments? Haben Sie es dabei?«

Ich zitierte die Bestimmungen aus dem Gedächtnis.

»Sie haben ein Problem«, sagte er. »Wenn Sie nicht nachweisen können, daß Ihr Mitvormund geisteskrank oder kriminell ist, haben Sie keine Chance. Und was immer Sie oder ich denken mögen, die Zugehörigkeit zu den ›Brüdern‹ ist kein glaubhafter Beweis für das eine oder das andere. Sicher, wir können die Angelegenheit näher untersuchen, wenn Sie Zeit haben. Zeugenerklärungen. Psychiatrische Gutachten.« Er hustete. Ich hörte das Klicken eines Feuerzeugs, sein zischendes Einatmen. »Aber wenn Sie sie sowieso zurückbekommen, ist das eigentlich eine zu langwierige Prozedur. Da können Sie genausogut warten, nicht wahr?«

Damit hatte er sicher recht. Aber Joe und Harry waren da drin und wurden einer Gehirnwäsche unterzogen. »Was wäre, wenn ich sie einfach mitnähme?« fragte ich.

»Das wäre natürlich gegen das Gesetz«, sagte Caziris. Er seufzte. »Gehe ich wohl recht in der Annahme, daß Sie es trotzdem tun werden?«

Ich antwortete nicht.

»Sicherlich würde das die Angelegenheit ... erschweren«, sagte er und atmete geräuschvoll aus.

»Ich danke Ihnen«, sagte ich.

»Alles für Ricky Lee«, sagte er. »Oh, noch etwas.«

»Ja?«

»Viel Glück.«

25

Greenbank war schon aus einer Entfernung von zwei Meilen zu sehen: ein großes hölzernes Gebäude, das aggressiv auf der Kuppe eines niedrigen, felsigen Hügels in einer Landschaft anderer niedriger Hügel errichtet worden war. Schwärzliche Wellen von Kiefern schienen gegen das Gebäude anzubranden. Wir fuhren eine schmale Straße entlang, bis ein nahezu drei Meter hohes Tor in einem Maschendrahtzaun uns den Weg versperrte. Der Zaun war mit einer Reihe Bandstacheldraht gekrönt. Ricky Lee saß mit blassem Gesicht neben mir. Am rechten Torpfosten befand sich ein Telefon. Ich stieg aus und nahm den Hörer ab. Mein Mund fühlte sich plötzlich wie ausgetrocknet an. Eine Stimme fragte, wer ich wäre. Ich nannte meinen Namen und sagte, ich wäre gekommen, um meine Neffen Joe und Harry Walters zu besuchen.

»Joseph und Henry sind gerade nicht abkömmlich«, sagte die Stimme.

»Ich bin von weit her gekommen«, sagte ich.

Die Stimme sagte, das täte ihr leid.

»Um der Kinder willen würde ich das gerne diskret behandeln«, sagte ich. »Wenn das jedoch nicht zu machen ist, komme ich in Begleitung von einigen Fernsehkameras und Reportern sowie eines Rechtsanwalts namens George Caziris zurück.«

Die Stimme bat mich zu warten. Gerade als ich dachte, daß man mich vergessen hätte, meldete sie sich wieder. »Es tut mir so leid«, sagte sie. »Es hat da irgendein Mißverständnis gegeben. Kommen Sie doch bitte zum Haus.«

Der automatische Türschließer summte. Das Tor öffnete sich, und ich fuhr hinein. »Herrgott, dieser Ort«, sagte Ricky Lee. Sie blickte um sich und kaute auf ihren Fingernägeln.

Wenn man mit jemandem den Ort besucht, an dem er seine Kindheit oder doch wenigstens einen Teil seiner Kindheit verbracht hat, so wird er normalerweise in Erinnerungen schwelgen. Aber Ricky Lee zog den Kopf zwischen die Schultern und sah irgendwie erstarrt und unglücklich aus, während wir die gewundene Straße hinauffuhren.

Rechter Hand kam jetzt ein See in Sicht. Sein Wasser war schmutzigbraun. An seinem Ufer lagen einige Kanus. Eine Gruppe Kinder ging über ein Rasenstück; sie hatten die Hände gefaltet und hielten den Blick gesenkt.

»›Ein sittsamer Blick und die Hände in Sicht/macht des Teufels Absicht zunicht'‹«, rezitierte Ricky Lee bitter. »Schwimmen ist natürlich auch nicht erlaubt. Man könnte ja unreine Gedanken beim Schwimmen kriegen. Besonders, wenn man dreizehn ist.«

Die Straße bog vom See ab und führte uns jetzt zur Vorderseite des Gebäudes. Es war ein rechteckiger Block, vier Stockwerke hoch und vielleicht fünfzig Meter lang. Die holzverkleideten Wände waren weiß gestrichen. Die Farbe blätterte überall ab, als ob die »Brüder« es sinnvoller gefunden hätten, ihre Haushaltsmittel für Stacheldraht auszugeben. Es war ein engbrüstiges, unversöhnlich wirkendes Haus mit hohen Schiebefenstern, die ihm ein Aussehen von idiotischer Verwunderung gaben.

In der Mitte der Vorderseite öffnete sich eine Tür; eine weiße Tür ohne Rahmen, ohne Vordach oder Stufen. Sie sah so nackt und unheimlich aus wie ein Auge ohne Brauen und Wimpern. Ein Mann erschien.

Er stand in der Tür und wartete. Er hatte kleine blaue Augen. Sein Gesicht sprang vor und endete in einer Nase, deren Spitze wie ein kleiner Hintern aussah; darunter saß ein feuchter, kleiner Mund mit nach innen stehenden Zähnen. Er hatte eine rosa Haut und eine birnenförmige Figur, trug ein weißes Hemd ohne Schlips, das bis obenhin zugeknöpft war, und dunkelgraue Trevirahosen. Seine schwarzen Schuhe glänzten.

Ricky Lee ergriff meinen Arm. »Es ist das ›Schwein‹«, sagte sie. Ihre Lippen waren schmal und wirkten blutleer. »Passen Sie bei ihm gut auf. Er ist schlau.«

Wir stiegen aus. Der Tag war drückend warm, und der Geruch von Kiefern lag in der Luft. Ich sagte mir: *Halt dich strikt an die Vorschriften. Sammle Beweismaterial. Laß dir Zeit. Verstoße nicht gegen das Gesetz.*

Der Mann in der Tür sagte. »Willkommen in Greenbank. Ich bin der Gemeindeälteste Hornbeck.« Seine Augen waren so flach wie Münzen. Er gab uns nicht die Hand. Hätte er es getan, wäre sie wahrscheinlich kalt und feucht gewesen. Seine Augen wanderten von mir zu Ricky Lee. Er entblößte seine nach innen stehenden Zähne und sagte: »Wir kennen uns bereits.«

»Das stimmt«, sagte Ricky Lee mit einer Härte, die ich noch nicht bei ihr erlebt hatte.

»›Ich sage euch: Also wird auch mehr Freude im Himmel sein über einen Sünder, der Buße tut, als über neunundneunzig Gerechte, die der Buße nicht bedürfen.‹«

»Sagen Sie dem gemästeten Kalb, es könne anfangen, langfristige Pläne zu machen«, sagte Ricky Lee. »Die Person, die mit Ihnen reden möchte, ist Mr. Devis hier.«

»Wir haben bereits miteinander gesprochen«, sagte ich. »Am Telefon.«

»Natürlich«, sagte er. »Kommen Sie bitte mit.«

Wir folgten seinem grauen Hintern durch die Tür. Ich fühlte, wie sich eine Hand in meine schob. Sie war fest, aber kalt. Ricky Lee erlebte ihre Kindheit noch einmal und hatte nicht viel Freude daran.

Trotz der Hitze des Tages war es innerhalb des Gebäudes ausgesprochen kühl. Der Geruch der Kiefern wurde verdrängt durch den Geruch von Desinfektionsmitteln. Die Decken waren hoch, die Fußböden bestanden aus nackten braunen Brettern. In einer Ecke war eine Reihe von Kindern, auf den Knien liegend, damit beschäftigt, den Boden mit großen Lappen zu polieren. Ein kleiner eiserner Ofen, von dem ein schwarzes Rohr zur Wand führte, stand mitten im Raum. »Im Winter ist es hier sicher kalt«, sagte ich.

Das »Schwein« sagte: »Kälte ist nur eine materielle Unzulänglichkeit«, als wäre das etwas, worunter er nicht zu leiden hätte. Die Kinder, die den Fußboden polierten, sahen nicht auf, als wir vorbeigingen.

Das »Schwein« führte uns durch eine Reihe von Zimmern mit hohen Türen in einen großen, kahlen Raum mit einem einzigen Tisch in der Mitte. An drei Seiten des Tisches standen Stühle. Einer an einem Ende, ein Stuhl an einer Längsseite und zwei Stühle an der anderen. Auf diesen beiden nebeneinanderstehenden Stühlen saßen Joe und Harry. Sie hatten einen Haarschnitt wie Gefängnisinsassen und sahen blaß aus.

Als sie mich erblickten sprangen sie auf und rannten auf mich los; der blanke Ahornboden donnerte unter ihren Turnschuhen. Ich fing sie mit beiden Armen auf.

»Ich danke euch«, sagte das »Schwein« mit einer Stimme, die wie eine kleine Peitsche klang.

Sie rissen sich von mir los und erstarrten. Das Lächeln verschwand von ihren Gesichtern, als habe jemand es ausgeschaltet.

»Stühle«, sagte das »Schwein«.

Sie setzten sich.

»Nehmen Sie doch Platz«, sagte das »Schwein«. Er lächelte; ein kleines, seraphisches Lächeln, das ich liebend gern mit einem kräftigen Schlag aus seinem fetten rosa Gesicht weggewischt hätte. Er setzte sich ans Tischende und zeigte auf den Stuhl, der denen der Jungen gegenüberstand.

»Joe«, sagte ich, »das hier ist Ricky Lee. Würdest du ihr bitte einen Stuhl holen?«

Joe zwinkerte, als wachte er gerade auf. »Oh«, sagte er. »Tut mir leid. Natürlich«, und er lächelt Ricky Lee an, so wie er früher gelächelt hatte. Sie lächelte ihn ebenfalls an.

»Setz dich hin, Joseph«, sagte das »Schwein«.

Joes Blick huschte von einem zum anderen. Sein qualvolles Dilemma stand ihm ins Gesicht geschrieben. »Na schön«, sagte ich, ging ins Nebenzimmer und holte von dort einen Stuhl. Dann sagte ich zum »Schwein«: »Ich möchte privat mit den Jungen reden.«

»Sie sind hier ganz privat, Sir. Sagen Sie, was Sie zu sagen haben«, erwiderte er.

»Nun gut«, sagte ich. »Wie läuft's denn so, Jungs?«

»Großartig«, sagte Joe mit einer Stimme, die auch nicht die geringste Spur von Begeisterung verriet.

»Toll«, sagte Harry. In seiner Stimme lag womöglich noch weniger Gefühl.

Der Ausdruck ihrer Augen hatte sich geändert, Als wir hereinkamen, waren sie teilnahmslos und ohne Glanz gewesen. Jetzt zeigte sich in ihnen so etwas wie Hoffnung.

»Sie fühlen sich hier außerordentlich wohl«, sagte das »Schwein«.

»Wir fühlen und hier außerordentlich wohl«, sagten die Jungen. Das Funkeln in ihren Augen war jetzt nicht mehr zu übersehen. Ich sah etwas nervös zum »Schwein« hinüber, aber er schien immun gegen ironische Bemerkungen. »Wir haben hier einen sehr großen See«, sagte Joe. Ich hatte den See gesehen. Er war keineswegs sehr groß. »Es sind auch Kanus da.«

Harry kam langsam zu sich. Er sagte, mit einer Stimme von jenseits des Grabes: »Die Kanus sind Klasse.«

»Ich muß Ihnen sagen«, meinte das »Schwein«, »daß Joseph und Henry sehr viel Freude an unseren sportlichen Aktivitäten im Freien haben, nicht wahr, Burschen?«

»Sicher«, sagte Joe.

»Sicher«, sagte Harry.

»Mit dem Glauben ihrer Väter vertraut zu werden ist wie das Durchschreiten einer Tür in eine bessere Welt.«

»Sie hatten nur einen Vater«, sagte ich. »Und sein Glaube war nicht der Ihre.«

Beide Jungen sahen jetzt das »Schwein« an. Ihre Gesichter waren ausdruckslos, aber in ihren Augen stand der Haß. Fast meinte ich, ihre Gedanken zu hören: *Wagen Sie es bloß nicht über meinen Vater zu reden.*

»Zweifellos haben Sie sehr viel Sinn für Humor, Mr. Devis«, sagte das »Schwein«. »Hier haben wir unsere Augen auf die Seelen der Erwählten gerichtet, welche Fenster zum Unendlichen sind. Ich weiß, daß der Blick unserer Schwester Sarah Walters Ebden ebendorthin gerichtet war, als sie diese ihr anvertrauten Kinder hierher schickte, um sie im Glauben ihrer ... äh ... ihres geistigen Erbes erziehen zu lassen.« Er machte eine Pause und legte seine Handflächen gegeneinander, als wollte er beten. »Und wir haben ja gerade aus ihrem eigenen Munde gehört, daß sie Gefallen gefunden haben an dem, was ihnen hier offenbart wurde.«

Mir war, als spürte ich plötzlich einen eiskalten Windhauch im Genick. Nach den Bestimmungen des Testaments würden die Jungen in Amerika bleiben, wenn sie diesen Wunsch äußerten.

»Kindermund tut Wahrheit kund«, sagte das »Schwein«. »Ihr Vater ist vom Glauben seiner Vorväter abgefallen. Aber in seinem letzten Testament, an der Schwelle zur nächsten Welt, gab er seinen Söhnen die Möglichkeit zu wählen. Es scheint uns, daß sie sich dafür entscheiden werden, und es ist eine weise Entscheidung, auf den Pfad der Tugend zurückzukehren.«

»Moment mal«, sagte ich.

»Wir hören ihre Worte. Wir können nicht die Gedanken ihres Herzens lesen.«

»Wenn man die Wahrheit sagst, schlagen sie einen«, sagte Harry.

Das »Schwein« richtete seine kalten Augen auf ihn. Joe stellte sich vor seinen Bruder. »Das stimmt«, sagte er.

Unwillkürlich schoß ich halb aus dem Stuhl hoch und krümmte die Hände, als wollte ich dem »Schwein« an den Hals fahren. Doch etwas krallte sich in meine Schulter und hielt mich zurück. Es war Ricky Lees Hand.

Die Jungen sahen mich an wie Ertrinkende ein Rettungsboot. Ich setzte mich wieder.

»Eine Sache möchte ich absolut klarstellen«, sagte ich. »Wenn Sie Hand an die Jungen legen, wird mein Anwalt Sie wegen Körperverletzung verklagen. Ich bin ihr Mitvormund. Ich werde meine Überprüfungsrechte wahrnehmen, immer vorausgesetzt, daß es nicht möglich ist, sie Ihrer Obhut zu entziehen.«

Das »Schwein« lächelte engelhaft und machte eine Verbeugung. »Es ist wirklich schwierig für Euch, die Ihr nicht dazugehört, das Wesen unserer Arbeit zu verstehen.«

»Mir scheint es ziemlich eindeutig«, sagte ich. »Sie können in Kürze mit einem Besuch meiner Anwälte rechnen.«

»Mit dem größten Vergnügen«, sagte er.

Ricky Lee drückte unter dem Tisch meine Hand, als wollte sie mir zu verstehen geben: *Sieh dir den an!*

»Noch etwas«, sagte ich. »Diese Dame ist beim *Boston Echo* angestellt. Als Reporterin. Sie hat ein starkes persönliches Interesse an Geschichten über die »Brüder«, bei denen es um körperliche Mißhandlungen und Freiheitsberaubung geht.«

Sein Lächeln schien langsam an den Rändern abzubröckeln. Ich stand auf. »Kommt, Jungs«, sagte ich. »Wir gehen ein Stückchen spazieren. Ich denke, der Gemeindeälteste Hornbeck wird nichts dagegen einzuwenden haben.«

Wir verließen alle vier den Raum. »Brillant«, sagte Harry. »Du bist ein Genie.« Und zu Ricky Lee gewandt: »Sind Sie wirklich Reporterin?«

»Vor diesem Bastard mußt du dich vorsehen«, sagte Joe.

»Was für eine Sprache!«

»Er ist aber wirklich einer.«

Wir gingen zum Wagen. Ich hatte zwei große Tüten mit Süßigkeiten mitgebracht, die ich ihnen jetzt gab. »Wir müssen fahren«, sagte ich. »Ich komme bald wieder.«

Joe nickte. Er wollte mir nicht in die Augen sehen. Harry wandte sich ab. Die Lebhaftigkeit, die ihn eben noch erfüllt hatte, war wie weggeblasen. Er weinte. Aber er beklagte sich nicht. Aus den Ereignissen der letzten fünf Monate hatte er gelernt, daß es keinen Sinn hatte, sich zu beklagen, weil das Böse, wenn es erst einmal geschehen ist, nicht wieder rückgängig gemacht werden kann.

Ich holte tief Luft. Ich dachte nicht an Rhyd und sein Testament, sondern an Camilla. Es ging darum, das zu tun, was getan werden mußte, nicht an das, was ratsam gewesen wäre. Es gibt Augenblicke im Leben, in denen man sich an die Ratschläge der Anwälte hält. Es gibt aber auch andere Augenblicke, wo man Pläne über Bord werfen muß, selbst wenn das die Dinge für jemanden wie George Caziris erschwert.

Ich drehte mich zu Ricky Lee um. Sie war kalkweiß unter ihren Sommersprossen. Ihre Augen waren tränenverschleiert, als erinnerte sie sich an Dinge, die sie bis jetzt verdrängt hatte.

»Wie viele Schlafzimmer hat Ihr Haus?« fragte ich.

»Zwei.« Sie starrte mich an und sagte. »Tun Sie es.«

Ich sagte zu den Jungen: »Steigt in den Wagen.«

Joe sah zum »Schwein« hinüber, der immer noch im Türrahmen stand. Dann sah er mich an. Sein Gesicht war blaß und sorgenvoll. Wenn ich einen Zweifel gehabt hätte, ob es richtig war, was ich vorhatte, so verschwand er in diesem Augenblick. Jeder Ort, der Joe so sehr in Angst versetzen konnte, war ein Ort, den er weit, weit hinter sich lassen mußte.

Er stieg ein.

Das »Schwein« war zehn Meter hinter uns. Sein Mund war ein schwarzes Loch in seinem rosigen Gesicht. »Was machen Sie?« rief er.

»Was wollen Sie dagegen unternehmen?« rief ich zurück. Ich kochte vor Wut.

»Sie entziehen diese Kinder gewaltsam meinem Sorgerecht«, sagte er. Seine Stimme war erregt und schneidend geworden. »Das Tor ist geschlossen. Ich werde die Polizei benachrichtigen. Sie überschreiten Ihre Rechte.« Blasse Kindergesichter zeigten sich an den Fenstern. Er ging hinein. Ich hörte das Klicken eines Telefonhörers. Drei Männer kamen jetzt durch die Tür. Es waren große Männer. Sie hätten Sportlehrer oder Wächter eines Nationalparks sein können.

Sie trugen weiße Nylonhemden, die bis obenhin zugeknöpft waren, schwarze Schuhe und den ruhigen Ausdruck der »Auserwählten Gottes« auf ihren großflächigen, wohlgenährten Gesichtern.

»Diakone«, sagte Ricky Lee. »Passen Sie auf.«

Ich ließ mich hinter das Steuer fallen und startete den Wagen. Die »Auserwählten« stürmten auf den Weg, um mich am Wegfahren zu hindern. Ich gab Gas, und der Mustang schoß mit heulendem Motor auf sie zu.

Zwei von ihnen sprangen zur Seite. Der dritte war nicht schnell genug. Der Kotflügel erwischte ihn am Oberschenkel. Er fiel über die Motorhaube, prallte gegen die Windschutzscheibe und rollte in einen Rhododendronbusch. Im Rückspiegel sah ich, wie sich die beiden anderen Diakone über ihn beugten. Ein Gefühl der Übelkeit überkam mich.

»Du hast ›Godzilla‹ erwischt«, schrie Harry. »Ausgezeichnet!«

Joe drehte sich um und blickte durch die Heckscheibe. »Er kann stehen«, sagte er mit Bedauern. Doch dann leuchtete sein Gesicht wieder auf: »Aber er kann nicht laufen.«

Ricky Lee klammerte sich so fest an meinen rechten Arm, daß es weh tat. Ich jagte den Mustang in die Kurven, daß der Kies weit in das Unterholz geschleudert wurde. Linker Hand schoß der See vorbei.

»Wie wollen Sie aus dem Tor herauskommen?« fragte Ricky Lee.

Ich hatte schon darüber nachgedacht.

»Frei!« sang Harry. »Frei! Hei-hei-hei!«

Der Mustang rutschte um die letzte Kurve vor dem Tor. Dasselbe alte Tor. Drei Meter hoch, Stahl und Maschendraht mit Bandstacheldraht, das nur durch eine elektrische Fernbedienung geöffnet werden konnte. Das Tor eines Konzentrationslagers.

Natürlich war das Tor geschlossen.

Joes Gesicht war blaß und angsterfüllt. Ricky Lee sagte: »Sie werden die Diakone herschicken.«

Selbst Harry begann ängstlich auszusehen.

Ich stieg auf die Bremse. Das Innere meines Mundes fühlte sich an wie ein Tongefäß nach dem ersten Brand. Ich schob die Tür auf und stieg aus.

Das Telefon befand sich am linken Torpfosten. Im Drahtgeflecht war eine Öffnung, so daß es sowohl von Leuten, die hinaus-, als auch von Leuten, die hereinwollten, benutzt werden konnte. Ich hörte das Brummeln des Auspuffs, den schrillen Schrei eines gelbbäuchigen Saftleckers, das Rauschen des Windes in einer Gruppe von Ahornbäumen. Das Schweigen der freien Natur.

Ich wartete zwei Minuten.

Dann nahm ich den Hörer auf. Die Gesichter im Mustang waren blaß und in Erwartung der Verfolger nach hinten gewandt.

Die Stimme des »Schweins« tönte aus der Ohrmuschel: »Wer ist da?«

»Einsatzwagen vom Büro des Sheriffs, Piscataquis County«, sagte ich in meiner besten Imitation eines Maine-Akzents. »Wir hatten gerade einen Anruf, als wir hier vorbeikamen. Habt ihr Leute irgendwelchen Ärger?«

»Gott sei Dank«, sagte die Stimme, glatt wie Butter. »Kommen Sie nur herein. Achten Sie auf einen roten Mustang. Der Fahrer ist bewaffnet und gefährlich.«

Der elektrische Toröffner summte. Ich schob. Das Tor ging auf. Ich sprang in den Fahrersitz und gab Gas. Der Zaun wurde im Rückspiegel schnell kleiner.

»Ho-ho-ho«, machte Harry.

»Sei still«, sagte ich. Ich hatte ein hohles Gefühl im Magen und fühlte mich keineswegs glücklich. Wir befanden uns auf einer einspurigen Asphaltstraße. Die Diakone würden hinter uns hersein. Vor uns war zweifellos die Polizei. Ich war angeblich bewaffnet und gefährlich, was bedeutete, daß die Polizei möglicherweise zuerst schießen würde. Ich konnte mich auf Anzeigen wegen tätlicher Bedrohung, Kidnapping, Mißachtung des Gerichts und rücksichtslosen Fahrens gefaßt machen. Außerdem hatte ich mich rechtswidrig als Polizeibeamter ausgegeben.

»Wie weit bis zur ersten Abzweigung?« fragte ich.

»Fünf Meilen«, sagte Ricky Lee.

Die Straße verlief zwischen Kiefernbeständen. Auf der rechten Seite tauchte plötzlich eine Lücke auf: ein Holzabfuhrweg. Ich zog das Lenkrad herum. Gestrüpp kratzte über den Wagenboden. Ich verbarg den Wagen hinter einem großen Himbeergebüsch und sagte: »Versteckt euch im Wald.« Sie verschwanden hinter den hohen braunen Stämmen. Ich ging zur Straße zurück, den schweren grünen Geruch zerquetschter Vegetation in der Nase, und richtete die Stengel wieder auf. Stechmücken fielen über mich her. Die Straße war erst kürzlich asphaltiert worden. Es lag kein Staub darauf, und Reifenspuren waren nicht zu erkennen. Durch das Rauschen des Waldes drang jetzt ein auf- und abschwellendes Heulen. Ich warf mich in die Büsche unterhalb der Straßenböschung. Ein meergrünes Polizeiauto raste mit flackerndem Blaulicht vorbei. Die Männer, die im Wagen saßen, hatten Profile, wie man sie auf römischen Münzen sehen kann, und trugen Schnurrbärte. Keiner von ihnen warf auch nur einen einzigen Blick zur Seite. Ich rannte zum Wagen zurück.

Wir brauchten fünf Minuten, um auf die Hauptstraße zurückzukommen, und weitere vierzig bis nach Bangor. Dort stiegen wir in Ricky Lees Wagen um, stellten den Mustang auf einem umzäunten Parkplatz ab, kauften den Jungen ein paar Hamburger und fuhren dann auf die Autobahn. Es war jetzt Mittag, aber ich hatte das Gefühl, es wäre vier Uhr morgens.

»Ah«, sagte Harry, während er mit eleganten Bewegungen das Papier von einem Schokoriegel streifte: »Luxus.«

Ricky Lee beugte sich zu mir herüber. Ich spürte ihre weichen Lippen auf meiner Wange. »Das haben Sie großartig gemacht«, sagte sie. Sie zögerte einen Moment. »Danke.« Sie sprach nicht nur für die Jungen, sondern auch für sich selbst. Ihre Hand blieb auf meiner liegen. Jetzt fühlte sie sich warm an.

»Der Sex erhebt seine greuliche Fratze«, sagte Harry.

»Das kann man nicht sagen«, meinte Joe. »Sie ist so übel nicht.«

Ich drehte mich um und sagte ihnen, sie sollten sich anständig benehmen. Ricky Lee starrte geradeaus. Sie grinste.

Ich ergriff ihre Hand und hielt sie fest. Mir wurde klar, daß ich Ricky Lee sehr gut leiden konnte.

Am Nachmittag wechselten wir uns am Steuer ab und fuhren die dreihundertzwanzig Kilometer bis zu ihrem Haus in Concord. Ich rasierte mich, zog das neue, in Bangor gekaufte Hemd an und band mir einen Schlips um, den ich in ihrem Schrank fand. Dann ging ich nach unten, rief Rooney in Quogue an und fragte nach Scotch John.

»Er sitzt hier neben mir«, sagte Danny.

»Wer ist da?« fragte Scotch John. Seine Stimme klang undeutlich.

»Bei einer Gehirnerschütterung sollten Sie nicht trinken.«

»Gutes altes Hausmittel.«

»Ich habe mich im Staate Maine ziemlich unbeliebt gemacht«, sagte ich.

»Ja«, erwiderte er. »Die Polizei war hier. Kamen bis zu meinem Boot gerudert, um mir zu erzählen, daß Sie gesucht werden.«

»Haben sie gesagt, weswegen?«

»Tätliche Bedrohung«, sagte John. »Kidnapping.«

»Verdammt!«

»Der Bulle sagte, er müßte Ihnen ein paar Fragen stellen, aber er wüßte nicht, ob es sich um eine kriminelle Kindesentführung oder so eine Art Vormundschaftsstreit handelt. Er meinte, so richtig anhängen könnte man Ihnen nichts.«

»Redseliger Bursche.«

»Er bekommt sein Gras von mir«, sagte John. »Dieser Pierce hat angerufen. Er hat Danny eine Nummer hinterlassen.« Er las sie mir vor. »Er sagte, Sie möchten ihn doch bald zurückrufen. Geht bei Ihnen alles klar, so ohne Leibwächter?«

»Ich bleibe in Bewegung«, sagte ich. Ich gab ihm Ricky Lees Telefonnummer. Dann sagte ich Ricky Lee und den Jungen gute Nacht und stellte auf einer Karte von Groß-Boston fest, wo Lexington lag. Ich konnte sicherlich von der Annahme ausgehen, daß Jackson und Gerard glaubten, ich wäre nachhaltig genug gewarnt worden. Die Erinnerung an diese Warnung ließ mir den kalten Schweiß ausbrechen. Ich wäre ja auch verrückt, wenn ich diese Warnung nicht ernst nähme.

Aber vielleicht war ich ja verrückt.

Ich rief Pierce an. Der bat mich, vor dem Vortrag auf einen Drink bei ihm vorbeizukommen. Also machte ich mich auf, begab mich auf den Highway 2 und hinein in die Welt der Erwachsenen.

Die Rapaports wohnten im oberen Stockwerk eines sehr großen Hauses in einer baumbestandenen Straße hinter der Harvard Universität. Ich ging durch ein Treppenhaus aus unverputzten Ziegeln, bis ich vor einer schweren Eichentür stand, wie man sie in den Cotswolds* findet. Shelagh Rapaport bat mich herein. Sie hatte ein kleines, sonnengebräuntes Gesicht und ein großes, weißes Lächeln. Heute trug sie ihr Haar in einem dunklen Pferdeschwanz. Sie sagte: »George!« als würden wir uns schon ein Leben lang kennen und wären uns nicht nur ein einziges Mal beim Abendessen im Restaurant begegnet. Sie drückte meine Hand. Sie trug einen recht maskulin wirkenden schwarzgrauen Anzug, der aussah, als wäre er aus Seide, und dazu eine Halskette, die entweder aus kleinen Stücken roten Glases oder aus großen Rubinen bestand.

Ich folgte ihr über einen riesigen, wunderschön polierten Holzfußboden, auf dem – wie eine Inselgruppe – herrliche Orientteppiche verteilt waren. Die Gemälde an den Wänden waren riesig. Zwei von ihnen schienen mir von Mark Rothko zu sein. Unter den Rothkos stand ein Viereck von Sofas in dänischem Design.

* Landschaft in Mittelengland.

Shelagh brachte mir ein Glas Whisky und sagte: »Pierce kommt sofort.« Ich nickte und lächelte. Die Rothkos über mir strahlten eine leise Schwermut aus. Shelagh und ich unterhielten uns über Senator Corin Johanssen, dessen Frau die Schirmherrschaft über den Vortrag des heutigen Abends übernommen hatte.

Pierce kam durch einen Torbogen, der mit einem Fries von Bäumen aus Alteisen umgeben war. »Willkommen in Guggenheim Nord«, sagte er.

Shelagh lächelte. »Er haßt diese Art Kunst«, sagte sie.

»Man gewöhnt sich daran«, meinte Pierce. Er sah genauso gebräunt und gesund aus wie seine Frau. »Also, wie ist es Ihnen ergangen?«

Ich erzählte ihm, es wäre alles tadellos gelaufen. Er schenkte sich einen tüchtigen Schluck Macallan ein. »Und was haben Sie herausbekommen?«

Ich sagte: »Ich habe den Weg der Getreideladung, an der Bill Marsden interessiert war, von dem Farmer, der das Getreide angebaut hat, bis zu dem ostafrikanischen Unternehmer verfolgt, der das Getreide gestohlen hat, um es weiterzuverkaufen.«

Er hob die Augenbrauen. »Nicht schlecht«, sagte er. »Aber haben Sie auch die Verbindung zu Hamil nachweisen können?«

»Das kommt als nächstes.«

Er lächelte verständnisvoll und zeigte seine weißen Zähne. »Vielleicht kann ich Ihnen weiterhelfen«, sagte er. »Wie ist der Name dieses Unternehmers?«

»Eugene Wollo«, sagte ich.

»Entschuldigen Sie mich einen Moment.« Er zeigte auf das Sofa unter den Rothkos. »Nehmen Sie solange Platz. Wenn Ihnen die Bilder nicht gefallen, machen Sie einfach die Augen zu. Das mache ich gewöhnlich auch.«

Er zog ein Telefon aus der Tasche und wanderte über den alten Kiefernholzboden davon, eine schlanke, elegante Erscheinung in einem dunklen Anzug. Ich saß im Halbschatten der Rothkos. Aus irgendeinem Grunde mußte ich an Esias, den Silberschmied, denken. Wenn man ihn an einen Ort wie diesen hier gebracht hätte, dann hätte er vermutlich geglaubt, er sei verrückt geworden. Ich hegte jedoch den Verdacht, daß ihm die Rothkos gefallen hätten.

Pierce kam zurück und schob das Telefon in seine Jackentasche. »Ein Bekannter von mir«, sagte er. »Berater für ostafrikanische Fragen beim Senatsausschuß für auswärtige Angelegenheiten. Wir haben es, denke ich.«

»Wir haben es?«

»Eugene Wollo, Oberst der sudanesischen Polizei«, sagte er. »Natürlich auch Geschäftsmann. Würde gern bei seinen Nachbarn in Äthiopien in der Regierung vertreten sein. Verteilt daher großzügig Wahlkampfspenden, um Ras Hamils Bemühungen zu unterstützen.« Er schwieg einen Augenblick lang und sah in sein Glas. »Anscheinend bekam Rhyd Walters Wind davon. Und ich vermute, daß ein vernünftiger Demokrat wie Hamil nicht wollte, daß sein guter Name mit der Veruntreuung von Hilfsgütern in Verbindung gebracht und besudelt wird. Also fand er ... eine Lösung.«

Da war also die ganze Geschichte.

Ich hatte wieder den bitteren Geruch von Asche in der Nase. Ich fühlte die Sonne wie einen heißen Amboß in meinem Nacken; stand wieder dort, wo einmal der »Halleluja-Baum« Schatten gespendet hatte.

»Nun gut«, sagte Pierce. »Ich denke, wir sollten jetzt hingehen und es den Leuten erzählen.«

26

Der Vortrag, den der englische Dichter und Ornithologe George Devis im Hause des Senators Corin Johanssen hielt, wurde von vielen der prominentesten Bürger Lexingtons besucht. Das war zweifellos der goldene Satz, den der weißhaarige, auf seinem Kugelschreiber kauende Mann im Sinn hatte, der rechts in der ersten Reihe unterhalb des Podiums saß. Irgend jemand hatte das Rednerpult mit der britischen Kriegsflagge drapiert, die zu führen mir nicht zustand.

Vorher gab es die üblichen Drinks in Gesellschaft der üblichen spindeldürren Damen und ihrer mit glasigem Blick herumstehenden Scheckbuchträger. Über die Menge hinweg sah ich einen Kopf, der über mächtigen Schultern nach vorne ragte; zwischen mongoloiden Fleischwülsten funkelten blaue Augen. Poliakoff.

Er teilte die Menge wie ein Schlachtschiff die Wellen. Sein Händedruck war groß und warm wie eine Steppdecke. *»My dear boy«*, polterte er in seinem mitteleuropäischen Akzent. »Mein lieber Junge.«

Pierce hielt Station wie ein Zerstörer, der einem Flugzeugträger Geleitschutz gibt. Er zwinkerte mir zu. Ich spürte die Solidität Poliakoffs, die Macht, die von ihm ausging, so wie Wärme von einem großen Felsen abstrahlt, nachdem die Sonne untergegangen ist. Preisboxer und religiöse Fanatiker mußten neben ihm schwach und unbedeutend wirken.

»Pierce hat mir berichtet, daß Sie bei Ihren Nachforschungen über eine bestimmte Person einen gewissen Erfolg gehabt haben«, sagte er.

»Wir sind dabei, die einzelnen Teile des Puzzles zusammenzusetzen«, sagte ich.

»Aber einige fehlen Ihnen noch?«

Ich zuckte die Schultern. Ich wußte nicht, wieviel Poliakoff von Pierce erfahren hatte.

Er nahm mich am Arm und zog mich näher zu sich heran. »Ich habe über diese Angelegenheit nachgedacht«, sagte er. »Wie Ihnen Pierce sicher erzählt hat, ist Mr. Hamil nicht nur ein Staatsfeind, sondern gehört auch zu den Kunden einer meiner Gesellschaften. *Entre nous,* nach meiner Analyse der Dinge wäre ein Exklusivbericht über Mr. Hamils Festnahme und Anklage wegen vorsätzlichen Mordes für meinen Nachrichtensektor genauso nützlich wie jedes Geschäft, das National Dynamics mit ihm tätigen könnte.« Er lachte sein kaum hörbares Lachen. »National Dynamics ist ein Unternehmen der … Verteidigungsindustrie in meinem Besitz, das mit Hamil ins Geschäft zu kommen versucht. Vielleicht wäre das unerfreulich für die Aktionäre von National Dynamics. Hoffen wir, daß sie sich alle durch Anlagen in meinen Kommunikationsgesellschaften abgesichert haben.« Er grinste, drehte sich um und ging weg.

Ich hatte Schmetterlinge im Bauch, wie immer, wenn ich in der Öffentlichkeit eine Rede halten muß. Mrs. Senator Corin Johanssen war auf mich zugekommen und hatte mich mit dem strahlenden Glanz ihrer kostbaren dentalen Kreationen nahezu geblendet. Zusammen gingen wir auf das Podium.

Die geladenen Gäste saßen auf ihren kleinen goldenen Stühlen an runden Tischen, und die kahlen Köpfe der Herren glänzten wie Felskuppen in einem Eisblink von Diamanten. Mrs. Senator Corin Johanssen erklärte, daß ich eine bedeutende britische Persönlichkeit sei, die im Zuge einer Hilfsaktion für die Dritte Welt südlich von Kap Sable versenkt worden sei; darüber würde ich ihnen jetzt Näheres berichten. Sie entschwand und begab sich zu ihrem goldenen Stuhl. Ich bestieg das Rednerpult.

Ich servierte ihnen die Halleluja-Rede, Standardausführung. Als ich zum Ende kam, sah ich in Gedanken die schwarzen Arme des Baumes in den lodernden Himmel ragen.

Und heute abend schien es nach den Sätzen, mit denen ich gewöhnlich schloß, mehr zu sagen zu geben.

»Jetzt brennt Feuer in den Bergen«, sagte ich. Ich sagte es in leisem Ton. Die Leute im Raum waren ganz still. »Es ist das Feuer, das auf Rhydian Walters und meine Schwester, seine Frau, herabkam und ihre Kinder zu Waisen machte. Aber wir sind dabei, das Feuer zu löschen. Wir werden die Brandstifter mit dem Schwert der Gerechtigkeit schlagen. Wir werden dafür sorgen, daß Wasser auf den Bergen fließt, so daß sie nie mehr brennen werden. Und in dieser von neuem fruchtbar gemachten Berglandschaft werden wir – mit Ihrer aller Hilfe – die Samen neuer ›Halleluja-Bäume‹ säen, so daß das braune Land wieder grün wird und die Leute im Schatten dieser Bäume ein lebenswertes Leben führen und glücklich werden können.«

Ich stand eine Weile inmitten eines – wie mir schien – eisigen Schweigens. Verdammt noch mal, dachte ich. Du hast übertrieben, Devis. Du hast es verpatzt.

Dann begann das Klatschen.

Ich hielt es nur für einen Höflichkeitsbeifall. Aber nach den Maßstäben, die in den Salons von New England gelten, war es ein Vulkanausbruch. Ich wollte ihnen nicht zulächeln, weil das, worüber ich gesprochen hatte, keine Angelegenheit zum Lächeln war. Also neigte ich den Kopf und schob die Hände in die Taschen. Plötzlich tauchten ein gewaltiger Kopf und riesige Schultern vor mir auf; Serge Poliakoff kam mit großen Schritten auf das Podium gestürmt, riß mir die Hand aus der Tasche, streckte meinen Arm in die Höhe und brüllte mit seiner kräftigen, rauhen Stimme: »Ladies und Gentlemen, Mr. George Devis und ›Plough Share‹!« Leise fügte er hinzu: »Sie haben die Bande in der Tasche. Lächeln Sie, verdammt noch mal. Wir sind hier in Amerika.«

Ich lächelte. Alle schienen sie zurückzulächeln. Die Juwelen wogten wie Dünung im Sonnenschein. Im Hinterkopf hatte ich noch Scotch Johns Stimme, eine Art Echo derjenigen Poliakoffs: *Wir sind hier in Amerika. Rechnen Sie mit dem*

Schlimmsten. Aber ich war etwas euphorisch aufgrund der Diamanten und des Adrenalins und hörte nicht auf innere Stimmen.

Ein großer Fehler.

Poliakoff führte mich vom Podium herunter. »Das war großartig«, sagte er. Es hörte sich an, als meinte er es auch so. »Ich möchte Ihnen noch einmal versichern, daß wir – das heißt Sie, ich und meine Organisation – diesen Hamil festnageln werden. Stellen Sie Fragen. Wir werden alles herausfinden, was Sie wissen wollen.« Sein Blick ging zur Seite. »Guten Abend, Senator. Ich möchte gerne mit Ihnen über Nicaragua sprechen.« Fort war er.

Pierce sah ihm nach und seufzte. »Dieser Mensch ist ein Alptraum in der Unternehmensführung.«

»Er scheint überzeugt.«

Pierce lächelte. »Wir sind alle überzeugt. Sie haben großartige Arbeit geleistet. Jetzt versuchen Sie lieber, die Leute zu Spenden zu ermuntern.«

Erst anderthalb Stunden später gelang es mir, mich loszueisen und in ein Taxi zu steigen. Während der Fahrt fragte ich mich, wie mir Poliakoff noch mehr helfen könnte, als er es bereits getan hatte. Ich dachte: *Du hättest ihm eine Liste mit Fragen unter die Nase halten sollen.* So eine Liste würde ich heute noch zusammenstellen. Nachdem die Jungen ins Bett gegangen waren. Die Vorstellung erfüllte mich mit außerordentlichem Behagen. Die Jungen in Sicherheit, ich eifrig damit beschäftigt, Fragen in Ricky Lees PC einzugeben.

Das Taxi fuhr vom Highway 2 herunter und begann sich durch die Ahornwälder zu schlängeln, die Concord, Geburtsstätte der Amerikanischen Revolution, umgeben. Das Licht der Häuser, leicht verschleiert durch zarte, grauweiße Nebelschwaden, leuchtete in den Bäumen. »*Hey*«, sagte der Taxifahrer, »sehen Sie mal da.«

Vor uns befand sich eine niedrige, mit Bäumen bestandene Erhebung. Der Himmel, der zwischen den Bäumen hindurchschien, leuchtete in einem bedrohlichen Rot. Ich kannte diese Bodenerhebung. Meine Selbstgefälligkeit war plötzlich wie weggeblasen. Meine Hände schwitzten, und mein Magen fühlte sich an, als hätte ich einen Schlag in den Solar Plexus bekommen.

»Nächste links«, sagte ich. Als der Wagen anhielt, zitterten meine Hände so sehr, daß ich mit dem Kleingeld nicht mehr klarkam. Ich ließ eine Handvoll durch das Fenster fallen und rannte die Einfahrt hinauf.

Die Vorderseite des Hauses war dunkel. Das Licht kam von der Rückseite. Es war ein rötliches Flackern an der Unterseite der Blätter. Auch ein schwaches Knistern war zu vernehmen. Ich drehte mich um. Das Taxi stand noch da.

»Rufen Sie die Feuerwehr!« schrie ich.

In der Einfahrt stand ein Wagen; er gehörte Ricky Lee. Ich rannte um das Haus herum.

Hinter dem Haus befand sich eine Holzterrasse mit Klappstühlen und einem Tisch. Große Glastüren führten vom Haus auf die Terrasse hinaus. Aber jetzt waren keine Glasscheiben in den Terrassentüren mehr. Statt dessen waren sie zu Spanischen Reitern aus orangefarben züngelnden Flammen geworden. Auf dem Tisch unter den Fenstern lag ein kariertes Tischtuch. Eine Seite des Tischtuchs brannte. Es war für drei Personen gedeckt. Auf den Tellern lagen angebissene Hamburger und große Kleckse Ketchup. Irgend jemand hatte eine Dose Coca-Cola umgeworfen, die ausgelaufen war. Ein Stuhl lag umgekippt auf den Holzdielen. Es sah aus wie ein unterbrochenes Grillfest, nur daß kein Grill da war.

Mein Herz hämmerte, und der Schweiß lief mir in Strömen herunter. Das Haus sah leer aus. Neben der Terrasse, die vom flackernden Licht der Flammen beleuchtet wurde, stand ein Pfosten mit einem Wasserhahn und einem aufgerollten Schlauch. Ich drehte den Hahn auf, zog den verknäulten Schlauch auseinander und richtete den Wasserstrahl auf den Brandherd. Ich roch, daß meine Augenbrauen versengten, aber ich scherte mich nicht darum. Ich dachte: *Der Tisch steht draußen, und es ist alles für ein kleines Grillfest vorbereitet, um die Befreiung zu feiern.* Nur körperliche Gewalt konnte Joe und Harry veranlaßt haben, einen Hamburger angebissen auf dem Teller liegenzulassen.

Nur körperliche Gewalt.

Der Wasserstrahl schoß mit einem langen stetigen Zischen in die Flammen. Weiße Dampfwolken stiegen auf. Ich roch den nach Chemie stinkenden Rauch der brennenden Möbel, und er versetzte mich wieder nach Äthiopien zurück, so daß ich meinte, die glühende Sonne auf dem Kopf zu spüren und die schwebenden Ascheteilchen zu sehen, die sich im Wind der heißen, gelbbraunen Berge drehten.

Im Innern des Zimmers war das Feuer jetzt so weit eingedämmt, daß ich die Überreste eines Sofas und zweier Sessel erkennen konnte. Irgend etwas lehnte gegen das Sofa. Es hätte ein riesiges Sektglas sein können.

Es war aber kein riesiges Sektglas. Es war ein Grill.

Es war ein Grill, den jemand gepackt und durch die Terrassentür geworfen hatte, ohne sie vorher aufzumachen, während Ricky Lee, Joe und Harry beim Abendessen saßen.

Auf der Straße begannen Sirenen zu heulen. Dann hörte ich lautes Rufen und Befehle, und die Feuerwehrleute kamen in den Garten gerannt.

Es dauerte nicht lange, bis das Feuer gelöscht war. Inzwischen hatte sich auch ein Polizist eingefunden. »Sie haben das Feuer entdeckt, nicht wahr?« sagte er.

»Stimmt.« Meine Ohren summten, und meine Knie waren weich. Schock, dachte ich. Wo waren die Jungen? Wo steckte Ricky Lee?

»Der Leiter der Feuerwehr sagte, auf dem Sofa hätte ein Grill gelegen«, sagte der Polizist. »Er meinte, es sähe so aus, als habe ihn jemand durch die geschlossenen Tür geworfen, weil das Glas innen gelegen hätte. Wissen Sie etwas darüber?«

»Nein«.

Der Polizeibeamte musterte mich eingehend. Sein Atem

roch nach Knoblauch. »Haben Sie Alkohol getrunken?« fragte er schließlich.

»Nein«, sagte ich. »Ich bin Engländer.« Er nickte. Das erklärte alles. »Hier wohnten Leute«, sagte ich. »Eine Frau und zwei Kinder.«

Sein Sprechfunkgerät begann zu knacken, und er wandte sich ab. Es war dunkel. Das einzige Licht war die schwache Helligkeit, die sich zwischen den Stämmen der Ahornbäume ausbreitete. Dort in dem zebrastreifigen Schatten bewegte sich eine Gestalt. Sie bewegte sich zögernd, als wäre Gehen eine völlig neue Form der Fortbewegung. Die Knie dieser Gestalt schienen Gummigelenke zu haben. Plötzlich drehte sich mir fast der Magen um. Wo der Kopf hätte sein sollen, ging eine gerade Linie von Schulter zu Schulter. Ich sah mich zurückversetzt auf die graue See, in den heißen Regen von Bill Marsdens Blut, und hörte das grauenvolle Plumpsen, als sein abgetrennter Kopf ins Wasser fiel.

Die Gestalt taumelte. Jetzt hatte sie plötzlich einen Kopf. Er war nur weit nach vorne auf die Brust gesunken und so nicht zu sehen gewesen. Ich ging mit wackligen Knien auf sie zu. Ich roch ihr Parfüm, bevor ich sie erkannte. Es war Ricky Lee.

»Sehen Sie zu, daß Sie den Polizisten loswerden«, sagte sie. Sie sprach undeutlich und mit schwerer Zunge.

»Wo sind die Jungs?« fragte ich.

»Weg mit dem verdammten Polizisten«, sagte sie.

Der Polizist lehnte an einem Wäschepfahl und sprach in sein Funksprechgerät. Ich sagte zu ihm: »Ich habe die Hausbesitzerin gefunden. Es war ein Unfall.«

»Sicher«, sagte der Polizist. Das Funksprechgerät spuckte elektrisches Geschnatter in die Nacht. »Hören Sie, wir schikken jemanden vorbei, um ein Protokoll aufzunehmen. Können Sie sich hier ein bißchen um alles kümmern?«

»Sicher.«

Die Feuerwehrleute rannten geschäftig hin und her. Einer von ihnen sagte: »Wir haben das Feuer erstickt. Hat 'ne Menge Dreck gegeben. Vielleicht brauchen Sie ja jemand, der hier alles wieder dichtmacht.« Er zog eine Karte heraus. »Mein Schwager. Sehr zuverlässiger Bursche. Soll ich ihn gleich vom Wagen aus anrufen?«

»Ja, danke«, sagte ich.

Der Polizist ging. Die Feuerwehrleute gingen auch. Ricky Lee saß auf einem schmiedeeisernen Stuhl. Ihr Kopf war nach vorne gesunken. »Sie haben die Jungen mitgenommen«, sagte sie.

»Wer?«

»Hab' ihn schon mal gesehen«, sagte sie. Ihre Stimme klang seltsam, so als wäre ihre Zunge zu groß für ihren Mund.

»Waren es die Diakone?«

Sie lehnte sich zur Seite über die Stuhllehne und übergab sich. »Schlag auf den Kopf«, sagte sie, als sie wieder reden konnte.

Ein Lieferwagen hielt in der Einfahrt. Jemand stieg aus und richtete den Strahl einer Taschenlampe auf die Wagenseite. Dort stand in großen Buchstaben: GOLDMAN FENSTER UND JALOUSIEN. Ich sagte ihm, er solle sich gleich an die Arbeit machen, und schaffte dann Ricky Lee in ihren Wagen. »Wo ist das nächste Krankenhaus?« fragte ich.

»Nicht ins Krankenhaus«, sagte sie. Ihre Stimme war jetzt kräftiger. »Zum Arzt. Es war der Kerl aus Cleveland.«

»Cleveland?«

»Begleiter von dem Kerl, der John umgehauen hat. Kam mit einem Zustellungsbeamten. Zwei Wagen. Zustellungsbeamter gab mir was und fuhr weg. Der Kerl aus Cleveland griff sich die Jungen. Übergab sie jemandem im Wagen.« Sie begann zu weinen. »Ich konnte ihn nicht aufhalten. Ich hab's versucht. Er ... schleuderte mich gegen irgendwas. An mehr kann ich mich nicht erinnern.« Sie suchte in ihrer Tasche. »Hier.«

Sie reichte mir einen weißen Umschlag. Er trug ihren Namen und meinen Namen. Ich riß ihn auf und las ihn im Licht der Deckenbeleuchtung. Es war ein Gerichtsbeschluß, nach dem Joseph und Henry Walters wieder der Obhut ihres Vormundes Sarah Ebden anvertraut wurden.

Die Kerle aus Cleveland suchten also nicht nur nach Tonbändern und steckten Häuser in Brand, sie arbeiteten jetzt anscheinend auch Hand in Hand mit Zustellungsbeamten.

Mir war miserabel zumute. »Der Gerichtsbeschluß ist eine Sache. Bei Kindesentführung und Brandstiftung muß man die Polizei rufen.«

»Er sagte, wenn wir die Polizei riefen, bekämen Sie die Jungen nie wieder.«

Trotz des warmen Abends war mir eiskalt.

Ricky Lees Arzt wohnte nur vier Häuser weiter die Straße hinauf. Er kam im Hausmantel an die Tür.

»Gehirnerschütterung«, sagte er nach der Untersuchung. »Nicht schlimm. Ruhe, okay?«

»Schicken Sie mir die Rechnung«, sagte Ricky Lee.

»Nichts da, Schätzchen«, sagte der Doktor. »Sind Sie der Typ aus dem Fernsehen? Sie hat mir von Ihnen erzählt.«

Ich half Ricky Lee wieder in den Wagen und fuhr los. Ich hatte keine Ahnung, wohin ich fuhr. »Dieser Kerl aus Cleveland ...«, sagte ich.

»Ja?«

»Das ist einer von Warren Diglis' Leuten.«

»Stimmt.«

Die Jungen waren verschwunden, entführt mit der freundlichen Unterstützung desjenigen, der versucht hatte, mich lebendig zu begraben. Ich wollte wissen, wo sie waren. Die Ungewißheit krampfte mir den Magen zusammen.

»Wo wohnt Warren Diglis?«

»Keine Ahnung«, sagte sie. »Ich weiß aber, wo er arbeitet.«

»Wird Ihr Kopf das aushalten?«

Sie nickte und verzog stöhnend das Gesicht. Es ging mir unter die Haut, sie leiden zu sehen.

Es blieb uns jetzt nichts anderes übrig, als ungefähr acht Stunden zu warten. Mir erschien es in diesem Augenblick wie eine Verurteilung zu lebenslänglich.

»Schlafen Sie erst mal«, sagte ich. »Dann fahren wir los und finden sie.«

27

Irgendwo in den äußeren Vororten von Cambridge gingen wir in ein Motel. Ich rief die Auskunft an. Dann legte ich mich ins Bett, starrte auf die Schallschluckplatten an der Decke und versuchte, nicht daran zu denken, wie den Jungen jetzt wohl zumute war. Niemand tut Kindern etwas Böses an, versuchte ich mir einzureden. Aber dann dachte ich an Gerard und Jackson und wie sie beide gelacht hatten, als ich im Getreideelevator nach Luft rang. Dann gingen meine Gedanken zu Sarah. Ich glaubte an den Gerichtsbeschluß. Ich war jedoch nicht so sicher, daß Jackson und Gerard die Jungen auch ihrem rechtmäßigen Vormund übergeben würden.

Von Sorgen gequält, döste ich vor mich hin, bis der Tag graute. Dann duschte ich in dem erfolglosen Bemühen, den Nebel aus meinem Kopf und den Sand aus den Augen zu spülen. Ich stolperte in die trübe Regenluft hinaus, die erfüllt war vom Jaulen der Lastwagenmotoren und vom Zischen der Reifen auf der Straße.

Am Kaffeeautomaten füllte ich zwei Becher mit einer bräunlichen Flüssigkeit, ging damit zu Ricky Lees Zimmer und hämmerte an die Tür. Sie murmelte irgend etwas, schloß auf und ließ mich hinein. Sie trug ein langes T-Shirt. Ihr Gesicht war blaß; die Sommersprossen auf der weißen Haut wirkten wie mit einem grauen Stift gemalte Pünktchen. Unter ihren Augen lagen tiefe Schatten. »Wie geht's dem Kopf?« fragte ich.

Sie lächelte vorsichtig. »Gut genug, um Rock 'n' Roll zu tanzen.« Sie schüttelte vier Tabletten aus einem Fläschchen, das auf dem Nachttisch stand. »Ich komm' gleich raus.«

Ich wartete im Wagen und starrte in den Nieselregen.

Zwanzig Minuten später kam sie heraus. Ihrem Gang war nichts anzumerken. Als ich ein Frühstück vorschlug, nickte sie. In einer von Fettdunst erfüllten Imbißstube aßen wir ein paar Scheiben Toast und schütteten eine Menge Kaffee in uns hinein. Es schien ihr wirklich besserzugehen.

Eine Frage beschäftigte mich schon die ganze Zeit. »Wie konnten sie nur wissen, wo sie die Jungen finden würden?« fragte ich.

Sie zuckte die Schultern. »Vielleicht wußten sie ja, daß ich Ihnen helfe. Vielleicht haben sie meine Adresse im Telefonbuch gefunden.« Ihr Blick wanderte zur Speisekarte hinüber. Die Frage schien sie nicht zu interessieren. Ich schrieb es ihrem wohl immer noch schmerzenden Kopf zu.

Ich zahlte, und wir stiegen wieder ins Auto. Ricky Lee lotste mich durch den dichten Verkehr nach South Boston. Ich hielt an einem koreanischen Geschäft und kaufte ihr ein billiges Tonbandgerät und einen Notizblock.

»Fahren Sie links ab«, sagte sie. »Da unten.«

Ich fuhr in eine kleine, schmutzige Straße voller Spielsalons und Sexläden. Ein Schwarzer in Cowboystiefeln aus Ozelotfell und Lederhosen, die oben sehr weit geschnitten waren, kam unter einer verschmutzten rosa Markise hervor, auf der PUSSYCAT CLUB stand. Die Frau an seiner Rechten argumentierte lautstark mit der Frau an seiner Linken.

»Parken Sie«, sagte Ricky Lee.

Ich parkte.

»Da drüben«, sagte sie.

In der ganzen Straße gab es nur ein einziges ordentliches Fenster. Es war aus verspiegeltem Tafelglas und zeigte in der Mitte eine schwarze Faust, die in einem Boxhandschuh steckte. Es war das Emblem, das Jackson auf seinem T-Shirt getragen hatte, als er mir vor Sullivans Haus und bei J. J. Birdman begegnet war. Er trug es, damit ich wußte, mit wem ich es zu tun hatte, und Angst bekam. Die anderen Straßenfenster waren alle vergittert; Schutz gegen die Ziegelbrocken und Steine der Unzufriedenen. Das silbern glänzende Fenster war ungeschützt. Dieser Verzicht auf jede Schutzvorrichtung verlieh ihm etwas Zuversichtliches. Über dem Fenster stand in schwungvollen Neonbuchstaben: WARREN'S. Das Ganze vermittelte den Eindruck, daß man schon wirklich sehr unzufrieden sein müßte, um sich mit Warren anzulegen.

Ich hatte ein ungutes Gefühl im Magen. »Wollen Sie es nicht vielleicht doch lieber sein lassen?« fragte ich.

Ricky Lee brachte ein dünnlippiges, aber doch erkennbares Lächeln zustande. »Jemand hat mein Haus angesteckt«, sagte sie. Ihre Stimme war dünn und nervös. »Ich bin es meiner Versicherungsgesellschaft schuldig, diesen Typ aufzusuchen. Und außerdem – behandeln Sie mich nicht von oben herab.«

»Tut mir leid«, sagte ich.

»Schon in Ordnung.« Sie lächelte bereits wieder. Diesmal sah es schon natürlicher aus. Sie lehnte sich zu mir herüber und legte mir einen Arm um die Schulter. »Hals- und Beinbruch, Partner«, sagte sie. »Ich mag Sie, wissen Sie das?«

»Ich Sie auch«, sagte ich.

»Aber nicht mehr lange«, sagte sie. »Sie werden schon sehen.« Sie sah grimmig und sehr sachlich aus. »Bringen wir's hinter uns.«

Wir stiegen aus und gingen hinüber zu der Sporthalle mit dem Silberfenster.

Ich stieß die Tür auf. Rap-Musik strömte uns entgegen wie das Nageln eines Dieselmotors. Vor uns lag eine Treppe mit einem roten Läufer. Auf dem oberen Treppenabsatz stand ein Schreibtisch. Es sah fast aus wie der Empfang in einem Damenfriseursalon. Aber anstelle von Hochglanzfotos schön zurechtgemachter weiblicher Modelle sah man die Bilder von Berufsboxern, die blanken Fäuste zur Deckung vor das Gesicht genommen. Anstelle einer schicken Empfangsdame saß dort ein Schwarzer mit einem Bürstenhaarschnitt und einer Figur wie ein Häuserblock. Er trug ein schweres goldenes Armband mit Namensgravur und war damit beschäftigt, den Nagel des kleinen Fingers seiner linken Hand zu feilen.

Ich ging zu ihm hinauf und nannte meinen Namen. »Ich möchte gerne Mr. Diglis sprechen.«

Ein Lächler war der Mann am Empfang nicht. »Nehmen Sie

Platz«, sagte er und drückte mit einem Zeigefinger, der mir so groß wie eine Salami vorkam, auf einen Schalter. Ich setzte mich nicht. Ich ging hinüber und sah mir eines der Bilder an der Wand an.

Es war das Foto eines weißen Boxers nach einem Kampf. Er trug einen großen Silbergürtel. Die Augenbrauenwülste bluteten stark, und seine Nase war aufgeplatzt. Auf der silbernen Platte unter dem Bild stand: KID EPSTEIN.

Ich kannte ihn besser unter dem Namen Jackson.

Als ich mich umdrehte, sah ich, daß Ricky Lee das Bild ebenfalls anstarrte. Sie war noch blasser als vorher.

Ein Mädchen erschien im Empfangsraum. Sie hatte eine makellose Haut, deren Farbe an Milchschokolade erinnerte, einen Knochenbau wie Königin Nofretete und einen feuerrot geschminkten Mund. »Mr. Diglis ist jetzt für Sie zu sprechen«, sagte sie.

Wir folgten ihr in die Sporthalle. Die Musik war dort noch lauter. Vier mit Kopf- und Körperschutz versehene Boxer bearbeiteten sich gegenseitig mit den behandschuhten Fäusten. Fünf weitere Männer trainierten an Sandsäcken und Punchingbällen und anderen, mir unbekannten Geräten. Der Geruch von Schweiß hing in der Luft.

Das Mädchen öffnete eine Tür. Dahinter ging es eine weitere Treppe aus poliertem Holz hinauf, die wieder vor einer Tür endete. Der Schweißgeruch wich dem Aroma einer teuren Havannazigarre. Wir betraten ein kleines Büro, in dem ein Schreibtisch aus heller Eiche stand. Urkunden irgendwelcher Art bedeckten drei der Wände. Inmitten der Urkunden hing ein signiertes Foto von Haile Selassie, dem ehemaligen Kaiser von Äthiopien. Die vierte Wand bestand aus dickem Tafelglas, wie das Fenster eines Aufnahmestudios. Unter dem Fenster schlugen die Boxer lautlos aufeinander ein und bearbeiteten ihre Geräte.

Warren Diglis saß hinter dem Schreibtisch und las eine Boxzeitschrift. Sein eisgraues Haar fiel über den Kragen seines cremefarbenen Seidenhemds. Eine »Romeo y Julieta«

hing in seinem Mundwinkel und verbreitete ihren aromatischen Duft.

»Mr. Diglis«, sagte ich.

Er blickte auf. Seine schmalen Augen waren völlig ausdruckslos. Er sah aus wie einer seiner Boxer, der gerade aus der Ecke kommt und seinen Gegner ins Auge faßt. »Ja«, sagte er.

»George Devis. Wir sind uns bereits begegnet. Und dies ist Miss Klaasen.«

»Vielleicht können Sie mir verraten, was der Zweck dieses Besuches ist?« sagte Diglis.

»Zwei Männer«, sagte ich. »Einer gehört zu Ihren Boxern; sein Name ist Kid Epstein. Der andere heißt Gerard.«

»Was ist mit ihnen?«

»Einbruch. Mordversuch. Und jetzt auch noch Kindesentführung.«

Diglis griff nach dem Telefon und wählte eine Nummer, ohne den Blick von mir zu wenden. »Ist Mr. Green da?« fragte er. »Nun, sagen Sie ihm, er möchte sofort herkommen, wenn er wieder da ist.« Er legte den Hörer auf und drückte die Aufnahmetaste eines Tonbandgeräts auf seinem Schreibtisch. »Mr. Green ist mein Anwalt«, sagte er. »Es macht Ihnen doch nichts aus, wenn ich unser Gespräch aufzeichne?«

»Das werden wir auch tun«, sagte Ricky Lee.

»Nur zu«, sagte Diglis.

»In Quogue, Maine, hat Mr. Epstein eine Urne gestohlen«, sagte ich.

»Eine Urne«, sagte Warren Diglis. Er nahm die Zigarre aus dem Mund und musterte sie eingehend.

»In Cambridge, Massachusetts, hat er mich tätlich angegriffen.«

»So. Hat er das.«

»In Cleveland, Ohio, hat er mich in einen Getreideelevator gestoßen. In Concord, Massachusetts, hat er meine Neffen entführt und das Haus von Miss Klaasen angesteckt.«

»Faszinierend«, sagte Warren Diglis. »Und warum hat er das alles getan?«

»Sie haben offiziell verkündet, ich sollte meinen Mund ja nicht mehr aufmachen.«

In leisem, gefährlichem Tonfall sagte Warren: »Wenn ich will, daß Sie den Mund halten, dann lasse ich Sie nicht dreimal angreifen, ich bringe Sie um.« Ich glaubte ihm aufs Wort. »Hören Sie, Davis«, sagte er.

»Devis«, korrigierte ich ihn.

»Wie auch immer«, sagte er. »Ich habe das Gefühl, daß Sie mich verfolgen. Schon als ich das erstemal von Ihnen hörte, kam es mir so vor, als hätten Sie was gegen Schwarze. Ich hab' das Gefühl, daß Sie ein Rassist sind, Mr. Davis Devis, oder wie Sie sich nennen. Wenn Sie im Fernsehen auftreten, dann kommt es mir vor, als wollten Sie eine Menge Leute, die ›Gone with the Wind‹ für ein Stück aus Opas Heimkino halten, davon überzeugen, daß das britische Empire noch Bestand hat.«

»Blödsinn«, sagte ich.

»Blödsinn«, wiederholte Warren in einem Akzent, den er wohl für englisch hielt. »Lassen Sie mich Ihnen eines sagen. Sie glauben, Sie können da im Fernsehen mit all den reichen Leuten auftreten und den Völkern erzählen, was für Helden Ihre Schwester und dieser Rhyd Walters waren. Aber ich habe auch Freunde.« Er deutete mit seiner breiten Boxerhand auf das Porträt von Haile Selassie. »Ich habe mich für Ras Hamils Belange eingesetzt, weil ich schon seit langem eine große Bewunderung für die Geschichte des äthiopischen Volkes habe. Ras Hamil ist ein Bruder.«

»Aus dem Grunde lassen Sie dann wohl auch das Beweismaterial stehlen, aus dem hervorgeht, daß Ras Hamil ein Mörder ist.«

Er sah mir direkt in die Augen und sagte: »Ich hab' keine Ahnung, wovon Sie reden.«

»Ihr Mann Epstein kam auf mein Boot und stahl Beweismaterial.«

Er ließ seine große, flache Hand in einer schneidenden Geste durch die Luft sausen und sagte: »Sie machen mir und meinen Leuten Schwierigkeiten – ich werde Ihnen und Ihren Leuten Schwierigkeiten machen. Damit Sie merken, wie es ist. Und damit Sie wissen, daß ich weiß, wo ich die Kinder erwischen kann, wenn Sie nicht aufhören, mir Schwierigkeiten zu machen, und ich Sie zu irgendwas überreden muß. Verstehen Sie mich?«

Seine Augen waren kalt wie Eis. Ich merkte, daß ich die Luft anhielt.

»Also hab' ich Mrs. Sarah Ebden angerufen«, fuhr er fort. »Hab' ihr meine Zusammenarbeit und Unterstützung angeboten. Hab' ihr zu bedenken gegeben, daß sie, angesichts Ihrer ungestümen Natur, vielleicht meine Hilfe braucht, um den Gerichtsbeschluß durchzusetzen.« Sein Gesicht trug einen Ausdruck stiller Genugtuung, wie das Gesicht eines Krokodils in einem Leichenhaus.

»Woher wußten Sie, wo sie waren?«

»Ich lese Zeitung«, sagte Diglis.

»Zeitung?«

Er schob eine Zeitung über den grünen Lederbelag seines Schreibtisches. Es war die gestrige Ausgabe des *Boston Echo*, aufgeschlagen und zurückgefaltet auf Seite fünf. SEEHELD BEFREIT SEINE NEFFEN, schrie mir die Überschrift rechts unten entgegen. Der Bericht beschrieb genau, wie wir Joe und Harry aus Greenbank befreit und sie nach Concord, Massachusetts, gebracht hatten. Er enthielt auch eine ganze Menge Familiengeschichte. Auch ich wurde ausgiebig zitiert.

Als Verfasser zeichnete Ricky Lee Klaasen.

Mir stieg dröhnend das Blut zu Kopf. Ricky Lees Gesicht sah wie getüpfeltes Papier aus. Ihre Augen hatten einen gequälten Ausdruck. »Ich dachte nicht, daß es irgendeine Rolle spielen würde. Ich dachte, die Publicity würde uns nützen.«

Diglis hatte eine Akte aufgeschlagen und begann zu lesen. Er schrieb eine Bemerkung an den Rand. Dann wanderte seine Hand zu einem Schaltknopf auf dem Schreibtisch und drückte ihn. »Nun«, sagte er, »so nett, wie's auch gewesen ist, ich muß jetzt wieder an die Arbeit.«

Auf der Treppe waren Fußtritte zu hören, schwer und doch sanft, wie die einer großen Raubkatze. Die Tür ging auf. Der Häuserblock von der Rezeption kam hereingetrottet. »Hören Sie«, sagte ich, »Sie haben da eine völlig falsche Vorstellung. Dieser Hamil ist ein Dieb. Er hat sein eigenes Volk bestohlen. Er ist ein Mörder.«

»Kapieren Sie eins«, sagte Diglis. »In Äthiopien hat es schlimme Zeiten gegeben. Diese Zeiten sind jetzt vorbei.« Er deutete auf das signierte Foto von Haile Selassie an der Wand. »Ich war ein persönlicher Freund von Ras Tafari, dem Kaiser dieses Landes. Jetzt, wo es nicht mehr unter dem stalinistischen Joch ist, muß ich alles für dieses Land tun, was ich kann. Schaff ihn hier raus, Ishmael.«

Etwas, das mir so groß und hart vorkam wie eine Baggerschaufel, packte meine Schulter. Ich drehte mich zur Seite und blickte genau in die Augen des Mannes vom Empfang. Erneut streckte er seine Hand nach mir aus. Ich schlug sie zur Seite. Etwas schmetterte gegen meinen Kopf. Die Welt färbte sich rot, und meine Knie knickten ein. Ich hörte einen hellen Schrei. Es war Ricky Lee. Sie griff mit Krallenhänden nach der Kehle des Mannes. Tapfer, dachte ich, obwohl ich wußte, daß an dieser Vorstellung etwas nicht stimmte. Dann fanden wir uns plötzlich nebeneinander, wurden zusammen die Treppe hinuntergestoßen, hinein in den Geruch nach Schweiß und Turnschuhen, dann weiter die mit dem roten Läufer belegte Treppe hinunter und auf die Straße hinaus.

Ich spürte die Nässe und den scharfkantigen Sand des Bürgersteigs an meinem Gesicht. Ein Ohr schien verstopft, und mein Kopf dröhnte. In meiner Nase war ein heftiges, dumpfes Klopfen. Jemand half mir wieder auf die Beine. Ricky Lee.

»Sie bluten«, sagte sie.

Mir fiel wieder ein, warum ich sauer auf sie war. »Rufen Sie doch Ihre Zeitung an«, knurrte ich. »Sagen Sie: ›Seeheld aus Diglis' Büro geworfen‹.«

»Sagen Sie so was doch nicht.«

»Warum nicht?« Das Blut lief mir aus der Nase und verteilte sich in den kleinen Pfützen im Rinnstein. »Es ist keine große Geschichte. Aber Joe und Harry in die Pfanne zu hauen war auch nicht gerade eine Großtat.«

»Es ist mein Job.«

»Dann bleiben Sie mir vom Leibe.«

»Ach, bitte.«

»Steigen Sie ins Auto.«

Ich stillte die Blutung mit Kleenex. Dann fuhr ich herum, bis ich ein Hertz-Büro entdeckte. Ich stieg aus. »Wohin wollen Sie?« fragte Ricky Lee.

»Irgendwohin, wo keine Presse in der Nähe ist.«

Sie wurde rot unter den Sommersprossen. »Ich hatte doch keine Ahnung«, sagte sie. »Ich dachte, Sie wären ein Held; dachte, Sie wollten Publicity. Ich dachte, es würde Ihnen gefallen.«

Ich sagte durch das Fenster: »Sie sind der Held.«

Sie fuhr davon, zurück zu ihrer Karriere. Im grauen Morgenlicht wogte die Menge auf dem Bürgersteig um mich herum.

Ich stand da, die Händen in den Hosentaschen, und verfolgte ihren Wagen mit den Augen.

Scher dich zum Teufel, Ricky Lee, dachte ich. *Du hast mich nur als Sprungbrett für deine Karriere benutzt. Du hast jeden Schritt genau berechnet. Du hast Diglis erzählt, daß ich die Urne habe. Du hast ihm erzählt, daß ich Sullivan besuchen wollte. Du hast ihm erzählt, daß ich wahrscheinlich in Cleveland sein würde. Und du hast ihm erzählt, wo die Jungen waren, damit er sie als Druckmittel benutzen konnte. Ricky Lee, dachte ich, du hast mich ganz schön in die Pfanne gehauen, nur um deinen Job beim* Boston Echo *zu behalten.*

Und ich vermisse dich jetzt schon.

Im Hertz-Büro starrten sie zwar etwas mißtrauisch auf meine nassen und schmutzigen Kleider, vermieteten mir jedoch ohne weiteres einen Escort. Ich stieg ein und machte mich an das mühevolle Unterfangen, aus dem nassen, grauen Ameisenhaufen von Boston herauszukommen.

Ich hielt an einem öffentlichen Fernsprecher und rief George Caziris an.

»Ja«, sagte er.

»Sie haben die Jungen wieder«, sagte ich. »Sie haben einen Gerichtsbeschluß erwirkt.«

»Ich weiß«, sagte er. »Ricky Lee hat gerade angerufen. Sie schien ziemlich durcheinander. Interessant.«

»Wieso das?«

»Sie haben sie nicht nach Greenbank zurückgebracht. Ich hab's überprüft. Das ist auch nur vernünftig. Damit hatten sie sich doch zu weit vorgewagt. Ich vermute, daß Sarah Ebden Walters jetzt wieder das Sorgerecht ausübt.«

»Kann ich sie besuchen?«

»Nur, wenn sie es gestattet. Wollen Sie, daß ich mich darum kümmere?«

»Ja, bitte. Ich danke Ihnen.«

»Das ist mein Job«, sagte Caziris.

28

Es würde nichts nützen, nach Bethel Bay zu fahren und dort an die Haustür zu hämmern. Bestenfalls würde Sarah mir erklären, daß sie als Vormund berechtigt sei, mir den Zugang zu verweigern. Schlimmstenfalls würde Chuck mir ein Loch in den Leib schießen. Selbst wenn Chuck nicht zum Gewehr griff, würde ich eine Menge zu erklären haben, wenn Sarah die Polizei anrief.

Aber ich wollte die Jungen unbedingt sehen. Das ließ sich gut mit einer weiteren Idee verbinden, die ich hatte. Auf der Interstate 95 fuhr ich nach Norden, in Richtung Quogue.

Der Regen hörte auf, und ein frisches, helles Blau begann die Wolken zu ersetzen. Die HALCYON lag, wie es sich gehörte, brav neben den Hummerbooten im Hafen vor Anker. Eine friedliche Stimmung hing über den hölzernen Häusern. Die Möwen, die auf den Pollern saßen, gähnten gelangweilt und erhoben sich träge in die Luft.

Mit einem schnellen Blick überzeugte ich mich, daß das Kaigelände menschenleer war. Nichts bewegte sich außer den Möwen, die sich gemächlich neue Pfähle als Sitzplatz aussuchten. Vorsichtig die Pfützen vermeidend, ging ich hinüber zu Rooneys Pinte, lehnte mich gegen ein Fenster und spähte durch den Spalt zwischen dem Vorhang und dem Fensterrahmen. Danny stand an der Theke; die SCHLITZ-Reklame warf rote Glanzlichter auf sein Haar. Abgesehen vom Mobiliar war der Raum leer.

Ich ging hinein.

»*Hey*«, sagte Danny. »Wie geht's denn so?«

Ich sagte ihm, es ginge mir gut und ich sei gekommen, um meine Post abzuholen.

»Klar«, sagte er. Er schob mir ein kleines Bündel Briefe zu. »Sind ein beliebter Typ. Eine Dame hat angerufen. Miss Klaasen. Wollte mit Ihnen sprechen.«

»Ich ruf' sie irgendwann zurück.«

Danny lachte in sich hinein, ein Geräusch wie wenn eine dickflüssige Substanz in einen Ausguß fließt. »Sicher«, sagte er und verzog sein talgiges Gesicht zu einem großen, vergnügten Grinsen. »Nur nicht sofort, was? Sie war nicht die einzige, die angerufen hat.«

»Wer noch?«

»Der Polizeibeamte Florence wollte Sie auch sprechen. Er versucht es schon seit gestern.«

»John hat es mir erzählt.«

»Ist schon okay«, sagte Danny, »inzwischen ist er sicher zum Essen nach Hause gegangen.«

»Wie ist die Wettervorhersage?«

»Gut«, sagte Danny. »Leichte westliche Winde, ein bißchen Nebel, keine Niederschläge. Warum?«

»Ich will Segeln gehen.«

»Das würde ich an Ihrer Stelle auch tun«, sagte Danny. »Wohin soll's denn gehen?«

»Bahamas«, sagte ich. »Vielleicht auch Norwegen.« Ich nahm die Briefe an mich und ging hinaus, begleitet von seinem keuchenden Gelächter.

Das Beiboot der HALCYON dümpelte geduldig am Ende seiner Vorleine. Ich lief die Stufen hinunter, warf los und ruderte hinaus zur HALCYON. Der Motor startete sofort, als ich den Zündschlüssel herumdrehte, und begann, nachdem er ein winziges Rauchwölkchen ausgestoßen hatte, wie eine Nähmaschine zu surren. Über den mit Wellblech bedeckten Aufbauten von Johns Schlepper erschien ein Kopf. Ich winkte. Neben dem Kopf reckte sich ein Arm in die Höhe und winkte zurück. Ich warf den Muringstander los, ging nach achtern und schob den Fahrhebel auf »voraus«. Der Bug der HALCYON drehte sich in Richtung Schlepper. Ich ging längsseits. John kam auf dem schmalen Seitendeck wie ein Cakewalk-Tänzer auf mich zu.

»Wo sind Sie gewesen?« fragte er.

»Können Sie mit zum Segeln rauskommen?« fragte ich.

»Jetzt?«

»Jetzt sofort.«

Über den Schutzwall seines Bartes blickte er eine Weile ins Leere. Dann nickte er und ging schnell durch eine Tür, die früher vielleicht einmal als Haustür eines Sommerhauses gedient hatte. Hinter der Tür ertönte das dumpfe Wummern und Rasseln der »Grateful Dead«. Die Musik erstarb. John kam mit Ölzeug in der einen und einer Tasche in der anderen Hand zurück und stieg über die Reling. Ich nahm Kurs auf die Hafeneinfahrt und schob den Gashebel nach vorn. »Wo soll's denn hingehen?« fragte er.

»Ein bißchen die Küste rauf«, sagte ich.

Ich setzte die Segel: Groß, Vorsegel und Besan. Die HALCYON legte sich nach Steuerbord über und begann, dem grauen Wasser ein anhaltendes leises Geräusch zu entlocken, das mir wie ein zufriedenes Schnurren vorkam. Die Luft füllte meine Lungen, und meine Bogengänge freuten sich der Tatsache, daß ich mal wieder etwas anderes unter den Füßen hatte als Straßenpflaster und Beton. *Mary Morpurgo*, dachte ich. *Ricky Lee Klaasen. Nichts bleibt, wie es ist.*

Wir erreichten Quogue Island. Ich bediente die Schoten, während John die Boje rundete und wir Kurs auf das offene Meer nahmen. Der Kai und die zusammengedrängten Häuser von Quogue verschwanden langsam hinter der Landspitze. Die Welt wurde leerer und leerer. Jetzt gab es nur noch Felsen und einige Bäume an Backbord und Steuerbord und vor uns einen diesigen blauen Horizont.

»Wir werden nachts vor Anker gehen«, sagte ich. »Wo?«

»Duck Harbor«, sagte John.

Die Isle au Haut glitt gegen den dunkler werdenden Himmel vorbei. Vor einer Felsbank, an der sich die Wellen brachen, legten wir das Ruder nach Backbord. Das Bugspriet glitt in die Abdeckung von Bäumen hinein. John schlurfte nach vorn und ließ den Anker fallen. Der Anker faßte, und die HALCYON lag fest in der Mitte der kleinen Felsbucht. Es war plötzlich ganz still, abgesehen von dem

Geräusch der Brandung an der Felsbank und des Windes in den Bäumen.

Ich ging unter Deck, stellte den Wasserkessel auf und setzte mich auf die Koje. Der Kessel zischte, begann zu pfeifen. John kam jetzt auch nach unten. Ich machte Tee. Alles war ruhig und normal, so wie die Dinge auf einem Boot zu sein pflegen, wenn niemand der Besatzung mit Maschinengewehren den Kopf abschießt oder das Boot rammt. Ich saß ganz ruhig vor meinem Tee und versuchte, diese Gedanken aus meinem Kopf zu verbannen. Es funktionierte wie immer. Nach einer Weile hörte das Zittern auf, und mein Gemüt beruhigte sich. Draußen schrie eine Möwe. Eine *Larus philadelphia,* dachte ich. Ich fühlte mich wieder als Mensch.

Bis ich die Post aufmachte.

Ich fing mit dem größten Umschlag an. Er enthielt eine Mappe, auf der vorne ein in Gold ausgeführtes Abbild des Planeten Erde prangte. Darüber fanden sich die verschlungenen Initialen PKC, Poliakoff Communications. Ich öffnete sie und begann zu lesen.

Da war zunächst eine kurze Mitteilung von Pierce Rapaport: *Serge bat uns, Ihnen folgende Unterlagen zu übersenden.* Der Mitteilung waren mehrere Schreibmaschinenseiten und Fotokopien verschiedener Berichte beigeheftet. Einige dieser Berichte trugen numerierte Aufschriften, wie das bei einigen Regierungsberichten der Fall ist.

Im wesentlichen war es eine Bestätigung der Geschichte, die mir John auf dem Rückweg von Cleveland im Auto erzählt hatte. Die Markierung durch Isotope hatte sich das Emergency Resources Bureau zusammen mit der CIA ausgedacht. Ein Dokument, das mit SECRET gekennzeichnet war, befaßte sich mit der Frage, welche Weizenfarmer einer solchen Maßnahme möglicherweise positiv gegenüberstehen würden.

Es gab auch eine Akte über Bruno Wanamaker. Navigationsoffizier eines Kanonenbootes, Republikaner Goldwaterscher Prägung, leicht zu gewinnen für alles, womit sich aus Patriotismus Geld machen ließ. Er hatte bereits Verbindungen zur

CIA. Es war nicht schwer gewesen, den Weizen zu bestrahlen und ihn dann in die Hilfslieferungen einzuschleusen. Anderen Berichten zufolge war die Bestrahlung ganz einfach nur zu dem Zweck vorgenommen worden, um Ras Hamil (über den ebenfalls ein Dossier existierte) den Besitz des von Wollo veruntreuten Getreides nachzuweisen. Sollten diese Tatsachen bekannt werden, so der Bericht, würde Hamils Name nicht mit einer demokratischen Kampagne verbunden sein, wie auch immer seine Handlungen in einem sich freiheitlich entwickelnden Äthiopien beurteilt werden mochten, sondern mit Diebstahl und Korruption. Internationale Behörden und Institutionen würden das wahrscheinlich kaum hinnehmen, und Äthiopien würde in absehbarer Zukunft eine ganze Menge mit internationalen Institutionen zu tun haben. Außerdem würde eine äthiopische Wählerschaft, sollte es so etwas jemals geben, eine derartige Gefährdung des Sicherheitsnetzes der Hilfslieferungen nicht gerade mit Wohlwollen betrachten.

Einige Hintergrundinformationen waren ebenfalls beigefügt. Ras Hamil kommandierte eine kleine, aber sehr effektive Guerilla-Armee, die ETLF. Die Loyalität der ETLF schien mehrfach gewechselt zu haben, aber es gab gewisse Festpunkte. Aus jedem Kampf und jeder Auseinandersetzung war die ETLF gestärkt und besser bewaffnet hervorgegangen. Und in dem Maße, wie die ETLF an Stärke und Bewaffnung zunahm, gewann auch Ras Hamil an persönlicher Macht. Nach dem PKC-Bericht war er jetzt an dem Punkt angelangt, wo er als Machtfaktor in einem neuen, demokratischen Äthiopien ernst genommen werden mußte, falls ein derartiges Gebilde je Gestalt annehmen sollte. Geschah dies nicht, so hielt man ihn für fähig genug, sich mit Gewalt an die Spitze des Staates zu setzen und mit Hilfe der Waffen zu regieren.

Er war – und damit schloß der Bericht – ein absolut skrupelloser Schurke. In der Realpolitik Ostafrikas stand er als Persönlichkeit da, mit der man rechnen mußte – zumal er sich der Öffentlichkeit fälschlich als antiautoritär und populistisch verkauft hatte. Das markierte Getreide hatte gezeigt, daß seine

Mitarbeiter Hilfslieferungen unterschlugen und den Erlös in seine Taschen wandern ließen. Aber er hatte inzwischen eine solche Machtposition erreicht, daß man ihm solch triviale Dinge nicht mehr vorwerfen konnte. Er war einfach zu mächtig geworden, als daß man ihm damit noch etwas anhaben konnte; bedauerlicherweise war selbst PKC genötigt, sich mit ihm abzugeben.

Bis jemand aufstand und der Welt zeigte, was für ein Mensch er war. Wie Rhyd es hatte tun wollen, indem er sich eine Probe des markierten Getreides beschafft und an Bill Marsden weitergegeben hatte. Aber Rhyd war mundtot gemacht worden – und Bill ebenfalls.

Ich selbst, so hieß es in der abschließenden Mitteilung, hätte bislang eine großartige Arbeit geleistet und Mr. Hamil fair und ausgewogen dargestellt. Wahrscheinlich wüßte ich schon, daß Mr. Hamil gerade die Vereinigten Staaten besuchte. Er habe sich bisher im Westen aufgehalten, würde aber in zwei Tagen an der Ostküste erwartet. Um den Erwartungen der Aktionäre von National Dynamics Rechnung zu tragen, würde Mr. Poliakoff nach außen hin so tun müssen, als arbeitete er mit Mr. Hamil zusammen. Er verlasse sich jedoch darauf, daß ich, quasi als Vertreter einer ausgleichenden Gerechtigkeit, Hamil bei meinen öffentlichen Auftritten hart und ausdauernd attackierte. In diesem Zusammenhang verwies er auf eine Reihe von Zeitangaben und Ereignissen in der Akte, in der einige von Ras Hamil begangene Greueltaten beschrieben waren. PKC war gehalten, mir hinsichtlich aller Enthüllungen, die ich glaubte machen zu müssen, ihre volle Unterstützung zu gewähren. Bedauerlicherweise stellten die in den vorliegenden Dokumenten vorgebrachten Tatsachen noch keine ausreichenden Gründe für eine Strafverfolgung Ras Hamils in den Vereinigten Staaten dar; er wäre aber überzeugt, daß es mir gelingen würde, die bestehenden Lücken zu füllen. Die Mitteilung war unterschrieben von Pierce Rapaport, p. p. Serge Poliakoff.

Die Lücken zu füllen.

Das Tonband füllte eine kleine Lücke. Dasselbe galt für das Mehl. Das waren die Teile eins und zwei. Doch die Äthiopien-Story bestand nur aus Annahmen und informativen Berichten.

Aber mir war inzwischen eine Idee gekommen, die mit Chuck Ebden zu tun hatte. Vielleicht ergab sie Teil drei.

Ich schob Bills Tonband in das Gerät. Es enthielt »Birdman in the Corn«, »Mr. Coffee« und schließlich auch noch den zusätzlichen Vers von »The Alleluia Tree«:

Wenn das Buch des Lebens geschrieben wird,
Zu dem dies der Schlüssel ist,
Wird der Herr es in der Bibliothek aufstellen,
Dort beim Halleluja-Baum.

Ich steckte die Papiere zurück in den Umschlag, schob ihn hinter den Kartentisch und zog das Buch mit den Küstenkarten heraus.

Bethel Bay war eine kleine Einbuchtung am Ende einer sieben Meilen langen Meerenge, die sich zwischen niedrigen Bergrücken nordwärts ins Land erstreckte. Ungefähr in der Mitte der Meerenge war eine Ansammlung von Felsen; der größte vielleicht fünfzig Meter im Durchmesser, der kleinste nur ein Pünktchen auf der Karte und kaum zu beurteilen. Die Tiefe um die Felsen herum schwankte zwischen drei und sechs Fuß. Außerdem gab es eine Menge an Rokoko-Verzierungen erinnernde Schnörkel, die Tidenkabbelungen und Stromwirbel bezeichneten. Irgend jemand, wahrscheinlich Rhyd, hatte mit Bleistift hineingeschrieben: schlechter Ankergrund. Wenn man sich dort hineinbegab und in Schwierigkeiten kam, gab es kaum eine Möglichkeit, den Anker fallen zu lassen und die Lage zu überdenken. Leuchtfeuer und Landmarken fehlten völlig.

Eine Hilfe gab es jedoch. Auf der Karte hatte jemand eine schwache Peilstandlinie eingezeichnet. Sie begann beim Leuchtfeuer von Butcher Island, führte an den Felsen vorbei und endete an einer Zwei-Faden-Tiefenlinie. Zwei Deckpeilungen waren eingezeichnet. Bei Tageslicht und guter Sicht konnte man damit den Zeitpunkt der Kursänderung festlegen. Rhyds helfende Hand aus dem Jenseits. Die Welt schien voll der Werke, die Rhyd noch aus dem Jenseits vollbrachte.

Ich stieg in den Schlafsack. John schnarchte bereits in der Vorpiek. Als ich aufwachte, war die Sonne schon eine Weile aufgegangen, und John war dabei, den Anker aufzuholen. Als ich schließlich an Deck kam, rauschte die HALCYON schon an den brandenden Riffen der südöstlichen Spitze der Isle au Haut vorbei. »Sind Sie schon mal in der Bethel Bay gewesen?« fragte ich.

John saß in der Plicht auf einer Backskiste und steuerte mit dem nackten Fuß, der wie eine Bärentatze auf einer Spake des Rades lag. Sein Bart wehte in der Brise. »Sicher«, sagte er.

»Kommen wir da auch bei Nacht herein?«

»Wir können's versuchen.«

Ich übernahm das Ruder. Die HALCYON war wie ein lebendiges Wesen; der Sog ihres Kielwassers lag hart, aber doch geschmeidig auf dem Ruder.

»Warum wollen Sie mit dem Boot da hin?« fragte John.

»Es macht keinen Lärm.«

»Da hätten Sie lieber mit dem Fahrrad kommen sollen.« Er hatte sich jetzt auf den Cockpitboden gesetzt, wo er sich, vom Wind geschützt, eine Zigarette drehte. »Bei Nacht«, sagte er nachdenklich. Er zündete die Zigarette an und blies seufzend eine Rauchwolke durch seinen schwarzen Bart. »Das ist ein elender Schlauch.«

Mit dem Fahrrad über einen holprigen Landweg zu fahren, während sich ein schwachsinniger Junge bemüht, einen mit Gewehrkugeln zu durchlöchern, schien mir allerdings auch nicht gerade erholsam.

Wir sahen uns die Karte an und plotteten einen Kurs. John schob ein Tonband in das Stereogerät, und wir fierten die Schoten auf und liefen bei raumem Wind nach Nordost, einen weißen Schaumstreifen hinter uns herziehend. »Dark Star« dröhnte aus den Cockpit-Lautsprechern. Für einen

Ornithologen hätte es eigentlich eine interessante Fahrt sein sollen. Es gab eine Menge Wasserscherer und Sturmvögel sowie einige Familien von Meeresenten, die alle möglichen Manöver dicht über dem Wasser ausführten. Aber ich hatte zu viele andere Dinge im Kopf. Gegen halb elf Uhr abends sah ich über dem schwarzen Seegang ein weißes Licht an Backbord voraus aufblitzen. Eine Stunde später glitt die HALCYON an den Brechern vorbei, die unterhalb des kompakten, weißen Turms des Butcher-Island-Feuers aufleuchteten. Ich schwenkte auf die von Rhyd angegebene Peilung ein. Mit rauschendem Kielwasser liefen wir dann auf diesem Kurs in das nachtschwarze Loch der Bethel Bay hinein.

29

Es hätte fast Spaß machen können. Wir hatten eine Peilung, aber eine Peilung taugt nicht allzuviel, wenn man eine unbekannte Tidenströmung gegen sich hat. Die Tabellen sagten zwar, die Tide liefe ab, verschwiegen uns aber, wie schnell genau; lediglich ein Richtwert von eins bis drei Knoten war angegeben. Da wir die Tide an Backbordbug hatten, mußten wir mit einem Fehler von zwei Meilen rechnen, was in einer nur drei Meilen breiten Bucht nicht sehr ermutigend war. Rhyd hatte von elektronischen Navigationsgeräten nicht viel gehalten. So steuerte ich also, und John saß unter Deck, über die Karte und das Echolot gebeugt, und folgte einer Lotstandlinie zu den Felsen. Nach einer Weile begannen die Lotungen mit den Kartenwerten übereinzustimmen, und ich wurde etwas zuversichtlicher.

Schließlich kam John wieder an Deck. »Wir machen lieber dieses Ding hier an«, sagte er. Er hielt einen großen, runden Gegenstand im Arm, von dem irgend etwas herunterbaumelte. Er fummelte einen Augenblick an der Schalttafel im Cockpit herum. »Scheinwerfer«, sagte er. Plötzlich wurde die Nacht von einem blendendweißen Licht erhellt.

Ein heller Strahl schoß in den vor uns liegenden Dunst und legte sich dann auf die See. Das schwarze Wasser hob und senkte sich in einer langen, gemächlichen Dünung. Weit hinten im Scheinwerferlicht tauchte etwas Weißes auf und verschwand dann wieder. Jetzt war es wieder da. Ein Felsen, an dem sich eine Welle brach.

»Da«, sagte John.

»Welcher ist es?«

»Der erste.«

Flüchtig wurde mir die Größe der Verantwortung bewußt, die auf mir lastete. Nicht allein für die Maschine aus Holz,

Tauwerk und Segeltuch, die mich ins Ungewisse trug, sondern auch für die Menschen, die in dieses Netz hineingezogen waren: die Jungen dort in der dunklen Farm, Ricky Lee, wo immer sie auch sein mochte, Rhyd und Camilla und Bill, ebenso Ras Hamil.

Solange ich die HALCYON nicht auf einen Felsen setzte.

John fuhr fort, die See vor uns mit dem Scheinwerfer abzusuchen. »Stange«, sagte er plötzlich.

»Was?«

»Stange.« Das Licht des Scheinwerfers erleuchtete das Dunkel hinter dem weißen Fleck. Dort kam ein weiterer heller Fleck in Sicht; er sah aus wie ein Spiegelei, dessen Dotter aus einem grauen Felsbrocken bestand. Auf dem Felsen stand eine Stangenbake, die vielleicht einmal weiß angestrichen gewesen war. John nahm den Peilkompaß zur Hand. »Lassen Sie den an Steuerbord«, sagte er. »Dann gehen Sie auf dreihundertfünfzig Grad.«

Ich merkte, wie mir plötzlich der Schweiß den Rücken herunterlief. Der Seegang in den Felsen dröhnte wie Geschützfeuer und übertönte das Rauschen des Kielwassers. Wir glitten an dem Felsen vorbei.

»Uff!« sagte John. Es lag so viel Erleichterung in seiner Stimme, daß es schon beunruhigend wirkte.

»Gut gemacht«, sagte ich. Aus meiner Stimme war kaum Erleichterung herauszuhören. Bei Nacht und schlechter Sicht durch unbeleuchtete Felsen gegen eine unbekannte Tidenströmung anzusegeln war noch der relativ leichte Teil des Unternehmens gewesen.

Wir ankerten hinter der Huk vor der eigentlichen Bethel Bay und setzten das Beiboot aus. Die Tidenströmung verursachte glucksende Geräusche unter den Überhängen des Rumpfes. Außer uns lagen nur noch zwei Hummerfischer vor Anker, keine Jachten. Ich kletterte in das Dory und setzte die Riemen ein. »Sie bleiben besser an Bord«, sagte ich zu John.

John hatte in der Kajüte eine Öllampe angezündet. Ich

begann in Richtung Küste zu rudern und orientierte mich, indem ich das Licht recht achteraus behielt. Fünf Minuten später schob sich der Bug des Dorys in eine dichte Masse Seetang hinein.

Ich gestattete mir eine kurze Inspektion mit der Taschenlampe. Dann stolperte ich über den angeschwemmten Blasentang den steinigen Strand hinauf und zog das Dory an der Vorleine hinter mir her. Ich schleppte es bis über die Hochwassermarke, drehte es um und klemmte es gegen einen Felsen, so daß sein Boden selbst wie ein Felsen aussah. Dann machte ich mich auf den Weg, die Küste entlang.

Nach der Karte hatte ich einen langen, mit Felsbrocken bedeckten Strand vor mir, dann die Huk, dann den Strand am Ende der eigentlichen Bethel Bay, der schließlich zur Mündung des Baches führte, der hinter den Scheunen der Farm entlangfloß. Im Dunkeln war es schwierig, am Strand entlangzugehen. Einmal fiel ich hin und knallte mit der Schulter auf einen Felsen. Fluchend erhob ich mich wieder und ging vorsichtig weiter, bis der Rücken der Landzunge vor mir lag, tiefschwarz gegen die grauschimmernde Schwärze des Himmels. Über mir kämpfte etwas mit dem Dunstschleier und versuchte, ein Stern zu sein.

Ich tastete mich langsam die Landzunge hinauf, um ja keinen Lärm zu machen. Auf der anderen Seite kroch ich zum Strand hinunter. Obgleich ich nie an diesem Ort gewesen war, klangen die Geräusche vertraut. Da war das leise Rasseln von Wellen, die über einen Kieselstrand spülen, das Zischeln des Windes in den Kiefern. Oben auf dem flachen Kliff mußten das Bethaus und der Friedhof der Familie Walters liegen. Vor mir leuchtete das Licht eines neuen Sterns im Nebel auf. Nur daß es kein Stern war. Es hätte der Mond sein können, wenn es nicht so gelb und viereckig gewesen wäre. Es war ein gardinenverhangenes Fenster oben im Giebel einer Scheune. Chucks Scheune.

Bis zu diesem Augenblick war ich voll damit beschäftigt gewesen, nur einfach an Land zu kommen und bis zur Farm vorzudringen. Jetzt, wo ich das geschafft hatte, war die Nacht plötzlich um einige Grade kälter; das Fenster war voller Augen, und ich hatte das Gefühl, daß ich mich wie ein verdammter Narr aufführte. Am liebsten wäre ich wieder umgekehrt.

Ich saß auf einem Felsbrocken und starrte auf das Fenster. Natürlich gab es da oben keine Augen, und die Nacht war auch nicht kälter geworden. Was sich dort oben befand, war die größte Verantwortung, die mir das Leben bislang aufgeladen hatte: zwei Waisen, mutig wie Löwen, aber jetzt sicherlich am Ende ihrer Kraft. Es war mein Job, mich ihrer anzunehmen und ihnen zu sagen, daß sie keine Angst zu haben brauchten. Da war natürlich noch eine weitere Sache zu erledigen, aber daran konnte ich jetzt noch nicht denken.

Ich stand auf und schlich mich zu der Seite der Scheune, die von dem erleuchteten Fenster aus nicht eingesehen werden konnte. Ich trug schwarze Jeans, einen dunkelblauen Pullover und Turnschuhe. Ich ging langsam um die Scheune herum und dachte an den Hund. Aber vom Hund war nichts zu hören. Dornen verfingen sich in meiner Kleidung. Es roch nach nassen Kiefernnadeln. Die Rückseite der Scheune zu Linken war wie ein langer schwarzer Schutzwall. Ich umging vorsichtig ein dunkles Etwas, das wie ein Misthaufen roch. Die langen, niedrigen Konturen der Wirtschaftsgebäude vor mir wurden jetzt durch die Silhouette eines Mansardendachs abgelöst. Das Wohnhaus.

Ich hielt mich rechts, weil ich mich an meinen ersten Besuch hier erinnerte. Die Zimmer der Jungen waren in einem Flügel an der Rückseite gewesen. Es schien mindestens hundert Jahre her zu sein. Ich stieg über einen niedrigen Palisadenzaun und fand mich in weicher Erde. Der Geruch von Levkojen stieg mir in die Nase. Ein Blumenbeet. Der Flügel mit den Zimmern der Jungen lag genau vor mir. Ich ging jetzt direkt auf Harrys Zimmer zu; Joes lag auf der anderen Seite. Joe schlief immer wie ein Murmeltier. Ich mußte es also bei Harry versuchen.

Das Fenster war schwarz und leer. Es gab keine Vorhänge. Ich dachte: *Was ist, wenn man sie woanders untergebracht hat?* Ich nahm die Taschenlampe heraus, preßte sie gegen die Glasscheibe und drückte auf den Schalter.

Die Nacht explodierte.

Wie der Wind war ich auf der anderen Seite des Rasens und über den Palisadenzaun und fand mich in einem Baumgürtel. Im ganzen Haus gingen die Lichter an. Was in meinen gespannt lauschenden Ohren wie eine Explosion geklungen hatte, war das Anschlagen eines Hundes gewesen. Der Hund. Der verdammte Hund.

Schritte dröhnten in leeren hölzernen Räumen. Stimmen erhoben sich. Ich hörte Sarah und zumindest eine mir unbekannte Männerstimme fragen, was denn um Himmels willen los sei. Über dem ganzen Getöse erhob sich eine junge Stimme – hell, klar und vertraut.

»Es ist alles in Ordnung«, sagte sie. »Es war nur der arme alte Loon. Es gefiel ihm nicht da draußen im Nebel, und da hab' ich ihn zu mir reingenommen. Er hat sich, äh, irgendwie erschreckt.« Es war die Stimme des angehenden Zoologen Harry Walters.

Es folgte ein allgemeines Stimmengemurmel. Jemand brachte den Hund in den Hof. Ich hörte Gewinsel und das Zuschlagen einer Stalltür. Kurz darauf begann der Hund zu bellen; ein regelmäßiges, neurotisches »Wuff, wuff, wuff«. Der dichter werdende Nebel lag feucht auf meinem Gesicht. Das Bellen hörte auf. Ich ging leise über den Rasen und klopfte an Harrys Fenster.

Dann ließ ich den Strahl der Lampe ganz kurz auf mein Gesicht fallen.

Das Fenster ging auf, und eine Stimme sagte: »Mich laust der Affe!«

»Kannst du reden?« fragte ich.

»Leise«, sagte er. »Toll, daß du gekommen bist. Hauen wir ab?«

»Noch nicht«, sagte ich.

»Oh.«

»Bald.«

»Ja.« Eine gewaltige Enttäuschung lag in seiner Stimme. »Können wir am Morgen irgendwo miteinander reden?« fragte ich.

»Heimlich?«

»Ja. Heimlich.«

»Hinter dem Misthaufen. Um zehn Uhr. Versteck dich da in den Büschen, und wir werden dasein. Wie bist du hergekommen?«

»Ich bin geschwommen.«

»Wirklich?« Einen Augenblick lang sah ich in seinem Gesicht die Begeisterung, die ihn bei dieser Vorstellung erfüllte. Dann sagte er: »Phantastisch. Mach dich davon, oder sie kriegen was mit. Also, da unter den Bäumen bei der Kapelle. Da geht nie jemand hin.«

Er packte meine Hand und drückte sie fest. Seine Hand war feucht und kalt. Er wahrte nur mit Mühe den äußeren Schein. Armer alter Harry.

»Wer ist alles da?« fragte ich.

»Tante Sarah. Chuck, der Dorftrottel, zwei Diakone und Loon, der arme Hund.«

»Schlaf gut«, sagte ich und verschwand im Nebel.

Ich fand schließlich ein Versteck hinter dem Bethaus, einen kleinen Schuppen in einem Dornengebüsch, der früher vielleicht einmal als Abort gedient hatte, und hockte mich dort auf den Boden. Von draußen kam das Geschrei der Ziegenmelker. Wahrscheinlich schlief ich immer wieder einmal kurz ein. Schließlich wurde es draußen grau, dann hellgrau. Die Luft roch nach nassen Bäumen. Die Baumstämme, die ich durch den halbmondförmigen Ausschnitt über der Tür sehen konnte, standen wie dicke schwarze Säulen vor dem Nebelvorhang.

Die Sonne würde bald aufgehen. Vorsichtig öffnete ich die Tür und sah mich um. Die Bäume waren schwarze Schemen. Ich ging hinaus und folgte dem Pfad, der zum Hof führte. Die ersten Vögel sangen. Es war inzwischen vier Uhr dreißig. Selbst Farmer standen nicht so früh auf.

Ich ging weiter auf dem Kiespfad, hinter der Scheune vorbei und kam auf den Hof. Der Hof lag noch im Dunkel. Der riesige Ahornbaum ragte in den Himmel, der ganz oben bereits durch die ersten Sonnenstrahlen erhellt wurde.

Aus den Ställen drang das Geräusch von Hufen auf Pflastersteinen, das Grunzen eines Schweins. In Chucks Scheune war es ganz still, ebenso im Wagenschuppen und im Haus. Eine leichte Brise bewegte die obersten Zweige des Ahornbaumes im Hof. In den Wäldern und im Küstenvorland begannen jetzt weitere Vögel mit ihren morgendlichen Begrüßungsrufen. Ich begab mich unter das Dach des riesigen Baumes und begann seinen Stamm sorgfältig zu untersuchen.

In der Lücke zwischen dem Giebel von Chucks Scheune und dem Geräteschuppen nahm der Nebel eine goldorangene Färbung an. Einen Augenblick lang konnte ich durch die Äste bis zur Bucht hinuntersehen, wo sich eine riesige Feuerscheibe aus dem metallisch schimmernden Wasser erhob. Die ersten Sonnenstrahlen strömten durch die Lücke.

Der Boden unter den ausladenden Ästen wurde von einem goldenen Licht überflutet, das die sich in die Erde krallenden Wurzeln plastisch hervortreten ließ wie die Venen einer alten Hand und jeden Spalt, jede Erhebung in der Borke des Baumstamms mit einem unirdischen Glanz nachzeichnete.

Ich stand wie versteinert inmitten des Vogelkonzerts und des himmlischen Lichts und starrte auf den Baumstamm.

Die von der Sonne nachgezeichneten Runzeln der Borke waren nicht alle das Ergebnis hohen Alters. Einige von ihnen waren zu regelmäßig; so als habe jemand, vor sehr langer Zeit, etwas in die Borke geschnitzt, das wieder zugewachsen war und jetzt nur im Licht der niedrigstehenden Sonne sichtbar wurde.

Da stand, in altertümlichen, sechs Zoll hohen Buchstaben mit Serifen – blassen Geistern aus der Vergangenheit –:

HALLELUJA

Der Nebel rollte wieder heran. Die Sonne verschwand. Das Licht wurde matt und grau. Jedes Haar auf meinem Körper prickelte, als stünde ich unter Strom.

Ich ging zurück zu meiner Hütte. In meinem Kopf tönte die Zeile eines Liedes:

Wird der Herr es in der Bibliothek aufstellen,
Dort beim Halleluja-Baum.

Ich hockte mich auf den Boden und aß einen halben Schokoriegel.

Dann wartete ich.

30

Draußen kletterte ein Specht den Stamm eines Ahornbaums hinauf. Ich beobachtete, wie er auf Nahrungssuche ging. Der Abort war keineswegs schlechter als die meisten Verstecke, in denen ich gesessen hatte, um Vögel zu beobachten. Um sieben Uhr dreißig hörte ich leise Fußtritte auf dem Pfad. Ich hielt die Luft an. Sarah Ebden Walters ging vorbei. Ihr Kopf war gebeugt, ihre Augen, wie immer ein wenig zu weit aufgerissen, wirkten erschreckt. In den gefalteten Händen trug sie ein dickes Buch. Sie sah aus wie jemand, der sich aufgemacht hat, um Gott um Erleuchtung zu bitten. Sie ging in das Bethaus hinein. Eine halbe Stunde später kam sie wieder heraus und verschwand Richtung Haus.

Vom Hof herüber klang das Geräusch klappernder Eimer, ein kurzes Morgengebell des Hundes und Chucks summender Singsang. Dann Geräusche, die mir verrieten, daß jetzt die Tiere gefüttert wurden. Ich kam vorsichtig aus meinem Versteck und schob die Dornenzweige wieder vor die Tür. Der Nebel lag schwer über den grünen Grabhügeln der »Brüder« und näßte den Rasen. Sarah Ebdens Fußspuren waren immer noch deutlich sichtbar.

Ich blieb auf dem Kiesweg. Ich hatte noch Sarahs Worte im Ohr: Nur die »Brüder« dürfen das Bethaus betreten. Über der mit einem Bogen versehenen Tür war ein weißes, hölzernes Vordach angebracht. Die Tür hatte einen großen eisernen Riegel. Langsam hob ich den Riegel an, zog die Tür auf und ging hinein.

Mein Mund war trocken, meine Handflächen feucht. Ich weiß nicht, was ich dort drinnen erwartet hatte. In meiner Vorstellung sah ich ein Durcheinander von menschlichen Knochen, kabbalistischen Symbolen und Manifestationen des göttlichen Gerichts.

Nichts von alledem.

Vor mir sah ich einen Raum aus weißgestrichenen Holzbrettern mit konzentrisch plazierten Bänken. Die Bänke waren aus Eiche, die durch Alter und langen Gebrauch einen dunklen Glanz angenommen hatte. An einer Wand hing ein weißes Brett, das die Aufschrift trug: MIT DIR WILL ICH EINEN BUND ERRICHTEN. Gottes Worte an Noah, bevor er die Erde mit der Sintflut reinwusch.

Gegenüber dieser Inschrift waren rechts und links von der Tür große Holztafeln angebracht, die vom Boden bis zur Decke reichten. Ganz oben standen zehn Namen, alle mit dem Zusatz ARK und der Jahreszahl 1691. Einer der Namen war J. Walters. Von den ursprünglichen zehn Namen gingen, nach Art eines Stammbaums, Linien aus. Die Linien kreuzten sich auf mannigfaltige Weise – Heiraten zwischen den einzelnen Familien und schließlich auch Heiraten unter Blutsverwandten. Es gab eine Menge Linien, bei denen es nicht weiterging. Sehr wenig neue Namen kamen hinzu.

Ich sah mir das Ende der Walters-Linie an. John Walters und seine Frau Rachel hatten, der Aufzeichnung zufolge, eine Tochter Sarah gehabt, die mit dem inzwischen verstorbenen Joseph Ebden einen Sohn namens Charles Ebden hatte. Rhydian Walters und Maria Walters waren überhaupt nicht erwähnt. Als ich aber genauer hinsah, entdeckte ich zwei hellere Stellen in dem bräunlichen Holz, als ob dort etwas Geschriebenes entfernt worden wäre. Unter dem Namen von Sarah Walters Ebden wartete eine leere Fläche. Sie wartete auf Joe und Harry, deren Namen auf dieser Tafel erscheinen sollten, sobald man sie dieser Ehre für würdig befand.

Ich begann zu zittern. Nicht mehr als 120 Personen stammten von den ursprünglichen zehn ab. Ich fragte mich, wie viele Leben die »Brüder« im Namen der Erlösung zunichte gemacht hatten.

Ich ging wieder nach draußen, schloß leise die Tür hinter mir und ging den Pfad entlang bis unter die Bäume. Um zehn Uhr wartete ich in einem Rhododendrongebüsch in der Nähe des Misthaufens. Ich hörte Schritte, die schnell näher kamen. Eine Stimme fragte: »Bist du da drin?« Joes Stimme.

»Ja.«

»Großartig.«

»Kann uns jemand sehen?«

»Nein. Wir haben zehn Minuten Zeit. Dann geht's zurück zur Gehirnwäsche.«

Ich arbeitete mich aus dem Rhododendron heraus. Die Jungen trugen T-Shirts und Jeans. Beide sahen blaß aus und hatten schwarze Ringe unter den Augen, als ob sie nicht genug Schlaf bekämen. Ich umarmte sie. Joe sagte: »Toll, daß du da bist.«

»Hab' ich ihm schon gesagt«, meinte Harry.

»Wie ist es«, sagte Joe, »kannst du uns hier rausholen?«

»So leicht ist das nicht«, sagte ich. »Es gibt da einen Gerichtsbeschluß. Sie stecken mich ins Gefängnis, wenn ich euch einfach so mitnehme.«

»Oh«, sagte Joe.

»Aber in ein paar Monaten kommt ihr wieder zu mir.«

»In ein paar Monaten«, sagte Joe.

»Ich weiß nicht, ob wir so lange durchhalten können«, sagte Harry. Er sah blaß und verbissen aus, gar nicht wie der Harry, den ich kannte.

»Wie meinst du das mit dem Durchhalten?« fragte ich.

»Sie bleiben an einem dran«, sagte Harry. »Von acht Uhr morgens bis zehn Uhr abends. Wie eine Tretmühle.«

»Sie versuchen uns so weit zu bringen, daß wir sagen, wir wollten nicht mehr nach England zurück«, sagte Joe. »Und sie sind erwachsen und wir nicht, und daher fürchte ich, daß wir wahrscheinlich nachgeben werden.« Er war bedrückend sachlich.

»Aber ich will zurück«, sagte Harry. Er war nicht sachlich. Er versuchte verzweifelt, sich nichts anmerken zu lassen, aber er konnte die Tränen nicht zurückhalten. »Es spielt keine Rolle, was sie mich zu sagen zwingen.«

Ich dachte an Rhyds verdammt unüberlegtes Testament.

Wenn es um Musik ging, das Dorfprojekt oder die »Plough Share«-Werkstatt, konnte er sein Innerstes nach außen kehren. Aber fragte man ihn nach den »Brüdern«, war er verschlossen wie eine Auster. Mir kam es so vor, als hätte er, was dieses Problem betraf, nie jemandem etwas eingestanden, nicht einmal sich selbst. Als er sein Testament gemacht hatte, mußte das wie in einem bedingten Reflex geschehen sein und so, daß Camilla nichts davon mitbekam. Ich fühlte etwas von der Trauer, die mich erfaßt hatte, als er und sie von Devon nach Afrika gegangen waren.

Eifersucht.

Aber nun stand es einmal so da, schwarz auf weiß, und kein Rhyd, mit dem ich darüber hätte rechten können. Alles, was die »Brüder« brauchten, war eine Erklärung der Jungen vor einem Anwalt. Wenn sie die erst einmal hatten, steckten Joe und Harry in der Klemme.

»Wie verläuft hier gewöhnlich der Tag?« fragte ich.

»Sie versorgen das Vieh und arbeiten auf den Feldern«, sagte Joe. »Wir lesen Bücher und müssen uns Vorträge anhören.«

»Geht Sarah jemals weg?«

»Sie begleitet uns und diese verdammten Diakone jeden Nachmittag auf einem gräßlichen Spaziergang. Hör mal, wir müssen jetzt zurück.«

»Es dauert nicht mehr lange«, sagte ich.

Harry nickte; er vertraute wohl seiner Stimme nicht. Joe lächelte sein aufgesetztes Lächeln, um mich zu beruhigen. Tränen ohnmächtiger Wut stiegen mir in die Augen. Ich umarmte sie beide.

Sie gingen davon. Als sie um die Ecke der Scheune bogen, hob Joe zum Abschied den Arm; eine kleine Geste gespielter Tapferkeit.

Ich verschwand wieder in den Büschen. Der Morgen verging.

Um zwölf Uhr fünfzehn kam Chuck aus der Scheune und lud zwei Ballen Stroh in eine Kiste hinten auf dem Traktor.

Als er fertig war, ging er ins Haus, kam mit einem Tablett heraus und trug es in seine Scheune. Essenszeit. Nach dem Mittagessen erschienen Joe und Harry auf der Veranda, eingerahmt von zwei Diakonen in der üblichen Aufmachung: kurzer Haarschnitt, weißes, hochgeschlossenes Nylonhemd ohne Krawatte, schwarzgraue Hosen. Sarah bildete die Nachhut.

Ich sah kurz den hellen Schimmer von Harrys Gesicht, als er, ohne es zu wollen, den Kopf wandte und mit den Blicken die Büsche suchte, in denen ich mich am Morgen versteckt hatte. Dann gingen sie zusammen fort, den Weg entlang, der zur Straße führte.

Ich sah zu Chucks Scheune hinüber. Dort schien alles ruhig. Vorsichtig ging ich durch die Bäume auf das Haus zu.

Als ich den Rand der Lichtung erreichte, hielt ich inne und holte tief Luft. Regungslos unter den Bäumen stehend, hörte ich Chucks unmelodisches Summen, als er am anderen Ende des Hofes zu seinem Traktor stampfte. Der Diesel startete. Gänge wurden krachend eingelegt, und der Traktor setzte sich in Bewegung, ruckelte aus der Einfahrt und verschwand hinter der Wegbiegung. Der schwarz-weiße Hund trottete mit heraushängender Zunge und hochstehendem Schwanz hinter dem rechten Hinterrad her.

Der Hof gehörte mir.

Ich stand auf und schlug den Staub von meinen Kleidern. Dann ging ich zum Haus hinüber, die Stufen hinauf und durch die Tür hinein.

Wird der Herr es in der Bibliothek aufstellen,
Dort beim Halleluja-Baum.

Ich begann, das Haus zu durchsuchen.

Das einzige Geschriebene, was sich in den unteren Räumen fand, waren die gestickten Texte an den Wänden. Ich sah in allen Schubladen nach. Offensichtlich war Sarah kein Mensch, der viel las. In einem kleinen Hinterzimmer stand ein Schreibtisch. Die Schublade enthielt fünf Aktenordner mit Bankauszügen, Rechnungen, die die Farm betrafen, Kostenaufstellungen für das Auto und die Haushaltsführung. Ein Ordner enthielt Unterlagen über finanzielle Transaktionen mit den »Brüdern Christi«. Nach außen hin schienen es nur Abrechnungen einer kleinen Farm zu sein, in die wenig investiert und die von jemandem, der nichts von spekulativen Anlagen hielt, bescheiden bewirtschaftet wurde. Vermutlich gab es jedoch erhebliches Kapital im Hintergrund, denn es fanden sich auch Belege über fünfstellige Zahlungen, die alle drei Monate vom Walters-Treuhandvermögen an ein Konto in Bangor, Maine, abgeführt wurden. Ich nahm an, daß dieses Konto in Bangor eine Menge mit Greenbank zu tun hatte. Das war auch sicher einer der Gründe, weshalb man soviel Mühe auf Joes und Harrys »Bekehrung« verwandte. Rhyd hatte eine Menge Geld hinterlassen. Ich hegte den Verdacht, daß der Kirchenälteste Hornbeck auf die Erbschaft der Jungen mindestens ebenso scharf war wie auf ihre Seelen.

Ich durchsuchte weiter alle Schubladen. Nähzeug, Fotografien, Stoffreste. Die wichtigen Kleinigkeiten eines bescheidenen Haushalts. Ich fand nichts.

Ich ging weiter. Die Zimmer der beiden Jungen waren typische Jungenzimmer: voll herumliegender Kleidungsstücke und nach getragenen Socken riechend. Am Ende des Korridors befand sich ein Zimmer mit einem Pingpongtisch. Im oberen Stockwerk hatten die Diakone je ein Zimmer. Einer von ihnen hatte eine Bodybuilding-Zeitschrift unter seinem Kopfkissen. Sarahs Zimmer enthielt ein schmales Bett, einen kleinen Nachttisch und einen abgetretenen Teppich. Die Wände waren völlig kahl. Auf dem Nachttisch lag die riesige Bibel. Jemand hatte mir mal erzählt, daß Bibeln besonders gern als Versteck benutzt würden. Die Bibel hatte ein Schloß. Die Spange war geschlossen, sprang aber sofort auf, als ich mit einem Finger darunterfuhr. Da war der Familienstammbaum. Da waren die vergilbten Seiten, die altertümlichen Buchstaben, der leichte Modergeruch. Sonst nichts. Ich ging wieder nach unten.

Ein Rotkehlchen suchte unter dem Halleluja-Baum nach Eßbarem. Sonst bewegte sich nichts. Ich trat auf den Balkon und horchte.

Da war das Säuseln einer leichten Brise in den Zweigen, das Gurren einer Taube. Da war das Geräusch der von den Wellen hin- und hergeworfenen Kiesel in der Bucht, das Grunzen eines Schweins im Koben gegenüber. Von Stimmen oder einem Traktor war jedoch nichts zu hören.

Ich ging unter den Bäumen entlang zu Chucks Scheune.

An der Stirnseite befand sich eine Tür, die vom Hof aus nicht zu sehen war. Sie war gelb, rot und blau gestrichen; Farben, die einen Zehnjährigen wahrscheinlich begeisterten. Sie war nicht verschlossen.

Die Tür führte direkt in einen Wohnraum. Es war der Raum eines Kindes, aber auch wieder nicht. Es roch nach Schweiß statt nach alten Socken, Hanteln lagen auf einem Gestell und ein Haufen Kleidungsstücke mitten auf dem Boden. An der hinteren Wand stand ein grün lackierter Gewehrschrank. Auf seiner Tür prangte ein Aufkleber: ACHTUNG! LEBENSGEFAHR! Rechts befand sich eine große Stereoanlage und ein Regal für Tonbandkassetten. In der Ecke dahinter, neben einem ausgestopften Elchkopf, führte eine Wendeltreppe nach oben. Zwischen den Stützen des Treppengeländers saßen ungefähr ein Dutzend Teddybären. Zeitschriften, Bücher oder Zeitungen fehlten völlig.

Außerdem war da noch ein Dexion-Regalsystem mit einem Fernseher, einer Reihe von Schießpreisen aus verchromtem Kunststoff und Marmor sowie Fotos von Chuck und Rhyd: Rhyd mit Gitarre; Rhyd, wie er Chuck das Schießen beibrachte – wobei beide viel Spaß zu haben schienen. Ich fand, daß mir Chuck fast sympathisch wurde.

Aber ich sah nicht länger auf die Fotos. Ich sah auf das olivgrüne Metall des Regals. Auf die oberste Längsstrebe hatte jemand vor langer Zeit in blutroten, glänzenden Buchstaben das Wort BIBLOTEK gemalt.

Dort beim Halleluja-Baum.

Mein Herz schlug plötzlich bis zum Halse.

Neben den Fotos war ein Stapel ledergebundener Bücher im Quartformat. Ich nahm eins in die Hand und schlug es auf. Es war ein Briefmarkenalbum. Ich blätterte es durch. Es enthielt eine Menge Marken aus Äthiopien mit Stempeln aus jüngster Zeit. Auch einige britische Marken waren dabei. Das Album war knapp zur Hälfte voll. Ich konnte meine Besuche in Äthiopien anhand der britischen Marken verfolgen: einmal pro Jahr, um die Weihnachtszeit. Ich hatte die gepolsterten Umschläge mit nach London genommen und sie dort mit Luftpost nach den USA geschickt. Ich sah mir die Marken der beiden Weihnachtssendungen von vergangenem Jahr und dem Jahr davor an – und stutzte.

Vor zwei Jahren, wie auch in den Jahren davor, hatte er eine Marke eingeklebt. Letzte Weihnacht waren es aber zwei; zweimal der Wert der vorhergehenden Jahre. Die Postgebühren waren wohl erhöht worden, aber die Kosten für einen Luftpostbrief mit einer Tonbandkassette hatten sich nicht verdoppelt.

Ich erinnerte mich noch, wie ich nach meiner Rückkehr aus Afrika zur Post gegangen war, um sie aufzugeben. Ich war von Entsetzen und Scham erfüllt und bewegte mich wie automatisch gesteuert. Ich hatte den Beutel mit den Briefen über den Schalter gereicht. Ich wußte kaum, wo ich war. Die Frau hinter dem Schalter hatte alles erledigt.

Es waren nicht die Postgebühren, die sich verdoppelt hatten. Die Anzahl der Kassetten im Umschlag hatte sich verdoppelt. Aber was wäre der Sinn gewesen, Chuck zwei identische Kopien der Kassette zu schicken? Eine hätte doch für seine Sammlung ausgereicht, und Sarahs Musikgeschmack, falls sie so etwas hatte, tendierte wahrscheinlich mehr zu geistlichen Klängen.

Wird der Herr es in der Bibliothek aufstellen,
Dort beim Halleluja-Baum.

Ich ging zum Kassettenregal.

Schätzungsweise an die dreihundert Kassetten standen dort, jede ordentlich in ihrem Gehäuse. Auf den meisten war alte Country-music: Waylon Jennings, Johnny Cash und Willie Nelson. Ganz rechts stand noch ein einzelnes Regal. Alle Kassetten, die dort standen, waren Eigenaufnahmen. Schon als ich die erste herauszog, wußte ich, worum es sich handelte: Rhyds Kassetten aus Afrika. Alle achtundzwanzig waren durchgehend numeriert, jede in ihrem Gehäuse. Hinter der Nummer achtundzwanzig waren noch fünf leere Plätze im Regal.

Ich öffnete die Klappe des Abspielgeräts und legt Kassette Nummer achtundzwanzig ein.

Stirb mit Mr. Coffee im Sand.

Es war das Band, das ich diese Weihnachten von England abgeschickt hatte. Eins der beiden, die ich abgeschickt hatte.

Ich hörte mir das Lied eine Weile an und ließ das Band dann vorlaufen. Als nächstes folgte »Birdman in the Corn« und dann »Alleluia Tree«. Ich starrte die Kassettenschachtel an, als könnte sie mir eine Geschichte erzählen. Natürlich sagte sie mir nichts. Ich war jetzt ins Schwitzen geraten. Der zusätzliche Vers vom »Alleluia Tree« ging mir durch den Kopf. Ich verglich die Anzahl der Kassetten mit den Briefmarken. Sie stimmte überein. Nur daß die zweite Kassette aus dem letzten Brief fehlte. Sie hätte aber eigentlich dasein müssen, weil die andere Kassette, die Bill Teil zwei genannt und unter Sullivans Adresse an sich selbst geschickt hatte, ausdrücklich darauf hinwies.

Das Mehl – Teil eins. Die »Alleluia Tree«-Kassette – Teil zwei. Und Teil drei – fehlte.

Pech gehabt.

Ich ging leise die Wendeltreppe hoch.

Das Schlafzimmer war genauso groß wie das Wohnzimmer. Ein Bett stand darin und ein großer Schrank aus dunklem

Holz. Über dem Bett hing ein Poster von Rhyd, der eine »Ace Logging«-Baseball Mütze trug und gerade einen Akkord auf seiner Martin d45 anschlug. Es war ein gutes Foto. Die Augen sahen einen direkt und intensiv an und folgten einem, wohin man auch ging. *Guten Tag, Rhyd,* dachte ich. *Scheußlicher Ort, an dem du hier gelandet bist.*

Der Schrank enthielt einen Anzug, eine Baseballjacke, ein paar Angelruten und einen Baseballschläger. Er roch noch schlimmer als der im Wohnzimmer, außerdem enthielt er nichts von Interesse. Ich schloß ihn schnell wieder und durchsuchte den übrigen Raum. Er war aufgeräumt und ordentlich. Wenn dort eine weitere Kassette gewesen wäre, hätte ich sie gefunden. Ich ging wieder nach unten.

Chuck war jetzt schon vierzig Minuten weg. Ich begann, mich gehetzt zu fühlen, und wurde langsam unruhig. Eine Fliege summte. Der Laut verwandelte sich in ein anderes Geräusch. Ein Traktor bog ratternd um die Ecke und fuhr durch das Hoftor. Der Motor wurde abgestellt.

Über der Stereoanlage befand sich ein Schiebefenster, das zur Bucht hinausging. Ich schob es hoch, steckte meine Beine hindurch und rutschte auf das Fensterbrett. Dann zog ich das Fenster so weit wie möglich herunter und ließ mich die zweieinhalb Meter nach unten fallen.

Die Tür wurde geöffnet und wieder geschlossen. Das Fenster blieb zu. Ich schlich mich davon, ganz dicht an der Scheunenwand entlang. Als ich das Ende der Scheune erreicht hatte, folgte ich dem Bach bis zum Strand hinunter. Der Nebel verdichtete sich und schloß sich hinter mir wie eine große, graue Tür, hinter der die Farmgebäude verschwanden. Ich rutschte auf den Felsen aus und brach mir einen Fingernagel ab, als ich über den Rücken der Landzunge kletterte. Ich war hungrig und müde. Die Jungen wußten, daß ich versuchte, ihnen zu helfen. Ich hatte den ursprünglichen Halleluja-Baum ausfindig gemacht und hatte – zumindest mir selbst – überzeugend nachgewiesen, daß eine zweite Tonbandkassette vorhanden sein mußte – auch wenn ich sie nicht finden konnte. Aber letztendlich hatte ich gar nichts erreicht.

Das Dory lag noch da, wo ich es verlassen hatte. Ich zog es ins Wasser und ruderte in die graue Suppe hinaus. Die Masten der HALCYON tauchten im Nebel auf und gewannen langsam an Kontur. John steckte seinen Kopf aus der Luke, als ich ihn anpreite. Ich kletterte an Bord und zog das Dory an Deck.

»Wie ist es gelaufen?« fragte John.

»Gut«, sagte ich.

»Hat niemand Sie gesehen?«

»Nein.«

»Jungen da?«

»Ja.«

»Hätten sie mitbringen sollen.«

Der gleiche Gedanke war mir auch durch den Kopf gegangen. Aber angesichts eines Gerichtsbeschlusses mußte ich es richtig machen oder die Finger ganz davonlassen.

»Hören Sie mal die Musik«, sagte John.

Nebel ist eine seltsame Sache. Im Nebel kann der Klang eines Nebelhorns oder einer Glockenboje scheinbar aus der völlig verkehrten Richtung kommen. Manchmal verschluckt er jedes Geräusch so wirkungsvoll wie ein Paar Ohrenschützer. Manchmal geschieht genau das Gegenteil.

Das war heute der Fall. Wir lagen Luftlinie über eine halbe Meile von der Scheune entfernt. Die Musik, die über das graue Wasser an unser Ohr drang, war leise, aber deutlich. Es war Rhyd, wie gewöhnlich; eine der Aufnahmen aus Äthiopien, Melodiegitarre, Mandoline und Synthesizer: »Birdman in the Corn«. Bei dieser Version glaubte ich noch einen Banjopart zu hören, aber »Birdman in the Corn« hatte gar keinen Banjopart.

Der Wind schob die Klänge davon. Das Jammern des Anlassers ging in das Hämmern des Diesels über. Ich schlief ein.

Der Nebel verzog sich kurz nach Tagesanfang. In Quogue gingen wir an die Muringboje. Ich brachte John zu seinem Schlepper, ruderte an Land und ging zu Dannys Pinte.

Danny lehnte an der Theke, sein Gesicht cremefarben unter der Ronald-Reagan-Frisur. Er stellte mir einen Kaffee hin und warf zwei mit einem Gummi zusammengehaltene Briefe neben die Tasse. Der eine war von Pierce Rapaport, der mich bat, umgehend die DUCHESS OF MALFI anzurufen. Der andere, in einer großen, nach links geneigten Handschrift, trug auf der Rückseite Ricky Lees Namen.

Ich rief Pierce an und sagte seiner Sekretärin, daß ich am nächsten Morgen in Boston sein würde. Dann öffnete ich Ricky Lees Brief.

Es war eine Entschuldigung. Ich sollte mir bitte klarmachen, schrieb sie, daß sie nur ihre Arbeit getan hätte. Ob ich sie nicht im Büro anrufen könnte?

Nicht zum ersten Mal dachte ich über sie nach. Sie hatte mich mit den Leuten von PKC bekannt gemacht, ohne die ich sicher keine nennenswerten Spenden zusammengebracht hätte. Sie war mir beharrlich durch mehrere Staaten gefolgt. Sie hatte mir den Tip mit Greenbank gegeben. Sie hatte sich um die Jungen gekümmert.

Und hatte uns verkauft.

Ich dachte besonders an die Art, wie sie uns verkauft hatte. Eine bösartige Handlung war es sicher nicht gewesen. Es war durchaus verständlich, daß ein auf Probe angestellter Reporter, der sich um eine feste Anstellung bemüht, eine gute Geschichte loswerden möchte. Und sie konnte nicht wissen, daß dies jemandem schaden würde.

Man brauchte etwas Verständnis. Aber es war möglich, wenn man verstehen wollte.

Dabei kam mir ein weiterer Gedanke, der sich gewissermaßen unter dem letzten verborgen hatte. Einer der Gründe für mein Verständnis war, daß sie mir fehlte.

Ich stand auf und ging zum Telefon. Ich wählte die Nummer des *Boston Echo*.

31

Die Stimme am anderen Ende sagte, sie würde mich mit der Nachrichtenredaktion verbinden. Dann hörte ich die Stimme einer Frau: »Ricky Lee Klaasen? Es tut mir leid, aber Miss Klaasen arbeitet hier nicht.«

»Doch«, sagte ich.

»Sie ist nicht mehr bei uns«, sagte die Stimme.

»Was soll das heißen?«

»Darüber kann ich leider nicht mit Ihnen sprechen, Sir.« Sie hörte sich an wie eine Sekretärin.

»Versuchen Sie mir klarzumachen, daß sie entlassen worden ist?«

»Ich versuche nichts dergleichen. Es tut mir leid, aber ich kann Ihnen darüber nichts weiter sagen, Sir.«

»Dann verbinden Sie mich bitte mit jemandem, der dazu in der Lage ist«, sagte ich.

Eine andere Stimme kam aus dem Hörer; diesmal eine Männerstimme: »Kann ich Ihnen behilflich sein?«

»Ich bin Teil einer Geschichte, an der Miss Klaasen arbeitet«, sagte ich. »Haben Sie eine Nachsendeadresse?«

»Ich weiß nicht ...«, sagte er.

»Miss Klaasen war bei ihnen auf Probe angestellt. Wurde sie entlassen?«

»Wer sind Sie?« fragte die Stimme am anderen Ende.

Ich nannte ihm meinen Namen.

»Mr. Devis«, säuselte die Stimme überrascht. »Wo befinden Sie sich jetzt?«

»Ich möchte wissen, was mit Miss Klaasen los ist!«

»Wir würden gerne mit Ihnen reden.«

»Dann erzählen Sie mir, wo Miss Klaasen ist.«

»Sie haben recht. Sie ist entlassen worden.«

»Warum?«

»Sie weigerte sich, weiter an einem Artikel zu arbeiten.«

»Was für einem Artikel?«

»Einem Artikel über Sie. Ich möchte gerne ...«

»Hat Sie eine Telefonnummer hinterlassen?«

»Ich denke schon.«

»Dann geben Sie sie mir bitte durch.«

»Nun ...«

»Wenn Sie mit mir reden wollen, geben Sie mir ihre Nummer.«

Er seufzte: »Sie lassen nicht locker, wie?«

»Stimmt.«

Ich wartete eine Weile, dann gab er mir die Nummer durch. »Nun«, sagte er. »Was ...«

Ich hängte auf. Dann wählte ich die Nummer, die er mir gegeben hatte.

»Hallo?« sagte eine teilnahmslose Stimme.

»Ricky Lee?«

Die Stimme wurde plötzlich lebhaft. »George«, sagte sie.

»Sie sind entlassen worden«, sagte ich.

»Oh, sicher«, sagte sie, »aber ...«

»Warum?«

»Sie wollten Artikel von mir, die ich nicht bereit war zu schreiben.«

»Was für Artikel?«

»Der Redakteur versucht, Sie als eine Art ›Edlen Wilden‹ hinzustellen«, sagte sie. »Als jemand, der sich außerhalb des Gesetzes stellt, Kidnapper und so was alles. Ich wollte dabei nicht mitmachen.«

»Warum nicht?«

»Weil ich weiß, daß es nicht stimmt.« Sie schwieg eine ganze Zeit. »Man hat ein Problem, wenn man als Reporter arbeitet«, fuhr sie schließlich fort. »Die einzigen guten Geschichten sind zu wichtig, als daß man darüber so schreiben könnte, wie man es eigentlich tun müßte, wenn man mehr Zeitungen verkaufen will.« Sie zögerte. »Und es gibt einige Dinge, die die Arbeit nicht mehr so ... wichtig erscheinen lassen. Ich möchte gern mit Ihnen reden. Nicht als Reporter.«

»Als was dann?«

»Folk-Sänger? Menschliches Wesen?«

»Ich bin auf dem Weg nach Boston«, sagte ich. »Muß da morgen einen Vortrag halten.«

»Sie können mich heute abend von der Arbeit abholen.«

»Wo ist das?«

»›Shady Grove‹.« Sie nannte mir eine Adresse in Cambridge. »Ich singe da bis elf Uhr.«

»Ich werde dasein«, sagte ich.

Ich ruderte zurück zur HALCYON und machte Reinschiff. Drüben auf seinem Hausboot wässerte John seine Pflanzen. Ich sagte ihm Bescheid, daß ich weg müßte.

»Ich komme mit«, sagte er.

»Gut.« Ich war erleichtert. Es würden eine Menge Reporter zugegen sein. Und die Leute von Warren Diglis.

Ich warf meinen Anzug in einen Koffer. John benachrichtigte einen Freund, der uns in seinem Lieferwagen nach Bangor brachte. In Bangor stiegen wir in den Mustang um und fuhren nach Boston.

Gegen zehn Uhr abends erreichten wir die Vororte. Das »Shady Grove« war eine Art Wirtshaus in einer ruhigen Vorortstraße in Cambridge. Die Gegend machte einen schläfrigen Eindruck, und nur das Geräusch einiger später Rasenmäher war zu hören, als wir den Wagen auf dem Parkplatz abstellten. John trug eine Wildlederjacke mit Fransen und dazu *Kodiak*-Stiefel. Der bebrillte Mann an der Tür betrachtete ihn etwas nervös, als wir hineingingen, schien dann aber doch durch das T-Shirt mit dem Totenkopf-und-Rosen-Emblem wieder beruhigt. Fans der »Grateful Dead« beißen nicht.

Wir fanden uns in einem großen Raum mit Holzfußboden; die Hälfte der Tische besetzt mit biertrinkenden Leuten in karierten Hemden. Ricky Lee stand auf der Bühne im Rampenlicht mit ihrer Martin-Gitarre – einer echten Kopie, *made in Korea*. Sie trug ein schwarzes Seidenhemd, eine mit Pailletten besetzte Weste, Jeans mit einem breiten, verzierten Gürtel und Cowboystiefel. Ihr Gesicht hob sich aufsehenerregend gegen den dunklen Hemdkragen ab. Ihr Blick kam von der Bühne herunter und packte einen. Wenn sie der Juniorpartner im Duo mit Maria Walters gewesen war, dann mußte es ein wirklich heißes Duo gewesen sein. Die Songs waren sarkastisch und komisch, und sie hatte eine gute Stimme – unschuldig und doch kraftvoll, wie die von McGarrigle. Gitarre spielen konnte sie auch: eine Mischung von Melodiespiel mit swingenden Jazzakkorden.

Ich rief auf der DUCHESS OF MALFI an und hinterließ eine Nachricht für Pierce. Dann setzten wir uns an einen Tisch im Hintergrund und ließen uns Bier bringen.

Pierce kam nach einem halben Dutzend Songs. Er setzte sich und bestellte einen Whisky ohne Eis. Wir hörten uns den Rest des Programms an. Als sie fertig war, klatschten wir wie verrückt.

»Eine mühsame Art, sich sein Brot zu verdienen«, sagte Pierce. »Aber sie ist gut. Also, wie läuft die Sache?«

»Nicht schlecht«, sagte ich. Ich hatte keine Lust, ihm von meiner vergeblichen Suche nach dem verschwundenen Tonband zu erzählen und zuzugeben, daß ich mich praktisch in einer Sackgasse befand.

»Konnten Sie das Material verwenden, das wir Ihnen zugeschickt haben?«

»Es war nützliches Hintergrundmaterial. Aber das bringt uns noch nicht ans Ziel.«

Er gab einen brummenden Laut von sich und sagte: »Serge möchte Ihnen eine Chance geben, das Material zu verwenden.«

»Wie meinen Sie das?«

»Er wird es Ihnen selbst erzählen. Er hat einen Plan. Sie wissen doch, daß er Ras Hamil hierher eingeladen hat?«

»Natürlich.«

»Er möchte Sie, glaube ich, mit diesem Burschen zusammenbringen. Dann könnten Sie Hamil die Fragen stellen, die

Ihnen am Herzen liegen. Ich nehme an, Sie haben einige Fragen, die Sie ihm stellen möchten?«

»Natürlich.« Ich fühlte mich wie ausgehöhlt, setzte aber ein – wie ich hoffte – zuversichtliches Lächeln auf. Mein Beweismaterial war keineswegs komplett, und Hamil kam mir nicht wie jemand vor, der gern Fragen beantwortet. »Es ist wirklich anständig von Serge, uns in dieser Weise zu unterstützen.«

Pierce lächelte müde. »Serge unterstützt nur sich allein«, sagte er. »Machen Sie sich da bloß nichts vor. Wollen wir gehen?«

»Um diese Zeit?«

»Eine seiner kleinen Launen«, sagte Rapaport. »Ich denke, es wird Ihnen gefallen.« Er lächelte. »Zumindest hoffe ich das. Ich habe ihm gut zugeredet, es so zu machen. An Ihrer Stelle würde ich mich nach seinen Wünschen richten.« Wieder lag eine gewisse Müdigkeit in seinem Lächeln. »Nach einer gewissen Zeit gewöhnt man sich daran, seine Wünsche zu respektieren.«

Plötzlich spürte ich eine Hand auf meiner Schulter. Ich drehte mich halb um und sah Ricky Lee vor mir. »Das war großartig«, sagte ich. Sie sah strahlend und glücklich aus und wirkte überlebensgroß, so wie einige Leute wirken, wenn sie gerade von der Bühne kommen. Ich küßte sie auf den Mund. Sie küßte mich wieder.

»Tut mir leid, das mit Ihrem Job«, sagte Pierce.

Ricky Lee zuckte die Schultern. Ihr Haar wippte um ihr Gesicht. »Ich bin jetzt wieder freiberuflich tätig«, erwiderte sie. Ihre Hand lag auf meiner Schulter. Die Pailletten ihrer Weste funkelten in ihren Augen. »Ich vermute, Sie können mir da nicht viel helfen, oder?«

»Die Entscheidung liegt beim Redakteur«, sagte Pierce. »Aber ich werde meine Augen offenhalten.« Er wandte sich wieder mir zu. »Wir sollten jetzt losgehen und Serge aufsuchen.« Er rief einen Ober und zahlte seine Rechnung.

Ricky Lee ergriff meine Hand.

»Du wolltest mit mir reden«, sagte ich.

»Ich wollte dich nur sehen.« Sie lächelte.

Darüber war ich so glücklich, wie sie aussah.

»Hast Du schon eine Unterkunft?«

»Nein«, sagte ich. Ich hatte plötzlich einen Kloß im Hals.

»Ich wohne bei einer Freundin. Du bist da herzlich willkommen.«

Ich dankte ihr.

»Also bis später.« Sie reckte sich auf die Zehenspitzen, küßte mich auf die Wange und ging hinter die Bühne.

»Ich fahre mit Pierce«, sagte ich zu John.

Er nickte. Pierce war einer von den »Guten«.

Pierce fuhr einen Jaguar XJS V12, der hervorragend gepflegt war. Wir sprachen über den morgigen Vortrag im »Poliakoff Center«, den ich anläßlich eines Wohltätigkeitsbrunches* für die Welthungerhilfe halten sollte. Pierce fuhr schnell, aber umsichtig. John folgte uns.

»Da wäre noch etwas«, sagte ich.

Er hob die Augenbrauen.

Ich berichtete ihm von den Jungen. Ich erzählte ihm von den »Brüdern Christi«, von den Druckmitteln, die sie einsetzten. »Sehen Sie eine Möglichkeit, Mr. Poliakoff für diese Sache zu interessieren?«

Er scheuchte den Jaguar durch eine Lücke zwischen einem Lastwagen und einem Taxi. »Alles zu seiner Zeit.«

»Das heißt, jetzt nicht.«

»Haben Sie den Wirtschaftsteil der Zeitung verfolgt?«

»Nein.«

»Serge hat eine Menge Geld aufgenommen. Er braucht jetzt eine Art ... Wohlgefühl-Faktor. Und das sind Sie.«

»Was soll das heißen?«

»Sie und er arbeiten Hand in Hand, um einen Despoten zur Rechenschaft zu ziehen. Ich habe Ihnen ja schon von den Schwierigkeiten erzählt, die einem bei der Leitung eines

* Brunch (aus engl. breakfast und lunch) = spätes Frühstück, Kombination aus Frühstück und Mittagessen.

TV-Nachrichtenunternehmens erwachsen, wenn es einen Interessenkonflikt mit dem Industriekonzern gibt, zu dem es gehört. Nun, auch Serge hat hiermit seine Probleme. Ich weiß, daß er Ihre ... Mission vis-à-vis Ras Hamil benutzt, um diese Probleme zu lösen. Auf der einen Seite stehen Sie, der »Gute«, gegen den Banditen Hamil. Auf der anderen sind die Geschäfte, die Hamil mit den Poliakoff-Unternehmen tätigen könnte, wenn er in seinem Land an die Macht käme. Alles, was ich Ihnen im Augenblick sagen kann, ist, daß Sie und er und das Nachrichtenunternehmen auf der einen Seite stehen und Hamil auf der anderen. Ich denke, Serge hat sich das alles genau ausgerechnet.« Wir warteten vor einer Verkehrsampel. Sie schaltete auf Grün. Ich sah sein scharfgeschnittenes Gesicht blaß und gespenstisch in dem smaragdgrünen Glanz. »Wenn Sie diesen Kerl überführen können, geht es uns allen gut – und dem Aktienkurs auch. Ein Spatz in der Hand, George.« Er zuckte die Schultern. »Ich fürchte, Ihre Neffen ... passen im Moment nicht so recht ins Konzept.« Er lächelte. »Aber wir werden uns schon noch was einfallen lassen. Nur Geduld. Eins nach dem anderen.«

Pierce wußte, wovon er sprach. Er fuhr zum Hafenbecken, wo die DUCHESS OF MALFI lag und sich wie die Landungsbrücke von Brighton* im schwarzen Wasser spiegelte.

Der Matrose an der Gangway erkannte mich. John erschien jetzt auch, blieb aber im Wagen sitzen. Ich ging die Stelling hinauf und in den Raum mit den Seidentapeten und den van de Veldes. »Whisky?« fragte Pierce.

Ich nickte. Er reichte mir einen schweren, halbvollen Becher, so groß wie ein Marmeladenglas. Auch sich selbst schenkte er großzügig ein. Es war der zweite Drink, den ich ihn an diesem Abend nehmen sah. Etwas in seinen Augen ließ mich vermuten, daß diese beiden Drinks nicht die einzigen gewesen waren. »Serge ist gerade am Telefon«, sagte er. »Er wird gleich hiersein.«

* Das berühmte Seebad an der Südküste Englands.

Wir redeten vielleicht fünf Minuten über den Vortrag, den ich am nächsten Tag halten würde. Dann verschwand Pierce in den hinteren Räumen. Nach weiteren fünf Minuten kam er mit Poliakoff zurück. Poliakoff war immer noch dabei, in ein tragbares Telefon zu sprechen, und war jetzt anscheinend gerade bei einer umständlichen Abschiedszeremonie in einer Sprache, die sich wie Griechisch anhörte. Er schob den Hörer in die Tasche, umklammerte meine Hand mit seiner heißen, weichen Pranke und goß sich einen kräftigen Schluck aus der Karaffe ein. Die papierartigen Säcke unter seinen Augen waren noch größer geworden. »Also«, sagte er, »wie ich von Pierce gehört habe, bereitet Ihnen die Verfolgung von Mr. Hamil einige Schwierigkeiten.«

»Der Abstand verringert sich«, sagte ich. »Aber mir fehlen noch einige Informationen.«

»Ich denke, es ist an der Zeit, daß Sie seine Bekanntschaft machen«, sagte er.

Ich starrte ihn an. »Seine Bekanntschaft?«

Poliakoffs Lächeln strahlte unermeßliches Wohlwollen aus. »Sie haben die Wettfahrt gewonnen«, sagte er. »Ein Ex-Engländer steht zu seinem Wort. Lassen Sie mich erklären. Ich hatte Ihnen schon gesagt, daß ich ein Unternehmen namens National Dynamics besitze. Mr. Hamil hat, wie Sie wissen, bis jetzt die Westküste bereist. Am Montag will er das National-Dynamics-Werk besuchen und sich ein Gerät ansehen, das wir da entwickelt haben. Die Fabrik liegt weiter oben an der Küste, in der Nähe der Portsmouth-Marinewerft. Ich möchte Ihnen Gelegenheit geben, ihm einige direkte Fragen zu stellen.«

Ich trank meinen Whisky aus. »Was genau meinen Sie damit?«

Das Lächeln wurde noch breiter. »Ich habe eine Verpflichtung gegenüber den Aktionären von National Dynamics und natürlich auch mir selbst gegenüber. Mr. Hamil ist anscheinend sehr beeindruckt von diesem Gerät. Er ist der Meinung, daß es sich als sehr nützlich erweisen könnte. Die Direktoren und Aktionäre von National Dynamics üben einen gewissen Druck auf mich aus, das Gerät zu verkaufen – oder zumindest einige lobende Bemerkungen über das Gerät von ... prominenten prospektiven Kunden zu bekommen, die sich für diesen speziellen Markt interessieren. Andererseits habe ich große Sympathien für die menschliche Seite dieses Problems, und wenn wir alles verwenden, was Sie schon herausgefunden haben, glaube ich, daß wir daraus eine großartige Geschichte machen könnten.« Er trank und grinste dann, als habe er alles aufs genaueste erklärt. »Sie fahren also zu National Dynamics und reden mit ihm. Er bringt sicher einen Leibwächter mit, aber sie haben ja meine Leute um sich. Sehen Sie zu, was Sie herausbekommen können, okay? Übermorgen. Montag. Wir werden Sie mit einem versteckten Tonbandgerät ausrüsten. Dann können Sie ihn völlig ungestört und gefahrlos fragen, was Sie wollen. Vielleicht können Sie ja Ihre Informationslücken schließen.«

Ich starrte ihn an: die ganzen zweieinhalb Zentner, birnenförmig, mit den wie Saphire glitzernden Augen in ihrem Netz von Falten. »Was ist das für ein Gerät?« fragte ich.

Er lächelte verschmitzt. »Warten Sie's ab«, sagte er. »Oh, was ich noch sagen wollte. Machen Sie sich keine Sorgen wegen Warren Diglis.«

»Sorgen?«

»Ich hörte, daß er Ihnen etwas Ärger gemacht hat. Ich habe kurz mit Mr. Diglis gesprochen. Zufällig besitze ich auch eine Gesellschaft für die Veranstaltung von sportlichen Ereignissen. Der Präsident dieser Gesellschaft ist im Besitz gewisser ... Fakten bezüglich einiger Verträge. Ich hoffe, daß er Sie nicht weiter belästigen wird.« Er hob die Hände. »Das wär's dann wohl«, sagte er. »Wir brauchen alle unseren Schlaf. Bis morgen im ›Center‹. Kommen Sie ohne Krawatte.«

Die Beachtung von Kleinigkeiten – das Geheimnis der Macht. »Ich werde dasein«, sagte ich.

Damit ging ich. John wartete unten an der Gangway. Wir fuhren wieder nach Concord hinaus.

»Ich glaube, Ihr Job ist jetzt hinfällig geworden«, sagte ich.
»Ich bleib' besser noch in der Nähe«, meinte er.

Seit dem Brand wohnte Ricky Lee bei einer Freundin in einer baumbestandenen Straße. Als wir hereinkamen, saß sie auf einem Sofa am Fenster und spielte Gitarre. Ihre Freundin war eine dunkelhaarige Frau mit einem blassen, humorvollen italienischen Gesicht. Sie bedachte John mit einem etwas ängstlichen Blick.

»Er ist ein netter Bursche«, sagte Ricky Lee.

Die Freundin hieß Erin. Sie war Tänzerin. Rickys Bemerkung schien sie einigermaßen zu beruhigen. Ich war jedoch nicht sicher, in welchem Maße. Ich hatte die beiden letzten Tage nur wenig Schlaf gehabt und war sehr müde. Ich mochte Ricky Lee nicht loslassen. Ihr Arm legte sich um meine Taille. Erin sah halb beunruhigt, halb selbstgefällig aus, so wie Frauen aussehen, wenn etwas sich so entwickelt, wie sie es sich vorgestellt haben. John sagte: »Ich kann auf dem Sofa pofen.« Er legte sich hin, zog den Teppich über sich und fing sofort an zu schnarchen.

»Alter Seemannstrick«, sagte ich und spürte, wie Ricky Lees Schultern vor lautlosem Lachen bebten.

Dann gingen wir nach oben.

Es war ein Raum mit einem polierten Holzfußboden, einem großen weißen Bett und einer Frisierkommode, auf der zwei Lockenten aus Holz saßen.

Ricky Lee kam aus dem Bad zurück. Sie trug ein weißes Nachthemd und lächelte. Sie sah wunderschön aus. Ich öffnete den Mund, um ihr das zu sagen, aber ich brachte keinen Laut hervor. Meine Augenlider fielen herab. Ich schlief.

32

Als ich aufwachte, lag ein breiter Sonnenstreifen, der durch den nicht ganz geschlossenen Vorhang fiel, über dem Bett. Ich brauchte eine Weile, bis ich mir darüber im klaren war, wo ich mich befand. Das Parfüm sagte es mir dann. Ich wandte den Kopf und sah über die Kopfkissen hinweg. Dort, wo Ricky Lees Kopf hätte sein sollen, war eine Delle, aber keine Ricky Lee. Ich schwang die Beine aus dem Bett, putzte mir die Zähne in einem Badezimmer voller Farnpflanzen und Seifenstücke in Form exotischer Früchte und ging nach unten.

Erin war in der Küche. Sie schenkte mir ein kleines anzügliches Lächeln und sagte: »Ricky Lee mußte leider zur Arbeit. Ich soll Ihnen ausrichten, es täte ihr leid, daß sie nicht mehr mit Ihnen sprechen konnte, aber sie müßte über irgendeine Lockentensammlung einen Artikel schreiben, und sie sähen sich ja heute abend. Möchten Sie einen Kaffee?«

Ich nahm das Angebot dankbar an. John war nicht mehr da; anscheinend war er losgezogen, um irgendwelche Freunde zu besuchen. Erin sprach vergnügt über die Unsicherheiten des Journalistenlebens. »Ich bin wirklich froh, daß Ricky Lee Ihnen begegnet ist«, meinte sie.

»Das bin ich auch«, sagte ich.

»Sie ist eine wirklich nette Person.« Erin sah mich mit ihren schwarzbewimperten, mandelförmigen Augen von der Seite an.

Das hätte ich auch schon vermutet, sagte ich ihr. Dann ging ich nach oben, um mich für meinen Vortrag anläßlich des Wohltätigkeitsessens zugunsten der Welthungerhilfe umzuziehen.

Diese Veranstaltung war keine Zusammenkunft reicher Leute, die mit ihren Scheckbüchern wedelten. Dies war eine Versammlung der Bekehrten, von Leuten, die für karitative

Organisationen tätig waren oder sie unterstützten, Leuten, die sich für die Dritte Welt einsetzten. Sie fand im Konferenzsaal des »Poliakoff Center« in der Nähe des Harvard Square statt. Ich stieg in den Mustang und machte mich auf den Weg.

Ich war nervös, wie ich immer nervös war, wenn ich vor vielen Menschen sprechen mußte. Das »Poliakoff Center« sah aus wie ein weißer Gasometer aus Beton, an den man einige Gewächshäuser angebaut hat. Eine junge Frau in einem kurzen, engen Rock erwartete mich an der Tür. Sie hatte einen hellrot geschminkten Mund und lange rote Fingernägel. »Serge erwartet Sie schon«, sagte sie. »Ich bin Marlene. Ich erledige seinen Schriftkram.«

Sie führte mich nach hinten. Ihren aufsehenerregenden Gang verdankte sie sicher weniger ihrer Tätigkeit in einem Schreibbüro als der auf einem Laufsteg. Ich hörte die polternde Stimme Poliakoffs, noch bevor wir den Raum erreichten, der hauptsächlich aus Glas bestand, so daß man in der Ferne die sich stufenförmig nach oben verjüngenden Wolkenkratzer des Geschäftsviertels von Boston sehen konnte. Wie üblich hing er am Telefon. Er trug ein Jackett aus leichtem, kreppartigem Leinen, in dem zwei normal gebaute Männer Platz gefunden hätten. Er winkte mir zu, beendete sein Gespräch und sagte mit einem Lächeln, das seine Augen nahezu verschwinden ließ: »Da sind Sie ja. Wir haben eine stattliche Menge da draußen. Ungefähr fünftausend Menschen.«

»Fünftausend?«

»Die Magie des Fernsehens«, grummelte er. »Fünfzig Dollar Eintrittskarten, Festhalle kostenfrei zur Verfügung gestellt, Rock-'n'-Roll-Bands spielen gratis, freie Publicity in meinen Rundfunk- und Fernsehsendungen. Ich spende einen kleinen Imbiß für alle. Für Ihre Leute springt dabei eine Viertelmillion Dollar raus.«

»Großartig«, sagte ich mit trockenem Mund.

»Und morgen treffen Sie den Mann selbst.« Er zog ein Blatt Papier aus einer Mappe und reichte mir eine in Folie eingeschweißte Karte. »Hier ist ein Presseausweis. Mit dem können

Sie bei National Dynamics überallhin. Haben Sie ein qualitativ für den Rundfunk geeignetes Tonbandgerät? Nein? Das dachte ich mir. Sie können heute nacht in meinem Hotel in Portsmouth bleiben. Wir werden Sie dann morgen mit allem ausstatten.« Er warf einen Blick auf das Papier. »Gut«, sagte er. »Das wäre alles. Wir sind sehr zufrieden mit dem, was Sie bisher gemacht haben. Ich hoffe, Sie werden sich einige gute Fragen für Mr. Hamil einfallen lassen, wenn Sie mit ihm allein sind.« Er lächelte. »Ich hoffe, Sie leiden nicht unter Höhenangst.«

»Höhenangst?«

»Hat man Ihnen das noch nicht gesagt?« brummte Poliakoff. »National Dynamics ist der weltweit führende Hersteller von halbstarren lenkbaren Luftschiffen. Wir werden Sie und Hamil in einem Luftschiff aufsteigen lassen. Nur Sie, er und der Pilot. Hübsch privat.«

Ich starrte ihn an. Ich fühlte kalte Luft in meinem Mund. »Machen Sie keine Witze«, sagte ich schließlich.

Sein Gesicht erstarrte einen Moment. Dann lachte er und sagte: »Blödsinnige Idee, nicht wahr? Mr. Hamil möchte gern in einem Luftschiff aufsteigen. Ein seltsames, barbarisches Vergnügen.« Dann verschwand sein Lächeln plötzlich, und sein Mund wurde zu einem lippenlosen Schlitz; die Augen funkelten nicht mehr wie Saphire, sondern hatten jetzt den stumpfen, giftigen Glanz von Kupfersulfatkristallen. »Für Sie«, sagte er. »Nicht für ihn oder für mich oder für die Aktionäre von National Dynamics.« Er ließ die großen Hände auf die Knie fallen. »Es ist ein wunderbares Luftschiff«, fuhr er fort. »Voll von Computern. Gefüllt mit nichtbrennbarem Heliumgas. Von diesem einen Luftschiff aus kann man eintausend Meilen Küste überwachen und gegen U-Boote schützen. Effizienter als von jeder anderen Plattform aus kann man damit nach Mineralien suchen. Man kann eine Grenze abfliegen, ohne zwischendurch auf den Stützpunkt zurückkehren zu müssen. Es handelt sich wirklich um ein sehr vielseitiges Fluggerät, Mr. Devis, und seine Entwicklung hat meine Gesellschaft, die National Dynamics, einunddreißig Millionen zweihundertfünfzigtausend Dollar gekostet. Es ist das Ergebnis eines Vertrages mit der US-Regierung, der aufgelöst wurde, weil wir uns jetzt nicht mehr gegen U-Boote zu schützen brauchen. Ich glaube, daß es für Mr. Hamil vielleicht von Nutzen sein könnte, aber abgesehen davon, möchte ich, daß die Leute das Ding sehen; dieses herrliche, ökologisch vernünftige, gigantische Ding.« Er hörte sich jetzt fast wie Churchill an. »Und ich will es ihnen zeigen, weil Sie da drin sind, Sie und Ihr Feind. Und von neuem wird es die Phantasie der Menschen beflügeln. Mit Begeisterung werden sie das Luftschiff auf ihren Bildschirmen verfolgen und sich von dem Treffen berichten lassen, das zwischen unserem britischen Helden und dem Schurken stattgefunden hat, der dessen Schwester und den großen Interpreten von Country-Songs, Rhydian Walters, auf dem Gewissen hat.« Er hob die Hände und ließ sie auf seine Knie klatschen. »Sie haben Ihre Gründe für ein Gespräch mit Mr. Hamil. Ich habe meine Gründe für die Wahl des Austragungsortes. Ich betrachte mich nicht als karitative Organisation. Auf diese Weise erreichen wir beide, was wir wollen.« Schweißperlen standen auf seiner Stirn. »So«, sagte er. »Ich denke, wir verstehen uns jetzt.« Er zog eine Zigarre heraus, beleckte ein Ende mit seiner dicken, grauen Zunge. »Also, raus auf die Bühne, und nehmen Sie kein Blatt vor den Mund.«

»Klar«, sagte ich. Ich spürte den Geschmack von Asche in meinem Mund. Ras Hamil, das mochte vielleicht noch gehen. Aber Luftschiffe? Bei Luftschiffen war ich mir nicht so sicher.

»Na schön«, sagte er und knipste sein Lächeln wieder an. »Ich will Sie nicht länger ihrem Publikum vorenthalten.«

Damit schritt er, schon wieder die Tasten seines Telefons betätigend, majestätisch hinaus.

»In zehn Minuten, Mr. Devis?« sagte Marlene, die Schreibdame mit dem Laufsteggang. Sie gab mir ein maschinengeschriebenes Blatt. »Ihr Zeitplan für morgen.« Sie schloß diskret die Tür hinter sich. Ich betrachtete die sich an der Wand emporrankende Bougainvillea und redete mir gut zu.

Im Verlauf der letzten zwei Wochen hatte »Plough Share« dank der Hilfe von Serge Poliakoff nahezu eine Million Dollar eingenommen. Ich starrte auf den Stuhl, auf dem er gesessen hatte, und sagte mir: *Was du da eben gehört hast, war keine Halluzination. Es ist wirklich wahr.*

Ich sagte es mir mehrere Male. Das machte es mir nicht sehr viel leichter, daran zu glauben. Aber ich saß in Poliakoffs Büro, hinter dessen Wänden das Geräusch der Menge wie fernes Brandungsrauschen zu hören war. Ich mußte in Poliakoffs Kategorien denken, so wie Pierce Rapaport.

Damit wurde es einfacher. Ich kam schließlich an den Punkt, wo ich das Zeugnis meiner Ohren akzeptieren konnte. Es war an mir, dafür zu sorgen, daß er eine Geschichte bekam, in der auch das verdammte Luftschiff eine Rolle spielte. Was ich von seinem Geisteszustand hielt, spielte in diesem Zusammenhang keine Rolle.

Ich atmete ein paarmal tief durch, um mich zu beruhigen. Dann ging die Tür auf und Marlene kam mit schwingenden Hüften auf mich zu. »Ich denke, wir sind jetzt soweit, Mr. Devis.«

Ich nickte. Es war ein heller, sommerlicher Tag, aber ich hatte plötzlich den Eindruck, als sei die Sonne hinter dicken Wolken verschwunden. *Mach dich nicht lächerlich,* sagte ich mir. *Luftschiffe sind doch was Feines. Und du läufst jetzt auch nicht einfach davon, wo du doch schon so nahe am Ziel bist. Das hast du schon einmal getan.*

Dann stand ich in der Festhalle unter den hellen Scheinwerfern und den Augen der fünftausend Leute, die auf Kosten von Serge Poliakoff geräucherten Lachs und Rühreier aßen. Und ich hatte an andere Dinge zu denken.

Ich ging herum und redete mit einigen Leuten, während sie ihren Brunch aßen. Ich tat so, als äße ich selbst etwas. Dann marschierte ich auf die Bühne ans Rednerpult und begann mit meinem Vortrag.

Es war die übliche »Halleluja-Baum«-Rede, und sie kam ganz hervorragend an. Gegen Ende war es so, als stünden Rhyd und Camilla neben mir auf der Bühne und ließen mich die Wärme ihrer Zustimmung spüren. Aber diesmal fühlte ich mich genötigt, meinen Schlußbemerkungen noch etwas hinzuzufügen.

»Morgen«, sagte ich, »morgen werde ich dem Architekten dieses ganzen Elends begegnen: Ras Hamil. Das ist der Mensch, der seine Kampagnen mit Ihren Steuergeldern finanziert und von Ihren Spenden reich wird. Ich werde ihn von Angesicht zu Angesicht fragen, wie man sich fühlt, wenn man alles in seine eigene Tasche steckt und keinen Gedanken an die Kinder verschwendet, die am Straßenrand verhungern. Ich werde ihn fragen, wie er es fertigbringt, Entwicklungshelfer niedermetzeln zu lassen, und dabei erwartet, in den USA für seine Probleme Gehör zu finden. Ich werde ihn zwingen, mir zu antworten, selbst wenn es mich das Leben kostet. Ich werde diesem Mann das Handwerk legen. Notfalls mit Gewalt.«

Ein quadrophonisches Gebrüll brandete zu mir herauf: wohlmeinende, liberale Meinungsträger, die nach dem Blut des Tyrannen schrien – bevor sie sich dem Rock 'n' Roll und den Kinderveranstaltungen zuwandten.

Schweißgebadet verließ ich die Bühne. Marlene versicherte mir, ich sei großartig gewesen. Dann fügte sie hinzu: »Hier ist ein Anruf für Sie«, und reichte mir ein tragbares Telefon.

Es war Ricky Lee. »Guten Morgen, mein Schatz«, sagte sie. »Du bist also doch noch aufgewacht. Wie läuft's denn?«

»Fein«, sagte ich. »Ich habe eine Verabredung mit Hamil.«

»Deswegen rufe ich an«, sagte sie. »Die Lockentensache ist erledigt. Hast du Lust, dir ein paar Videos anzusehen?«

»Was für Videos?«

»Aufnahmen, die zeigen, wie das Fernsehen deine Vorträge präsentiert. Es könnte dir bei deiner Aussprache mit Hamil helfen.« Ich hörte eine gewisse Vorsicht in ihrer Stimme. »Ich bin in den Nachrichtenstudios in der Innenstadt. Frag nach der Redaktion B.«

»Ich bin in zwei Stunden da«, sagte ich. Ich hinterließ eine Nachricht für Scotch John auf Erins Anrufbeantworter. Eine Country-music-Gruppe war inzwischen auf die Bühne gekommen und spielte »John the Baptist«. Marlene geleitete mich in die Empfangshalle und machte mich mit den Vertretern der Poliakoff-Presse bekannt. Ich sah an den Kameras vorbei und musterte die Menge. Ich fragte mich, ob Serge Poliakoff wirklich mächtig genug war, um Warren Diglis von mir fernzuhalten. Leute, die nach Boxern aussahen, konnte ich da draußen nicht entdecken. Alles, was ich sehen konnte, waren die Gesichter wohlmeinender Amerikaner, die mit ihren Familien einen Tagesausflug machten.

Ich lächelte, schüttelte Hände und beantwortete Fragen. Um sechs Uhr stieg ich in den Mustang und machte mich auf den Weg zu den Nachrichtenstudios.

Die Frau an der Rezeption erkannte mich. Die Leute im Aufzug erkannten mich. Ich ging den Gang entlang bis zu der schalldichten Tür und drückte auf die Klingel über dem numerischen Tastenfeld.

Ricky Lee öffnete mir. Sie trug ein blaues T-Shirt und einen kurzen, beigefarbenen Rock. Ihre Augen leuchteten, so wie sie letzte Nacht geleuchtet hatten, als ich dachte, in ihnen spiegelte sich nur das Funkeln der Pailletten. Sie küßte mich auf den Mund, ergriff meine Hand und zog mich in den Raum hinein. »Edward«, sagte sie. »Edward ist der stellvertretende Redakteur für die Sechs-Uhr-Nachrichten. Ein guter Freund. Das ist George.«

Edward war mager, hatte das blasse Gesicht eines Menschen, der selten ins Freie kommt, einen rasierten Kopf und eine Brille mit rotem Fensterglas auf der Nase. »Freut mich, Ihre Bekanntschaft zu machen«, sagte er. »Nehmen Sie bitte Platz.«

Ich setzte mich auf einen der Drehstühle vor dem Bearbeitungstisch. »Der mittlere Bildschirm«, sagte Edward. »Ricky meinte, Sie würden vielleicht gern eine Zusammenstellung sehen.«

Ricky Lee drückte unter dem Tisch meine Hand. Der Bildschirm flackerte ein paarmal. Dann erschien ein Erdball, platzte auf. Ausschnitte von Nachrichten fielen heraus. Ein Moderator erschien und begann zu sprechen.

»Das ist der erste Bericht«, sagte Ricky Lee.

Ich erkannte ihn sofort. Da war die Geschichte von Bills Tod, dem Untergang der AUK/PLOUGH SHARE. Dann eine Einblendung von Rhyd mit einer Streichergruppe, die »The Alleluia Tree« spielten. Dann erschien ich selbst, abgespannt und irgendwie desorientiert, im Licht der Scheinwerfer und berichtete, was ich in Äthiopien erlebt hatte, während Poliakoff im Hintergrund vor aufgehäuften Getreidesäcken posierte. Es schien alles schon sehr lange her zu sein. Aber es kam mir wie eine meisterhaft bearbeitete Fernsehsendung vor, die ein Höchstmaß an Gefühl mit großem erzählerischem Schwung verband.

»Sieh dir jetzt mal den nächsten an«, meinte Ricky Lee.

Der nächste Bericht stammte vom dritten Wohltätigkeitslunch mit den juwelenbehangenen Mumien. Es gab einige Bilder von den Zuhörern, dann von mir. Ich sah nicht mehr so mitgenommen aus und wirkte selbstsicherer. Auch dieser Bericht war sehr geschickt geschnitten worden. Die humanitären Aspekte waren zwar noch erhalten geblieben, aber diesmal hatten sie Sätze aus meiner Rede verwendet, die von Rache sprachen und daß es an der Zeit sei, Schritte zu unternehmen. Wo ich versucht hatte, Zorn und Mitleid gleichwertig nebeneinanderzustellen, hatten sie allein den Zorn ausgewählt. Auf die Ausschnitte der Rede folgte ein Film über die Jungen, der schon vor Jahren aufgenommen sein mußte und sicher aus dem Archiv von Rhyds Schallplattengesellschaft stammte. Dazu eine Stimme aus der Menge, die sagte, daß man den, der Walters und seinen Kindern das angetan hätte, schleunigst fassen und einsperren müsse.

Ich fühlte, wie meine Hände feucht wurden. Das Fernsehen präsentierte die Zitate aus meiner Rede so, daß dabei etwas herauskam, was ich so gar nicht gemeint hatte. Ich war nicht überrascht, daß Warren Diglis der Ansicht war, ich könnte nur mit Gewalt von meinem Vorhaben abgebracht werden.

Der nächste Film wurde vom gleichen Moderator kommentiert. Es drehte sich um den Wohltätigkeitslunch bei Mrs. Senator Corin Johanssen. »Der Devis-Kreuzzug«, sagte der Kommentator. Er sprach über die bisherigen Fortschritte, streifte ganz kurz die Sache, um die es ging, und sagte dann: »Der Kreuzzug geht weiter.« Sie hatten die Kameras tief unterhalb des Rednerpults aufgestellt und auf die Hände gerichtet, so daß die kleinen Bewegungen, die ich beim Reden machte, merkwürdig und übertrieben wirkten. Ich sprach über den »Halleluja-Baum«. Es gab keine Erklärung, um was für einen Baum es sich dabei handelte und was er mit der Geschichte zu tun hatte. Der Ton kam aus der linken Ecke, in einer leisen, biblischen Flüsterstimme. Ich hörte mich an wie ein mit Amphetaminen vollgepumpter Wanderprediger.

Mir stand der kalte Schweiß auf der Stirn.

»Warte, es kommt noch was«, sagte Ricky Lee.

Sie brachten Senator Johanssen ins Bild. »Er ist ein wirklich mutiger junger Mann«, sagte der Senator und schob sein langes New-England-Kinn vor. »Er hat sich voll und ganz seiner Sache verschrieben. Er hat eine Menge bedeutender Spenden einnehmen können, und ich wünsche ihm jeden erdenklichen Erfolg.«

»Würden Sie ihn als Fanatiker bezeichnen?« fragte der Interviewer.

Der Senator nickte mit seinem silberhaarigen Kopf. »Aber sicher«, sagte er.

Schnitt.

»Von heute haben wir auch ein Band«, sagte Edward.

»Lassen Sie mal sehen«, sagte ich.

Der Aufbau der Sendung war gut: lächelnde Gesichter, Massenszenen, donnernder Applaus. Dann schwenkte die Kamera auf mich, wie ich mit wildem Blick und schweißbedeckt am Rednerpult stand. Ich hatte meine Arme wie beschwörend nach vorn gestreckt; sie hatten Beifall geklatscht, aber davon war auf dem Band nichts zu hören. In eine große, widerhallende Stille hinein sagte ich: »Ich werde diesem Mann das Handwerk legen. Notfalls mit Gewalt.«

»Okay«, sagte Edward. »Der Film ist noch nicht fertig.«

Ricky Lee hatte immer noch das Leuchten in ihren Augen.

»Verdammt noch mal!« sagte ich.

»Was meinen Sie mit ›Verdammt noch mal‹?«

»Das habe ich so nicht gesagt.«

»Sie haben es aber so gemeint, nicht wahr?« sagte Edward.

»Sie haben es ganz aus dem Zusammenhang gerissen.«

»Entweder Sie meinen es ernst oder nicht«, sagte Edward. »Das ist die Magie des Fernsehens.«

Diesen Satz hörte ich nicht zum ersten Mal.

Ich dachte an das, was mir Pierce letzte Nacht auf der Fahrt von der »Shady Grove« zur DUCHESS OF MALFI gesagt hatte. *Serge braucht jetzt eine Art ... Wohlgefühl-Faktor. Und das sind Sie.*

»Du triffst dich doch morgen mit Hamil, nicht wahr?« sagte Ricky Lee. »Deswegen wollte ich, daß du dir die Filme ansiehst – und auf dich aufpaßt.«

Ich drückte ihre Hand. »Ich werde vorsichtig sein«, sagte ich. Dabei ging mir der Gedanke durch den Kopf: *Wie viele von diesen Berichten wird Hamil wohl gesehen haben?*

»Bleibst du über Nacht in Portsmouth?« fragte Ricky Lee.

»Ja.« Ich sah in ihre Augen, die immer noch so aussahen, als spiegelten sich Pailletten darin, dachte aber: *Morgen wirst du Hamil kennenlernen. Hamil ist der Mann, der Camilla getötet hat, der schuld ist am Leid von Joe und Harry.* Wie Edward, der Redakteur, schon sagte: *Entweder Sie meinen es ernst oder nicht.* Ich meinte es ernst.

»Warum kommst du nicht mit?« fragte ich Ricky Lee.

33

Wir holten Scotch John an der Rezeption ab und fuhren nach Norden. Im Wagen fragte John: »War's ein guter Tag?«

Ich sagte ihm, ja, es wäre alles gut gelaufen.

»Bei mir auch«, sagte er. »Ich hab' Warren Diglis besucht.«

Unwillkürlich fuhr mein Kopf herum, und der Mustang machte einen kleinen Schlenker. John saß quer auf dem schmalen Rücksitz und fingerte an einer Schnur herum. »Warum?« fragte ich.

»Dieser Gerard, der für ihn arbeitet, hat mir verdammt starke Kopfschmerzen verursacht«, sagte er. »Ich dachte mir, ich sollte ihn vielleicht wegen Körperverletzung verklagen, wissen Sie?«

»Sie sind verrückt«, sagte ich.

Er grinste. Dabei bemerkte ich, daß seine Lippe aufgeplatzt war. »Da mögen Sie recht haben«, sagte er.

»Was ist denn passiert?«

»Dieser Gerard boxte besser als ich«, sagte John. »Dann warf er mich die Treppe runter.«

»Noch mal Kopfschmerzen«, sagte ich.

»Macht also zwei«, sagte John. »Aber einen von ihnen hab' ich auf die Bretter geschickt.« Er hörte sich an, als ob das die Anstrengung wert gewesen sei. »Oh«, sagte er dann. »Er hat mir etwas für Sie mitgegeben.« Er reichte mir einen Umschlag.

Ich schlitzte ihn mit dem Daumen auf und ließ meinen Blick zwischen Brief und Straße hin und her wandern. Es war ein Blatt billigen roten Papiers, das mit großen schwarzen Buchstaben bedruckt war. Ich fuhr an die Seite, überließ Ricky Lee das Steuer und setzte mich auf den Beifahrersitz.

Es war ein Flugblatt für den Wahlkampf von Ras Hamil. Der englische Text ließ vermuten, daß es sich um eine Übersetzung aus dem Amharischen handelte. Vermutlich sollte es innerhalb der Interessengruppe verteilt werden, die sich für die Belange Hamils einsetzte und der Warren Diglis vorstand. Oben, über dem Text, war ein verschmiertes Schwarzweißfoto eines schlanken Äthiopiers in Uniform. Es hätte der Oberst sein können, den ich in dem Büro in Addis Abeba getroffen hatte, abgesehen davon, daß Hamil eine gebrochene Nase hatte und lächelte. Unter dem Foto war eine Liste von programmatischen Sprüchen:

NEIN zur Korruption
JA zur örtlichen Macht
NEIN zu Großprojekten der Weltbank
JA zu dörflichen Initiativen
NEIN zu multinationalem Kolonialismus
JA zur Selbstverwaltung

In diesem Ton ging es weiter.

Ich merkte, daß ich ärgerlich wurde. Das waren in der Tat verführerische Gedanken. Es waren Teile des politischen Credos, das Rhyd und Camilla unterstützt hatten. Hamil hatte es einfach im ganzen übernommen, um sich bei seinen Anhängern in Übersee ins rechte Licht zu setzen, während er – der Kandidat, der Korruption und die Einmischung des Auslands bekämpfte – seine Kampagne aus den Erträgen der Korruption bestritt und jeden ermorden ließ, der ihm dabei im Wege stand.

Ich knüllte das Papier zusammen und steckte es in meine Tasche. Ricky Lee sah zu mir herüber und fragte: »Alles in Ordnung?«

»Bestens«, sagte ich. Ich fühlte mich auch gut. Ich brannte darauf, dem Autor dieses Manifests zu begegnen und die einzelnen Punkte mit ihm durchzugehen.

Ricky Lee ergriff meine Hand. »Reg dich nicht auf«, sagte sie.

Der Druck ihrer Hand ließ mich an andere Dinge denken. Ich lächelte ihr zu, um ihr zu zeigen, daß alles in Ordnung war.

Poliakoff Communications hatte für uns in Portsmouth, New Hampshire, Zimmer im »Adler« gebucht, einem Hotel der Poliakoff Hospitality Group. Es lag gut dreißig Meilen nördlich von Boston und in günstiger Entfernung zum National-Dynamics-Werk. Der Portier, dessen Jacke vor Knöpfen nur so strotzte, sagte: »Ich habe Sie gerade in den Nachrichten gesehen, Mr. Devis.« John sah mich und Ricky Lee an, murmelte etwas in seinen Bart von einem Drink, steckte den Zimmerschlüssel in die Tasche und verschwand in der Nacht.

»Portsmouth, Sonntag, elf Uhr abends«, sagte der Portier und nahm uns unser bescheidenes Gepäck ab. »Da wird er noch Glück haben.«

Ricky Lee drückte meine Hände und sah mich mit ihren irisch-chinesischen Augen von der Seite an. Ein Hotelpage brachte uns in unser Zimmer, akzeptierte zehn Dollar und ging rückwärts wieder hinaus. Ricky Lee ließ sich auf das Bett fallen und sagte: »Ich kann mir schönere Dinge vorstellen, die man an einem Sonntag um elf Uhr in Portsmouth tun kann.«

Sie machte das Licht aus. Die Glaswand des Zimmers füllte sich mit dem Schein des Mondes und den Lichtern der City, die sich im schwarzen Wasser des Hafens spiegelten. Sie hatte keine Kleider mehr an. Ihr Körper leuchtete wie Elfenbein im Lichtschein des Mondes, fühlte sich aber warm an, als ich sie in die Arme nahm. Es war gut, diese Wärme zu spüren, die Wärme von zwei Menschen in einem Raum mit einer Glaswand, aneinandergeschmiegt im Mondlicht. Der morgige Tag würde nichts hiervon haben. Man mußte die Wärme genießen, solange man sie hatte.

Sehr viel später sagte Ricky Lee: »Ich liebe dich.«

Ich drehte meinen Kopf ein wenig herum, so daß meine Lippen ihr Ohr berührten, und sagte: »Ich dich auch.«

Sie stieß einen zufriedenen kleinen Seufzer aus und schlief ein.

Als ich die Augen wieder öffnete, war der Raum von eisgrauem Licht erfüllt. Jenseits der Fenster lag die Welt wie hinter einer weißen Watteschicht verborgen, die schwach orangefarben getönt war. Einen Moment lang schwebte ein feuerroter Ball über einer weißen Nebelbank und verschwand dann wieder. Ricky Lees Haar war ein rötlich schimmerndes Durcheinander neben mir auf dem Kopfkissen, ihr Körper ein langer, geschwungener Hügel unter der Bettdecke. Ich stand auf und füllte Kaffee in die Kaffeemaschine. Die Ereignisse der Nacht wichen zurück. Mein Magen krampfte sich zusammen.

Der Kaffeegeruch weckte sie. Sie öffnete ein Auge und sagte: »Ich liebe dich noch immer.«

»So geht's mir mit dir auch.«

Sie sah mich mit ihren merkwürdigen grünlichen Augen an und sagte: »Worüber machst du dir Gedanken?«

Ich lächelte; ein Lächeln, das selbst mir kaum zur Hälfte echt vorkam. »Über nichts«, sagte ich.

»Deine Schwester?«

Ich hatte nicht genug Spucke im Mund, um es ihr zu erklären, und sagte nur: »Höhenangst.« Dann begab ich mich unter die Dusche.

Der Zimmerservice brachte uns das Frühstück. Wir aßen schweigend und beobachteten die weißen Nebelschwaden, die sich über den Hafen heranschoben. Scotch John erwartete uns an der Rezeption. Eine hubsche, kleine Versammlung im Hotel »Adler« von Portsmouth: ein ehemaliger Drogenhändler, eine Sängerin von Folksongs, ein Weltuntergangsprophet. Wir gingen auf den kalten, grauen Parkplatz hinaus.

»Fliegen Luftschiffe auch bei Nebel?« fragte Ricky Lee.

Das hatte ich mich auch schon gefragt. Ich knallte die Wagentür zu und schaltete den Sechs-Uhr-Wetterbericht ein.

»Nebel«, sagte die Stimme. »Winde aus südwestlicher Richtung, zehn bis zwanzig Meilen pro Stunde, die eine Menge Warmluft über eine große, kalte Meeresfläche schieben. Es könnte stellenweise aufklaren, aber rechnen sollte man nicht damit. Eine schwache Front bewegt sich langsam nach Süden.«

Der Nebel war so dicht, daß er sich an der Windschutzscheibe niederschlug. Wir fuhren über den Fluß und bogen dann, den Anweisungen auf Marlenes Skizze folgend und angestrengt durch die von den Scheibenwischern freigefegte Fläche starrend, hinter einer grauen Ansammlung von Kriegsschiffen in der Marinewerft nach rechts ab. Nach ein paar Meilen lief die Straße neben einem Maschendrahtzaun her, der oben mit Bandstacheldraht gesichert war. Innerhalb des Zauns lag eine ebene grüne Fläche, die den Eindruck von trockengelegtem Sumpfland machte. Zwei große Gebäude ragten undeutlich im Nebel auf. Flugzeughallen. Und noch ein riesiges Objekt.

»Da ist es«, sagte Ricky.

Mein Mund fühlte sich an, als wäre er wieder voller Getreidestaub. Das Objekt lag hinter den Hangars: eine dicke graue Zigarre, die ungefähr drei Meter horizontal über dem Boden schwebte und unter ihrem Bauch eine Gondel trug. Wie groß das Luftschiff war, erfaßte ich erst, als sich etwas unter ihm bewegte. Das Ding, das sich da bewegte, war ein Fünftonner, kam mir aber nicht größer als eine Ameise vor.

Keiner von uns sagte etwas.

Auf einem Schild am Zaun stand: NATIONAL DYNAMICS – HEIM EINER NEUEN GENERATION LENKBARER LUFTSCHIFFE. Wir kamen an ein Tor mit einem Pförtnerhäuschen und einem davor geparkten Jeep. Ich zeigte dem Wachmann meinen Paß. Er hob die Hand zu einer halbmilitärischen Ehrenbezeigung an den Mützenschirm und sagte: »Willkommen auf dem Horst, Mr. Devis. Würden Sie bitte Daryl hier folgen?«

Sein Kollege ging zu einem grauen Jeep, hob den Arm und fuhr dann eine gerade, schwarze Straße entlang, die mit weißgetünchten Felsbrocken gesäumt war. Möwen hingen im Nebel über der graugrünen Grasnarbe zu beiden Seiten. Wir fuhren zu einer Reihe von langen, niedrigen Gebäuden zwischen den riesigen Hangars. Daryl stieg aus, kam auf mich zu und sagte: »Darf ich Sie hier entlang bitten, Sir?« Er öffnete eine Tür an der Stirnseite des Gebäudes. Ich stieg ein paar Stufen hoch und ging hinein.

Ein Schwarzer erwartete mich dort. Er trug einen dunkelgrauen Straßenanzug und eine Krawatte mit den verschlungenen Buchstaben ND. »Guten Morgen, Mr. Devis«, begrüßte er mich. »Ich bin Raleigh Harrison – Raleigh, wie in Sir Walter*. Ich soll Sie über den bevorstehenden Flug informieren.«

»Werden wir denn bei Nebel überhaupt fliegen?«

Harrison lächelte; seine weißen Zähne leuchteten in dem fluoreszierenden Neonlicht des Büros. »Aber sicher«, sagte er. »Das ist ja auch einer der vielen Pluspunkte des Luftschiffs. Totale Kontrolle. Sie können starten und landen, ohne Fahrt über Grund zu machen. Sie steigen einfach senkrecht durch die Nebelschicht. Dann fahren Sie, wohin sie wollen.« Er öffnete eine Schreibtischschublade und holte einen flachen schwarzen Kasten heraus, der ungefähr so groß war wie ein normales Buch. »Hier«, sagte er. »Ein digitales Tonbandgerät. Rundfunkqualität.« Er betrachtete mein Jackett und runzelte die Stirn. »Wir haben auch ein Halfter dafür. Sie können es unter dem Hemd tragen. Ziehen Sie bitte das Jackett aus. Knöpfe auf und Arme hoch.«

Ich hob die Arme hoch, und er befestigte das Halfter mit dem Tonbandgerät unter meinem linken Arm. Das Halfter war gepolstert, so daß es sich angenehm trug.

»Okay«, sagte er schließlich, wobei er sich an meinem Jackett zu schaffen machte, »wir haben Ihnen noch ein besonderes Einstecktuch mitgegeben. Darin verbirgt sich ein Mikrofon in Rundfunkqualität.« Er grinste. »Automatischer Lautstärkeregler. Keine Probleme mit Hintergrundgeräuschen. Druckschalter für Aufnahme in der linken Tasche. Abspieltaste ist nicht vorhanden. Das machen wir, wenn Sie wieder unten sind. Ziehen Sie jetzt das Jackett wieder an.«

* Sir Walter Raleigh (? 1554–1618 [hingerichtet]): engl. Seefahrer, Entdecker und Schriftsteller, Vorkämpfer der engl. Seeherrschaft über Spanien.

Das tat ich.

»Bei normaler Tageskleidung ist das nicht zu entdecken«, sagte Harrison. »Wird auch vom FBI benutzt. Setzen Sie sich so, daß Ihre linke Seite möglichst nahe am Gesprächspartner ist.«

Durch das Fenster konnte ich John und Ricky Lee im Wagen sitzen sehen. Ricky Lee starrte mit ernstem Gesicht zu uns herüber. »Mit dem anderen Teilnehmer dauert es noch eine Weile«, sagte Harrison. Er zog mein Jackett gerade und trat etwas zurück, wie ein Schneider bei einer Anprobe. »Tadellos«, sagte er. »Wenn Sie jetzt bitte noch diese Bescheinigung unterschreiben würden?«

Das Stück Papier entband Poliakoff Industries aller Verpflichtungen hinsichtlich aller etwaigen Ansprüche, die ich gegen sie geltend machen könnte. Ich unterschrieb.

Der Wachmann, der uns hergebracht hatte, kam herein. »Zeigen Sie Mr. Devis die Hangars«, sagte Harrison zu ihm. »Die große Tour.« Er lächelte. »Ich wünsche Ihnen einen guten Flug!«

Ich schüttelte ihm die Hand und bemühte mich, mein vor Besorgnis angespanntes Gesicht zu einem Lächeln zu verziehen. »Es macht Ihnen doch wohl nichts aus, wenn meine Freunde auch mitkommen?« sagte ich.

Sein Lächeln verschwand. »Darüber habe ich keine Instruktionen bekommen«, sagt er.

»Ich vermute, daß Mr. Ras Hamil seine ... Eskorte dabeihaben wird. Ich würde meine auch gerne mitnehmen.«

Er runzelte die Stirn und sagte: »Entschuldigen Sie mich einen Moment.«

Damit verschwand er in einem anderen Büro. Durch die Wand konnte ich das Murmeln seiner Stimme hören. Er kam zurück, die Lippen geschürzt, und machte ein ernstes Gesicht. »Ich fürchte, das wird nicht möglich sein«, sagte er. »Mitfliegen dürfen nur Leute, die einen Sonderausweis haben. Das ist Mr. Poliakoffs Bedingung.« Er räusperte sich. »Mr. Hamil fliegt mit einem einzigen Leibwächter. Die Crew des Luftschiffs weiß Bescheid. Ich soll Sie darauf hinweisen, daß sich Mr. Hamil nur unter dieser Bedingung dazu bereit erklärt hat, überhaupt an dem Flug teilzunehmen. Selbstverständlich werden Mr. Hamil und sein Begleiter gründlich durchsucht, bevor sie an Bord gehen.«

In einem Luftschiff kann nichts passieren, dachte ich. Das hatte mir ja Serge Poliakoff persönlich zugesichert.

Daryl ging nach draußen und sprach mit John und Ricky Lee. Ich beobachtete sie durch das Fenster. Ricky Lees Gesicht, hinter der nebelbeschlagenen Windschutzscheibe, war blaß und starr, als ob sie sich Sorgen machte. Ich war aufgeregt und nervös, wie auf der AUK/PLOUGH SHARE vor dem Start der Regatta in Plymouth. Ich freute mich nicht auf dieses Unternehmen, wartete aber ungeduldig darauf, daß es endlich losging. Was in Johns Kopf vorging, war wie üblich schwer zu sagen. Daryl kam zurück und machte mit mir eine Führung durch die Büros.

Eine Menge Leute saßen vor Computerbildschirmen. Keiner von ihnen blickte auf, als wir vorbeigingen. »Hier oben sind die Gaszellen«, sagte Daryl und zeigte auf einen Übersichtsplan. »Enthalten Helium und kleine Luftsäcke, sogenannte Ballonetts. Wird Luft in die Ballonetts gedrückt, vergrößert sich das Gewicht des Luftschiffs; wird die Luft wieder rausgelassen, wird es leichter. Dementsprechend sinkt oder steigt man. Die Gondel ist zweigeteilt. Pilot und Kopilot vorne im Führerraum. Dann der Passagierraum. Leichtbauweise, Kevlar und Epoxidharz. Kugelsicher, schalldicht. Schöne, ruhige Arbeitsplattform. Ausgelegt für die U-Boot-Abwehr. Aber das ist jetzt nicht mehr gefragt, deshalb propagieren wir seinen Nutzen für die Suche nach Mineralien, die Luftfotografie und die militärische Überwachung.«

Ich nickte. Das klang genau nach Poliakoffs Verkaufsmasche. Ich schwitzte unter dem Tonbandhalfter. Draußen vor dem Fenster bewegte sich die silbergraue, gasgefüllte Zigarre wie ein unruhiger Wal im Nebel. Ich wollte es endlich hinter mich bringen.

»Sind Sie schon mal mit einem Luftschiff aufgestiegen?« fragte Daryl fröhlich.

Ich schüttelte den Kopf. Ich traute meiner Stimme nicht.

»Es wird Ihnen gefallen«, sagte Daryl. »Sehen wir es uns mal aus der Nähe an.«

Wir gingen zum Jeep. Die Fahrt dauerte länger, als ich erwartet hatte. Das Luftschiff hing über uns, groß wie eine Gewitterwolke. Der Bug war an einem Mast festgemacht, der auf der Ladefläche eines Lastwagens mit Vierradantrieb angebracht war; zusätzliche Halteleinen verankerten das Luftschiff am Boden. Es bewegte sich leicht hin und her, wie ein Boot in einem schwachen Tidenstrom. Ein Dutzend Männer in weißen Overalls standen um den Lastwagen herum. Sie waren alle großgewachsen und kräftig und sahen fit aus. »Das Bodenpersonal«, sagte Daryl. Er fuhr langsam am ganzen Luftschiff entlang, wobei er mir kurze Erklärungen gab. »Die Gesamtlänge beträgt sechzig Meter«, sagt er. Dann zeigte er auf zwei kräftige Kunststoffleinen, die vom Bug nach achtern zu zwei Gleitkufen am Boden der Gondel liefen: »Festmacher und Startleinen.« Drahtseile gingen von der Gondel zum Höhen- und Seitenleitwerk, das wie der Steuerschwanz einer Bombe aus dem spitz zulaufenden Heck des Luftschiffs herausragte: »Die Seilzüge für die Steuerung.« An beiden Seiten der Gondel war eine fast zwei Meter lange Tragflügelstrebe angebracht, an deren Ende sich ein Flugmotor befand. »Das Ganze wirkt wie eine Tragfläche«, sagte Daryl. »Der Kapitän startet wie mit einem normalen Flugzeug, das schwerer als Luft ist. Verbraucht ein bißchen Treibstoff und macht das Schiff dann leichter. Von da an fahren Sie wie in einem Ballon mit Motorantrieb. So ähnlich wie eine Segelyacht mit Hilfsmotor.«

»Was ist, wenn die Motoren ausfallen?« fragte ich.

Er grinste. »Die fallen nicht aus. Sollte das doch einmal passieren – Sie sind ja in einem Ballon. Sie schweben. Das ist der Unterschied zum Flugzeug. Sie führen Wasserballast mit. Wenn der abgelassen wird, können Sie ewig in der Luft bleiben, wie ein Schiff auf dem Ozean.« Er sah zu mir herüber. »*Hey*«, sagte er, »sind Sie nervös?«

Ich lächelte. Es kam mir vor, als hätte ich einen Krampf im Gesicht. »Nein«, sagte ich. Ich konnte kaum an Ras Hamil denken. Es war die Vorstellung, mit diesem Ding in die Luft zu gehen, die mir an die Nieren ging.

Im vorderen Teil der Gondel saßen zwei Männer. Einer von ihnen las laut etwas aus einem Buch vor, das wahrscheinlich eine Art Checklist darstellte. Der andere stellte Schalter und Anzeigegeräte über der Windschutzscheibe ein.

»Alles bestens«, sagte Daryl. »Ich wünsche Ihnen viel Vergnügen.«

Ein verlängerter Lincoln mit schwarzgetönten Scheiben kam um die Ecke des Hangars. Meine Handflächen begannen erneut zu schwitzen.

»Das sind die anderen«, sagte Daryl. »Ich denke, wir sollten mal rüberfahren und sie begrüßen.«

Mit trockenem Mund sagte ich: »Ich warte damit, bis wir an Bord sind.«

Daryl zuckte die Schultern: »Klar, wie Sie wollen.«

Die Türen der Limousine wurden geöffnet. Drei Männer stiegen aus. Einer von ihnen war Serge Poliakoff. Die anderen beiden waren großgewachsen und trugen Khakimäntel. Beide waren schwarz. Der vordere war Ras Hamil. Sein Begleiter, sicherlich der Leibwächter, war über zwei Meter groß.

Plötzlich war das Fliegen nicht mehr die erschreckendste Aufgabe, die der Tag für mich bereithielt.

Ich öffnete die Tür des Jeeps und sprang hinaus. Die Luft war kühl und feucht auf meinem Gesicht. Das Halfter mit dem Tonbandgerät scheuerte an der schweißfeuchten Haut über meinen Rippen. Ich schob die Hände in die Taschen, um ihr Zittern zu verbergen, und begab mich unter den Bauch des Luftschiffs.

Poliakoff sprach mit den beiden anderen. Ich sah, wie er zu mir herüberblickte. Er machte eine schnelle Handbewegung, mit der er vielleicht eine Äußerung unterstrich, die aber auch das Luftschiff mit einbezog.

»Wenn Sie vielleicht an Bord kommen möchten, Sir?« sagte eine Stimme.

Sie gehörte einem weiteren Mann in einem weißen Overall, auf dessen Rücken in Leuchtbuchstaben national dynamics zu lesen war. Er stand am Fuße einer Leiter, die den Abstand von vier Fuß zwischen Boden und Gondel überbrückte. Ich schluckte ein paarmal und nickte. Poliakoff und die beiden dunkelhäutigen Männer kamen jetzt auf das Luftschiff zu. Poliakoff winkte. Ich winkte zurück und stieg dann die Leiter hoch.

Im Inneren war es wie in der Kabine eines Flugzeugs. Es gab acht Sitze, die paarweise zu beiden Seiten des Mittelgangs angeordnet waren. Vorne, am Ende des Gangs, war eine Trennwand mit einer Tür, die vom Passagierraum zum Cockpit führte. Der Mann im Overall sagte: »Nehmen Sie bitte ganz hinten Platz.«

»Setzen Sie Mr. Hamil bitte neben mich.«

»Das ist alles schon geregelt, Mr. Devis«, sagte der Mann im weißen Overall. »Willkommen an Bord.«

Ich ging also nach achtern und setzte mich auf die rechte Seite, so daß das Mikrofon zur Gangseite gerichtet war, wie mir Raleigh Harrison geraten hatte. Unter meinem Fenster waren zwei Leute von der Bodenmannschaft damit beschäftigt, hübsche kleine Sandsäcke aus einem Behälter in der Seite der Gondel herauszunehmen. Der Pilot drehte sich zu mir um und hob grüßend die Hand. Er hatte einen großen braunen Schnauzbart und trug eine gelblich getönte Nebelbrille. Er sah zuversichtlich aus. Ich war beruhigt.

Es roch nach Polyesterharz und Benzin. Das ließ mich an die Cessna denken, in der ich an dem Tag geflogen war, als Ras Hamil Rhyd und Camilla getötet hatte. Das Luftschiff bewegte sich an seiner Halteleine hin und her. Über mir, in den Gaszellen, hörte ich Maschinengeräusche. Es klang wie eine Pumpe. Ballonetts, dachte ich, in die Luft hineingedrückt und aus denen sie wieder abgepumpt wird. Draußen ertönte Poliakoffs Stimme: »Alle Mann an Bord!«

Ich hörte, wie jemand die Leiter hinaufstieg. Ein Kopf erschien im Eingang. Ein schwarzer Kopf mit gekräuseltem Haar, das rund zehn Zentimeter aus dem Kopf emporwuchs und ihn wie eine Art Heiligenschein umgab. Die Stirn war hoch. Die Nase war früher sicher einmal schmal und schön geschwungen gewesen, aber jemand oder etwas hatte sie zu einem schiefen »S« zerschlagen. Die Haut war mit Pockennarben übersät; die Augen waren dunkelbraun und blickten grimmig; das Weiß der Augäpfel hatte einen leicht gelblichen Farbton.

Ich erkannte das Gesicht vom Wahlpamphlet. Ich war wieder dort, wo alles begonnen hatte, in dem Dorf in Äthiopien, den Geruch von Asche in meiner Nase und die Hitze der Sonne wie einen heißen Amboß auf meinem Kopf.

»Nach hinten bitte, Oberst Hamil«, sagte der Leiter des Bodenpersonals. »Auf der linken Seite, wenn Sie so freundlich sein wollen.«

Hamil kam in gebückter Haltung auf mich zu. Er war sehr groß und dünn. Er nickte mir zu und schlängelte sich in seinen Sitz. »So«, sagte er. »Wir machen also eine kleine Fahrt rund um die Bucht.« Er sprach englisches Englisch mit einem nur ganz geringfügigen Akzent. Er lächelte. Es war ein offenes, weißes Lächeln.

Lächle nur, du Bastard, dachte ich. Du hast meine Schwester getötet. Du wirst nicht mehr lange so lächeln.

Etwas außerhalb des Fensters erregte meine Aufmerksamkeit. Es war Ricky Lee, die winkend auf dem betonierten Hallenvorfeld stand. Ich winkte zurück. Dann wurde mir jedoch klar, daß sie mich zum Ausgang winkte.

Ich stand auf, etwas unbeholfen wegen des unter meinem Arm verborgenen Tonbandgeräts, und ging zur Tür.

»Gib mir noch einen Abschiedskuß«, sagte sie.

Ich ging die Leiter hinunter. Ein Mann im weißen Overall war immer noch dabei, Sandsäcke aus einem Fach in der

Gondel zu nehmen. Poliakoff stand seitlich neben der Treppe und verzog sein Gesicht zu einem Gott-segne-euch-meine-Kinder-Lächeln.

Ricky Lee zog mein Gesicht zu ihrem herunter. »Dieser Typ«, sagte sie, »dieser schwarze Typ im Büro. Was hat er gewollt?«

»Er hat mir ein Tonbandgerät mitgegeben.«

»Er war mit Jackson und Gerard beim Getreideelevator der Firma Birdman. Er hat ihren Wagen gefahren.«

»Bitte die Plätze einnehmen«, sagte der Pilot über einen Lautsprecher.

»Alle an Bord«, sagte Poliakoff, vergnügt wie der Kapitän eines Ausflugsdampfers. Er sah auf seine Uhr. »Unsere Zeit ist knapp.«

Ich befand mich auf halber Höhe der Leiter. Ich verstand nicht, was los war. Es geschah alles zu schnell. Irgend etwas stimmte hier nicht.

Ich ging langsam zu meinem Platz zurück und setzte mich wieder.

Der Pilot legte Kopfhörer an. Das Lautsprechersystem knackte. »Guten Morgen, Gentlemen«, ertönte es. »Schnallen Sie sich bitte an. Wir starten jetzt umgehend. Wir haben eine kleine Lücke in der Nebeldecke, und ich glaube, es sind auch einige Presseleute im Anmarsch, denen wir aus dem Wege gehen sollten.« Mit immer stärker werdendem Heulen liefen die Motoren zu beiden Seiten der Gondel an.

Die Männer in den weißen Overalls hatten die großen Festmacherleinen von den Gleitkufen der Gondel losgenommen. Sie hielten sie stramm wie die Spannleinen eines Zeltes, um so – je sechs Mann auf einer Seite – den Zug der Bugtrosse abzufangen. Ein dreizehnter Mann war auf den Ankermast geklettert. Er hob die Hand. Der Bug kam frei vom Mast. Die Schwergewichtler in den weißen Overalls hielten das Luftschiff fest und schleppten es langsam seitlich vom Ankermast weg auf die Grasfläche. Das Plexiglasfenster war wie ein Fernsehschirm. Es wäre mir alles irreal vorgekommen, wenn man nicht schon das Schweben des Luftschiffs gespürt hätte, das jetzt seinem eigentlichen Element zustrebte. *Du lieber Himmel,* dachte ich irgendwo im Hinterkopf, *wir gehen ja wirklich in die Luft.*

Was mich aber vorrangig beschäftigte, war ein Problem, so widerspenstig wie der Hinweis in einem schwierigen Kreuzworträtsel. Wenn der Mann im Büro für Warren Diglis arbeitete, warum rüstete er mich dann mit einem Kassettenrecorder aus, dessen Aufnahmen eigentlich nur mir und Serge Poliakoff nützen konnten?

Die Männer in den weißen Overalls waren stehengeblieben. Der Pilot betätigte einige Schalter über seinem Kopf.

Plötzlich hatte ich die Antwort, so wie man manchmal spontan den verschlüsselten Hinweis eines Kreuzworträtsels versteht. Sie ließ mein Herz wie einen Hammer gegen die Rippen schlagen.

Harrison arbeitete für Poliakoff.

Die Maschinen gingen jetzt auf Vollast. Die Männer in den weißen Overalls ließen die Leinen los. Das Luftschiff beschleunigte entlang der Startbahn, setzte zweimal leicht auf und erhob sich dann in die graue Luft.

34

Die Gondel stand in einer schrecklichen Schräge nach oben. Der Kopilot drehte sich zu uns herum. Sein Gesicht war völlig ausdruckslos, bar jeglicher Neugier. Er wandte seinen Blick wieder ab und richtete ihn nach draußen in die graue Watte, die an der Windschutzscheibe vorbeiströmte.

Der Pilot nahm das Gas zurück. Das Heulen der Motoren wurde zu einem sanften Brummen. Vor der stumpfen Nase des Luftschiffs zerriß die Nebeldecke und wurde durchsichtig. Die Riesenzigarre durchstieß die grauen Wattedecke und schwebte jetzt in strahlendem Sonnenlicht.

Ich war mir der Gurte des Schulterhalfters für das Tonbandgerät unangenehm bewußt. Ras Hamil blickte zu mir herüber, sein zerschlagenes Aristokratengesicht von höflicher Anteilnahme erfüllt.

»Ist alles in Ordnung?« fragte er.

»Bestens«, sagte ich.

»Ich gehe doch sicher recht in der Annahme«, sagte Ras Hamil, »daß Sie Camillas Bruder sind?«

Ich starrte ihn mit offenem Mund an.

»Hat sie Ihnen nie erzählt, daß wir uns kannten?«

Ich versuchte ihm zu sagen, daß sie niemandem mehr etwas erzählen konnte, weil er sie getötet hatte, aber alles, was ich hervorbrachte, war eine Art Krächzen. Sein Blick ruhte auf mir mit der höflichen Betrübnis des Gastgebers einer Teeparty, der gerade erfährt, daß einem seiner Gäste die Gurkensandwiches nicht bekommen sind. »Es war nicht allgemein bekannt«, sagte er, »aber Rhydian und Camilla waren sehr gute Freunde von mir.«

Inzwischen hatte ich meine Stimme zurückgewonnen, aber nur gerade eben. »Haben Sie sie aus diesem Grunde umgebracht?«

Er runzelte die Stirn und sagte: »Wie kommen Sie auf diesen Gedanken?«

»Leute, denen ich vertraue, haben es mir berichtet«, sagte ich.

Seine Augenbrauen hoben sich. »Man hat sie unglaublich getäuscht«, sagte er. Seine Augen blickten in die Ferne, als wäre er dabei, ein Problem in einer anderen Abteilung seines Gehirns zu lösen. »Rhydian und Camilla gehörten zu meinen vertrautesten Beratern. Ich kannte sie seit ... ach, vielen Jahren. Seit sie nach Afrika kamen. Es war Rhydian, der mir als erster die Idee der Permakultur nahebrachte. Hat er Ihnen nie davon erzählt?«

Ich schüttelte den Kopf. Dieser Mann war im Begriff, mir einzureden, daß schwarz nicht schwarz, sondern weiß sei.

Und ich fing an, ihm zu glauben.

»Sie waren beide Freunde, die mir sehr teuer waren. Es war Camilla, die mir bei der Abfassung meines Manifests geholfen hat. Multinationaler Kolonialismus. Klingt das nicht nach ihr?«

Ich zog das rote Flugblatt aus der Tasche, das Scotch John von Diglis bekommen hatte. Meine Finger fühlten sich groß und steif wie Gurken an.

»Sie und Rhyd und die Jungen«, sagte Hamil. »Wie oft haben wir in ihrem Haus am ›Halleluja Baum‹ beisammen gesessen.« Er griff in die Brusttasche seines weiten Mantels.

Mir schwirrte der Kopf. Der Mann neben mir hätte ein Kriegsherr sein sollen, dem Rhyd und Camilla nichts bedeuteten; nur zwei weitere Leichen, die seinen Weg säumten. Aber er kannte sie bei Namen; er kannte auch die Jungen. Er wußte Bescheid über den »Halleluja-Baum«. Ich wollte ihm nicht glauben.

»Sehen Sie«, sagte er. Langsam zog er die Hand aus der Manteltasche.

Der Revolver, dachte ich. *Das Messer. Greif an,* schrie ein Teil meines Bewußtseins. *Erledige ihn, bevor er dich erledigt.*

Aber ich rührte mich nicht.

Die Hand kam wieder heraus. Es war eine lange Hand mit schlanken Fingern. Sie hielt eine Fotografie, die mit Klebeband auf einem Stück Pappe befestigt und im Laufe der Jahre vergilbt war.

Auf dem Foto waren vier Leute zu sehen. Da waren Rhyd und Camilla; Rhyd grinste, Camilla lachte – den Kopf zurückgelehnt, so daß ihr blonder Pferdeschwanz hinten über den Rand des selbstgebauten Liegestuhls baumelte. Offensichtlich lachten sie über Ras Hamil, der wohl dabei war, eine Geschichte zu erzählen, mit seinen langen Händen heftig gestikulierend, die Augen weit aufgerissen und die Augenbrauen fast bis zum Haaransatz hochgezogen.

Die vierte Person war ebenfalls ein Schwarzer. Er trug eine graubraune Uniform. Er hatte eine hohe, gewölbte Stirn, und seine Haare saßen auf dem hinteren Teil seines Schädels wie eine Jarmulke. Er lächelte, aber es war das Lächeln von jemandem, der sich dabei nicht so recht wohl fühlt, der den Eindruck erwecken möchte, daß er dazugehört, während er Abstand hält.

Diese vierte Person war Mr. Gugsa. Ich hatte ihn unter den verbrannten Zweigen des »Halleluja-Baums« getroffen. Er hatte zu mir gesagt: *Es ist Ras Hamil, der das getan hat.* Dann war ich davongelaufen.

Meine Augen sahen in die Augen Camillas. Camilla, für die das Wort Lüge ein Fremdwort war und die mir jetzt, über die Dunkelheit hinweg, die uns trennte, etwas sagte: *Vertraue diesem Mann.*

Ich merkte, daß ich am ganzen Körper zitterte.

Auch Poliakoff hatte mir viel erzählt. Er hatte mich ins Fernsehen gebracht. Edward, der Redakteur, hatte gesagt: *Entweder Sie meinen es ernst oder nicht. Das ist die Magie des Fernsehens.*

Das war nicht die Magie des Fernsehens. Die Magie des Fernsehens war, daß Serge Poliakoff den alten George Devis auf einem Bildschirm erscheinen lassen und ihn als eine Art modernen Kreuzfahrer und Fanatiker darstellen konnte; daß er George Devis' Rede beim Brunch für die Welthungerhilfe so bearbeiten konnte, daß alles, was dieser gesagt zu haben schien, auf den Satz hinauslief: *Ich werde diesem Mann das Handwerk legen. Notfalls mit Gewalt.* Langsam und sorgfältig, über Wochen hinweg, hatte er George Devis für eine bestimmte Rolle aufgebaut.

Ich dachte daran, wie Poliakoff auf seine Uhr gesehen hatte. Er hatte geprüft, ob wir auch innerhalb des Zeitplans lagen.

Ein Luftschiff voller Narren.

Raleigh Harrison war der Expedient. Der Kopilot war der Kontrolleur. George Devis war der Mann, der vor nichts zurückschrecken würde, um sich an dem Mann zu rächen, der seine Schwester und seinen Schwager ermordet hatte.

Und wenn er selbst dabei draufging.

Ich hab' den Burschen im Fernsehen gesehen, würden sie sagen. *Verrückt, was? Ich mein', der hatte doch 'ne Schraube los. Das konnte man doch schon kommen sehen, oder?*

Unter uns zeigte sich in einem Nebelloch ein gelblicher Strand. In Gedanken hörte ich wieder Rhyds Tonband: *Und stirb mit Mr. Coffee in dem Sand.*

Nicht Coffee wie in *a cup of coffee.*

Koffee, wie in Poliakoff.

Poliakoff, der multinationale Kolonialist, in dessen Interesse es lag, neue Märkte für die Erzeugnisse seiner Fabriken zu finden.

Ras Hamil, der sich dafür einsetzte, Leute wie Poliakoff aus seinem Land herauszuhalten.

Also hatte Poliakoff George Devis zusammen mit Ras Hamil in einem kugelsicheren Kasten in die Luft steigen lassen. Dazu hatte er ihm noch ein verstecktes Tonbandgerät anlegen lassen. Oder zumindest etwas, das wie ein Tonbandgerät aussah.

Ich hatte plötzlich das Gefühl, das Deck des Luftschiffs habe sich in Treibsand verwandelt, verhielte sich wie das Getreide in dem riesigen Silo bei Birdman. Mir brach der Schweiß aus.

Setzen Sie sich so, daß Ihre linke Seite möglichst nahe an Ihrem Gesprächspartner ist.

Ich zog mein Jackett aus und riß mein Hemd auf. Die Mikrofonleitung hatte sich im Jackett verheddert. Ich bündelte das ganze Zeug zusammen. Der Kopilot sah sich wieder nach uns um. Er blickte mir genau in die Augen. Dann zog er blitzschnell die Faust zurück und schlug dem Piloten eine Gerade gegen die Seite des Kopfes. Der Pilot zuckte zurück und riß die Hände hoch. Der Kopilot drehte das große Mahagoni-Steuerrad mit der Linken. Der vor der Windschutzscheibe sichtbare Horizont schnellte nach oben. Das Deck sackte unter meinen Füßen nach unten weg. Ich hielt mich am Fuß eines Sitzes fest und riß die Gondeltür auf. Das Heulen der Motoren erfüllte den Gondelraum. Ich warf das Kleiderbündel mit dem Tonbandgerät so weit hinaus, wie ich konnte. Es hing in der Luft und schien auf die Nebelschicht zutreiben zu wollen; dann jedoch begannen die Ärmel des Jacketts wie verkümmerte Flügel zu flattern und trugen es die Gondel entlang nach vorn, bis neben das Seitenfenster des Pilotenraums.

Es gab einen grellweißen Blitz, gefolgt von einem Donnerschlag, und ich flog quer auf die andere Seite der Gondel. Die Luft war erfüllt vom Gestank brennenden Kunststoffs. Ich hing halb auf einem Sitz und blickte auf die Trennwand, die den Passagierraum von der Pilotenkabine trennte. Noch vor wenigen Sekunden war diese Trennwand durchsichtig gewesen. Jetzt war sie mit etwas Rotem verschmiert. Meine Ohren dröhnten.

Durch eine noch klar gebliebene Stelle in der Trennwand konnte ich sehen, daß der Pilot in seinem Sitz zur Seite gesackt war. Der Kopilot war verschwunden.

Der Bug stieg höher und höher. Ich verspürte ein schreckliches Gefühl der Schwerelosigkeit. Dann begann er sich wieder zu senken; auch das weit über die Horizontale hinaus. Das Luftschiff wälzte sich auf die Seite. Ich rutschte über den Boden. Meine Beine waren schon außerhalb der noch offenstehenden

Tür. Ich packte das Leichtmetallrohr eines Sitzträgers. *Nein,* dröhnte es in meinem Kopf, als ich über dem Abgrund hing. Ich hörte den Schrei einer Stimme. Meiner Stimme.

Plötzlich drehte sich das Luftschiff wieder auf die andere Seite. Ich fiel zurück in die Gondel. Die Tür hinter mir schlug zu. Ich hielt mich an einem Sitz fest und rang nach Atem. Das Geräusch der Motoren hatte sich zu einem ruhigen Brummen abgeschwächt. Der Horizont hinter der Windschutzscheibe kam wieder in die Horizontale.

Ich zog mich auf einen Sitz hoch. Ras Hamils Leibwächter hatte sich vor seinem Herrn aufgebaut. Seine Zähne waren gefletscht, die Augen traten ihm fast aus den Höhlen. Er sah aus wie ein Kampfhund; noch bei Fuß, aber jeden Moment bereit, auf den Feind loszugehen.

Ich dachte an das, was Daryl mir vor dem Start erklärt hatte: der Passagierraum in Leichtbauweise, aus Kevlar und Epoxidharz hergestellt. Kugelsichere Westen werden aus Kevlar hergestellt. Und Gondeln, die Sprengladungen mit Nägeln widerstehen sollen. Ich spürte den leeren Raum, von dem mich nur eine dünne Kompositschicht trennte. Übelkeit stieg in mir hoch.

Mit seiner höflichen, kultivierten Stimme sagte Ras Hamil: »Entschuldigen Sie, was geht hier vor?«

Mit Mühe schüttelte ich das Schwindelgefühl ab, das mich erfaßt hatte. »Jemand hat eine Bombe an mir festgeschnallt«, sagte ich. Meine Stimme wollte noch nicht so recht funktionieren.

Der Leibwächter machte den Eindruck, als hielte er sich nur mit Mühe unter Kontrolle. Hamil sagte etwas auf amharisch zu ihm, und er beruhigte sich wieder. »Dann muß ich Ihnen danken«, sagte Hamil. »Offensichtlich haben Sie mir das Leben gerettet.«

Ich setzte mich. Ich sah in sein pockennarbiges Gesicht, seine ehrlichen braunen Augen und versuchte, mich nicht zu übergeben.

Mit gleichmäßig brummenden Motoren setzte das Luftschiff seinen Flug fort, die Nase nach oben. Im Gleichgewicht. Weit unten an Backbord tauchte etwas Langes, Niedriges, Festes aus dem Nebel auf, wie eine Landzunge aus der See. Die Küste von Maine. Oben im Pilotenraum hatte sich nichts gerührt. Vom Kopiloten war nach wie vor nichts zu sehen. Wir befanden uns über dem Atlantik. Wir würden weiterfliegen, bis uns der Treibstoff ausging, und dann zum Spielball der Winde werden – Gott allein wußte, wie hoch und wie weit uns der gegenwärtige Südwestwind von zwanzig Knoten auf den Atlantik hinaustreiben würde.

»Kann einer von Ihnen ein Flugzeug fliegen?« fragte ich.

Ras Hamil schüttelte den Kopf.

Ich ging behutsam nach vorn zur Tür, die in den Pilotenraum führte. Sie war verschlossen. Das Blut auf der Trennwand fing an, sich bräunlich zu verfärben. Der Pilot lag völlig regungslos da. Vom Kopiloten war immer noch nichts zu sehen.

Die Motoren brummten einschläfernd vor sich hin. Das einzige, was sich bewegte, war der Horizont, der lautlos die Windschutzscheibe hochkroch.

Zuerst konnte ich mir nicht erklären, was das bedeutete. Dann fiel mir die Lösung ein.

Ich bekam wieder einen trockenen Mund, und meine Knie wurden schwach. Ich ging schnell auf dem Gang nach achtern. Der Horizont stieg noch sachte ein kleines Stück nach oben und blieb dann stehen.

»Was ist?« fragte Ras Hamil.

Ich öffnete den Mund, um ihm zu antworten, aber ich brachte keinen Ton hervor. Ich sah ihn und seinen Leibwächter an; die Art und Weise, wie ihre Schultern die langen Mäntel weiteten, die Länge ihrer Beine. Ich war kleiner und dünner. Sicherlich war ich zwanzig Pfund leichter.

Ich räusperte mich. Grinste. *Tut dir gut,* dachte ich bei mir. *Schafft Blut in deinen Kopf. Verhindert, daß du umkippst.* »Ich werde versuchen müssen, ins Cockpit reinzukommen.«

»Aber die Tür ist verschlossen«, sagte Hamil.

»Es gibt noch eine andere. Bleiben Sie hier. Hier ganz hinten.«

Ras Hamil verstand sofort. Er sagte etwas zu seinem Leibwächter, der sich dann auf den Platz setzte, den ich zu Beginn des Fluges eingenommen hatte. Ohne mir Zeit zum Nachdenken zu geben, ging ich ein paar Schritte nach vorn, hielt mich an der Rücklehne eines Sitzes fest und schob die Gondeltür auf.

Das Brummen der Motoren steigerte sich zum Brüllen. Es war windig draußen. *Vielleicht zwanzig Knoten,* dachte ich. Das war nicht besonders viel.

Dann blickte ich nach unten.

Unter der Gondel waren Kufen angebracht, eine auf jeder Seite, wie die Kufen eines Schlittens. Unterhalb der Kufen gab es auf einer Strecke von rund eintausend Metern absolut nichts, woran man sich hätte festhalten können.

Wenn man unter Höhenangst leidet, träumt man so etwas und wacht dann schreiend auf. Aber dies war kein Traum, und mir fehlte auch die Luft zum Schreien.

Mir wurden die Knie weich. Mein Magen krampfte sich zusammen. Ich schloß die Augen.

Hinter den Augenlidern faßte ich einen Entschluß. *Sieh nicht nach unten. Sieh nur zur Seite.*

Ich steckte meinen Kopf aus der Tür und drehte ihn in den Wind. Dann öffnete ich die Augen.

Vor mir sah ich die Seite der Gondel; silbrig schimmerndes Kompositmaterial, unterbrochen von Bullaugen. Hinter dem dritten Bullauge war die Seite nicht mehr glatt und stromlinienförmig. Ursprünglich hatte sie einmal größtenteils aus Plexiglas bestanden. Jetzt befand sich dort ein großes, gezacktes Loch. Aus dem Loch hing ein Fuß heraus. Der Fuß des Piloten. Hinter dem Fuß des Piloten war nichts als blauer Himmel und ein grauer Horizont. Mit Gewalt riß ich mich von diesem Anblick los und blickte wieder auf die Gondel.

Auf diese Weise ging es ganz gut. Begrenzter Horizont. Durchführbare Pläne. In Höhe der Türschwelle führte ein

Drahtseil außen an der Gondel entlang, das alle zwei Fuß von Augbolzen gehalten wurde. Möglicherweise diente es dazu, verschiedene Ausrüstungsgegenstände daran festzumachen.

Aber es war auch ein vorzüglicher Handlauf.

Ich lehnte mich nach draußen, ergriff das Drahtseil und zerrte daran. Es machte einen absolut sicheren Eindruck. Ich drehte mich herum, legte mich hin und schob meine Beine über die Türschwelle. Ich spürte die Vibrationen der Motoren durch meinen Brustkasten. Unter den Sitzen hindurch sah ich die großen, polierten schwarzen Schuhe von Hamil und seinem Leibwächter.

Meine eigenen Füße trafen jetzt auf einen Widerstand: die Oberseite der Kufe. Der Fahrtwind zerrte an meinen Hosenbeinen. Ganz langsam verlagerte ich mein Gewicht auf die Füße. Die Kufe war hart und starr und schlug ein bißchen, so wie ein Boot in einer Kabbelung aufschlägt. Eine kleine Stimme schnatterte in meinem Kopf. *Du schwebst in einem Luftmeer,* sagte sie. *Sie nennen sie ja nicht umsonst Luftschiffe. Ho-ho-ho,* plapperte die kleine Stimme. *Sehr amüsant. So weit oben, wie du hier bist.*

Die kleine Stimme brachte mich dazu, mich mit meinem ganzen Gewicht auf die Kufe zu stellen und mit meiner linken Hand das Drahtseil zu packen. Dann verstummte sie, weil meine Hand jetzt Halt fand und, nachdem ich einige schlurfende Schritte zur Seite gemacht hatte, auch die rechte Hand an das Drahtseil bekam. Und statt der Sitzrahmen und der großen, ängstlichen schwarzen Schuhe sah ich jetzt auf glattes, silberglänzendes Kompositmaterial, zehn Zentimeter vor meiner Nase.

Und sonst gar nichts.

Ich hielt meine Knie durchgedrückt. Das Röhren der Motoren malträtierte meine Gehörnerven. Ich machte einen schlurfenden Schritt zur Seite, schob meine zusammengepreßten Fäuste den Draht entlang und zog den anderen Fuß heran.

Ich entwickelte einen gewissen Rhythmus. *Zentimeter für*

Zentimeter, dachte ich. Es ging immer besser. Ich fühlte mich leicht.

Leicht.

Ich blickte zur Seite. Da waren die silbrige Kunststoffhülle der Gondel und das Bein des Piloten, das im Fahrtwind hin und her baumelte. Hinter dem Bein sah ich den Horizont. Der Horizont kroch langsam nach oben. Ich erstarrte. Die Kufe begann sich nach unten zu neigen. Ich hatte ein Bild von mir vor Augen: eine ameisengroße Gestalt, die sich an eine riesige, schwebende Zigarre klammert, deren Bug sich weiter und weiter nach unten neigt und deren Motoren uns alle in den Nebel hineinziehen – und in das, was unter dem Nebel liegt.

Beweg dich, dachte ich.

Die Starre meiner Glieder löste sich. Ich lehnte mich zurück, hinaus ins Nichts, und machte zwei große seitliche Schritte. Ich gelangte so zum Fuß der Leiter, die von der Kufe in den Pilotenraum führte. Als ich die Leiter emporstieg, fühlte ich, wie sich mein Körpergewicht nach links verschob. Das Luftschiff setzte zum Sturzflug an. Mein Magen wurde leichter als Luft. Ich erreichte das obere Ende der Leiter.

35

Die Tür hatte einmal aus einer Plexiglasscheibe bestanden. Jetzt befand sich an ihrer Stelle ein großes, gezacktes Loch, durch das der Fuß des Piloten heraushing. Ich war schweißgebadet, und meine Knie schlotterten. Ich schob den Fuß durch das Loch zurück in die Kabine. Er war völlig schlaff und kam mir schrecklich schwer vor.

Mit der linken Hand tastete ich nach dem Türschloß, öffnete es und schob das, was von der Tür noch übrig war, nach hinten auf. Dann stieg ich auf die letzte Stufe der Leiter und machte einen großen Schritt über die Beine des Piloten. Ich war drinnen.

Ich stellte mich in den kleinen Raum zwischen den beiden Sitzen und ließ meine Knie zittern, wie sie wollten. Die Gaszelle über und vor mir war wie die Nase eines riesigen Torpedos. Der Kopilot zu meiner Rechten war zur Seite gekippt. Auf seiner Stirn hatte er eine große Beule. Seine dunkle Brille war verbogen und baumelte von einem Ohr herab. Er atmete noch.

Der Kopf des Piloten hing nach hinten über. Er hatte seine Sonnenbrille verloren, und seine Augen waren geschlossen. Sein Gesicht war wie von einem Spinnengewebe aus Blut bedeckt. Auch seine Jacke war voller Blut, das aus einem ausgefransten Riß im Ärmel quoll. Sein linkes Bein blutete ebenfalls; Blut sickerte durch ein Dutzend Löcher in seinem Hosenbein. Auch er atmete noch.

Die Stimme in meinem Kopf meldete sich wieder. *So ergeht es einem Mann,* sagte sie, *wenn man eine Sprengladung mit Nägeln in ungefähr drei Meter Entfernung von ihm zur Explosion bringt. Dabei war er noch durch die Plexiglasscheibe geschützt. Das war dieselbe Sprengladung, die an deinem eigenen Brustkasten befestigt und nur dreißig Zentimeter vom Brustkasten Ras Hamils entfernt war.*

Der Pilotenraum stank nach Blut. Übelkeit stieg in mir auf. Aber dafür war jetzt keine Zeit. Ich betrachtete die Anzeigegeräte auf dem Armaturenbrett. Das eine war offenbar ein Höhenmesser. Der große Zeiger bewegte sich mit der Geschwindigkeit des Sekundenzeigers einer Uhr. Im Augenblick passierten wir die Eintausend-Fuß-Marke, und es ging weiter abwärts. *Übernimm die Steuerung,* dachte ich. Ich lehnte mich über den Piloten und löste seinen Sicherheitsgurt. Dann ergriff ich seinen Arm und zog ihn zwischen die Sitze. Ich entriegelte die Tür zum Passagierraum, stieß sie auf und rief: »Holen Sie diesen Mann hier raus. Er ist verwundet.«

Hamils Leibwächter kam nach vorn und zog den Piloten den Gang entlang nach achtern. Ich nahm den Platz des Piloten ein, Meine Finger tasteten nach dem Sicherheitsgurt.

Alle Instrumente waren voll Blut. Einige Metallstücke der Sprengladung waren schräg nach oben gegangen. Da war etwas an der Decke der Gondel, das sicherlich einmal ein Funkgerät gewesen war. Jetzt sah es wie eine Portion mehrfarbiger Fadennudeln aus.

Von daher war also keine Hilfe mehr zu erwarten.

Der Horizont hatte sich wieder auf die Mitte der Windschutzscheibe eingependelt. Der Höhenmesser war bei neunhundert Fuß zur Ruhe gekommen. Unter meinen Füßen befanden sich Pedale: die Seitenruder. Unter meiner rechten Hand war ein Rad: das Höhenruder. Ich drehte es nach vorn. Der Horizont kletterte die Windschutzscheibe empor. Ich rollte es wieder zurück. Der Horizont sank nach unten. Ich stabilisierte ihn.

Ich öffnete die Verbindungstür und rief: »Kommen Sie!«

Hamils Leibwächter kam nach vorn und blickte sich forschend im Pilotenraum um. Ich drehte das Rad zurück, um die Auswirkung seines Gewichts zu kompensieren. Zu meiner Linken drangen das Brausen des Windes und das Brüllen der Motoren durch die zerborstene Tür. Ich sah, wie sich Schweißperlen auf seiner Stirn bildeten. Ich deutete auf den Kopiloten und auf den Passagierraum und schrie: »Tür zu!«

Er nickte, packte den Kopiloten unter den Armen, hob ihn an, als wäre er nicht schwerer als ein Kätzchen, und ging mit ihm nach achtern.

Es war kalt auf dem Pilotensitz. Der Schweiß gerann auf meinem Körper. Ich fühlte mich etwas benommen durch die Nachwirkungen der durch die Angst in meinem Körper ausgeschütteten chemischen Stoffe.

Ich war schon als Passagier in Sportflugzeugen mitgeflogen. Alles, was ich jetzt nur tun mußte, war, mir die Informationen zunutze zu machen, die ich als Mitflieger bekommen hatte, so daß ich ein Luftschiff fliegen lernte, bevor der Treibstoff zu Ende ging.

Simpel.

Ich begann mit den Meßgeräten. Direkt vor mir befanden sich vier vertikale weiße Streifen mit einem roten Röhrchen in der Mitte. Sie sahen wie altmodische Quecksilberbarometer aus, nur daß das Quecksilber rot war. Ich vermutete, daß sie etwas mit der Gasfüllung zu tun hatten. Links daneben waren ein Höhenmesser und ein künstlicher Horizont sowie ein Wendezeiger. Rechts befanden sich ein Steiggeschwindigkeitsmesser und ein Fahrtmesser. In der Mitte ein Kompaß. Vor dem Sitz des Kopiloten waren diverse Anzeige- und Meßgeräte für die Motoren.

Meine Übelkeit legte sich. Ich begann mich fast wie zu Hause zu fühlen. Ganz vorsichtig trat ich mit dem rechten Fuß auf das Pedal des rechten Seitenruders.

Die Verankerungsleinen, die vom Bug herabhingen, begannen sachte über den Horizont nach rechts zu wandern. Rechts voraus lag der lange, gerade Rand einer Wolke, die sich nach links bewegte. Ich schenkte diesem Wolkenrand keine Beachtung, weil ich mit meinem Erfolg sehr zufrieden war. Der Sitz unter mir rüttelte leicht. Es war ja nicht wie in einem Flugzeug mit Tragflächen, die abfallen konnten. Wir hatten ja Auftrieb, wir schwebten. *Alles, was du zu tun hast,* dachte ich, *ist, dieses Ding herumzudrehen und auf dem Gegenkurs zurückzufliegen.* Zur Zeit lagen wir auf einem mißweisenden Kurs von 047

Grad. Der Gegenkurs war also 227 Grad. Fuß aufs Pedal und rum mit dem Bug.

Die Verankerungsleinen setzten ihren Schwenk über den Horizont fort, und die Ziffern auf dem Kompaß wanderten mit. Bei 180 Grad verlangsamte sich die Drehung. Das Luftschiff neigte sich nach links, weg von der Drehrichtung. Ich begann wieder zu schwitzen. Die Verankerungsleinen bewegten sich nicht weiter. Sie wurden zur Seite geweht. Der Fahrtmesser zeigte den gleichen Wert an: vierzig Knoten. Die Verankerungsleinen begannen sich wieder über den Horizont zu bewegen.

Sie bewegten sich in die falsche Richtung, von rechts nach links.

Der Schweiß lief mir jetzt nur so herunter. Die idiotische Stimme in meinem Kopf meldete sich wieder mit guten Ratschlägen. *Luftschiff,* sagte sie. *Fliegt im Wind. Was machst du in einem Motorboot, wenn du in einer Strömung steckst und nicht in den Wind drehen kannst?*

Höhere Fahrt. Mehr Ruder.

Ich trat hart auf das Pedal des Seitenruders und streckte die Hand nach den Gashebeln am Instrumentenbrett über der Windschutzscheibe aus; allerdings mit Bedacht, denn dort befanden sich eine Menge gefährlich klingender Bedienungselemente. WASSERBALLAST ABLASSEN, stand über fünf gelben Knöpfen. Über einem roten stand: HELIUM ABLASSEN. Bei der Vorstellung, Helium abzulassen, wurde mir fast übel. Vorsichtig schob ich den linken Gashebel vor.

Das Motorengeräusch in meinem linken Ohr steigerte sich zu einem Heulen. Das Flugwerk begann zu rütteln, und der Horizont neigte sich nach links. Die Nase hob sich in Richtung des Windes.

Ich behielt meine Hand am Gashebel. Als wir mit dem Bug im Wind lagen, nahm ich das Gas zurück. Einen Augenblick lang hing der riesige Silbertorpedo auf 227 Grad. Dann drehte er über diesen Kurs hinaus, der Wind erfaßte ihn und schwang ihn herum. Ich schlug heftig auf den Backbord-Gashebel, um ihn zu halten, und die Gondel buckelte wie ein Wildpferd, als ich ihn wieder in den Wind brachte. Doch kaum lag das Luftschiff im Wind, als der Bug auch schon nach Backbord weiterdrehte. Ich begann das Spiel mit Gashebel und Seitenruder von neuem.

So ging das etwa ein Halbdutzendmal. Am Ende zitterte ich vor Angst, und ich wußte, daß ich es ohne stundenlange Übung nie schaffen würde, das Luftschiff gegen den Wind vorwärts zu fliegen.

Ich hockte auf meinem Sitz, beobachtete die über den Horizont schwingenden Verankerungsleinen und versuchte zu denken. Die Kraftstoffuhren zeigten, daß die Tanks noch halbvoll waren, aber ich wußte nicht, wieviel sie faßten oder wie viele Tanks wir hatten.

Was wir brauchten, war festes Land unter uns.

Am Sitz des Kopiloten befand sich eine Tasche, in der Karten und ein Winkelmesser aus durchsichtigem Kunststoff waren. Auch eine Gasmaske fand ich. Wer auch immer das Mord/Selbstmord-Komplott von George Devis arrangiert hatte, hatte dem Kopiloten etwas von Gas, nicht von Sprengladungen erzählt. Rührend, wie sie sich um das Wohl ihrer Angestellten sorgten. Ich warf die Gasmaske aus dem Loch in der Tür. Dann betrachtete ich die Karten, wobei ich Mühe hatte, sie im Fahrtwind ruhig zu halten. Nach meiner Uhr waren wir jetzt eine Stunde und zehn Minuten in der Luft. Wenn ich eine Windgeschwindigkeit von zwanzig Knoten und eine Eigengeschwindigkeit von vierzig Knoten zugrunde legte, mußten wir etwa zehn Meilen südlich der Muscongus Bay stehen.

Ich fand einen Bleistift und fing an, zittrige Vektoren zu zeichnen: zehn Meilen nach Norden, eine Viertelstunde. Windgeschwindigkeit von zwanzig Knoten absetzen, fünf Meilen. Steuerkurs berechnen. So würde man es in einem Boot machen. Bei einem Luftschiff sollte es eigentlich nicht viel anders sein.

Ich hob einen Arm und winkte. Diesmal war es Ras Hamil,

der nach vorne kam. Er setzte sich in den Sessel des Kopiloten. »Wir werden jetzt quer zum Wind fliegen«, sagte ich, »um über Land zu kommen.«

Er nickte und blickte scheu auf den grauen Nebel hinter der offenen Tür zu meiner Linken. »Ich werde tief in Ihrer Schuld stehen«, sagte er.

»Wir sind noch nicht da«, entgegnete ich. Meine Gesichtsmuskeln waren angespannt. Ich merkte, daß ich mit den Zähnen knirschte. Ich schob den Gashebel vor und steuerte nach Backbord. Das Flugwerk rüttelte stark, als der Luftschraubenstrahl am Ruder vorbeiströmte. Der Bug wanderte langsam herum. Hamil sagte etwas, das im Heulen des Motors unterging. »Was?« schrie ich.

Das Motorengeräusch nahm ab. Hamil sagte: »Ihre Schwester wäre sehr stolz auf ihren Bruder gewesen.«

Er beendete den Satz bei nahezu völliger Ruhe. Ich hörte ihm überhaupt nicht zu.

Ich sah auf die Kraftstoffuhr. Ihre Nadel war plötzlich unterhalb der Nullmarke und lag am Stift an.

Hamils Leibwächter rief ihm etwas zu. »Er meint, es riecht nach Benzin«, sagte Hamil.

Ich trat mit meinem rechten Fuß auf das Pedal des Seitenruders. Die Reaktion war gleich Null. Ich schwitzte wieder. Ich wußte, woher der Benzingeruch kommen konnte.

Nimm eine Kraftstoffleitung. Zünde eine Sprengladung mit Nägeln ungefähr drei Meter von der Leitung entfernt, so daß sich ein Fitting verbiegt oder einen Riß bekommt. Dann fahre beide Motoren hoch und drehe das Luftschiff in den Wind, so daß der ganze Apparat rüttelt wie eine Kanalfähre bei schwerem Wetter. Das Fitting löst sich oder geht kaputt. Das Benzin läuft aus.

»Was ist los?« fragte Hamil.

»Ich glaube, wir haben keinen Treibstoff mehr.«

»Ach.« Trotz aller Besorgnis, die sein Gesicht zeigte, hätte ich auch sagen können, daß das Wetter für die Jahreszeit ausgesprochen milde sei. »Wir fliegen aber noch?«

»Wenn die Motoren ausfallen, fliegen wir als Ballon weiter.« Ich berichtete ihm, was mir die Bodenmannschaft erklärt hatte. »Wir können ewig hier oben bleiben.«

»Gut«, sagte Hamil. Sein Blick war gelassen und unergründlich. »Wer hat Ihnen erzählt, ich hätte Ihre Schwester umgebracht?«

»Mr. Gugsa«, sagte ich.

Hamil lächelte. Er zog noch einmal das Foto heraus. Er setzte einen Finger auf das Gesicht des Mannes in der graubraunen Uniform. Die Fingerkuppe wurde blaß. »Mr. Gugsa«, sagte er. »Als ich bei der Guerilla war, kämpften wir zusammen. Er ist ein guter Kämpfer, aber ein grausamer Mann. Als der Kampf vorbei war, fingen die Palaver an. Wir suchten alle nach einer Möglichkeit, wie mein armes Land seinen Weg auf der Welt machen könnte. Krieg wird durch Politik abgelöst. Aber für viele, zu denen auch Gugsa gehört, sind Diskussionen nur wie ein Wüstenwind, verschwendete Zeit. Ihnen fehlen die nackten Frauen, die in ihren Hütten um Gnade winseln, das Machtgefühl, das sie überkommt, wenn sie dem geschlagenen Feind die Geschlechtsteile vom Leibe schneiden. Also trennten sich unsere Wege. Ich hatte ihm vertraut, Dummkopf, der ich war. Als er ging, nahm er das Wissen um einige geheime Machenschaften mit, die Rhydian und ich aufgedeckt hatten.«

Das Luftschiff war jetzt ins Gleichgewicht gekommen und trieb mit dem Bug schräg nach oben vor dem Wind.

»So wie die Geschichte von Eugene Wollo und dem Getreide«, sagte ich.

Er nickte. »So wie diese Affäre zum Beispiel. Wirklich, man merkt, daß Sie und Camilla aus demselben Holz geschnitzt sind.«

»Man hat mir berichtet, daß das Geld, das Wollo ergaunerte, dazu verwendet wurde, Ihre politischen Ziele zu finanzieren.«

Er lachte; ein Laut wie das Husten eines Löwen. »Nicht meine politischen Ziele. Vielmehr die politischen Ziele von

Leuten, die nicht im entferntesten so denken wie ich. Wollo bekommt sein Getreide von Leuten, die sich für mein Land eine Regierung wünschen, welche die Produkte kauft, die diese Leute in ihren Fabriken herstellen. Leute wie Gugsa arbeiten für Wollo, weil sie die Art von Macht wiederhaben wollen, die den Krieg für sie so lukrativ gemacht hat.« Er seufzte. »Ihre Schwester und Rhyd Walters arbeiteten mit Herz und Verstand, verwendeten Steine aus der Erde, Wasser vom Himmel, Samen von den Pflanzen. Alle diese Dinge hat die Natur in meinem Lande vorgesehen. Aber Leute wie Serge Poliakoff versuchen mir einzureden, daß ich ein Luftschiff brauche, wenn ich an die Macht komme.« Er lachte wieder. »Wie nützlich ist ein Luftschiff in einem Staat«, sagte er, »in dem Kamele vor Durst sterben; einem Staat, der in einer Woche oder in einem Jahr vielleicht schon gar kein Staat mehr ist. Ganz offensichtlich brauchen wir ein Luftschiff so sehr wie ein Nashorn einen Stickrahmen.« Er schwenkte seine lange Hand durch die Luft. »Mr. Poliakoff erwartet, daß ich, wenn er mir ein Bankkonto in der Schweiz einrichtet, dieses Ding hier eines Tages für mehr Geld kaufe, als wir in einem ganzen Jahr für unsere Schulen ausgeben.« Er runzelte die Stirn. »So hat er das zumindest dargestellt. Es sieht jedoch so aus, als wollte er Sie und mich in diesem Luftschiff umbringen.«

»Aber es war doch die US-Regierung, die das Getreide an Wollo geschickt hat«, sagte ich.

»Nein, nicht die US-Regierung.«

»Das Emergency Resources Bureau, eine Behörde für die Verteilung von Hilfsgütern.«

Er schüttelte den Kopf. »Das ERB ist keine Regierungsstelle. Das weiß ich von Rhydian.«

Ich starrte ihn an. Charis Brown hatte mir genau das Gegenteil erklärt. »Sind Sie sicher?«

Er seufzte. »Ich glaube, das ist genau der Grund, warum Rhyd getötet wurde. Er sagte, dieses ERB wäre wie eine private Organisation aufgebaut, aber diejenigen, die es leiten, lassen jeden, der sich dafür interessiert, wissen, daß es eine

Fassade für die kommerzielle Abteilung der CIA ist. Wir vermuten, daß es zu einer Gesellschaft gehört, die erwartet, im Roten Meer größere Mineralienfunde zu machen. Erzknollen. Vielleicht auch Öl. Sie haben das Getreide als eine Art Bezahlung ins Land gebracht, um die Gruppierungen in Äthiopien zu unterstützen, die von den ... multinationalen Kolonialisten korrumpiert worden sind. Ich weiß, daß Ihre Schwester und Rhydian ziemlich nahe an diese Leute und an ihre Geldgeber herangekommen sind. Das ERB merkte, daß alles nicht mehr so einfach lief wie vorher; man wurde auf sie aufmerksam, aber sie wußten nicht wie. Daher markierten sie eine Lieferung Getreide auf irgendeine Weise, um herauszufinden, wer da Beweise gegen sie sammelte. Ich glaube, daß sie Rhyd auf diese Weise entdeckt haben.«

Ich starrte ihn an. Bill hatte eine Probe des Getreides mitgebracht, das Rhyd als Beweisstück gegen das ERB, nicht gegen Ras Hamil, gesammelt hatte.

Welch ein Glück für Poliakoff, daß Rhyd Walters rechtzeitig umkam.

Und welch ein Glück für Poliakoff, daß George Devis, der Poet, so versessen darauf war, seine Feigheit zu sühnen und seine Schwester zu rächen, daß er wie ein Berserker losgestürmt war und Poliakoff ihm die ganze Geschichte so beibringen konnte, wie es ihm in den Kram paßte. Ich hatte alles brav geschluckt. Und jetzt sollten Ras Hamil und ich eigentlich tot sein, in einer schönen Mord/Selbstmord-Tragödie, die in den Nachrichten prächtig herauskommen würde. In Äthiopien wäre dann die Bahn frei für Poliakoff, der wußte, daß das, was man im Leben brauchte, Dinge wie Schürfrechte waren und daß Träumer gefährliche Störenfriede waren, es sei denn, man schaffte es, Monster in ihren Träumen erscheinen zu lassen, die nicht beim Aufwachen verschwanden.

Aber ich wußte jetzt, wer die Monster waren. Und sie hatten es nicht geschafft, uns umzubringen.

Jetzt waren wir an der Reihe.

»Ich möchte auf den Boden zurück«, sagte Hamil, »um den

Leuten zu erzählen, was mit uns passiert ist.« Er runzelte die Stirn. »Aber ich fürchte, daß man uns nicht glauben wird, wenn wir keine Beweise vorlegen können.«

»Es gibt Beweise«, sagte ich.

»Ich war der Meinung, es sei alles im Haus im Dorf verbrannt«, sagte Hamil.

»Das glaube ich nicht.« Das Luftschiff flog leicht und ziellos dahin wie ein treibendes Boot. Weit unter uns lag der Nebel wie eine Decke von stumpfem Perlenglanz. Der nördlich von uns liegende Wolkenrand war viel näher gekommen.

Es war eine lange Wolkenformation, deren Enden über dem Horizont verschwanden. Eine schwache Front, die langsam südwärts wanderte. Der Wetteransager hatte sie beschrieben. Der Rand einer Kaltluftströmung traf auf warme Luft aus dem Süden, die den Nebel verursachte.

Diese Front barg gewisse Möglichkeiten.

Ich sagte Hamil, was ich vorhatte. Sein Lächeln verließ ihn nicht. Als ich fertig war, ging er nach achtern, um mit seinem Leibwächter zu reden.

Unter den Skalen vor mir, die so aussahen wie Quecksilberbarometer ohne Quecksilber, befanden sich vier kleine Schalter. Sie waren mit VORN, ACHTERN, MITTSCHIFFS und ALLE bezeichnet. Ich versuchte, mich an das zu erinnern, was ich einmal, ungefähr im Alter von acht Jahren, in der Enzyklopädie für Kinder gelesen hatte, die auf einem Bord in einem dunklen Flur des Pfarrhauses vergammelte. Der Artikel war betitelt: »Der Wunderbare Zeppelin«. Da waren Bilder vom Inneren, das mir so groß vorkam wie eine Kathedrale, ausgesteift mit Aluminiumträgern und ausgefüllt mit Wasserstoffsäcken aus imprägnierter Seide. Beim Luftschiff der National Dynamics wurde statt Wasserstoff Helium als Auftriebsgas verwendet, aber das spielte hier keine Rolle. Wichtig war nur, daß sich in den Gassäcken noch andere, kleinere Säcke befunden hatten, die Ballonetts genannt wurden. Die Bodenmannschaft hatte diese Ballonetts erwähnt. Wenn man mit Hilfe von Pumpen die Luftmenge in diesen Säcken veränderte, den Druck erhöhte oder verringerte, konnte man das Gewicht des Luftschiffs entsprechend regulieren. Machte man es leichter, stieg es. Machte man es schwerer, begann es zu sinken.

Im Augenblick knallte die Sonne auf die Gaszelle, so daß sich das Helium ausgedehnt hatte und wir auf vierzehnhundert Fuß gestiegen waren.

Ich schluckte. Ich beugte mich vor und drehte den mit ALLE markierten Knopf vorsichtig nach links.

Irgendwo über mir in der Gaszelle sprangen Motoren an. Mein Herz begann heftig zu klopfen. Ich starrte auf den Höhenmesser.

Ganz langsam begann sich der große Zeiger entgegen dem Uhrzeigersinn zu drehen. Das Variometer zeigte eine Sinkgeschwindigkeit von fünf Fuß pro Sekunde. *Gut gemacht*, dachte ich.

Das Luftschiff drehte sich jetzt langsam um seine eigene Achse. Der Wolkenrand war inzwischen näher gekommen. Er war wie eine lange, graue Klippe, die sich, so weit das Auge reichte, von Nordwesten nach Südwesten über den Himmel erstreckte. Als ich den Kopf in den Nacken legte und nach oben blickte, sah der Himmel über der gerundeten Flanke der Gaszelle diesig aus und war mit kleinen Federwolken durchsetzt.

Ich saß da und wartete und wischte ab und zu meine Hände an den Jeans ab.

Die Wolke bedeckte den Himmel. Die Sonne verschwand, als habe jemand ein Licht ausgeknipst. Die Gondel begann zu bocken und zu zittern, als das Luftschiff unterhalb der Wolke in Böen geriet. Die Luft, die durch die zersplitterte Tür strömte, war plötzlich viel kälter. Unter mir geschah etwas mit dem Nebel, der die Welt verhüllte. Eben noch wand er sich in großen Streifen in die Höhe wie die Korona bei einer Sonnenfinsternis. Dann war er plötzlich verschwunden.

Die jetzt sichtbare Meeresoberfläche hatte die Farbe von Asphalt. Wir standen jetzt tief genug, um die Schaumkronen der Wellen zu erkennen, die diagonal auf eine Gruppe von Inseln im Nordwesten zuliefen.

Einen sorgfältigen Plan zu machen ist eine Sache. Ihn zu verwirklichen, wenn man in einem sechzig Meter langen Luftschiff sitzt, das man nicht fliegen kann, und in dem man mit über zwanzig Knoten durch die Luft getrieben wird, ist etwas ganz anderes. Mir war speiübel. Die Feuchtigkeit, die eigentlich in meinem Mund hätte sein sollen, war auf meinen Handflächen.

Ich starrte durch die Windschutzscheibe. Das grauschwarze Panorama von Inseln und Meer zog langsam linker Hand vorbei. Unter einer Front gibt es manchmal einen plötzlichen Knick in den Isobaren, eine Winddrehung. Sie könnte uns über das Festland treiben.

Diesmal schien der Wind seine Richtung jedoch nicht ändern zu wollen.

Die Enttäuschung setzte sich in meinem Magen fest wie ein Bleiklotz. Die Gondel hüpfte und schaukelte.

Es war schwer zu sagen, wohin wir trieben, weil das Luftschiff, eingebettet in den Nordoststrom kalter Luft, sich fortwährend um die Längsachse drehte. Die Inseln drifteten vorbei, dahinter auch die große, dunklere Masse des Festlandes.

Nach zehn Minuten meinte ich voraus etwas Dunkles zu erkennen: eine lange, flache Silhouette in der See. Der Wind blies. Sie kam näher. Es war Land. Inseln. Hätten wir mit der Nase in Fahrtrichtung gelegen, hätte man es als »ein Strich an Backbordbug liegend« bezeichnen können.

Ich griff wieder nach dem Knopf, auf dem ALLE stand, und drehte ihn nach links. Oben in der Zelle jaulten die Servomotoren. Der Höhenmesser lief rückwärts: neunhundert Fuß, achthundert, weiter auf sechshundert, vierhundert. Die Schaumkronen waren jetzt viel deutlicher zu erkennen, und wir flogen mit alarmierender Geschwindigkeit über sie hinweg.

In Höhe der Mastspitze ist die Windrichtung anders als an Deck. Je höher man ist, desto härter weht er. Also weht er um so schwächer, je tiefer man ist. Und je tiefer man ist, desto raumer bläst der Wind.

Ich pumpte Luft in die Ballonetts, bis der Höhenmesser einhundert Fuß anzeigte. Durch die offene Tür kam jetzt das Rauschen und Brausen des Meeres, und der Gestank des Blutes wurde vom Salzgeruch überlagert. Die Inseln am Horizont kamen immer näher. Sie sahen aus wie ein Krokodil, das ins Meer hinausschwimmt. Soweit ich es von unserer jetzigen Höhe aus beurteilen konnte, nahmen wir Kurs auf seine Schulterpartie. Ich hantierte etwas mühsam mit der Karte herum, weil meine Finger nicht so recht mitmachen wollten. Der Rücken des Krokodils war Matinicus Island; weiter nach See hinaus lag Ragged Island.

»Wir sind gleich da!« schrie ich.

Ich brauchte nicht zu schreien, aber mein Kopf schien voll von atmosphärischen Störungen. Aus dem Augenwinkel sah ich, wie Hamil und sein Leibwächter die bewußtlosen Körper des Piloten und des Kopiloten zur Gondeltür trugen. Ich hörte, wie die Tür mit einem rollenden Geräusch geöffnet wurde und klickend einrastete. »Warten Sie noch!« rief ich.

Der Krokodilrücken war jetzt zu einer richtigen Insel geworden und erstreckte sich flach und eben vor der Windschutzscheibe. Die Waldflächen sahen fast schwarz und die Felder graugrün aus in dem trüben Licht, das durch die Wolkendecke drang. Meine Finger spielten mit dem ALLE-Knopf. Der Höhenmesser zeigte achtzig Fuß. Wir sanken weiter. Ein Hummerfischer lief unter uns hindurch. Zwei Gesichter starrten zu uns hoch. Eins von ihnen trug eine dunkle Brille. Wir waren zu tief. Ich betätigte den Drehknopf erneut und zog an einem der gelben Knöpfe, die für das Ablassen des Wasserballasts sorgten. Ein weißer Strand tauchte auf, dahinter ein Kiefernbestand. Wir stiegen wieder ein wenig. *Halt dich von den Kiefern klar,* dachte ich. Der Strand verschwand aus meiner Sicht, als sich das Luftschiff wieder um seine Längsachse drehte. Ich sah das graue Meer und weiße Schaumkronen. Dann kam der Strand zurück, jetzt direkt unter uns. Eine Baumkrone fegte vorbei, ungefähr drei Meter von meinem linken Fuß entfernt. Dann kam Gras, das mit einer Geschwindigkeit von zwanzig Knoten unter uns hinwegschoß, dann ein Baumgürtel. Hinter den Bäumen lag so etwas wie eine Wiese. Wir bewegten uns mit der rechten Seite darauf zu. Um die Tür benutzen zu können, mußten wir mit der linken Seite voran runterkommen. Mir fiel keine brauchbare Idee mehr ein. Ich griff nach dem VORN-Ballonettknopf und drehte ihn. Pumpen jaulten. »Festhalten!« schrie ich. Die Nase neigte sich den Bäumen zu, langsam und anmutig, wie ein Elefantenrüssel. *Das war keine gute Idee,* dachte ich.

Wir rammten die Bäume.

Das Krachen der Äste erfüllte die Kabine. Das Luftschiff begann herumzuschwenken. Es hatte eine Länge von sechzig Metern und trieb mit einer Geschwindigkeit von fünfundzwanzig Knoten. Die Schwenkbewegung verwandelte sich in einen halben Überschlag um die diagonale Achse; das Heck wurde hochgeschleudert und herumgewirbelt und dann mit einem Ruck festgehalten, als sich die Verankerungsleinen am Bug in den letzten Bäumen verfingen. Das Luftschiff schüttelte sich schwerfällig und lag dann mit der Nase im Wind, fünfzig Fuß über der Erde. Ich drehte den ALLE-Knopf. Es sank. Die Kufen knallten auf den Boden. »Springt!« schrie ich und kletterte aus dem Sitz.

Hinten in der Gondel hatte Hamil den Piloten unter den Armen gefaßt und gab ihn durch die Tür seinem Leibwächter hinunter. Der Kopilot war durch die Schleuderbewegung des Luftschiffs in den Mittelgang gerutscht.

Das Deck schlingerte unter meinen Füßen. Vorne wanden sich die Verankerungsleinen wie wildgewordene Schlangen in den Bäumen. Jemand schrie etwas. Wir begannen langsam wieder mit dem Wind zu driften.

Hamil ließ den Piloten los und sprang auf den Boden. Ich machte mich auf den Weg zur Tür.

Befreit von Hamils Gewicht, schnellte das Luftschiff zehn Meter nach oben. Ein Windstoß beugte die Kronen der Kiefern. Das Luftschiff schlingerte erneut, machte einen

Sprung nach oben und rollte sich auf die rechte Seite, so daß ich die Tür nicht benutzen konnte, selbst wenn sie nicht inzwischen dreißig Meter über der Erde gewesen wäre. Ich strauchelte über den Kopiloten, fiel und rutschte den Mittelgang der Gondel hinunter. Eine Reihe von krachenden Schlägen folgte, jeder so laut wie der Zusammenprall zweier Autos. Ich kam auf einem Fenster zu liegen, von wo aus ich auf eine grüne Wiese herunterblicken konnte. Auf der Wiese war eine Herde von Miniaturschafen, und zwei schwarze Gesichter mit weißen Augäpfeln blickten zu mir auf; daneben eine am Boden liegende Gestalt.

Dann wurden die Gesichter zu klein, als daß ich die Augäpfel noch hätte erkennen können. Dann war auch keine Wiese mehr da. Ich kroch ins Cockpit. Der Höhenmesser zeigte einhundertzwanzig Fuß, und die Nadel kletterte weiter. Unter mir lag die asphaltschwarze See.

36

Wie in einem Karussell wirbelte der Horizont an der Windschutzscheibe vorbei: die See, ein Stück Insel, dann wieder See und noch einmal See. Bei der nächsten Umdrehung konnte ich beide Enden der Insel gleichzeitig sehen; danach das entfernte Ende der Insel und die Insel selbst wie eine grüne Landkarte. Die Wiese hinter den Bäumen war auf die Größe eines Taschentuchs geschrumpft.

Der Höhenmesser zeigte elfhundert Fuß. Hier oben waren die Turbulenzen geringer. Ich kroch mit zitternden Knien zum Pilotensessel und schnallte mich an.

Ras Hamil war sicher auf dem Boden angekommen. Er war im Besitz von Ricky Lees Telefonnummer und einer Reihe von Tatsachen, die Serge Poliakoff belasteten. Ich war in der Luft, im Besitz eines antriebslosen Luftschiffs und eines bewußtlosen Kopiloten, und wurde von einer stetigen Brise in Richtung Grönland getrieben. Einen schwachen Trost hatte ich jedoch. Sicher waren Hubschrauber unterwegs, um uns zu suchen. Und wenn sie uns fanden, würde der Kopilot uns einiges zu erklären haben. Zum Beispiel, wie seine genauen Anweisungen gelautet hatten und wer sie ihm gegeben hatte.

Dem Höhenmesser zufolge hatte ich jetzt zweitausend Fuß erreicht. Wir waren gerade unterhalb der grauen Wolkendecke. Hier oben war die Luft ungestört, ohne Aufwindböen. Die Bedienung der Ballonetts war mir inzwischen vertraut. Ich stabilisierte das Luftschiff auf dieser Höhe und ging nach achtern in den Passagierraum.

Der Kopilot lag auf dem Rücken und atmete mühelos und gleichmäßig. Seine Augen waren geschlossen; sein Mund ebenfalls. Er hatte einen kräftigen Nacken und kurzgeschnittene schwarze Haare. Auf seinem Kinn zeigte sich ein schwarzblauer Anflug von Stoppeln. Eigentlich sah er nicht so sehr wie ein Pilot aus, sondern eher wie einer von Poliakoffs Leuten fürs Grobe, einer von seinen Fußsoldaten. Ich brachte ihn in die stabile Seitenlage. Dabei ging mir der Gedanke durch den Hinterkopf: Irgend etwas stimmt hier nicht, aber ich kam nicht darauf, was es hätte sein können.

Ganz hinten, an der Rückwand zwischen den Sitzen, war ein roter Pfeil. Unterhalb des Pfeils stand in großen, schablonierten Buchstaben: RETTUNGSINSEL – 10 PERSONEN. Ich zog die Abdeckplatte hoch. Die Rettungsinsel befand sich in ihrem Kanister; alles so, wie es sein sollte. Das war immerhin ein tröstlicher Gedanke.

Das vage Unbehagen im Hinterkopf legte sich. Einen Augenblick lang hatte ich das Gefühl, daß alles klargehen würde.

Nur einen Augenblick.

Aus dem Augenwinkel nahm ich eine zuckende Bewegung wahr und drehte mich halb um. Ich hatte gerade noch Zeit, meine linke Hand hochzureißen, um das, was da auf mich zukam, abzuwehren. Irgend etwas schlug sehr hart auf die Muskeln meines Oberarms. Meine Hand wurde gefühllos. Ich blickte in das Gesicht des Kopiloten. Seine Hautfarbe war grünlichgrau. Sein Mund stand jetzt offen. Der Gedanke, den ich im Hinterkopf gehabt hatte, wurde mir jetzt schlagartig bewußt – aber zu spät. Der Mund eines Bewußtlosen ist offen, nicht geschlossen. Er hatte nur so getan, als wäre er bewußtlos.

In seiner rechten Hand hielt er einen Feuerlöscher. Den Feuerlöscher, mit dem er mich geschlagen hatte. Ich versuchte, ihn mit meiner Rechten zu erwischen. Ich traf seine Rippen. Meine Linke war nicht zu gebrauchen.

Seine Finger fummelten am Feuerlöscher herum. Er versuchte den Sicherungsstift herauszuziehen. Er mochte seine Bewußtlosigkeit nur vorgetäuscht haben, aber eine Gehirnerschütterung hatte er bestimmt. Ich holte mit dem Fuß aus, um ihm gegen die Kniescheibe zu treten.

Er schnellte seinen Kopf vorwärts. Etwas, das sich wie eine

Kanonenkugel anfühlte, traf meine Stirn, gerade über dem Nasenrücken. Ich sah rote Wolken vor mir, und meine Augen begannen zu tränen. Ich fühlte, wie er mich packte und herumschwenkte. Ich konnte nichts sehen. Vergeblich fuchtelte ich mit meinem rechten Arm. Der Geruch der Luft, eben noch erfüllt vom Schweiß und dem Erbrochenen des Kopiloten, änderte sich plötzlich und wurde frisch.

Die offene Gondeltür.

Ich griff nach der Rückenlehne eines Sitzes. Er riß meine Finger los. Ich hörte das Keuchen seines Atems. Mein Sehvermögen kehrte zurück. Ich nahm die Tür als helles Rechteck wahr. Ich fühlte, wie meine Finger von der Sitzlehne abglitten. Ich sah, wie er sich zurücklehnte. Er machte irgend etwas mit seinem Bein, aber ich war immer noch von seinem Kopfstoß benommen und war langsam wie ein Gletscher. Langsamer noch als er.

Er trat mir in den Magen.

Ich taumelte rückwärts durch die Tür. Instinktiv versuchte ich mich mit der Linken am Rahmen festzuhalten, aber die Finger wollten mir immer noch nicht gehorchen. Die Luft hier draußen war kalt und frisch.

Das kann doch nicht sein, dachte ich.

Meine Finger rutschen ab.

Ich fiel.

Die Behauptung, das ganze Leben zöge an einem vorüber, bevor man stirbt, stimmte wirklich. Ich sah Rhyd und Camilla. Und meine Eltern. Und die Jungen. Sie waren alle da mit einem persönlichen Gedanken und einem Lebewohl.

Vielleicht meinten sie auch: Auf Wiedersehen.

Außer den Jungen natürlich.

Der Gedanke an die Jungen stimmte mich maßlos traurig.

Dann prallte ich auf etwas Hartes auf.

Der Aufprall war so heftig, daß mir die Luft wegblieb. Es war eine Eisenstange. Ich hing über ihr wie eine Wäscheklammer. *So ist es also, wenn man stirbt,* dachte ich. *Es tut verdammt weh.*

Ich öffnete die Augen.

Um mich herum war grauer Nebel. Die Vorhölle.

Nicht die Vorhölle. Eine Wolke.

Ich hing über der Kufe des Luftschiffs. Neben meinem Arm war die Einstiegsleiter.

Für einen kurzen Moment entstand ein Loch in der Wolke. Ganz weit unten, grau und runzelig wie die Haut eines Nashorns, lag die See.

Meine Finger tasteten nach der Einstiegsleiter und krallten sich daran fest. Ich bekam einen Fuß hoch. Ich bewegte mich langsam, wie ein alter Mann mit brüchigen Knochen. Meine Knochen würden noch brüchiger als die eines alten Mannes sein, wenn ich aus dieser Höhe ins Wasser fiel.

Auch meine linke Hand begann wieder zu funktionieren.

Ich spürte Schwingungen in der Gondel. Trommelschläge. Schritte. Die Schritte entfernten sich nach links, den Gang entlang. Eine Tür knallte zu. Die Tür zwischen den beiden Räumen. Ich packte die Leiter und stieg langsam nach oben.

Das Luftschiff geriet in eine Turbulenz und begann zu schlingern. Die Belastung zerrte an meinen Armmuskeln. Die Wolke strich kalt über mein Gesicht.

Mein Kopf erreichte die Höhe der Türschwelle. Unter den Sitzen waren keine Füße zu sehen. Ich zog mich ins Innere hinein. Der Kopilot war vorn, auf seinem Platz. Die Tür in der Trennwand stand wieder offen. Er hockte zusammengesunken auf seinem Sitz, den Kopf in den Händen. Ich dachte an die grünlichgraue Haut, den Geruch von Schweiß und Erbrochenem. Gehirnerschütterung. Die Anstrengung des Kampfes mußte ihn geschwächt haben. Das Luftschiff rutschte nach hinten ab und stand auf dem Heck. Die Verankerungsleinen wanden sich wie Schlangen und peitschten zurück. Eine von ihnen knallte gegen die Windschutzscheibe. Seine Hand griff nach dem Querrudersteuer. Das Luftschiff schlingerte erneut. Ich stolperte. Die Nase zeigte immer noch nach oben; der Mittelgang war ein steiler Hügel.

Er wandte mir den Kopf zu. Sein Gesicht hatte die Farbe

eines Steins, den man tief aus dem Boden gegraben hat. Er hob die rechte Hand. In der Hand hielt er eine merkwürdig aussehende Pistole.

Ich warf mich auf den Boden. Er fiel in einem Winkel von ungefähr siebzig Grad schräg nach hinten ab. Die Füße hatte ich gegen einen Sitz gestemmt. Mit aller Kraft schob ich die Tür nach oben. Sie schlug zu.

Im selben Moment schoß er.

Ich hörte den Knall. Das Cockpit war plötzlich von einem grellen roten Licht erfüllt. Die Wolke draußen glühte in der Farbe frischen Blutes. Das Luftschiff machte einen Satz wie ein Wal, der aus dem Wasser springt.

Ich sah die Füße des Kopiloten in dem getrockneten Blut auf der Zwischenwand, der Wand, die jetzt praktisch zum Boden geworden war. Der Rauch der Leuchtkugel kräuselte sich in der Luft. Ich sah, wie seine Füße einen taumelnden Doppelschritt zur Seite machten, über die Tür, bis hinter den Pilotensessel. Dann sah ich etwas durch die blutverschmierte Trennwand, das mich auf die Knie brachte und mich meine Arme um die solide Stütze eines Sitzes werfen ließ.

Das Luftschiff fiel mit dem Heck voran aus der Wolke. Ich sah, wie die Füße des Kopiloten, unkoordiniert in ihren Bewegungen durch die Gehirnerschütterung, über den Pilotensitz stolperten und verschwanden. Ich sah, wie er seine Arme ausbreitete. Ich sah, wie er seitlich aus der offenen Tür fiel. Ich sah die sich windende Verankerungsleine dort draußen, sah, wie seine Hände verzweifelt danach griffen und sie packten.

Ich sah sein Gesicht.

Es war vor Entsetzen verzerrt. Als seine Hände sich um die Leine klammerten und die Leine sein Gewicht auffing, verwandelte sich das Entsetzen in einen Ausdruck der Erleichterung, der die Falten und Furchen glättete, so daß sein Gesicht sich wieder in das Gesicht des Kindes verwandelte, das er einmal gewesen war und das nichts wußte von den Aufgaben eines

Fußsoldaten und nichts anderes im Sinn hatte, als groß und ein feiner Kerl zu werden und ewig zu leben.

Ich sah, wie sich die Erleichterung wieder in Entsetzen verwandelte.

Die Leine war an der Nase des Luftschiffs befestigt. Ich weiß nicht, ob er schon den Schalter zum Füllen der vorderen Ballonetts betätigt hatte oder ob es sein Gewicht war, das die Reaktion auslöste.

Die Nase begann sich zu senken.

An die Leine geklammert, baumelte er unterhalb der Gondel.

Dann fing er an, wie ein Pendel zu schwingen.

Er hing unten an der wohl fünfundzwanzig Meter langen Leine, während sich die Nase des Luftschiffs immer weiter nach unten neigte und zum Drehpunkt eines Bogens wurde, der, langsam und elegant wie die Flugbahn eines Trapezartisten, weit hinausschwang, Hunderte von Metern über dem Meer. Am Ende des Bogens war er entweder bewußtlos geworden, oder seine Hand konnte die Leine nicht mehr festhalten.

Wie auch immer – er ließ los.

Eine kurze Strecke folgte sein Körper noch der vorgezeichneten Flugbahn nach oben. Einen Augenblick sah es so aus, als könne er fliegen.

Aber er konnte nicht fliegen.

Er fiel.

Er fiel gerade nach unten, ohne zu strampeln. Die Leine hing jetzt schlaff von der Nase des Luftschiffs herab.

Ich sah nicht, wie er auf das Wasser aufschlug, weil man einen menschlichen Körper aus einer Höhe von einer Meile nicht mehr erkennen kann. Außerdem mußte ich mich übergeben.

Nach einiger Zeit fand ich die Kraft, ins Cockpit zu kriechen und an den Ballonettschaltern zu drehen, bis das Luftschiff horizontal getrimmt war und zu sinken begann. Dann ging ich zurück in den Passagierraum und zog die

Rettungsinsel aus ihrem Stauraum. Die graue See kam mir entgegen. Die Falten wurden zu einer flachen Dünung. Als wir zwanzig Fuß über der Oberfläche waren, hievte ich den Kanister durch die Tür und zog die Reißleine.

Der große, gelbe Krapfen schwoll an, blähte sich auf und klatschte auf das Wasser. An der Halteleine befestigt, wurde er von dem Luftschiff nachgeschleppt. Ich hakte die Leine los, wickelte sie um meine Hand und sprang. Ich landete halb auf, halb außerhalb der Rettungsinsel mit einer Wucht, die mir für einen Moment den Atem nahm.

Als ich wieder atmen konnte, blickte ich nach oben. Der Wind hatte das Luftschiff inzwischen dreihundert Meter weitergetrieben. Es lag mit der Breitseite im Wind, und jeder außer mir hätte wahrscheinlich gedacht, es handelte sich um ein wunderschönes, gigantisches und ökologisch vernünftiges Produkt.

Ich wandte den Blick ab.

Die Dünung war an die zwei Meter hoch. Ich war naß und fror und rollte in der Rettungsinsel herum wie eine Kanonenkugel auf der Ladefläche eines Tiefladers.

Ich konnte mich nicht erinnern, jemals so glücklich gewesen zu sein.

Ich stöberte in der Notausrüstung, fand eine automatische Seenotfunkboje und zog an dem Auslösering.

Sie mußten schon nach mir gesucht haben. Nur kurze Zeit später, so schien es mir, flackerte das Licht über mir, und ich hörte wieder das bekannte Geräusch: das durchdringende, dumpfe Schlagen der Rotoren und das Röhren eines Hubschraubermotors. Ein Helm trug die Aufschrift: US-COAST-GUARD. Eine Gurtschlinge strammte sich unter meinen Armen. Zum zweiten Mal in vier Wochen stieg ich in eine neue Welt hinauf.

Und diesmal hatte ich eine Eintrittskarte, und ich kannte auch das Drehbuch.

Sie flogen mich in ein Krankenhaus nach Rockland. Ein Arzt untersuchte mich von Kopf bis Fuß. Außer einigen Rippenprellungen konnte er nichts finden.

Als der Arzt mit mir fertig war, wartete schon ein Polizeibeamter auf mich. Er brachte mich aufs Revier und nahm ein Protokoll auf. Ich hatte wieder angefangen zu denken. Ich dachte an eine Reihe von Leuten, denen ich verschiedene Fragen zu stellen hatte.

Die Polizei ihrerseits hatte auch verschiedene Fragen an mich. Ich erzählte ihnen gerade so viel, daß sie mich wieder laufenließen, ging die Hauptstraße hinunter, mietete mir einen neuen Wagen und sagte den Vermietern, wo sie ihn später wieder abholen konnten. Ich hatte Hunger – solange ich nicht daran dachte, was sich dort oben unter der grauen Wolkendecke abgespielt hatte. Ich aß zwei Roastbeef-Sandwiches mit gehackten Oliven, Krautsalat und Senf und rief dann Ricky Lee an. Erins Anrufbeantworter sagte mir, sie wären beide im Augenblick nicht da. Ich hinterließ eine Nachricht. Dann rief ich die DUCHESS OF MALFI an und ließ mich mit Pierce Rapaport verbinden.

»Wen darf ich melden?« fragte die Stimme am anderen Ende der Leitung.

Ich nannte meinen Namen. Nach einer kurzen Pause kam Pierce an den Apparat. »Okay«, sagte er ungehalten, »wer, zum Teufel, ist denn da?«

»George Devis«, sagte ich.

Eine Weile schien es, als hätte es ihm die Sprache verschlagen. »George«, sagte er dann. »Tut mir leid. Das Mädchen sagte mir, es wäre Warren Diglis.« Er lachte. Das Lachen endete in einem Hustenanfall. »Erkältung«, sagte er. »Na, wie ist es gelaufen?«

»Wo ist Poliakoff?« fragte ich.

»Irgendwo im Ausland.«

»Wann hat er denn das Land verlassen?«

»Heute morgen.«

»Hatte er es eilig?«

Pierce lachte. »Er ist immer in Eile. Haben Sie Ihr Gespräch mit Ras Hamil aufgezeichnet?«

»Das Luftschiff ist abgestürzt«, sagte ich. »Alle haben überlebt, außer dem Kopiloten. Was Ras Hamil betrifft, so haben Sie sich geirrt. Wir sind an der Nase herumgeführt worden. Ich habe eine Geschichte für Sie. Eine schöne, große Geschichte.«

»Was ist das für eine Geschichte?« fragte er scharf.

»Eine Geschichte, die in Ihnen den Wunsch erwecken wird, Ihren Arbeitgeber zu wechseln.«

»Ich verstehe.« In seiner Stimme lag jetzt eine gewisse Vorsicht. »Hat es etwas damit zu tun, daß Serge das Land verlassen hat?«

»Ja.«

»Können Sie etwas deutlicher werden?«

»Später.«

»Ich bin Ihnen für den Hinweis sehr dankbar«, sagte er.

»Gern geschehen.« Ich legte den Hörer auf und fuhr nach Norden.

Der Verkehr wurde dichter. Eine Menge Campingwagen waren unterwegs, und die Hummerbuden am Straßenrand machten gute Geschäfte. Hinter dem Einkaufszentrum bei Ellsworth bog ich rechts nach Bar Harbor ab. Es war fünf Uhr nachmittags. Mir kam der Tag so lang vor wie eine halbe Ewigkeit. Ich dachte daran, wie ich das erstemal in diese Gegend gefahren war; das war am Tage nach dem Einbruch auf der HALCYON, als ich mit einer Probe radioaktiven Mehls hierherkam – ebenfalls in der Absicht, Charis Brown zu besuchen. Meine Augenlider wurden schwer, und meine Gedanken waren verschwommen und etwas wirr. Ich fuhr an den Straßenrand, lehnte meinen Kopf gegen die Fensterscheibe und schlief ein.

Als ich aufwachte, war die Dämmerung hereingebrochen. Ich fuhr wieder auf die Straße, überquerte die Brücke nach Mount Desert Island, kreuzte durch die hell beleuchtete, die Zeit Edwards VII. widerspiegelnde Pracht von Bar Harbor und fand mich wieder im dunklen Hinterland. Die Fenster von Ferienhäusern warfen gelbliches Licht durch die Bäume am Straßenrand. Der Himmel war immer noch wolkenverhangen. Mir taten die Glieder weh, und mein Kopf war schwer. Aber ich wußte, wohin ich wollte und was ich zu tun hatte.

Auf der gegenüberliegenden Straßenseite vor mir wartete ein Auto. Ich blinkte es mit meinen Scheinwerfern an. Es blinkte zurück. Das hochgezogene Heck des Wagens leuchtete so rot wie ein kandierter Apfel, als ich hinter ihm parkte.

Ricky Lee stieg aus dem Mustang und stand im Licht der Scheinwerfer. Ich ging ihr entgegen. Sie warf die Arme um meinen Hals und sagte: »Ich kann einfach nicht glauben, daß du da bist.«

Ich fühlte mich ebenfalls etwas verwirrt, aber doch gleichzeitig beschwingt. Ihr Haar duftete schwach nach irgendeinem Parfüm. »Das liegt nicht an mir«, sagte ich.

»Ich hab' Warren Diglis wegen dieses Typs auf dem Flugfeld angerufen«, sagte sie. »Er behauptet, er wüßte gar nichts von ihm.«

»Das ist erstaunlich«, sagte ich. »Vielleicht lügt er ja auch.«

»Arbeiten die für Poliakoff?« fragte sie.

»Ja.« Ich erklärte es ihr.

»Du lieber Gott!« Sie sah mich mit großen Augen an.

»Eine Geschichte für dich«, sagte ich.

»Irgend etwas passiert bei PKC«, sagte sie. »Der Aktienpreis ist während der letzten Stunden des Handels um zehn Prozent gefallen.«

»Und Poliakoff hat das Land verlassen.«

»Aber warum sollte der Aktienpreis fallen?« fragte sie.

»Erklär du es mir«, sagte ich.

»Die Fernsehgesellschaft ›News Actuality‹ arbeitet nicht rentabel«, sagte sie. »Die Zeitungen arbeiten kostendeckend, denke ich. Die anderen Unternehmen jedoch – wer weiß? Aber warum so plötzlich?«

»Wohin ist er geflogen?«

»Irgendwo nach Rußland«, sagte sie. »Hör mal, wenn du glaubst, ich könnte hieraus eine Geschichte machen, bist du verrückt. Du hast nur Hamils Wort gegen seines, und dank deiner Vorträge genießt Hamil nicht die geringste Glaubwürdigkeit. Bei den Anwälten, die Poliakoff hat, bist du erledigt.«

Ich lachte. Für Poliakoff war ich bereits tot. »Fahr nur los«, sagte ich. »Ich werde es dir beweisen.«

Sie fuhr los. Nach fünf Meilen warf sie mir einen Blick zu. »Von der Geschichte einmal abgesehen ...«, sagte sie, »ich bin froh, daß du wieder da bist.«

Ich griff nach ihrer Hand. »Danke, daß du den Wagen hergebracht hast.« Wie Flitterwöchner bogen wir von der Straße ab und fuhren in das Kiefernwäldchen, in dem das Haus von Charis Brown stand.

Es war eine kalte Nacht. Licht fiel durch die Spalten der Vorhänge. Ich hämmerte gegen die Tür.

»Wer ist da?« fragte die kräftige, rauhe Stimme.

Ich sagte es ihr. Sie öffnete die Tür. »Das ist aber eine Überraschung«, sagte sie. Ihr Gesicht war grau und grob; die Haut großporig. Große Tränensäcke hingen unter ihren Augen. Sie sah wirklich nicht aus, als wäre dies für sie eine freudige Überraschung.

»Wir sollten miteinander reden«, sagte ich.

Ihre Augen wurden starr und mißtrauisch. »Es paßt nicht besonders gut«, entgegnete sie.

»Es ist sehr dringend.«

Ihre Augen wanderten zu Ricky Lee hinüber. Ich sah, wie sie sie von oben bis unten musterten, den Sitz der Jeans prüften, die Brüste unter dem T-Shirt. Es war ein besitzergreifender, männlicher Blick. »Kommen Sie rein«, sagte sie schließlich.

Wir gingen in den Wohnraum mit der schmuddeligen Navajo-Decke auf dem Boden. Ich warf einen Blick auf das Bücherbord, dorthin, wo unter anderem das Buch über Alke und das Handbuch der Vögel Großbritanniens, »Best Guide to British Birds« von George Devis, gestanden hatten.

Die Bücher waren nicht mehr da.

»Ich denke, es ist jetzt an der Zeit, Charis, daß wir offen und ehrlich miteinander reden.«

Ihre Augen waren meinem Blick gefolgt. Jetzt war sie in der Defensive und vielleicht auch eine Spur verlegen. Die Requisiten waren etwas zu übereilt wieder entfernt worden. Sie seufzte.

»Was genau möchten Sie wissen?«

37

»Das Emergency Resources Bureau«, sagte ich. Ricky Lee hatte ihren Block hervorgeholt und stenographierte mit. In ihrer Handtasche lief außerdem noch ein Tonbandgerät, aber das brauchte Charis Brown nicht unbedingt zu wissen. »Das ERB ist keine Regierungsbehörde.«

Sie hob die Augenbrauen. Die Tränensäcke unter ihren Augen waren groß und körnig. »Ach, nein?«

»Bei unserer ersten Begegnung sagten Sie, Sie schätzten Serge Poliakoff nicht, weil Sie nichts davon hielten, daß er Leute mit erstklassigem Verstand einfach kaufte.«

Sie stand da, ohne sich zu rühren, und ließ mich nicht aus den Augen.

»Aber er hat Ihren gekauft.«

Sie zog den Kopf ein. »Ich nehme an, ich sollte mich geschmeichelt fühlen.«

»Er wollte jemand bei der UN haben, und das waren Sie.«

Ihr Gesicht war hart und kalt und ohne jede Regung. »Ich habe Ihnen geholfen. Das hier ist eine seltsame Art, sich zu bedanken.«

»Serge Poliakoff steckt in großen Schwierigkeiten«, sagte ich. »Sie werden ebenfalls Ärger bekommen. Man wird Ihr ganzes Leben wie auf einem Seziertisch ausbreiten und es zerlegen und nicht eher ruhen, bis man etwas gefunden hat.«

Sie sah mich lange regungslos an. Dann ging sie an einen Schrank, schenkte sich vier Finger Johnny Walker in ein Glas und ließ sich in den braunen Cordsessel fallen. »Und Sie haben ihn auffliegen lassen.« Sie leerte das Glas, ohne es abzusetzen. »Volle Immunität?«

»Die Entscheidung darüber liegt nicht bei mir«, sagte ich. »Sie erzählen mir alles über das ERB, und ich werde ein Wort für Sie einlegen. Wieviel es nützt, steht auf einem anderen Blatt.«

Sie sagte: »Das ist alles nur passiert, weil diese verdammte Caroline Impey Ihnen an die Wäsche wollte. Sie hat Sie nach Ohio geschickt, und Sie haben nicht einmal bei ihr angerufen.« Ihre Stimme war hart und gehässig geworden. »Sie hat mir die Geschichte von der Bestrahlung erzählt, und Sie konnten sie nicht daran hindern, weil das sehr merkwürdig ausgesehen hätte. Dann erzählte sie Ihnen, daß sie mir Bruno Wanamakers Namen genannt hätte.«

»Ja.«

»Und wem haben Sie es weitererzählt?«

»Ich habe die ERB-Faxnummer. Ich kenne keinen von den Leuten persönlich. Manchmal schicken sie mir ein Fax und bitten mich, einen Bericht für sie zu schreiben. Sie überweisen das Honorar. So ist das immer gegangen.«

»Wie haben Sie gemerkt, daß Sie nicht für eine Regierungsstelle arbeiten?«

»Sie zahlten zuviel.«

»Welcher Art war Ihre Verbindung mit Bruno Wanamaker?«

Sie schlug die Augen nieder. »Ich bekam ein Fax, in dem ich um einen Ratschlag bezüglich der Markierung einer Weizenladung für Äthiopien gebeten wurde.«

»Von der wir ja wissen.«

»Über die Sie alles herausgefunden haben.«

»Und Sie wollten gar nicht wissen, warum das ERB diese Information haben wollte?«

»Nein.«

Eine Weile sagte niemand etwas.

»Ich hab' versucht, Sie zu warnen«, fuhr sie schließlich fort. »Hungerhilfe und Geheimdienstleute. Man stellt da keine Fragen. Das ist keine Welt für einen Mann wie Sie.« Sie zog ihre Mundwinkel nach unten. »Nett. Aufrichtig.«

»Wir scheinen ja nicht so ganz erfolglos gewesen zu sein«, sagte ich.

»Sie hatten Glück.« Das etwas altjüngferlich Tantenhafte an

ihr war verschwunden. Jetzt war sie nur noch eine harte, sonderbare alte Bürokratin, die mit dem Rücken zur Wand stand.

»Geben Sie mir bitte die Faxnummer des ERB.«

Sie ging an einen Aktenschrank in der Ecke, zog einen Ordner heraus, riß einen Papierstreifen von einer Faxrolle und gab ihn mir. Ich konnte nichts damit anfangen und las Ricky Lee die Nummer vor.

»Die Vorwahl ist die von Boston«, sagte sie.

Ich stand auf. »Danke sehr, Miss Brown«, sagte ich.

Ihr Gesicht wirkte gleichzeitig schlaff und grausam. »Es gibt immer wieder Leute wie Sie und Ihre Schwester«, sagte sie. »Sie glauben, Sie können die Welt verändern. Aber alles funktioniert auf eine bestimmte Weise, wie eine Maschine; und diese Maschine existiert, und Sie können sie weder verändern noch anhalten.« Wir standen an der Tür. »Ich hoffe, Sie haben einen Autounfall«, sagte sie.

Ricky Lee steckte ihren Notizblock in die Tasche. »Aber ja doch«, sagte sie. »Herzlichen Dank.«

Ich fuhr den Mustang nach Bar Harbor zurück. Wir nahmen ein Zimmer im »Harbor Hotel« und gingen dann in »Captain Cutler's Lobster Shack« am Kai. Wir bestellten eine Flasche Weißwein. Mein Kopf kam mir vor wie ein Sack Zement. »Kannst du rauskriegen, wer sich hinter einer Faxnummer verbirgt?«

»Ich versuch' es morgen«, sagte Ricky Lee.

»Fein.« Der Raum fing an, sich um mich zu drehen.

»Du siehst schrecklich aus«, sagte sie. »Laß uns zum Hotel zurückgehen.«

Im Hotel hängte sie sich sofort ans Telefon. Ich saß auf dem Bett. Aus dem Sitzen wurde schnell ein Liegen. Mein Kopf fiel auf das Kissen. Dann wußte ich von nichts mehr.

Als ich wieder aufwachte, war sie immer noch am Telefon. Sie hatte ein weißes Nachthemd an, und die Sonne strahlte durch das Fenster. Nach dem Radiowecker war es elf Uhr vormittags. Es sah fast so aus, als hätte sie die ganze Nacht am Telefon verbracht.

Als sie merkte, daß ich wach war, kam sie zu mir herübergetanzt und goß mir aus einer Thermoskanne Kaffee ein. »Du siehst immer noch schrecklich aus«, sagte sie mit gräßlicher Munterkeit. »Ich war inzwischen sehr erfolgreich. Ich hab' den Besitzer des Faxanschlusses herausbekommen. Und Ras Hamil war auf dem Anrufbeantworter. Ich hab' ihn zurückgerufen. Er kommt in zwanzig Minuten mit dem Flugzeug hier an.«

Ich stolperte aus dem Bett. Das Hotel hatte meine Kleider gereinigt. Ich trank drei Tassen Kaffee und rasierte mich mit etwas zittriger Hand. Davon abgesehen, sah ich aus, als hätte ich viel Zeit unter freiem Himmel verbracht, so wie die anderen Touristen, die für die Saison nach Bar Harbor gekommen waren.

Ich ging nach unten ins Restaurant. An der schwimmenden Brücke vor dem Fenster hatten ein paar Yachten festgemacht. Der Tag war wolkenlos und sonnig, und die Tische auf der Terrasse wurden schon von den ersten Lunchgästen in Polohemden besetzt. Die Ferienatmosphäre behagte mir nicht. Ich wollte lieber drinnen bleiben, im Halbdunkel, wo mich niemand sehen konnte.

Ich suchte mir also einen Tisch in einer Ecke, setzte mich dort, mit dem Rücken zur Wand, unter ein Gemälde vom Walfang, aß Eier mit Schinken und vier Scheiben Toast und beobachtete die Eingangstür. Nach zehn Minuten kam Ras Hamil herein.

Sein Leibwächter war auch diesmal dabei und nahm in der Nähe der Tür Aufstellung. Er überragte den herbeigeeilten Oberkellner, der mit seinen nahezu ein Meter neunzig wahrlich kein Zwerg war, um ein Beträchtliches. Ras Hamil kam mit ausgebreiteten Armen auf mich zu, hochgewachsen und schlank in seinem weitgeschnittenen Khakianzug. Sein Lächeln schien selbst die im Halbdunkel liegende Ecke des Raums zu erhellen. »George«, sagte er. »Mein Freund.« In seiner Stimme lag viel Wärme und Herzlichkeit. »Geht es Ihnen gut? Man hat mir gesagt, es ginge Ihnen gut.«

Er setzte sich und bestellte ein Glas Wasser; höflich, keineswegs wie ein Kriegsherr.

»Ich muß mich bei Ihnen entschuldigen«, sagte ich.

Ich merkte, wie er über diese Bemerkung nachdachte, so als könne er sich nicht vorstellen, was das sollte. »Und warum sollten Sie das?«

»Ich war sehr naiv. Um ein Haar wäre ich ... zum Werkzeug Ihres Todes geworden.«

Er lachte; ein volles, unbekümmertes Lachen, das mehr mit den Urlaubern draußen auf der Terrasse zu tun hatte als mit den dunklen Schatten in der Ecke. »Zu Hause«, sagte er, »hat man mich aus dem Hinterhalt überfallen. Mein Haus ist bombardiert worden. Meine Lebensmittel wurden vergiftet. Flugzeuge, in denen man mich vermutete, sind einfach verschwunden. Ich sehe so etwas nicht als Verbrechen an, sondern mehr als ... Ausbrüche praktischer Politik.« Seine Augen waren groß und hatten den Ausdruck eines weisen Clowns, die Hände gestikulierten so wie auf dem Foto, das er mir im Luftschiff gezeigt hatte. Ich merkte, daß auch ich angefangen hatte zu lachen. Selbst der Leibwächter hinten an der Tür grinste. *Der Boß ist wieder mächtig in Fahrt,* dachte er sicherlich. Ras Hamil hatte eine erstaunliche Fähigkeit, Menschen für sich einzunehmen.

»Geht es Ihnen wirklich gut?« fragte er.

»Es ist alles in Ordnung«, sagte ich. »Der Kopilot hatte einen Unfall.«

Das Lachen verschwand aus seinem Gesicht. Jetzt kam etwas von der Härte und Zähigkeit hervor, die er gebraucht haben mußte, um all die Anschläge mit Schußwaffe, Bombe oder Gift zu überleben. »Ich verstehe«, sagte er. »Ich habe den Piloten im Krankenhaus angerufen. Er war sehr ... überrascht von dem, was vorgefallen ist. Er ist auf dem Wege der Besserung. Es ist also alles in Ordnung, denke ich. Eigentlich muß ich mich bei Ihnen dafür bedanken, daß Sie uns Gelegenheit gaben, die Leute von Matinicus kennenzulernen. Eine Lady hat uns zu Kaffee und Kuchen eingeladen.«

Ich versuchte mir vorzustellen, wie er zusammen mit seinem riesigen Leibwächter und dem arg mitgenommenen Piloten im Wohnzimmer eines Holzhauses bei einer alten Dame aus Maine saß und beim Kaffee höfliche Konversation machte. Es war nicht unbedingt eine einfache Vorstellung.

»Das ist die eine Sache«, sagte er. »Es gibt noch eine andere. Ich habe mit Jerry Stein in Bristol gesprochen. Er sagte, seit Ihrer Vortragsreise hätte er die Möglichkeit, zwanzig weitere Projektbegleiter rauszuschicken. Das Dorf von Rhyd und Camilla wird wieder einen solchen Berater bekommen. Hierfür danke ich Ihnen.«

»Ich habe das Geld beschafft, indem ich Sie schlechtgemacht habe«, sagte ich.

Er grinste wieder. »Leute sind nicht so wichtig wie die Veränderung der Verhältnisse. Ich bin der Drehpunkt; die Geschichte ist der Hebel.«

Was für eine wunderbare Sache, dachte ich, *ein Politiker, der sich nicht als Mittelpunkt des Universums ansieht.*

»Aber es gibt da noch ein letztes Problem«, fuhr er fort. »Ich habe gestern nicht davon gesprochen, weil ich dachte, wir könnten sterben, und ich wollte nicht mit einem Mann, der vielleicht in den Tod geht, über die Zukunft sprechen.« Er sagte das so, als wäre das ein selbstverständlicher Teil guten Benehmens. Für ihn war es das wahrscheinlich auch. »Ich entsinne mich, daß Sie von einer detaillierten Analyse sprachen, die Rhyd von dem System gemacht hat, mit dessen Hilfe die markierte Getreidelieferung bis zu ihm verfolgt wurde. Es wäre von großem Nutzen, wenn Sie diese Analyse finden könnten.«

»Natürlich.«

»Aber Sie wissen nicht genau, wo sie ist?«

»Nicht mit absoluter Sicherheit.«

Hamil seufzte. »Sie könnte also genausogut auch im Haus verbrannt sein. Die Analyse ist jedenfalls nicht da. Es wird eine lange, schmutzige Aufklärungsarbeit geben. Ich muß heute nacht wieder nach Äthiopien zurück.« Er streckte die Hand aus und legte sie auf den Tisch, Handfläche nach oben und die Finger geschlossen, als verberge er etwas darin. »Und Sie können an grüne Dörfer denken und daran, daß der ›Halleluja-Baum‹ neue Blätter treiben wird.«

Er öffnete seine Hand. Auf der Handfläche lag ein silbernes Kreuz, massiv und urtümlich, besetzt mit Steinen, die die Farbe von Löwenaugen hatten. »Esias, Ihr Freund, hat das gemacht«, sagte er. »Es ist mein Dank an Sie und Ihre Familie. Sagen Sie den Jungen, daß sie jederzeit willkommen sind. Kommen Sie selbst auch mit.«

Er stand auf. Ich betrachtete das Kreuz, roch wieder die Asche.

Als ich aufsah, war er verschwunden.

Langsam ging ich zurück auf mein Zimmer. Das Metall des Kreuzes fühlte sich warm an in meiner Hand. Im Zimmer schrieb Ricky Lee eifrig in ihrem Notizbuch. Ich setzte mich auf einen Stuhl am Fenster und sah hinaus auf den besonnten Hafen und die weite, blaue Fläche der Frenchman's Bay.

Ich dachte an das dunkle Tal in Bethel, den rasselnden Wellenschlag, das Pfeifen des Windes in dem riesigen Ahorn im Hof. Ich dachte an die letzten Tonbandaufnahmen, die Rhyd gemacht hatte, den »Birdman in the Corn«, die Banjobegleitung, die ich unter den Zweigen des ersten und ursprünglichen »Halleluja-Baums« vernommen hatte.

»O nein«, sagte Ricky Lee plötzlich.

Sie stand vor dem Fernseher, der die ganze Zeit eingeschaltet war, so wie man in Europa vielleicht im Sommer ein Feuer im Kamin unterhält, damit etwas in der dunklen Zimmerecke flackert.

Es war eine lokale Nachrichtensendung. Das Bild zeigte ein Kiefernwäldchen und das, was von einem braunen Holzhaus übriggeblieben war. Es war nicht viel. Feuerwehrleute mit großen Helmen besprühten hier und da noch die dampfenden

Trümmer. Bevor es in Brand geraten war, hatte Charis Brown darin gewohnt.

Der Nachrichtensprecher sagte, daß man menschliche Überreste in den Trümmern gefunden habe. Die Sommersprossen waren wie verschwommene Flecken auf Ricky Lees blaß gewordenem Gesicht. »Sie haben sie umgebracht«, sagte sie.

»Sie haben schon eine Menge Leute umgebracht.«

Ich griff nach dem Telefon und wählte die Nummer des ERB.

Es läutete zweimal. Dann meldete sich eine Frau. Ich sagte: »Hier ist der Telefonbuchdienst der Bell Telephone Company. Ich fürchte, daß es bei Ihnen aufgrund eines Computerversagens zu einer Falscheintragung gekommen ist. Würden Sie mir bitte Ihre Anschrift geben?«

Die Frau am anderen Ende sagte: »Es tut mit leid, Sir, aber ich darf Ihnen darüber keine Auskunft erteilen.« Damit legte sie den Hörer auf.

»Gib mir das mal. Ich ruf die Rechnungsabteilung an«, sagte Ricky Lee.

Ich dachte an Charis Brown. Sie hatte bestimmt keinem erzählt, daß sie mit uns gesprochen hatte. Höchstwahrscheinlich war sie also nicht aus Rache ermordet worden, sondern um sie permanent zum Schweigen zu bringen.

Ricky Lee und ich wußten ebenfalls zuviel.

Das Hotelzimmer war jetzt nicht mehr nur ein Hotelzimmer mit Blick auf das von der Sonne beschienene Meer. Es war eine Falle, und in den Geruch des Meeres mischte sich der ferne Gestank des Todes.

Ricky Lee machte sich einige Notizen. Sie bedankte sich und legte auf. »Die Rechnungen gehen an die Georgetown Investmentgesellschaft«, sagte sie.

»Kannst du die Adresse rausbekommen? Noch weitere Informationen?«

Sie nickte. Ohne mich anzusehen, sagte sie: »Wenn man Charis Brown umgebracht hat, dann wird man auch uns beseitigen wollen, nicht wahr?«

»Stimmt«, sagte ich. »Es sei denn, wir kriegen sie zuerst.«

»Wie?«

Ich versuchte zuversichtlich auszusehen. »Laß uns erst mal etwas über Georgetown Investment rausfinden.«

Sie fing wieder an zu telefonieren. Ich verließ das Zimmer. Der Flur war menschenleer. Am Ende war ein öffentlicher Fernsprecher. Ich nahm den Hörer ab und wählte die Nummer von Rooneys Pinte in Quogue. Danny war am Apparat.

Ich ließ ihn gar nicht erst zum Reden kommen und fragte: »Ist John da?«

»Warten Sie«, sagte er. »Ja, sicher. Er ist auf seinem Boot. Ich kann ihn von hier aus ...«

»Können Sie ihm ausrichten lassen, er möchte mich anrufen?«

»Klar«, sagte er. »Geben Sie mir die Nummer.«

Ich gab ihm die Nummer des Hotels. »Ich bin noch eine Stunde hier«, sagte ich. Dann ging ich ins Zimmer zurück.

»Eine Unternehmensgruppe«, sagte Ricky Lee und schob mir ihren Notizblock zu, »zu der auch Georgetown Investment gehört.«

»Ruf eine Zeitung an, die nicht Poliakoff gehört, und sag ihnen, du hattest eine Geschichte für sie.«

Sie begann zu wählen.

Auf dem Notizblock standen eine Menge Namen. Da war einmal das Emergency Resources Bureau und eine Reihe anderer Firmen, deren Namen mir nichts sagten. Unter anderem auch eine, die sich »Sports Projects« nannte.

Hinter »Sports Projects« stand eine Telefonnummer. Ich ging wieder den Flur entlang und rief dort an. »Bin ich mit den Besitzern der Zeitschrift *Woods and River* verbunden?« fragte ich.

»Aber sicher sind Sie das«, antwortete die Stimme am anderen Ende der Leitung. Es war keine intelligente Stimme, was mir sehr gut in den Kram paßte.

»Sie arrangieren aber auch Boxkämpfe, nicht wahr?«

»Ja, über unser ›Fistic‹-Büro. Soll ich Sie durchstellen?«

»Und wie ist es mit Fischerbooten?«

»Wir verfügen auch über einige Boote«, sagte die Stimme.

»Auch Muschelsucher?« Ich dachte an Bill im Cockpit der alten AUK, im Nebel stehend, ohne Kopf.

»Woher wissen Sie das nur?« fragte die Stimme erstaunt.

»Ich habe eine große Forschungsabteilung«, sagte ich.

»Warum wollen Sie denn das alles wissen?«

»Ich überlege, ob ich Ihre Gesellschaft übernehmen soll«, sagte ich.

»Oh«, sagte die Stimme, etwas verunsichert. »Ich weiß nicht ...«

»Nur ein Scherz«, sagte ich und legte auf.

Sullivan war Redakteur beim *Boston Echo* gewesen. Der Besitzer von *Woods and River* kannte seine Angelleidenschaft und hatte ihm einen neuen Job gegeben, damit er alles vergaß, was Bill ihm womöglich erzählt hatte. Als ich Bruno Wanamaker besucht hatte, den gar nicht so armen Bauern aus dem östlichen Mittelwesten, hatte dieser den Eigentümer des ERB angerufen. Und Warren Diglis war »Fistic« sicher noch einen Gefallen schuldig gewesen und hatte nicht gezögert, dessen Eigentümer zwei seiner Muskelmänner zur Verfügung zu stellen.

Ich ging zum Zimmer zurück.

»Ein Reporter wird uns anrufen«, sagte Ricky Lee. Das Telefon klingelte. Sie nahm den Hörer auf und runzelte die Stirn. »Für dich«, sagte sie.

Es war John. »Alles in Ordnung mit Ihnen?« fragte er.

»Ja.«

»Bei Rooney sind einige Nachrichten eingegangen«, sagte John. »Ein paar Reporter. Und ein ziemlich merkwürdiger Typ.«

»Ach, ja?«

»Mit einem Südstaaten-Akzent, sagt Danny. Ließ ihn alles genau aufschreiben. Das hat Danny ziemlich sauer gemacht. Schreiben ist nicht gerade seine Stärke.«

»Lesen Sie mal vor«, sagte ich.

»Hier steht: Fliegen Sie nach England zurück. Die Jungen sind glücklich in Bethel, weil sie noch unter uns sind. Wenn Sie was unternehmen, schicken wir sie dorthin, wo ihr Daddy ist.«

Ich hatte das Gefühl, mein Herz pumpe Eiswasser statt Blut.

»Ach, und noch etwas«, sagte John. »Danny meinte, der Typ hätte eine Erkältung gehabt.«

»Ich weiß«, sagte ich. Eine Weile schwiegen wir beide – nur das Summen der Leitung zwischen uns. »Wir brauchen ein schnelles Boot; eins, das für eine längere Strecke taugt.«

»Klar«, sagte John. »Wohin soll's gehen?«

Ich erklärte es ihm. »Ich bin in zwei Stunden am Stadtkai von North-East Harbor«, sagte er.

Ich legte auf.

Unmittelbar darauf läutete es wieder.

»Hi«, sagte eine eifrige Reporterstimme. »Kann ich mit Ricky Lee Klaasen sprechen?«

»Sie ist nicht da«, antwortete ich und legte auf.

»Hey!« sagte Ricky Lee.

»Eine Planänderung«, sagte ich

»Und wie sieht die aus?«

»Buch mir einen Flug nach England, und zwar über eine Poliakoff-Gesellschaft. Abflug morgen. Ich packe schon mal.«

»Ein Ticket?«

»Ja, bitte.«

Sie starrte mich an, öffnete den Mund, um etwas zu sagen, aber irgend etwas in meinem Gesicht ließ sie es sich anders überlegen. Sie zuckte die Schultern. Ich packte. Eine halbe Stunde später verließen wir das Hotel.

Mount Desert Island ist eine Insel, die berühmt ist für ihre landschaftliche Schönheit. Ich bemerkte nichts davon, als wir nach North-East Harbor fuhren. Ich dachte daran, daß sich Poliakoff wegen des katastrophalen Kursverfalls seiner Aktien sehr wohl nach Rußland abgesetzt haben könnte, daß er aber immer noch über eine riesige Organisation verfügte und daß diese Organisation auch noch weiter funktionierte.

Hamil flog in sein Land zurück. Aber Ricky Lee und ich waren im Räderwerk dieser riesigen Maschinerie gefangen.

Und die Jungen ebenfalls.

John wartete schon am Kai. Er sah vertrauenerweckend groß aus. Es war ein strahlender Tag, warm und von überwältigender Klarheit. Er trug ein dickes, buntkariertes Hemd und Khaki-Shorts. »Da hab' ich Ihr Boot«, sagte er und deutete über den Rand des Kais.

Ein gut elf Meter langes Hummerfangboot dümpelte dort an den Pfählen. Es war ein mitgenommenes Arbeitsboot mit einer großen Well und einem verbeulten Ruderhaus. »Es hat einen GMC-V8-Lastwagenmotor«, sagte John, »turbogeladen. Hat letztes Jahr das Quogue Derby gewonnen. Macht leicht zwanzig Knoten.«

»Zusätzlicher Dieselvorrat?«

»Alles, was das Herz begehrt.« Seine Augen funkelten vor Vergnügen.

»An Bord mit dir«, sagte ich zu Ricky Lee. Ich folgte ihr die Leiter hinunter. John kam als letzter. Er drehte den Zündschlüssel herum. Der Motor startete mit einem Röhren, so laut wie das Rattern von fünf Lastwagen in einer Wellblechhalle. Ich warf los. John schob den Gashebel halb vor und drehte vom Kai ab. Weißer Schaum brodelte unter dem Heck hervor, und das Boot schoß vorwärts. Ricky Lee rümpfte die Nase über den strengen Geruch längst gefressener Köderfische.

Wir manövrierten durch die vor Anker liegenden Hummerfänger ins freie Fahrwasser. John schob den Gashebel ganz nach vorn. Der wie eine Hummerschere gerundete Bug des Bootes stieg hoch und legte sich auf ein Kissen zischender Gischt.

Das Hämmern der Maschine erfüllte die Luft wie ein solider Körper als wir, das »V« der Heckwelle hinter uns herziehend, den Hafen hinter uns ließen. Um uns waren Möwen und Seetaucher und Enten, die sich vor unserem Ansturm in Sicherheit brachten.

Ich beachtete sie nicht. Ich dachte an die Jungen in dem dunklen, nebligen Tal.

Und wie von selbst kam mir der letzte Vers des »Halleluja-Baums« in den Sinn. Es war eine Version mit Banjobegleitung, über der Rhyds Stimme schwebte:

Wenn das Buch des Lebens geschrieben wird,
Zu dem dies der Schlüssel ist,
Wird der Herr es in der Bibliothek aufstellen,
Dort beim Halleluja-Baum.

38

Der Nachmittag wurde zu einem langen, monotonen Ritt über die saphirblauen Wellen. John hatte zwei gegrillte Hähnchen und ein paar Mohnbrötchen aus der Bäckerei in Red Hill mitgebracht. Ricky Lee aß. Ich hatte keinen Hunger. Ich saß auf einem umgedrehten Eimer und starrte ins Kielwasser.

Um sieben Uhr abends stand die Sonne immer noch hoch am Himmel, und die Luft war so sauber wie Quellwasser. Die Zweige der dunklen Kiefern am felsigen Ufer hatten frisches Grün geschoben. Sicher hätte man auch Vögel singen hören, wenn der Motor nicht so einen wahnsinnigen Radau gemacht hätte. Es würde ein wunderbarer Abend werden.

John zeigte nach vorn. Über den Seegang hinweg erhob sich ein schmaler, weißer Finger vor einer fernen Landspitze. Ich warf einen Blick auf die Karte. Der Leuchtturm von Butcher Island. Die Seekarten hatte John von der HALCYON mitgebracht. Wir hatten sie benutzt, als wir, den von Rhyd eingezeichneten Kurslinien folgend, zuletzt in die Bethel Bay hineinliefen. Diese dünnen Kurslinien hatten uns ein gewisses Gefühl der Sicherheit gegeben. Das taten sie jetzt nicht. Die Dinge entwickelten sich zu schnell, gerieten außer Kontrolle.

John ging mit den Umdrehungen zurück. Der Bug des Bootes senkte sich auf sein weißes Schaumkissen. Zwischen den allmählich zusammenrückenden Ufern der Bucht fuhren wir weiter landeinwärts. Ich sagte John, was er machen sollte. »Er ist gewöhnlich bewaffnet«, fügte ich hinzu.

Er grinste mich an und sagte: »Als lizenzierter Dealer bin ich bestimmt schlimmeren Typen als ihm begegnet.«

Wir schoben uns langsam in die kleine, steinige Bucht, die wir auch letztes Mal angelaufen hatten, und ließen den Anker fallen. Ich hievte das kleine Avon-Schlauchboot über die Seite.

»Warte hier«, sagte ich zu Ricky Lee.

Sie nickte. Sie sah blaß und verängstigt aus.

John stieg ins Schlauchboot. Ich ruderte mit ihm an Land und versteckte das Boot oben am Strand in den Kiefern. Wir gingen vor bis zur Landspitze und überquerten sie. Oben vom Felsgrat aus sah man das Dach von Chucks Scheune als horizontalen Strich zwischen den Bäumen. Der Wind pfiff in den Blättern der Ahornbäume am Begräbnisplatz.

Ich zeigte John die Scheune.

Er grinste aus der Tiefe seines Bartes heraus. Ich spürte etwas Neues in diesem Grinsen, eine Art Erleichterung, als bekäme er jetzt endlich eine Chance, die eine oder andere der Wohltaten zu vergelten, die Rhyd ihm erwiesen hatte. Darauf setzte er sich in Bewegung und lief in einem plumpen, aber nichtsdestoweniger schnellen Trab über die knirschenden Kiesel den Strand entlang.

Ich ließ ihm etwa einhundert Meter Vorsprung und folgte ihm dann, wobei ich mir, vorsichtig und möglichst leise, meinen Weg durch Steine und Treibholz suchte.

Als ich den Strand halb hinter mir hatte, hörte ich ein Geräusch. Es war ein lautes Hämmern, Holz auf Holz. John klopfte mit einem Holzscheit an die Scheunentür. Das ging ungefähr zwei Minuten so weiter und hörte dann abrupt auf. Ich ging weiter.

Die Tür wurde geöffnet. Eine Stimme irgendwo über mir sagte: »Was wollen Sie?« Die Sprache war undeutlich und langsam. Chucks Stimme.

Dann hörte ich John: »Sir, ich bin ein Urlauber, der sich verlaufen hat. Ich brauche Auskunft, jemand, der mir weiterhilft; vielleicht auch Bewirtung.«

»Privatbesitz«, sagte Chuck. »Gehen Sie weg. Ich hab' ein Gewehr.«

Scotch John redete einfach weiter: »Sir, Kumpel, ich würde ja weggehen, wenn ich könnte. Aber ich kenne den Weg nicht, auf dem ich weggehen könnte, wenn Sie verstehen, was ich meine. Vielleicht können Sie mir zeigen, wie ich von hier wegkomme?«

»Ich bring' Sie an die Straße«, sagte Chuck.

»Die Straße?« sagte John. »Oh, ausgezeichnet, Sir. Ich habe nämlich eine Schwäche. Läßt man mich allein, neige ich dazu, Dinge zu stehlen.«

»Stehlen?« sagte Chuck. »Warten Sie.« Ich hörte seine schweren Fußtritte in der Scheune. Dann kam er wieder an die Tür.

»Sir?« sagte John. »Haben Sie da eine Schußwaffe in der Hand?«

»Es ist ein Gewehr«, sagte Chuck. Er klang etwas nervös. »Steigen Sie jetzt in den Wagen. Ich kann Diebe nicht leiden.«

Ich hörte nicht auf die Stimmen. Ich lauschte auf einen Klang im Hintergrund, der durch das Seufzen der Bäume, das Mahlen der Brandung und den gedämpften Chor der Vögel hindurch zu vernehmen war. Das schwache *Ratsch-Tschikka, Ratsch-Tschikka* eines Clawhammer-Banjos.

Ich wartete, bis der Pick-up gestartet und weggefahren war. Dann krabbelte ich die Uferböschung hinauf.

Die Tür an der Giebelseite der Scheune war geschlossen. Ich drückte die Klinke nach unten. Die Tür ging auf. Ich ging hinein.

Das Wohnzimmer sah aus, wie es beim ersten Mal auch ausgesehen hatte. Auf dem Arbeitstisch lag ein zerlegtes Gewehr. Der Geruch von Öl lag in der Luft. Chuck war dabeigewesen, sein Spielzeug durchzusehen und zu reinigen; schließlich begann ja schon in vier Monaten die Jagdsaison. Ich warf einen Blick auf die Tonbandkassetten. Mustergültige Ordnung; numeriert von eins bis achtundzwanzig.

Ich blieb stehen und hielt den Atem an.

Durch die stille Scheune kam es wie der Klang eines künstlichen Herzens. *Ratsch-Tschikka.*

Der Laut kam von oben.

Ich ging ganz leise die Wendeltreppe hinauf. Der Laut wiederholte sich: zwei trommelartige Fingerschläge quer über die Banjosaiten, dann das Zupfen der obersten Saite mit dem Daumen. Eine Melodie schälte sich heraus. Das Skelett einer

Geigenmelodie, gespielt nach Art eines altmodischen Streichorchesters. Es hörte sich nach »Cripple Creek« an.

Ich stand in Chucks Schlafzimmer. Rhyd grinste mich von dem an der Wand hängenden Poster an; seine Augen strahlten wie Lichtpunkte in dem dunklen Schatten, den der Schirm seiner Baseballkappe über sein Gesicht warf.

Ratsch-Tschikka.

Von oben.

Aber da waren keine Treppen mehr.

Ich klopfte an die Wände. Sie klangen, wie hölzerne Wände eben so klingen.

Die Musik war schwach, so als hörte ich sie nur in meinem Kopf – aber sie war da.

Ratsch-Tschikka.

Ich öffnete die Schranktür. Auf Bügeln hingen da der Anzug, die Baseballjacke nebst einer Reihe von Mützen – und in der Luft der Geruch von Schweiß.

Das Geräusch war jetzt lauter.

Ich stand und horchte und starrte auf die leere, hölzerne Rückwand des Schranks.

Die doch nicht so ganz leere Rückwand des Schranks.

Auf der rechten Seite war ein großer dunkler Fleck. Die Sorte Fleck, die entsteht, wenn man mit ölverschmierten Händen öfters die gleiche Stelle berührt.

Ratsch-Tschikka.

Ich streckte die rechte Hand aus und drückte gegen die Bretter. Die Rückseite des Schranks schwang nach hinten auf.

Vor mir lag eine weitere Wendeltreppe. Am Ende der Treppe befand sich noch ein Zimmer.

Es war ein kleines Zimmer mit schrägen Wänden, die der Neigung des Mansardendachs folgten. Es war weiß gestrichen und bekam Tageslicht durch zwei Dachfenster in der flacheren, oberen Schräge, die von außen praktisch nicht einzusehen war. An den Wänden hingen Bilder, die jemand aus Illustrierten ausgeschnitten hatte: Bilder von Leuten mit breitem Lächeln und breitkrempigen Hüten, die mit Bergkristallen und Fransen verzierte Jacken trugen und dazu Cowboystiefel aus dem Leder von Ameisenbären oder ähnlichen Exoten. Rhyd war dabei. Und andere Größen der Country-music wie Willie Nelson, Bill Monroe, Wynona Judd, the Seldom Scene, Gram Parsons, Loretta Lynn, Emmylou Harris, Sneezy Waters, the Kentucky Colonels und vielleicht noch fünfzig weitere.

Auf dem Fußboden lag ein blau-weiß gestreifter Teppich. Auf dem Teppich stand ein Bett mit einer Patchworkdecke, ebenfalls in Blau und Weiß, die im Sonnenlicht frisch und ansprechend aussah. Dieses Zimmer, nur zu erreichen über die hinter der Geheimtür verborgene Wendeltreppe, war hübsch und ordentlich und voller Heiterkeit und war sicher einmal das Zimmer eines jungen Mädchens gewesen.

Im Bett, unter der Patchworkdecke, lag eine Frau. Ihr üppiges blondes Haar fiel über die drei Kissen in ihrem Rücken. Ihr Gesicht war zur Seite gedreht, als wären ihre Halswirbel verkrümmt. Die Nase sprang hervor wie ein knochiges Beil; die Backenknochen waren zwei Ambosse, von denen die straff gespannte Haut über ausgezehrte Höhlungen zu dem sich deutlich abzeichnenden Kiefer verlief. Die rechte Gesichtshälfte war in die Kissen vergraben. Hätte sie geradeaus geblickt, würde sie nur meine Füße gesehen haben.

Aber ihre Augen sahen zu mir auf, so weit zur Seite gedreht wie nur irgend möglich. Sie lächelte. Es war ein wunderschönes Lächeln.

Ihr rechter Arm lag auf der Bettdecke, die Hand auf dem Korpus eines alten Banjos. Die klauenartigen Finger bewegten sich über die Saiten.

Ratsch-Tschikka.

Ein Laut entrang sich ihrer Kehle. Einer der Finger zeigte auf die Wand. Dort hingen einige Fotos. Sie alle zeigten die gleiche blonde Frau in Jeans und Cowboystiefeln, deren Lächeln nicht wie das breite, aufgesetzte Bühnengrinsen der meisten Country-Musiker war, sondern ein echtes Lächeln.

Das Lächeln auf dem Gesicht im Bett.

»Hallo, Maria«, sagte ich.

Die Hand verließ das Banjo. Sie wanderte langsam über die Decke, als hätte sie eine große Last zu tragen. Über dem Nachttisch hielt sie an. Auch dort standen einige gerahmte Fotos und ein Stereo-Tonbandgerät. Die Hand verharrte über den Fotos, deutete auf ein Bild. Es zeigte Rhyd, Camilla, mich und ein paar Enten. Dahinter stand eins von ihr und Ricky Lee bei einem Bühnenauftritt.

»Richtig«, sagte ich. Ich ging zu ihr und nahm ihre Hand. Sie lächelte und lächelte und stieß kleine Töne aus und bewegte die Hand hin und her, weil das das einzige war, was sie tun konnte.

Sie ließ meine Hand los. Mit großer Mühe stupste sie mit den Fingern unter ihr Kissen. Sie lächelte. Ich schob meine Hand unter das Kissen, stieß auf etwas Hartes, Viereckiges. Eine Tonbandkassette.

Sie nahm sie und legte sie geschickt in das Tonbandgerät ein. Ich hatte den Eindruck, daß dies eins der letzten Dinge war, die sie noch richtig tun konnte, und daß sie Wert darauf legte, es mir zu zeigen.

Ein leises Zischen kam aus den großen Boxen an den Wänden. Eine Stimme ertönte. Rhyds Stimme. Keine Hintergrundmusik. Er sagte: »Hier spricht Rhydian Walters. Diese Aufnahme ist eine eidesstattliche Erklärung über die gemeinsamen Aktivitäten von Eugene Wollo, einem Angehörigen der sudanesischen Polizei, und dem Emergency Resources Bureau, bei dem es sich, wie es scheint, um eine Tochtergesellschaft der Poliakoff Communications mit Sitz in Boston, USA, handelt. Sie befaßt sich mit einem Versuch des Emergency Resources Bureau, den demokratischen Prozeß in einem Entwicklungsland durch Veruntreuungen, Nötigung und betrügerische Machenschaften zu untergraben. Die Erklärung besteht aus einer Einleitung, einer Zusammenfassung der Tatbestände und abschließenden Anmerkungen, die sich auf Ladungsnummern und Korrespondenzen beziehen. Wo es mir von Belang erschien, habe ich Zeugenaussagen …«

Mein Herz schlug wie ein Niethammer. »Könnte ich mir das kopieren?« fragte ich.

Sie machte ein bejahendes Zeichen mit der Hand. Unter ihren Augen hatte sich auf dem Kissen ein feuchter Fleck gebildet. Ich trocknete ihr die Augen, setzte mich neben sie und hielt ihren Kopf, während sie weinte. Mir selbst war auch zum Weinen zumute. Ich erinnerte mich an Ricky Lees Worte an dem Abend, als sie versucht hatte, meinen Wagen aufzubrechen: *Sie trank. Sie konnte die Saiten nicht mehr finden.*

Aber es war nicht der Alkohol gewesen. Es mußten frühe Symptome irgendeiner motorischen Nervenkrankheit gewesen sein. Sie hatte ihre Freunde verlassen und sich auf Gedeih und Verderb ihrer Schwester ausgeliefert.

Deren Reaktion konnte ich mir unschwer vorstellen.

Ich ging hinunter und begann das Band auf Chucks Gerät zu kopieren. Dorthin hatte Rhyd das Band geschickt, wohl wissend, daß Chuck es in seiner »Biblotek« unterbringen, aber an dem gesprochenen Text nicht interessiert sein würde, so daß Bill es nach den verschlüsselten Angaben auf der letzten Musikkassette aus Äthiopien aufspüren konnte. Natürlich wußte er nicht, daß Chuck es auch seiner Tante zugänglich machen würde, die es sicherlich wie ihren Augapfel gehütet hatte, weil es eine Stimme, dazu noch die Stimme ihres Bruders, von außerhalb der vier Wände ihres Zimmers war.

Der Großteil der Informationen betraf Äthiopien. Die Namen waren Namen, die ich zwar schon einmal gehört hatte, die mir aber wenig sagten. Deshalb übersprang ich diesen Teil. Von besonderem Interesse für mich war jedoch der Teil, der sich mit den Eigentumsverhältnissen des ERB – anscheinend einer Tochtergesellschaft der Poliakoff Communications – befaßte.

Anscheinend.

Als ich mir alles angehört hatte, steckte ich das Band in die Tasche; neben das Silberkreuz, das Esias für Ras Hamil gemacht hatte. *Im Namen meiner Schwester und im Namen*

Gottes, dachte ich. Ich sagte Maria, daß ich gleich wiederkäme, ging die Treppen hinunter und, am »Halleluja-Baum« vorbei, zum Haus hinüber.

Der Hof war leer. Fliegen summten in den Sonnenstrahlen, die einen Weg durch das Laubwerk des Baums gefunden hatten, und ein Schwein ließ in seinem Stall einen Eimer klappern. Ich hatte ein unangenehmes Gefühl im Magen, als ich die Stufen hinaufstieg und an die Haustür klopfte.

Ich hörte Schritte, schnell und erregt. Die Tür ging auf. Es war Sarah; eine blaß und verstört aussehende Sarah, die den Eindruck machte, als habe sie tagelang nicht geschlafen. Als sie mich erblickte, riß sie die Augen auf und stöhnte: »Oh, nein!«

»Ich bin gekommen, um die Jungen zu holen«, sagte ich.

»Nein«, gab sie zurück. »Noch nicht. Ich habe gerade mit ihnen gesprochen.«

»Mit wem haben Sie gesprochen?«

»Mit Ihren Anwälten. Sie haben einen Gerichtsbeschluß erwirkt. Sie werden in einer Stunde hiersein. In weniger als einer Stunde. Und lassen Sie mich Ihnen eines sagen: Wir werden uns diesen Gerichtsbeschluß ganz genau ansehen, ich und meine Anwälte von Greenbank. Es gibt noch andere Gesetze als die der Welt und des Fleisches ...«

»Ich habe keine Anwälte eingeschaltet«, sagte ich. »Ich habe nicht die geringste Ahnung, wovon Sie reden.«

Sie hörte mich mit offenem Munde an.

»Es gibt keine gerichtliche Verfügung oder einen Gerichtsbeschluß, oder wie immer Sie das nennen.«

»Aber er hat angerufen«, sagte sie. »Ein Mann. Er kommt her. Er sagte, er wäre Ihr Anwalt.«

»Er hat gelogen.«

»Dann ...«

»Ich habe gerade Ihre Schwester Maria kennengelernt«, sagte ich.

Eine Blutwelle stieg ihr vom Hals bis in die Stirn. »Wo ist Chuck?« fragte sie.

»Er ist dabei, jemand von Ihrem Grundstück zu jagen«, sagte ich. »Ich würde jetzt gern ins Haus kommen.«

Sie hatte die Augen niedergeschlagen. Sie nickte stumm und führte mich ins Wohnzimmer. Wir setzten uns auf die harten Stühle mit den leiterähnlichen Rückenlehnen.

Die Stickereien mit den heiligen Motiven sahen milde auf uns herab. »Sie verstehen nicht«, sagte sie.

»Ich denke, das tue ich doch.«

»Das können Sie gar nicht.«

»Ich werde es jedenfalls versuchen.«

Sie hob die Augenbrauen und faltete ihre Hände mit einer Geste affektierter Frömmigkeit. Ich dachte an die durchgestrichenen Namen in der Familienbibel.

»Rhyd suchte das Weite«, fuhr ich fort. »Sagte sich von den ›Brüdern‹ los, worauf Sie sich einredeten, daß er für Sie nicht mehr existiert. Aber für Chuck existiert er noch. Sie betrachten Chuck als eine Strafe Gottes, weil Sie Rhyd liebten und weil Sie ihn noch immer lieben. Chuck ist also eine gerechte Strafe.

Mit Maria war es anders. Sie war mit einer Band in die Welt hinausgezogen und sang Lieder des Teufels. Dann bekam sie gesundheitliche Probleme und konnte ihre linke Hand nicht mehr richtig bewegen. Die Leute dachten, es käme vom Alkohol. In Wirklichkeit waren es aber erste Anzeichen einer motorischen Nervenkrankheit. Sie nahmen sie daher bei sich auf. Maria ist immer noch bei klarem Verstand, aber Sie sperrten sie in eine Dachkammer, deren Zugangstreppe sie nie im Leben hätte bewältigen können. Hier sollte sie über die Strafe nachdenken, die Ihr Gott ihr auferlegt hatte. Sie haben allen erzählt, sie wäre tot. Auch Rhyd. Das muß vor ungefähr vier Jahren gewesen sein, nicht wahr? Seither hat er Sie nicht mehr gesehen. Anders kann ich es mir nicht erklären, daß er die Vormundschaftsklausel in seinem Testament nicht geändert hat. Vielleicht waren Sie Rhyd einmal eine gute Schwester. Marias Krankheit hat Sie verändert, nicht wahr?«

»Es ist die Rache des Herrn«, sagte sie. »Es war Sein Zeichen, daß wir als Familie auf Abwege geraten waren.«

»Also sind Sie auf den schmalen Pfad der Tugend zurückgekehrt«, sagte ich. »Und warten darauf, daß sie stirbt. Sie reden sich ein, daß Sie die Bürde Ihrer eigenen Sünden und der Sünden Marias zu tragen haben. Aber da gibt es noch etwas anderes.«

Sie richtete ihre grauen Augen auf mich. Sie waren erfüllt von kaltem Zorn. »Und das wäre?« fragte sie.

»Keine sehr ehrenwerte Sache«, sagte ich. »So etwas wie: ›Nur ja nicht vor den Nachbarn‹, denke ich. ›Nur ja nicht vor den Brüdern.‹ Das gute alte ›Was werden die Leute dazu sagen?‹«

Sie starrte mich immer noch an. Aber der Ausdruck des Zorns in ihren Augen wandelte sich. Sie war es nicht gewöhnt, daß sich jemand mit ihr auf eine Kraftprobe einließ oder ihr eigene Schwächen vorhielt. Jetzt sah sie ebenso gequält wie zornig aus.

»Ich will die Jungen zurückhaben«, sagte ich. »Die Sarah Ebden, mit der ich jetzt rede, ist nicht mehr die Frau, der Rhyd die Jungen anvertrauen wollte. Ich möchte, daß Sie von Ihrer Vormundschaft zurücktreten.«

»Ich erfülle damit eine heilige Pflicht«, beharrte sie.

»Sie haben zwei Möglichkeiten«, sagte ich. »Entweder übergeben Sie mir die Jungen und unterschreiben eine entsprechende Verzichterklärung, oder ich informiere die Presse und meine Anwälte, daß Sie Ihre Schwester seit vier Jahren wie eine Gefangene halten und ihr jede ärztliche Behandlung vorenthalten. Ich glaube nicht, daß man Sie dann noch für geeignet hält, das Sorgerecht über Minderjährige auszuüben.« Ich holte tief Luft, um das wilde Schlagen meines Herzens zu verlangsamen. »Wir können es also unauffällig regeln oder im Licht der Öffentlichkeit. Was ist Ihnen lieber, Sarah?«

Der gequälte Blick war verschwunden. Die Haut um ihre Augen herum war grau und zuckte. »Sie verstehen immer noch nicht«, sagte sie.

Meine Zuversicht verließ mich.

»Der Himmel hat mir ein Zeichen gegeben«, fuhr sie fort. »Es ist meine Pflicht, diese Kinder bei mir zu behalten und alles in meiner Macht Stehende zu tun, um sie Ihrem Einfluß zu entziehen.«

»Das werden Sie noch bereuen«, sagte ich.

»Wenn man einem Befehl Gottes folgt, gibt es nichts zu bereuen.«

»Da ist noch etwas«, sagte ich. »Es betrifft den Mann, der angerufen und sich als mein Anwalt ausgegeben hat. Er und seine Leute werden die Jungen entführen, wenn ich nicht tue, was er von mir will.«

»Gottes Wille geschehe.«

Ich betrachtete sie und fragte mich, wie ich je hatte der Meinung sein können, sie sei etwas anderes als verrückt. Ich sagte: »Die Leute, die hierherkommen werden, sind sehr gefährlich. Sie wollen den Jungen Böses. Die haben Ihren Bruder Rhyd umgebracht.«

»Gottes Wille geschehe«, wiederholte sie.

»Wenn Sie sie nicht aus freien Stücken gehen lassen, werde ich sie mitnehmen«, sagte ich.

Hierauf erwiderte sie nicht: Gottes Wille geschehe. Sie fing an zu weinen. »Sie sind in einem Schnellzug, der in die Hölle fährt«, sagte sie, »und Sie wollen diese armen, unschuldigen Kinder noch mitnehmen. Sie erzählen mir Lügengeschichten, um Ihren Willen durchzusetzen und Ihr gottloses Ziel zu erreichen.«

»Sie und ich haben die gemeinsame Vormundschaft über die Kinder«, sagte ich. Ich geriet langsam in Panik. Sie redete wie im Fieber. »Ich möchte sie hier weghaben.«

»Nein«, sagte sie.

Ich sah auf die Uhr. Es war genau neun. Ich konnte nicht länger warten. »Ich gehe jetzt und hole sie«, sagte ich.

Sie begann zu schreien.

Als ich den Raum verließ, lief mir der Schweiß nur so herunter. Das Haus schien voll von seltsamen Schatten, dort, wo keine Schatten hätten sein dürfen. Es stank förmlich nach Generationen von Menschen, die ihren Geist so vergewaltigt hatten, daß sie an Dinge glaubten, die sie eigentlich nicht für wahr halten konnten.

»Joe! Harry!« brüllte ich.

Ich hörte einen antwortenden Ruf, der aber schnell unterdrückt wurde. Er kam aus dem hinteren Teil des Hauses, dem Flügel, in dem die Jungen ihre Zimmer hatten. Ich rannte los. Vor mir war ein Flur mit einer Schlafzimmertür an jeder Längsseite und einer weiteren Tür am Ende. Ich hörte, wie ein Schlüssel in einem Schloß gedreht wurde.

Ich beschleunigte meine Schritte noch und versetzte der Tür einen gewaltigen Tritt über dem Schloß. Die Schrauben wurden aus dem Türpfosten gerissen, und die Tür sprang krachend auf.

Joe und Harry standen an der gegenüberliegenden Wand. Zwei Diakone in ihren weißen Nylonhemden und den schwarzgrauen Hosen hatten zwischen mir und den Jungen Aufstellung genommen. »Hallo, ihr zwei«, sagte ich. »Es ist Zeit, daß wir hier wegkommen.«

Ich ging einfach zwischen den Diakonen hindurch. Ich war jetzt absolut ruhig.

Die Hände der Diakone lagen, zu Fäusten geballt, an ihren Hosennähten. »Nein«, sagten sie.

Von der Tür kam eine Stimme: »Laßt ihn gehen.«

Ich drehte mich um. Sarah stand in der Türöffnung, kerzengerade in ihrem geblümten Overall. Ihr Gesicht war grau, wie aus Stein gehauen, mit Ausnahme der Augenpartie, wo die Muskeln zuckten wie niedere Lebewesen in einem Teich.

»Laßt ihn die Jungen nur mit rausnehmen«, sagte sie. »Er hat das Recht, sie zu besuchen.« Vieles ließ sie dabei ungesagt, wie zum Beispiel: *Er hat kein Auto. Chuck ist ja draußen. Chuck hat die Möglichkeit, seine Mutter, sein Land und seine Religion zu verteidigen.*

Die Diakone entspannten sich. Ich fühlte die Hände der Jungen in meinen. Ohne einen Blick nach rechts oder links zu werfen, führte ich sie durch das Haus und über den Hof in das grün-weiß gesprenkelte Licht unter dem »Halleluja-Baum«. Sie hielten mich ganz fest. Keiner von beiden hatte bisher den Mund aufgemacht.

Chuck würde jeden Augenblick wiederkommen. Ich sagte: »Hinter der Landzunge liegt ein Hummerfangboot vor Anker.« Sie nickten, verängstigt um sich blickend. »Ricky Lee ist an Bord. Lauft zur Küste und seht, daß ihr an Bord kommt. Das Beiboot liegt unter den Bäumen. Lauft.«

Sie rannten los, auf das Ende der Scheune zu. *Was immer jetzt auch geschieht,* dachte ich, *ihnen wird nun nichts mehr passieren.*

In diesem Augenblick hörte ich, wie ein Auto mit röhrendem Motor auf der Zufahrt herankam. Ein Lincoln Continental schaukelte mit quietschenden Federn auf den Hof.

Der große Wagen stoppte.

Ein Seitenfenster ging herunter. Etwas, das wie ein schwarzer Schnorchel aussah, schob sich durch das offene Fenster, und eine Stimme brüllte: »Keine Bewegung!«

Das Ding war kein Schnorchel. Es war eine Pistole.

Und die Stimme war die Stimme, die ich am wenigsten hätte hören wollen.

Selbst wenn ich erwartet hatte, sie zu hören.

39

Ich drehte mich um und breitete die Arme aus, um zu zeigen, daß ich keine Waffe in der Hand hatte. Dabei machte ich, wie unabsichtlich, ein paar Schritte zur Seite, so daß ich den Fluchtweg der Jungen verdeckte. Außerdem war da auch noch der Stamm des »Halleluja-Baums«, der dem Fahrer die Sicht nahm. Sie liefen ja schnell und waren jetzt sicher schon hinter der Scheune.

Die Wagentür wurde geöffnet. Der Fahrer stieg aus, wobei das runde Auge der Pistole stetig auf mich gerichtet blieb. Es sah so aus, als hätte Chuck seine Chance, mich zu verjagen, diesmal verpaßt.

Ich fragte mich, was mit den Mündeln von zwei gemeinsamen Vormunden geschah, wenn sich einer von ihnen als untauglich erwies und der andere getötet wurde. Ich hoffte, es würde für sie nicht allzu schlimm werden.

»Hallo, Pierce«, sagte ich.

Er lächelte. Seine weißen, gut gepflegten Zähne glänzten in der Sonne, und seine intelligenten Augen funkelten, ebenso wie die Kettchen an seinen *Gucci*-Mokassins. »Wo sind Ihre Neffen?« fragte er.

»Ich weiß es nicht«, sagte ich. Die Waffe in seiner Hand war keine gewöhnliche Pistole. Sie sah aus, als hätte sie ein größeres Magazin und könnte die Patronen auch schneller verschießen. »Was ist das für eine Pistole?« fragte ich.

»Eine Heckler und Koch«, sagte er. »So wirkungsvoll wie eine Kettensäge, nur daß sie eine längere Reichweite hat. Ich werde auch nicht zögern, sie zu benutzen. Wo sind die Jungen?«

»Die Farm ist rund achtzig Hektar groß. Es sind Jungen. Sie könnten überall sein.«

»Sie haben es also nicht rechtzeitig geschafft«, sagte er. Er lächelte.

Lauft, Jungs, dachte ich, *lauft.* Ich zuckte die Schultern und sagte: »Ich fürchte, ich war nicht so recht ... auf Draht.«

Er zeigte mir seine weißen, strahlenden Zähne. Über dem Lauf der Pistole wirkte das Lächeln kalt und herablassend.

»Das Emergency Resources Bureau«, sagte ich. »Ein Rapaport-Unternehmen.«

»Mr. Poliakoff konnte sich den Zweiten Weltkrieg zunutze machen«, sagte Pierce. »Er brachte es fertig, Offizier zu werden, und kaufte die nordeuropäischen Penicillinvorräte auf. Das war das Sprungbrett für ihn. Ein derartiges Sprungbrett findet man heute nicht mehr.«

»Also muß man sich sein eigenes bauen.«

»Richtig.«

»Poliakoff macht also mit seinem Firmenimperium die üblichen unsauberen Geschäfte, und unter deren Deckmantel machen Sie noch schmutzigere Geschäfte. Was Äthiopien angeht, so ritten Sie sozusagen auf seinen Schultern, schickten Getreide an Gugsa und seine Freunde, weil sie Ihnen, als Gegenwert für Waffenlieferungen, Konzessionen zur Ausbeutung mineralischer Rohstoffe versprochen hatten. Aber Ras Hamil wollte nichts damit zu tun haben und legte sich quer. Daraufhin markierten Sie eine Getreidelieferung und schickten sie nach Äthiopien, um herauszufinden, woher Ras Hamil seine Informationen hatte. Und dann ließen Sie Gugsas Leute mit Geigerzählern herumschnüffeln. Und als sie bei Rhyd und Camilla fündig wurden, wußten Sie, daß die beiden Ihnen schon zu dicht auf den Fersen waren. Daher erschossen Gugsas Leute Rhyd und Camilla und versuchten, Hamil den Mord in die Schuhe zu schieben. Sie hätten gerne auch Hamil selbst umgebracht, aber seine Gefolgschaft im Lande war so groß, daß sie es nicht wagten.«

»Länder der Dritten Welt sind gefährliche Orte«, sagte Pierce.

»Für Sie«, sagte ich. »Sullivan läßt die Bemerkung fallen, daß Bill das Beweismaterial für irgendeine große Schweinerei in Händen hat. Bill hat ihm nicht genau erzählt, was es ist. Er will es aber mitbringen. Also geben Sie einem Muschelsucher die genaue Position meines Bootes, was anhand der Argos-Meldungen ganz einfach ist, und lassen es versenken. Leider komme ich davon. Sullivan trinkt, ist aber doch nicht so benebelt, daß er nicht wüßte, er könnte in Schwierigkeiten kommen, wenn er Beweismaterial zurückhält. Sie verschaffen ihm seinen Traumjob bei der Zeitschrift *Woods and River*, um ihn beim *Echo* loszuwerden. Damit ist der Fall für ihn erledigt, und was Bill an Material nach Hause schickt, geht ihn nichts mehr an. Aber ich habe ihm einige Dinge gesagt, die in ihm den Gedanken wiederbelebten, er könne illegal handeln, wenn er Beweismaterial unterschlägt, das Bill nach Hause geschickt hatte. Um sich abzusichern, rief er Sie an, und Sie sagten, Sie würden die Angelegenheit regeln. Also riefen Sie Diglis an, der Jackson vorbeischickte, um mir das Tonband abzunehmen. Aber Jackson vermasselte die Sache.«

»Ich bin hier, um die Jungen zu holen«, sagte Pierce. »Ich gebe sie Ihnen zurück, wenn Sie mir alle Informationen überlassen, die sie besitzen – einschließlich aller Kopien.«

»Tun Sie mir den Gefallen und hören Sie noch einen Moment zu«, sagte ich. »Dies alles herauszufinden hat mich große Mühe gekostet. Poliakoff sagte mir, daß er die Möglichkeit hätte, Diglis unter Druck zu setzen. Das hatte die ›Fistic‹-Organisation offenbar auch. Sie haben sich dieses Druckmittels bedient, um Diglis dazu zu bringen, mich immer dann einzuschüchtern, wenn ich nahe daran war, hieb- und stichfeste Informationen zu bekommen. Bill war in Äthiopien hinter Poliakoff her. Ich hingegen dachte, er wäre hinter Hamil her. Das paßte Ihnen gut in den Kram. Je mehr man mir zusetzte, desto heftiger attackierte ich Hamil. Sie haben mich aufgebaut wie ein Wurfziel in einer Jahrmarktsbude, Pierce.«

Er lächelte. Es war das Lächeln von jemandem, der schon so lange Klassenbester war, daß ihn niemand mehr beeindrucken konnte. »Sie sind nicht der einzige gewesen, den ich benutzt habe«, sagte er.

»Poliakoff?«

»Ich habe eine halbe Million Aktien deckungslos verkauft, während sie vierzig Prozent fielen. Sie und dieses blöde Luftschiff haben mir zehn Millionen Dollar eingebracht.«

»Das nenne ich wahre Loyalität.«

Er zuckte die Schultern. »Es ging sowieso bergab mit ihm.«

»Sie werden Sie kriegen«, sagte ich. »Das tun sie immer.« Ich sah auf die Pistole und dachte: *Er wird mir mit dem Ding da den Kopf abschießen und die Jungen mitnehmen. Sarah wird alles hinwerfen und ihm die Tonbänder geben, um die Jungen zurückzubekommen. Ich kann überhaupt nichts dagegen unternehmen.*

»Nicht wegen irgendwelcher Informationen, die *Sie* ihnen geben«, sagte er. »Ich fürchte, Sie werden dazu nicht mehr in der Lage sein.«

Die Haustür schlug krachend auf. Sarah erschien mit den Diakonen. »Wo sind die Jungen?« sagte sie. »Wo ist Chuck?« Ihr Haarknoten hatte sich völlig aufgelöst. Ihre Augen blickten wild, als wäre sie total übergeschnappt. Sie richteten sich auf mich. »Das ist nicht Ihr Wagen«, sagte sie. »Sie sind in einem Boot gekommen.«

Pierce schaltete schnell. Er trat ein paar Schritte zurück. »Stellen Sie sich zusammen«, sagte er. »Eng zusammen. Und jetzt gehen wir alle zum Strand. Sie voraus. Ich will mit den Jungen reden.«

»Warum?« fragte Sarah. Ein Wimmern lag in ihrer Stimme. Plötzlich verstand sie nicht mehr, was los war. »Warum?«

»Sie werden bei mir bleiben«, sagte Pierce. »Später können Sie sie wiederhaben.« Er hielt die Pistole lässig auf unsere Gruppe gerichtet. Er lächelte höflich; vernünftig, wie man nur sein kann. »Sie alle zusammen wissen eine ganze Menge. Ich habe großes Interesse daran, daß Sie den Mund halten.«

»Er hat mindestens schon vier Leute auf dem Gewissen«, sagte ich. »Er wird uns alle erledigen. Und Chuck auch. Und die Jungs.«

Sarah starrte erst mich und dann ihn an.

»Vorwärts«, sagte Pierce.

Sarah ging auf ihn los wie eine Furie. »Nicht Chuck!« kreischte sie.

Damit hatte Pierce nicht gerechnet. Frauen mittleren Alters mit einem religiösen Tick sprangen nicht mit ausgestreckten Fingern auf einen los, um einem die Augen auszukratzen. Vielleicht regte sich in seiner Seele für einen kurzen Augenblick ein Gefühl der Ritterlichkeit. Was auch immer der Grund sein mochte, er schoß nicht. Statt dessen packte er mit der Linken ihr Kleid und hielt sie sich mit ausgestrecktem Arm vom Leibe. Sie klammerte sich an seinem Arm fest. Die Hand, die die Pistole hielt, war völlig ruhig.

In einiger Entfernung hinter seiner Schulter fiel mir eine Bewegung auf. Das, was sich da bewegt hatte, war ein weißes Gesicht mit roten Flecken und einer sonnenverbrannten Nase unter einer blauen Baseballkappe. Es gehörte zu einem plumpen Körper, der durch die Bäume hinter dem Hoftor stapfte. Chuck.

Chuck blieb stehen. Er schien aufmerksam das Geschehen im Hof zu registrieren. Dieser aufmerksame Blick kam mir endlos vor. Tatsächlich dauerte er nur so lange, wie Pierce brauchte, um »Seien Sie still!« zu sagen.

Etwas Metallisches glänzte in der niedrigstehenden Sonne, vor der Chuck stand. Ich konnte nicht gut sehen. Das rötliche Abendlicht vermischte sich mit den Schatten und betonte das Rot in Pierce' Zahnfleisch, so daß sein geöffneter Mund aussah, als wäre er voller Blut, das zwischen den Zähnen hervorquillt. Ich dachte: *So sehen Vampire aus, die sich gerade mit Blut vollgesogen haben.*

Irgendwo ertönte ein peitschender Knall. Ein großes Loch erschien zwischen den Aufschlägen von Pierce' Hahnentrittjackett, mitten in seinem blau-weiß gestreiften Hemd. Und es stimmte auch, daß er voller Blut war, denn dieses schoß ihm jetzt in zwei schrecklichen Strömen aus Brust und Mund. Er fiel vornüber und riß dabei Sarah mit sich zu Boden.

Chuck kam vom Hoftor herbeigerannt. »Mammi!« schrie er. »Ich hab' den bösen Mann totgeschossen!«

Aber seine Mutter antwortete nicht.

Chuck stand wie erstarrt. Er begann zu weinen.

Ich ging hinüber und zog Rapaports Körper zur Seite. Er atmete nicht mehr. Sarah war blutüberströmt. Ich nahm Chuck behutsam das Gewehr ab. Dann sah ich sie mir genau an.

Es war nicht alles Rapaports Blut. Chucks Mannlicher war eine sehr leistungsfähige Büchse, und er verwendete Vollgeschosse. Sarahs Blut quoll aus einem Loch in ihrer rechten Schulter. Aber sie atmete noch.

Der dickere der beiden Diakone schien etwas von Erster Hilfe zu verstehen. Er kniete bei den Körpern nieder. Der andere sprach mit Chuck; sanfte, beruhigende Worte. Die Exklusivität der »Brüder Christi« senkte sich über sie und schottete sie ab wie das Turmluk eines Panzers.

Ich ging ins Haus und telefonierte nach Krankenwagen. Dann lief ich zur Scheune zurück, ging die Geheimtreppe hinauf und setzte mich ans Bett von Rhyds Schwester Maria.

Ihre Augen rollten wild, und ihre rechte Hand schlug unruhig auf die Bettdecke. »Da draußen hat es einen Kampf gegeben«, sagte ich. »Daher der ganze Lärm. Jetzt ist alles in Ordnung. Wir werden Sie in ein Krankenhaus bringen lassen, wo man Ihnen helfen wird. Ihre Freundin Ricky Lee wird bei Ihnen sein. Dannach können Sie hierher zurückkommen, wenn Sie wollen.«

Ihre Augen beruhigten sich und sahen mich an. Sie lächelte. Es war ein schönes Lächeln, wie das von Camilla.

»Warten Sie bitte noch einen Augenblick«, sagte ich. Damit stand ich auf, ging die Treppen hinunter und an den Strand.

Der Hummerfänger lag dicht unter Land in der kleinen Bucht. Die niedrigstehende Sonne zeigte jeden Rostfleck, jedes Stückchen abblätternder Farbe. Ich winkte.

Das Boot kam langsam heran, bis es ungefähr sieben Meter vom Strand ohne Fahrt im jadegrünen Wasser lag. Die Maschine murmelte im Leerlauf. »Es ist alles vorüber«, sagte ich. »Ricky Lee?«

John ruderte sie im Beiboot an Land. Sie sah mich an, als ob sie etwas Neues in meinem Gesicht sehen könnte, etwas, das sie nicht deuten konnte. Ich lächelte sie an. Sie lächelte, etwas zögernd, zurück.

»Ich denke, die Jungen haben keine Lust, hier noch mal an Land zu gehen«, sagte John. »Ich geh lieber wieder an Bord und paß auf, daß sie das Boot nicht auseinandernehmen.« Er ruderte zurück.

Ich ging mit Ricky Lee den Strand entlang und führte sie in die Scheune. Drinnen hörten wir den Klang des Banjos aus dem Raum unter dem Dach.

Ratsch-Tschikka.

»Wer ist da oben?« fragte sie.

Ich sagte es ihr.

Sie rannte die Stufen hinauf. Ich ging langsam hinterher. Als ich ins Zimmer trat, saß sie auf dem Bett und hielt Marias Hand fest umklammert. Beide lächelten. Beiden liefen die Tränen aus den Augen.

Nach einer ganzen Weile drehte sich Ricky Lee zu mir um und sagte: »Ich werde sie begleiten.«

Ich nickte. Ich ging die Treppen hinunter in Chucks Zimmer. Aus dem Regal, auf das jemand mit roter Farbe das Wort BIBLOTEK gepinselt hatte, zog ich das »Country Cousins«-Band heraus und schob es in das Tonbandgerät. Rhyds Stimme erklang. Ich ging zur Tür hinaus und ließ sie hinter mir offen.

Hinter dem Hof ging die Sonne unter. Sie verströmte rotes Feuer zwischen den Blättern des mächtigen Ahorns. Die Welt wurde zu einem großen, verschwimmenden Farbfleck von Rot und Grün. Ich sah nicht das schreckliche Ding, das, mit einem Tuch bedeckt, im Hof lag. Und ich hörte nicht die Sirenen der Krankenwagen, denn Rhyds und Camillas Stimmen, begleitet von Dobro und Gitarre, Baß, Streichern und Trommeln, erfüllten jetzt den Hof und erhoben sich über die kleine, bittere Welt der »Brüder«.

Da sahen wir blutrote Blüten blühn
Am alten Halleluja-Baum.

Das Lied endete. Ich verließ den Hof und ging an den Strand, in den sauberen, salzigen Geruch der See.

Harry stand oben auf dem Ruderhaus. Die Sonne spiegelte sich in dem Doppelglas, das er auf mich gerichtet hielt. Joe tauchte jetzt auch an Deck auf, wahrscheinlich aus dem Maschinenraum. Ich winkte. Sie winkten zurück.

John schob den Gashebel vor. Die Maschine begann zu rattern. Zwei Eiderenten stiegen auf und flogen über das Wasser davon. Der Stevenanlauf berührte knirschend den Strand. Ich stieg an Bord. John legte das Ruder um und nahm Kurs auf das freie Meer. Mit dröhnendem Motor liefen wir dem dunkel werdenden östlichen Himmel entgegen.

Bitte beachten Sie
die folgende Seite

Segel-Thriller

»Llewellyn kennt sich mit Booten so gut aus wie Dick Francis mit Pferden« *The Times*

Laß das Riff ihn töten (22067)
Ein Leichentuch aus Gischt (22230)
Schuß in die Sonne (22417)
In Neptuns tiefstem Keller (23235)
Als Requiem ein Shanty (23351)
Ein Sarg mit Segeln (23647)
Den Fischen zum Fraße (23960/23873)
Im Sog des Verderbens (23947)

Sam Llewellyn

Ullstein